马克思主义理论研究
和建设工程重点教材

刑法学（上册·总论）

《刑法学》编写组

主　编　贾　宇

主要成员

（以姓氏笔画为序）

卢建平　刘志伟　刘宪权

齐文远　阮齐林　阴建峰

黄京平　舒洪水　黎　宏

高等教育出版社·北京

二维码资源访问

使用微信扫描本书内的二维码，输入封底防伪二维码下的 20 位数字，进行微信绑定，即可免费访问相关资源。注意：微信绑定只可操作一次，为避免不必要的损失，请您刮开防伪码后立即进行绑定操作！

图书在版编目（CIP）数据

刑法学. 上册，总论／《刑法学》编写组编. -- 北京：高等教育出版社，2019.7（2022.1 重印）
　ISBN 978-7-04-048157-0

　Ⅰ.①刑… Ⅱ.①刑… Ⅲ.①刑法-法的理论-中国-高等学校-教材 Ⅳ.①D924.01

中国版本图书馆 CIP 数据核字（2017）第 165047 号

责任编辑	王亚敏　程传省	封面设计　王鹏	版式设计　于婕	责任校对　张薇
责任印制	刁毅			

出版发行	高等教育出版社	网　　址	http://www.hep.edu.cn
社　　址	北京市西城区德外大街 4 号		http://www.hep.com.cn
邮政编码	100120	网上订购	http://www.hepmall.com.cn
印　　刷	山东临沂新华印刷物流集团有限责任公司		http://www.hepmall.com
开　　本	787mm×1092mm　1/16		http://www.hepmall.cn
印　　张	25		
字　　数	448 千字	版　　次	2019 年 7 月第 1 版
购书热线	010-58581118	印　　次	2022 年 1 月第 12 次印刷
咨询电话	400-810-0598	定　　价	49.00 元

本书如有缺页、倒页、脱页等质量问题，请到所购图书销售部门联系调换
版权所有　侵权必究
物　料　号　48157-00

目 录

绪 论 ··· 1
  第一节 刑法学概述 ·· 1
    一、刑法学的概念和研究对象 ·· 1
    二、刑法学的地位和作用 ··· 2
    三、刑法学的分类 ··· 4
    四、刑法学与相近学科的关系 ·· 4
    五、刑法学体系 ·· 6
  第二节 刑法学的沿革与发展 ··· 7
    一、西方刑法学发展简史 ··· 7
    二、中华人民共和国成立之前的刑法发展简史 ······························· 15
    三、马克思主义刑法思想指引下中华人民共和国刑法学的演进 ············ 19
  第三节 刑法学的研究与学习方法 ·· 29
    一、研究刑法学的根本方法 ··· 29
    二、研究刑法学的具体方法 ··· 32
    三、学好刑法学应处理好的几个关系 ·· 34

第一章 刑法概说 ··· 36
  第一节 刑法的概念、性质与渊源 ·· 36
    一、刑法的概念 ··· 36
    二、刑法的性质 ··· 36
    三、刑法的渊源 ··· 39
  第二节 刑法的指导思想、根据与任务 ·· 40
    一、刑法的指导思想 ··· 40
    二、刑法的根据 ··· 41
    三、刑法的任务 ··· 43
  第三节 刑法的沿革与发展 ·· 44
    一、中华人民共和国刑法的创制 ·· 44
    二、中华人民共和国刑法的完善 ·· 46

第四节　刑法的体系与解释 …… 49
一、刑法的体系 …… 49
二、刑法的解释 …… 51

第二章　刑法的基本原则 …… 55
第一节　刑法基本原则的概念与意义 …… 55
一、刑法基本原则的概念 …… 55
二、刑法基本原则的意义 …… 56
第二节　保障人权原则 …… 56
一、保障人权原则的含义 …… 56
二、保障人权原则的具体体现 …… 57
第三节　罪刑法定原则 …… 58
一、罪刑法定原则的含义 …… 58
二、罪刑法定原则的立法体现 …… 60
三、罪刑法定原则的司法适用 …… 61
第四节　适用刑法人人平等原则 …… 61
一、适用刑法人人平等原则的含义 …… 61
二、适用刑法人人平等原则的具体体现 …… 62
第五节　罪责刑相适应原则 …… 62
一、罪责刑相适应原则的含义 …… 62
二、罪责刑相适应原则的立法体现 …… 64
三、罪责刑相适应原则的司法适用 …… 65
第六节　刑法的其他基本原则 …… 66
一、罪责自负原则 …… 66
二、主客观相统一原则 …… 67

第三章　刑法的效力 …… 70
第一节　刑法的空间效力 …… 70
一、刑法空间效力的概念和原则 …… 70
二、我国刑法的属地管辖权 …… 72
三、我国刑法的属人管辖权 …… 74
四、我国刑法的保护管辖权 …… 75

五、我国刑法的普遍管辖权 ··· 76
　　　六、管辖冲突问题 ··· 76
　第二节　刑法的时间效力 ·· 77
　　　一、刑法的生效时间 ··· 78
　　　二、刑法的失效时间 ··· 78
　　　三、刑法的溯及力 ··· 79

第四章　犯罪概念与犯罪构成 ·· 83
　第一节　犯罪概念 ··· 83
　　　一、犯罪概念的类型 ··· 83
　　　二、犯罪的基本特征 ··· 86
　第二节　犯罪构成 ··· 89
　　　一、犯罪构成理论的发展与模式 ································· 89
　　　二、我国刑法中犯罪构成的概念与特征 ······················· 93
　　　三、犯罪构成的分类 ··· 95
　　　四、犯罪构成的意义 ··· 97

第五章　犯罪客体 ·· 99
　第一节　犯罪客体的概念与特征 ······································· 99
　　　一、犯罪客体的概念 ··· 99
　　　二、犯罪客体的特征 ··· 99
　　　三、犯罪客体与犯罪对象 ·· 100
　第二节　犯罪客体的分类 ·· 102
　　　一、一般客体 ·· 103
　　　二、同类客体 ·· 103
　　　三、直接客体 ·· 104

第六章　犯罪客观方面 ·· 107
　第一节　犯罪客观方面概述 ··· 107
　　　一、犯罪客观方面的概念 ·· 107
　　　二、犯罪客观方面的特征 ·· 107
　　　三、犯罪客观方面的意义 ·· 108

第二节 危害行为 … 109
一、危害行为的概念 … 109
二、危害行为的分类 … 112

第三节 危害结果 … 121
一、危害结果的概念 … 121
二、危害结果的分类 … 122

第四节 刑法上的因果关系 … 125
一、刑法上因果关系的概念 … 125
二、刑法上因果关系的特点 … 126
三、刑法上因果关系的性质 … 128
四、刑法上因果关系的认定 … 129
五、刑法上的因果关系与刑事责任 … 133

第五节 犯罪客观方面的其他要件 … 133
一、行为的时间 … 133
二、行为的地点 … 134
三、行为的方法 … 134

第七章 犯罪主体 … 136

第一节 犯罪主体概述 … 136
一、犯罪主体的概念 … 136
二、犯罪主体的意义 … 136

第二节 自然人犯罪主体 … 137
一、自然人犯罪主体的概念与构成条件 … 137
二、刑事责任能力 … 139
三、犯罪主体的特殊身份 … 155

第三节 单位犯罪主体 … 158
一、单位犯罪的概念与构成特征 … 158
二、单位犯罪的处罚原则 … 161

第八章 犯罪主观方面 … 163

第一节 犯罪主观方面概述 … 163
一、犯罪主观方面的概念 … 163

二、犯罪主观方面的特征 …………………………………………… 163

第二节　犯罪故意 ……………………………………………………… 164
　　一、犯罪故意的概念 ………………………………………………… 164
　　二、犯罪故意的构成要素 …………………………………………… 165
　　三、犯罪故意的分类 ………………………………………………… 168
　　四、犯意转化与另起犯意 …………………………………………… 172

第三节　犯罪过失 ……………………………………………………… 174
　　一、犯罪过失的概念 ………………………………………………… 174
　　二、犯罪过失的分类 ………………………………………………… 174
　　三、认定犯罪过失应注意的几个问题 ……………………………… 178

第四节　无罪过事件 …………………………………………………… 180
　　一、意外事件 ………………………………………………………… 180
　　二、不可抗力 ………………………………………………………… 181
　　三、无期待可能性 …………………………………………………… 181

第五节　犯罪目的与犯罪动机 ………………………………………… 182
　　一、犯罪目的 ………………………………………………………… 182
　　二、犯罪动机 ………………………………………………………… 183
　　三、犯罪动机与犯罪目的的关系 …………………………………… 184

第六节　刑法上的认识错误 …………………………………………… 185
　　一、法律认识错误 …………………………………………………… 185
　　二、事实认识错误 …………………………………………………… 186

第九章　正当行为 ……………………………………………………… 192

第一节　正当行为概述 ………………………………………………… 192
　　一、正当行为的概念与特征 ………………………………………… 192
　　二、正当行为的种类 ………………………………………………… 192
　　三、研究正当行为的意义 …………………………………………… 192

第二节　正当防卫 ……………………………………………………… 193
　　一、正当防卫的概念与特征 ………………………………………… 193
　　二、正当防卫的条件 ………………………………………………… 194
　　三、正当防卫中的特殊防卫 ………………………………………… 198
　　四、防卫过当及其刑事责任 ………………………………………… 199

第三节　紧急避险 ………………………………………………………… 201
　　一、紧急避险的概念与特征 ………………………………………… 201
　　二、紧急避险的成立条件 …………………………………………… 201
　　三、避险过当及其刑事责任 ………………………………………… 204
　　四、紧急避险与正当防卫的异同 …………………………………… 205
第四节　其他正当行为 …………………………………………………… 205
　　一、自救行为 ………………………………………………………… 206
　　二、正当业务行为 …………………………………………………… 206
　　三、法令行为 ………………………………………………………… 207
　　四、基于权利人承诺或自愿的损害 ………………………………… 207

第十章　故意犯罪的停止形态 ……………………………………………… 209
第一节　故意犯罪停止形态概述 ………………………………………… 209
　　一、故意犯罪停止形态的概念与特征 ……………………………… 209
　　二、故意犯罪停止形态与犯罪构成的关系 ………………………… 211
第二节　犯罪既遂形态 …………………………………………………… 211
　　一、犯罪既遂形态的概念 …………………………………………… 211
　　二、犯罪既遂形态的类型 …………………………………………… 212
　　三、既遂犯的处罚原则 ……………………………………………… 213
第三节　犯罪预备形态 …………………………………………………… 214
　　一、犯罪预备形态的概念与特征 …………………………………… 214
　　二、预备犯的处罚原则 ……………………………………………… 215
第四节　犯罪未遂形态 …………………………………………………… 216
　　一、犯罪未遂形态的概念与特征 …………………………………… 216
　　二、犯罪未遂形态的种类 …………………………………………… 218
　　三、未遂犯的处罚原则 ……………………………………………… 221
第五节　犯罪中止形态 …………………………………………………… 222
　　一、犯罪中止形态的概念与特征 …………………………………… 222
　　二、中止犯的处罚原则 ……………………………………………… 226

第十一章　共同犯罪 ………………………………………………………… 228
第一节　共同犯罪概述 …………………………………………………… 228

一、共同犯罪的概念 ·· 228
　　二、共同犯罪的成立条件 ·· 229
　　三、共同犯罪的认定 ·· 232
　第二节　共同犯罪的形式 ·· 238
　　一、任意的共同犯罪与必要的共同犯罪 ·· 239
　　二、事前通谋的共同犯罪与事前无通谋的共同犯罪 ···························· 241
　　三、简单的共同犯罪与复杂的共同犯罪 ·· 242
　　四、一般共同犯罪与有组织的共同犯罪 ·· 242
　第三节　共同犯罪人的刑事责任 ·· 244
　　一、主犯及其刑事责任 ·· 244
　　二、从犯及其刑事责任 ·· 248
　　三、胁从犯及其刑事责任 ·· 249
　　四、教唆犯及其刑事责任 ·· 250

第十二章　罪数 ·· 253
　第一节　罪数概述 ·· 253
　　一、罪数形态研究的意义 ·· 253
　　二、罪数的判断标准 ·· 254
　第二节　一罪的类型 ·· 256
　　一、实质的一罪 ·· 256
　　二、法定的一罪 ·· 261
　　三、处断的一罪 ·· 263
　第三节　数罪的类型 ·· 270
　　一、异种数罪和同种数罪 ·· 270
　　二、并罚的数罪和非并罚的数罪 ·· 271
　　三、判决宣告以前的数罪和刑罚执行期间的数罪 ································ 271

第十三章　刑事责任 ·· 273
　第一节　刑事责任概述 ·· 273
　　一、刑事责任的概念 ·· 273
　　二、刑事责任的基本特征 ·· 274
　　三、刑事责任与犯罪、刑罚的关系 ·· 277

四、刑事责任的地位……………………………………………………… 279
第二节　刑事责任的根据……………………………………………………… 281
　　一、刑事责任的哲学根据………………………………………………… 281
　　二、刑事责任的法律根据………………………………………………… 283
　　三、刑事责任的事实根据………………………………………………… 284
第三节　刑事责任的发展阶段………………………………………………… 285
　　一、刑事责任的产生阶段………………………………………………… 285
　　二、刑事责任的确认阶段………………………………………………… 287
　　三、刑事责任的实现阶段………………………………………………… 287
第四节　刑事责任的解决方式………………………………………………… 289
　　一、刑事责任的实现方式………………………………………………… 290
　　二、刑事责任的其他解决方式…………………………………………… 291

第十四章　刑罚及其种类……………………………………………………… 293

第一节　刑罚与刑罚权………………………………………………………… 293
　　一、刑罚的概念与特征…………………………………………………… 293
　　二、刑罚权的根据与内容………………………………………………… 294
第二节　刑罚的目的与功能…………………………………………………… 295
　　一、刑罚的目的…………………………………………………………… 295
　　二、刑罚的功能…………………………………………………………… 300
第三节　刑罚的体系与种类…………………………………………………… 303
　　一、刑罚的体系…………………………………………………………… 303
　　二、刑罚的种类…………………………………………………………… 304

第十五章　刑罚制度……………………………………………………………… 324

第一节　刑罚裁量制度………………………………………………………… 324
　　一、刑罚裁量概述………………………………………………………… 324
　　二、累犯…………………………………………………………………… 332
　　三、自首…………………………………………………………………… 338
　　四、坦白…………………………………………………………………… 348
　　五、立功…………………………………………………………………… 350
　　六、数罪并罚……………………………………………………………… 353

七、缓刑……………………………………………………………… 361
第二节　刑罚执行制度………………………………………………… 369
　　一、刑罚执行概述…………………………………………………… 369
　　二、减刑……………………………………………………………… 369
　　三、假释……………………………………………………………… 375
　　四、社区矫正………………………………………………………… 379
第三节　刑罚消灭制度………………………………………………… 382
　　一、刑罚消灭概述…………………………………………………… 382
　　二、追诉时效………………………………………………………… 382
　　三、赦免……………………………………………………………… 386

绪　　论

第一节　刑法学概述

一、刑法学的概念和研究对象

刑法学是以现行刑法为研究对象的学科，属于部门法学的范畴。

刑法学有广义和狭义之分。广义的刑法学，又称刑事法学，其研究的范围十分广泛，涉及与犯罪及其治理相关的所有问题，包括实体刑法规范、刑事诉讼程序、刑罚执行、犯罪原因与对策等，19世纪以前的刑法学就属于这种广义的刑法学。随着刑事法治理论与实践的不断发展，由广义刑法学逐渐派生出研究犯罪领域的某一部分或某一侧面的分支学科，如刑事诉讼法学、刑事侦查学、刑事执行法学、刑事政策学等；或者与其他学科相结合而形成一些交叉学科，如犯罪学、犯罪心理学等；也逐渐形成了专以一国现行实体刑法规范为研究对象的狭义刑法学，又被称为规范刑法学或解释刑法学。本书所讲的刑法学，就属于狭义的刑法学。具体而言，其研究对象是中华人民共和国的现行刑法。

由于刑法是规定犯罪、刑事责任和刑罚的法律，因此，刑法学主要研究现行刑法规定的犯罪、刑事责任和刑罚问题。但是，刑法学的研究对象并不限于现行刑法的规定，为了更好地解释现行刑法规范、服务刑事司法实践，刑法学也会在一定范围内关注某些相关问题，如探究刑法立法与刑法理论的发展脉络与演变趋向，揭示刑法规范背后的哲理基础、政策依据与现实背景，介绍与比较域外的相关立法，阐释刑法立法解释、司法解释以及刑法适用的经验和规律等。具体而言，刑法学重点研究以下几个方面的问题：

（一）刑法学的基本理论

刑法学理论来源于刑法实践又高于刑法实践，它对刑法实践起着指导作用，有利于推动刑事立法的完善和刑事司法的进步。犯罪构成理论、刑事责任理论、刑罚理论构成了刑法理论的核心部分，这也是我们学习和研究刑法理论的重点。

（二）实体刑法

我国现行刑法的规定，是建立我国刑法学理论的法律基础。刑法学不仅要系统论述我国刑法的概念、性质、地位、特点等问题，还要研究每条刑法规范的正确含义、立法精神，以有效地指导刑事司法实践。由于现行刑法体系由刑法典、单行刑法、附属刑法以及刑法立法解释、司法解释等部分组成，这些内容无疑是刑法学研究的重点。

（三）刑事司法实践

刑法学具有鲜明的应用性。刑事司法实践是我国刑法学理论所关注和研究的基本出发点，也是检验刑法学理论能否发挥应有作用的重要标志。刑法学理论不仅要研究和论述实践的经验，找出其规律和特点，予以科学概括和总结，而且要汲取教训，为刑事立法或刑事司法的改进提供意见和建议。具体来说，刑法学应当关注实践中以下几个方面的内容：

1. 刑事司法实践中遇到的实体问题

刑事司法实践中不断出现一些新情况、新问题，给刑法适用带来困惑与挑战。例如，存在于一些少数民族生活中的习惯法问题；又如，信息社会背景下财物的存在形式与占有形态问题。这都值得我们认真研究。

2. 刑事司法解释

在我国，刑事司法解释在刑事司法实践中一直发挥着重要作用。刑事司法解释是刑事司法经验的系统化表达，既是刑法学指导司法实践的结果，也是司法实践反作用于刑法理论、促进刑法学发展的理论素材，需要认真关注、深入研究。

3. 典型刑法判例及其理由

研究刑法判例及其理由，有利于我们了解从刑法规定到判决的形成过程，以及刑法规定在司法过程中的应用、变化过程；有利于了解从刑法规范呈现出的应然状态与刑法判决代表的实然状态的差异；有利于了解刑法规范的社会效果，进而明确应该如何为刑事立法、刑事司法提供以及提供什么样的理论指导，明确如何设计刑法规范才能适应刑事司法的需要。例如，通过研究《最高人民法院指导性案例》《刑事审判参考》《最高人民法院案例选（刑事部分）》《最高人民检察院指导性案例》提供的案例及其理由，可以解释某些判决的形成依据。

（四）刑法立法

高质量的刑事立法是良好的刑事司法的前提。由于社会生活的变动性和成文立法固有的局限性，刑法立法不是一劳永逸、静止不变的，而是一个不断完善、动态发展的过程。从我国刑事立法的现状来看，在立法模式、立法技术以及具体的立法内容等方面，都在一定程度上存在着不能完全适应社会变化、有待提高和完善的地方。如何使得刑法立法更加科学，应当成为刑法学研究的重要对象。

二、刑法学的地位和作用

刑法作为国家的基本法律，在法律体系中具有特殊的重要地位，由此决定了刑法学是一个十分重要的部门法学，也是法学教育的基础课程、核心课程之一。

从历史上看，中国古代法律具有"诸法合体、以刑为主"的鲜明特征，在各种法律规范中，刑法可谓一枝独秀，受到历代统治者的关注，成为社会治理的主要手段。在现代社会，随着经济的发展、社会的进步，法律体系不断丰富完善，法律种类越来越多；同时，刑法以外的其他法律也发挥着日益重要的作用，尤其是在市场经济背景下，民法、商法、经济法等法律部门的地位不断上升，历史上长期存在的刑法一家独大的格局发生了变化。刑法调控的范围和强度也呈现出一定的缩减之势，传统社会中刑民不分、刑法与伦理不分的现象不复存在。但是，这并不意味着刑法的重要性在下降，更不能断言刑法在走向衰落。犯罪是和平时期对社会最具有破坏性的力量，而刑法是抗制犯罪的最重要的手段，是其他部门法的后盾和保障，是社会治理的最后手段。因此，刑法仍然是最为重要的部门法之一，刑法学仍然在法学体系中扮演着极为重要的角色。具体而言，刑法学具有以下三个方面的作用：

第一，支持刑事立法。中共十九大报告指出："推进科学立法、民主立法、依法立法，以良法促进发展、保障善治。"当前，我国刑事法律体系趋于完备，"有法可依"的问题已经基本得到解决。提高立法的质量，推进刑法立法科学化，是刑事法治进一步发展的必然要求，也应是刑法学研究的重要内容。刑法的制定和修改，都需要成熟的刑法理论提供支持，刑法理论研究的落后，必然会制约立法的质量，进而影响司法的效果。新中国成立以来，尤其是改革开放以来，我国刑法学研究的不断深入，对于推动刑法立法的科学化起到了积极作用。不过，目前我国的刑法学研究还存在一些薄弱地带，导致相关立法的滞后，不能有力回应社会变迁与现实需要。例如，有关量刑理论的研究尚不够深入，不能满足近年来推行的量刑规范化改革的理论需求。在刑法的立法模式、立法技术以及一些具体的罪刑规范的设置上，都需要刑法理论研究的突破，为立法的科学化提供助力。

第二，指导刑事司法。刑事司法活动的关键，是在准确认定犯罪事实的基础上，正确适用法律，确保定罪量刑的公正性、合理性。欲达到此目标，除了要严格遵守刑事诉讼法规定的办案程序、熟练运用刑事证据规则外，司法人员还必须掌握刑法学的相关理论，从而正确地理解和运用刑法规范。刑法的适用实质上就是结合具体案情解释刑法条文的过程，如果缺乏足够的刑法学理论素养，就很难深刻地把握立法精神，容易出现片面解读刑法条文、机械司法等问题，导致定罪或量刑出现偏差，甚至造成冤案、错案。所以，刑事司法人员需要系统、深入地掌握刑法学理论，不断提升理论水平，形成正确的刑法理念，唯此方能实现刑事个案处理的公平正义。

第三,促进法学繁荣。刑法学是非常重要的一门法学分支学科,在法学体系中具有基础性地位。根据古罗马法学家的划分,法律可以分为公法和私法两大类型,而刑法是公法的典型,民法是私法的典型。刑法学不仅是实务性、应用性很强的学科,也是理论性、思辨性很强的学科,是理论体系最为精致的法学学科之一。刑法学研究的水平直接反映了一个国家或地区法学的发达程度,刑法学研究的深入,也会促进刑事诉讼法学、犯罪学、刑事执行法学等相关刑事学科的发展。同时,作为法学教育的核心课程,刑法学的繁荣有利于提升法学教育的水平,有利于提升公民的法律意识,有利于培养高素质的法律人才,有利于建设社会主义法治国家。

三、刑法学的分类

现代刑法学发展的一个重要趋向是日益精细化,其标志之一是出现了一些从不同角度研究刑法问题的分支学科,使得刑法学成为一个拥有诸多分支学科的学科群,因而,有必要对刑法学进行适当分类。除了前述根据研究对象范围把刑法学分为广义刑法学和狭义刑法学之外,从其他角度出发,还可以对刑法学作以下划分:

一是从刑法所属的国别及适用的地域范围出发,可以分为国内刑法学、外国刑法学和国际刑法学。国内刑法学以本国刑法为研究对象;外国刑法学以其他国家刑法为研究对象;国际刑法学则研究国际法所确立的国际犯罪、跨国犯罪的刑事责任及其追诉问题。

二是从研究方法出发,可以分为刑法哲学、注释刑法学、刑法史学和比较刑法学等。刑法哲学,是从哲理层面上对刑法存在的根据、正当性、罪责刑关系等本原问题进行探讨的学科。注释刑法学,是对刑法规范的含义及其运用进行解释说明的学科。刑法史学,也称沿革刑法学,是研究刑法思想和刑法制度的产生、发展、演变规律等的学科;比较刑法学,是对世界各国或地区的刑事立法、刑事司法实践以及刑法理论进行比较研究的学科。

三是从研究的犯罪的特定种类出发,可以分为军事刑法学、经济刑法学、行政刑法学、环境刑法学、医事刑法学、网络刑法学等。

四、刑法学与相近学科的关系

刑法学同有些学科联系较为密切,掌握这些学科的知识,加强学科间的交流与互动,有助于更加深入地研究刑法学;但同时,也要注意刑法学同这些学科在学科属性、研究内容等方面的不同之处。

(一)刑法学与刑事诉讼法学

刑事诉讼法学是以刑事诉讼立法与司法实践为研究对象的部门法学。刑法作为规制犯罪的实体法,刑事诉讼法作为规制犯罪的程序法,二者相互依存,具有极为密切的关系。刑法学着重研究认定犯罪与适用刑罚的实体标准与规格问题,刑事诉讼法学则侧重研究追诉犯罪的证据标准、程序、各诉讼主体的地位与相互关系等问题。现代法治强调实体公正与程序公正并重,必须同等重视刑法学与刑事诉讼法学,实现二者的同步发展,从而有效控制犯罪,真正实现刑事司法公正。

(二)刑法学与犯罪学

犯罪学和刑法学都是以犯罪作为研究对象的学科,但二者研究的侧重点不同。犯罪学主要是一门"事实学",侧重从事实的角度研究犯罪现象、犯罪原因及犯罪预防等;刑法学则主要是一门"规范学",侧重从法律的角度研究犯罪的认定、犯罪的惩罚等。从另一个角度看,犯罪学关注的重点是犯罪人本身,而刑法学关注的重点是犯罪人的行为。犯罪学研究的犯罪的范围,以刑法规定的犯罪种类为基础,但较刑法学研究的犯罪概念范围要大;犯罪学会关注一些不属于法定犯罪的所谓"犯罪边缘行为",包括因不具备主体资格而不能追究刑事责任的危害行为、没有达到犯罪程度的一般违法行为、危害虽然严重但尚未立法的"待犯罪行为"等。犯罪学研究的深入,有助于促进刑法学的科学化和合理化。

(三)刑法学与刑事侦查学

刑事侦查学是研究犯罪人实施犯罪行为的特点、规律,以及侦破、证实犯罪的策略与技术的学科。如果说刑法学研究的重点是如何认定和处理犯罪,刑事侦查学则主要研究如何发现和揭露犯罪。刑事侦查活动以刑法规定为前提和依据,侦查人员必须掌握刑法学,了解各种犯罪的性质和特征,才能正确展开侦查活动。另一方面,只有通过刑事侦查活动,才能查明犯罪事实,进而追究犯罪人的刑事责任。了解一定的刑事侦查学知识,对于准确把握各类犯罪的特点、规律,从而准确定罪量刑具有积极意义。

(四)刑法学与刑事执行法学

刑事执行法学是研究刑事执行的理论、制度与实践的学科。刑事执行是相关机关依照法律执行刑罚和相关裁决的工作。在我国,目前还没有形成统一的刑事执行法典，刑事执行法律体系的主体是《监狱法》，《社区矫正法》正在制定过程中。专门研究监狱法的学科被称为监狱法学，属于刑事执行法学的分支学科。刑事执行法学主要研究刑罚执行和罪犯矫正问题，而刑法学研究的重要内容之一是刑罚的设置和裁量，两者从不同的角度和环节研究刑罚问题，具有紧密联系。刑事执行法学对于刑法学具有一定的依存性，准确把握刑法学所研究的犯罪认定、刑罚适用等问题，是正确开展刑事执行工作的前提；同时，刑事执行法学又对刑法学具有促进作用，刑事执行法学的发展和刑事执行工作的有效开展，有助于推动刑罚目的和刑罚效益的实现，而这正是刑法学关注的核心问题之一。

（五）刑法学与刑事政策学

刑事政策学是对国家刑事政策的制定和实施进行系统研究的学科。刑事政策则是指国家为有效地惩罚和预防犯罪而制定和采取的各种策略、方针、原则和措施。刑事政策是刑法的灵魂，刑法是刑事政策的定型化。刑事政策对于刑事法律的整个运作过程，包括刑事立法、刑事司法和刑事执行，都具有指导作用。同时，刑事政策的制定和执行也要遵循法治原则，不能逾越法律界限，以政策替代法律。刑事政策学研究的不断深入，有利于提升刑法的立法质量、优化刑法的运作机制，也有利于促进刑法学的繁荣、发展。

五、刑法学体系

体系是指事物按照一定的秩序和内部联系组合而成的整体。刑法学体系，是指根据一定的原理、原则和内在逻辑建立的刑法学知识理论构架。由于刑法学的研究对象主要是现行刑法规范，因此，刑法学体系与刑法体系有着密切联系，甚至可以说刑法体系制约和影响着刑法学体系。例如，刑法体系分为总则和分则，刑法学体系相应地分为总论和分论（有的教材称为罪刑各论）；同时，刑法学对刑法基本问题研究的顺序，同刑法规定的顺序大致相同。但是，刑法学体系与刑法体系又不尽相同，因为刑法学研究的范围比刑法规定的内容要广，而且刑法学体系的构建需要考虑刑法理论的内在联系，两者不可能完全一致。

本书分总论与各论两册。上册为"总论"，除了绪论外，下设15章，依次为：第一章刑法概说；第二章刑法的基本原则；第三章刑法的效力；第四章犯罪概念与犯罪构成；第五章犯罪客体；第六章犯罪客观方面；第七章犯罪主体；第八章犯罪主观方面；第九章正当行为；第十章故意犯罪的停止形态；第十一章共同犯罪；第十二章罪数；第十三章刑事责任；第十四章刑罚及其种类；第十五章刑罚制度。下册为"各论"，下设11章，除了刑法各论概述一章外，另设10章，分别论述我国刑法典分则所规定的 10 类犯罪。

第二节　刑法学的沿革与发展

一、西方刑法学发展简史

(一) 古代西方的刑法思想

这里所讲的西方，不仅是一个地理概念，也是一个政治、经济和文化意义上的概念，主要指当今一些经济发达的资本主义国家，除了包括欧洲大陆国家以及英国、美国、加拿大等国外，也包括日本、澳大利亚等国家。

一般认为，西方法律制度起源于古希腊、古罗马时代。但从刑事法律制度的角度看，其源头可以追溯至古代西亚的两河流域地区。这一地区是人类历史上文明起步最早的地区，也是最早形成国家和法律的地区之一，对古代西方的文明具有极大影响。两河流域地区在乌尔第三王朝统治时期（前 2113 年—前 2006 年），制定了以该王朝的创立者命名的《乌尔纳姆法典》，这是迄今所知的人类历史上第一部成文法典。该法典保存下来的内容很不完整，今天能看到的涉及刑法的条文有 7 条，规定了通奸、强奸、伤害等罪名，对加害者大都采取金钱赔偿的责任承担方式。公元前 18 世纪，古巴比伦王国第六代国王汉穆拉比统一两河流域后，制定了著名的《汉穆拉比法典》，这是世界上迄今完整保存下来的最早的一部古代法典。《汉穆拉比法典》作为一部典型的奴隶制法典，强调对奴隶主财产和政权的保护。奴隶不是权利主体，被视为奴隶主的所有物。主人杀害自己的奴隶，不承担法律责任；他人杀害奴隶，只承担赔偿财产的责任。该法典对于妨害司法方面的犯罪以及侵犯人身、财产、家庭等方面的犯罪都有较为细致的规定。在刑罚种类上，列举了死刑、体刑、烙印、罚金、驱逐等。死刑和体刑的适用范围十分广泛，另外还残留着原始社会同态复仇的印记，如自由民损坏他人的眼睛、骨骼、牙齿的，则"应毁其眼"，或"折断其骨"，或"击落其齿"。

对西方法律制度产生重大影响的另一个源头是古希伯来法。古希伯来法是公元前 11 世纪至公元 2 世纪古代希伯来国家（今以色列一带）法律的总称。古希伯来法直接流传下来的东西很少，对于古希伯来法的认识，学者们通常求助于《圣经·旧约》，因为《旧约》在很大程度上涉及古希伯来民族的宗教、历史、文化、政治和法律。希伯来人认为，违背上帝的意志就是犯罪，犯罪的严重性取决于对上帝的冒犯程度，信奉其他神或偶像崇拜都是不可赎的死罪。① 《旧约》中提及的著名的"摩西十诫"，可谓古希伯来刑法的总纲。在"摩西十诫"之下，希伯来人制定了具体的法律制度，称为"法例"。在罪与刑方面，主要有杀人之例、侵犯财产之例、盗窃灭失之例等。如杀人之例规定："杀人者应被处死，伤人者应受到相当的惩罚。惩罚的具体方式是以命偿命、以眼还眼、以牙还牙、以手还手、以脚还脚、以烙还烙、以伤还伤、以打还打。"② 这显然也是同态复仇的反映。

古希腊、古罗马的法律制度是西方法律制度的直接渊源。但古希腊的法律保存下来的文献很少。古希腊时期，存在众多的城邦国家，自公元前9世纪起，各城邦就陆续出现了成文立法。其中，以斯巴达的来库古法、雅典的德拉古法和梭伦法最有影响。这几部法律都是维护奴隶主统治的立法，刑罚都十分残酷。尤其是德拉古法，以严刑峻法闻名于世，该法不仅对纵火、杀人等重罪处死刑，连一个人"懒惰成性"、偷窃蔬菜和水果也要被处以极刑。古希腊刑法另一个显著特点是刑罚适用与执行的不平等性。如雅典实行等级惩罚制，对奴隶处罚肉体，对自由民处罚财产；对雅典公民中的个别上层人士，即使处以死刑，也采取令其服毒的方式，尽量减轻痛苦，而对于犯死罪的奴隶，则采取乱棍打死或推下悬崖摔死等残忍方式。古希腊时期，还没有出现专门的法学和法学家。对罪刑问题有较为深入论述的当数大哲学家亚里士多德。他认为犯罪的根源在于"人类的罪恶本性"；他专门探讨了犯罪的原因，包括贫穷、放纵情欲及追求权势等，并提出了消除犯罪的措施；他还指出刑罚的性质是以恶制恶，而惩恶的目的在于消除恶性。

古罗马以发达的私法著称于世，实际上其刑法对后世也具有很大影响。共和国时期的《十二铜表法》、帝国时代的《国法大全》以及历代罗马皇帝的"敕令"中，都有大量关于刑法的内容。古罗马刑法把违法行为分为公犯和私犯，公犯指通敌叛国等危害整个国家利益的行为，私犯则指侵犯个人利益的违法行为。后来，公犯的范围不断扩大，如杀人、放火、伤害等行为，早期属于私犯，后来也被视为公犯。在刑罚方面，对公犯的处罚包括死刑、苦役、徒刑、流放、笞刑、剥夺自由权和市民权等；对于私犯，可以采取和解、赔偿等方式解决。古罗马刑法开始区分犯罪的故意和过失，开始考虑刑事责任年龄与刑事责任能力，开始划分犯罪阶段、区分既遂与未遂，开始划分共犯责任。这些立法在当时是相当先进的，可以说是现代某些刑法理论的早期渊源。古罗马的思想家西塞罗，法学家盖尤斯、

---

① 何勤华、夏菲主编：《西方刑法史》，北京大学出版社2006年版，第64—66页。
② 徐爱国：《西方刑法思想史》，中国民主法制出版社2016年版，第12—13页。

乌尔比安等人，也都有一些关于刑法思想的论述，但未能形成系统的理论。

公元 476 年西罗马帝国灭亡至 1640 年英国资产阶级革命爆发前，是欧洲封建制时期，这 1000 多年的漫长时期，也被称为"黑暗的中世纪"。欧洲中世纪的刑法，既包括封建国家的世俗刑法，也包括基督教会刑法，其共同特征是罪刑擅断、刑罚残酷，法律适用公开的等级不平等。另外，仍然保留着一些原始习惯法的残余，如"同态复仇""团体责任""株连制""私刑""决斗"等。尤其在中世纪后期，教会刑法成为宗教迫害的工具，以思想定罪，严厉惩罚异教徒。在异端审判之下，一些杰出的哲学家和科学家受到迫害，如科学家布鲁诺受火刑而死，伽利略被宗教裁判所判处终身监禁。中世纪最有影响的刑法思想来自神学家，奥古斯丁、托马斯·阿奎那等人从基督教教义出发，用原罪、赎罪、善恶有报等观念解释罪刑现象，对西方近现代刑法也产生了一定影响。

（二）近代西方的刑法思想

近代刑法及其理论的诞生，是近代启蒙运动催生的结果。17 世纪初至法国大革命前，以格劳秀斯、霍布斯、洛克、孟德斯鸠、伏尔泰、卢梭等为代表的启蒙思想家，以自然法理论和社会契约论为理论基础，在抨击中世纪封建刑法的恣意性、宗教性、身份性、残酷性的同时，提出了刑法的"合理主义"，倡导在刑法领域贯彻自由、平等、法治、人道等理念，从而为刑法制度的科学化与现代意义上刑法学的诞生提供了思想土壤。

近代西方的刑法思想，集中体现在刑事古典学派和刑事近代学派的对峙与争鸣。这场学派之争持续久远，影响深远，奠定了现代刑法与刑法学的基本格局。下面对这两大学派的主要观点作一介绍。

1. 刑事古典学派

刑事古典学派（也称旧派）是在启蒙思想影响下逐渐形成的刑法学派，集中反映了资产阶级兴起之初的刑法思想。刑事古典学派又分为前期古典学派和后期古典学派。前期古典学派最具代表性的人物是意大利的贝卡利亚，他于 1764 年发表了《论犯罪与刑罚》一书，这是人类历史上第一部系统阐述犯罪与刑罚问题的著作。这一传世名著的发表，标志着刑法学作为一门独立学科的正式诞生。前期古典学派的代表人物还有德国的费尔巴哈、英国的边沁等。后期古典学派的代表人物主要是德国学者宾丁、毕克迈耶、贝林格等人。前期古典学派以社会契约论和自然法为思想基础，强调个人自由；后期古典学派则有明显的国家主义、权威主义倾向。尽管内部存在一些具体观点的分歧，但古典学派的基本立场是一致的，其主要观点如下：

第一,提出作为近现代刑法基石的三大原则:罪刑法定原则、罪刑相适应原则及刑罚人道原则。这三大基本原则,由贝卡利亚最早提出,费尔巴哈、边沁等人使之理论化、系统化。

罪刑法定原则,指何种行为是犯罪以及对犯罪者科处什么刑罚,须由法律予以明文规定,任何人不得任意出入人罪。贝卡里亚认为:"当一部法典业已厘定,就应逐字遵守,法官唯一的使命就是判定公民的行为是否符合成文法律。"① "只有法律才能为犯罪规定刑罚。"② "刑事法官根本没有解释刑事法律的权力,因为他们不是立法者。"③ 费尔巴哈用拉丁文以法谚的形式对罪刑法定主义作了经典表述,即"无法律则无刑罚""无犯罪则无刑罚""无法律规定的刑罚则无犯罪"。

罪刑相适应原则,指对犯罪者所判的刑罚要与他所犯的罪行的轻重相适应,即重罪重判,轻罪轻判。贝卡里亚认为:"犯罪对公共利益的危害越大,促使人们犯罪的力量越强,制止犯罪的手段就应该越强有力,这就需要刑罚与犯罪相对称。"④ 边沁认为,孟德斯鸠和贝卡利亚虽然提出了罪刑相称的思想,但没有对其进行解释。边沁弥补了这一缺陷,提出了计算相称性的五个规则:刑罚之苦必须超过犯罪之利;刑罚的确定性越小,其严厉性就应该越大;当两个罪行相联系时,严重之罪应适用严厉之刑,从而使罪犯有可能在较轻阶段就停止犯罪;罪行越重,就越有充足理由对其适用严厉之刑;不同之人犯相同之罪,不应适用相同之刑,而应考虑各个犯罪中可能影响感情的某些情节,调整各自的刑罚。古典学派反对封建刑法的重刑主义,力主罪刑均衡、刑罚公正。

刑罚人道原则,意为刑罚不应给受刑人过多的痛苦。封建主义的刑罚是惨无人道的,古典学派极力主张刑罚人道主义,认为刑罚是一种不得已的恶,对于犯罪者决不能施以过多的刑罚,给其带来不必要的痛苦。正如贝卡利亚所言:"只要刑罚的恶果大于犯罪所带来的好处,刑罚就可以收到它的效果。……除此之外的一切都是多余的,因而也就是蛮横的。"⑤

第二,奉行客观主义的犯罪论。所谓客观主义,简言之即以行为作为刑事责任的基础。犯罪是对社会有现实危害的行为,如果没有客观行为,则没有犯罪,

---

① [意]切萨雷·贝卡里亚:《论犯罪与刑罚》,黄风译,中国法制出版社2005年版,第13页。
② [意]切萨雷·贝卡里亚:《论犯罪与刑罚》,黄风译,中国法制出版社2005年版,第10页。
③ [意]切萨雷·贝卡里亚:《论犯罪与刑罚》,黄风译,中国法制出版社2005年版,第12页。
④ [意]切萨雷·贝卡里亚:《论犯罪与刑罚》,黄风译,中国法制出版社2005年版,第17页。
⑤ [意]贝卡里亚:《论犯罪与刑罚》,黄风译,中国大百科全书出版社1993年版,第42—43页。

所以客观主义又被称为行为主义。由于科处刑罚以现实的危害行为为基础，如果没有行为现实地表现于外，则不能科处刑罚。

第三，坚持以自由意志为基础的道义责任论。古典学派认为人是有理性的，人的意志是自由的，犯罪行为是行为人基于自由意志选择的结果。既然人有选择行为的自由意志，却弃善而从恶，以至犯罪，站在道义的立场上，就不得不使其对自己的行为承担责任。

第四，主张报应主义的刑罚论。古典学派的刑罚论主张报应主义。报应主义理论认为，犯罪是一种恶，是对社会基本道德秩序的否定，而刑罚是对犯罪的否定，是犯罪的必然结果，即所谓善恶有报，因果报应。但对刑罚报应正当化的根据，古典学派内部认识各不相同；有主张道德报应的，还有主张法律报应的；有主张等量报应的，还有主张等价报应的。此外，报应主义还有相对主义与绝对主义之分。前期古典学派大多数学者将法与道德严格区分，立足于功利主义，重视一般预防为目的的心理强制，强调相对的报应；而后期古典学派则将法与道德同等看待，认为对犯罪人科处刑罚只是为了实现正义而对恶行的一种报应，所以，报应是绝对的、赎罪的报应。

2. 刑事近代学派

刑事近代学派，又称实证学派或新派，是指19世纪中后期，资本主义向帝国主义转变时期，反映资产阶级刑法思想和刑事政策的学派。它是针对古典学派的刑法理论而产生的，因其晚于古典学派而被称为刑事近代学派；又因古典学派被称为旧派，它则相对被称为新派。在近代学派产生和发展时期，由于自然科学的发达，实证的研究方法影响很大，社会科学也开始采用"实证"的方法进行研究。刑法理论研究作为社会科学的一种，自然也概莫能外。加之在阶级及社会矛盾日益尖锐的情况下，犯罪尤其是盗窃之类财产犯罪急剧上升，累犯、常习犯显著增多，少年犯或者少年非行也呈激增趋势。面对这种犯罪形势，古典学派的刑法理论表现得无能为力。为了打击和抑制犯罪，不少国家的立法者感到需要采取新的对策。近代学派的刑法理论就是为适应这种抑制犯罪激增的需要应运而生的。

近代学派有刑事人类学派和刑事社会学派之分。其中，刑事人类学派注重犯罪的生物学研究，创始人为意大利的龙勃罗梭，其主要代表人物还有意大利的菲利（后转入刑事社会学派）和加罗法洛。因其主要代表人物均为意大利人，所以又称意大利学派。刑事社会学派重视犯罪的社会原因，主张用社会学的方法研究犯罪，认为犯罪的原因不在于个人而在于社会。其主要创始人为德国的李斯特。虽然两派在犯罪原因论的着眼点上各不相同，但基本立场也是一致的，主要观点可以总结为以下几点：

第一，犯罪原因论。近代学派注重研究现实社会的犯罪现象，进而追寻犯罪产生的原因。当然对于犯罪产生的原因，各派学者的看法是不一致的。龙勃罗梭用生理学和隔代遗传的原理来解释犯罪的原因，认为犯罪人的身体构造先天地异于常人；加罗法洛则认为犯罪的原因是犯罪人身上缺少利他的情操；李斯特主张犯罪原因二元论，并强调犯罪的社会原因，将个人原因放在其次；菲利则主张犯罪原因三元论，认为无论何种罪行，都是由体质的、地理的和社会的三方面因素造成的。尽管这些学者的具体观点不一致，但他们在力图揭示犯罪的原因上，则存在着共性。

第二，意思必至论或决定论。近代学派反对古典学派意思自由的观点，主张世界上任何事物都受因果法则的支配，犯罪现象亦不例外。他们否认人们可以对自己的行为作出自由选择，人类学派如龙勃罗梭认为行为人先天的身体构造异于常人，决定了其必然犯罪；而社会学派则认为行为人所处的社会环境和自然环境导致其必然犯罪，个人因素是次要的。

第三，主观主义的犯罪论。近代学派主张主观主义的犯罪论，即认为犯罪人的性格如何，是科刑的重要标准。人类学派的龙勃罗梭认为，对犯罪人判处刑罚的轻重不能根据犯罪事实的大小确定，而应以犯罪人的人身危险性而定。社会学派的李斯特则认为刑罚处罚的中心是犯罪人，尤其应以其性格或心理状况为要，应以犯罪人的性格、恶性和反社会性为标准，个别地量定刑罚。也正因此，主观主义也被称为行为人主义。当然，在行为人实施犯罪行为之前对其危险性格进行判断，是极其困难的，而且存在着极大的侵犯人权的风险。为避免这种情况，有学者主张只有当内部的危险性表现于外部时，才能认识其危险性格，即只有当犯罪人的危险性作为犯罪行为的征表显露出来时，才能对之科刑，这被称为"征表主义"。

第四，社会责任论。近代学派认为犯罪人承担刑事责任，是基于社会防卫的需要。因而，刑事责任的本质在于防卫社会，它的根据就是犯罪人的人身危险性。即构成刑事责任的基础并不是行为人各个具体的行为，而是对社会造成危害的行为人的危险性格。为了保卫社会，就必须对具有危险性格的人科处必要的刑罚。因为行为人是社会的成员，凡是有人身危险性、实施了危害社会行为的人，无论其年龄、精神状况如何，均应给予社会非难，予以必要的社会防卫。

第五，目的论的刑罚理论。近代学派以功利主义和预防犯罪思想为基础，认为刑罚的意义在于追求一定的目的，即通过惩罚犯罪人给社会带来实际的利益，即"功利"。这样就否定了古典学派认为刑罚的意义仅在于满足抽象的道义、正义要求，仅在于报复犯罪的理论，从而将功利集中于预防犯罪、保护社会法益上。即认为刑罚不应仅作为对犯罪的报应科处，还要考察犯罪人的性格，围绕犯罪人的社会情况，使该犯罪人将来不再犯罪而科处。

第六，保安处分论。近代刑法理论的特色之一在于其主张刑罚宽和，甚至主张"非刑罚化"，于是提出了保安处分论。所谓保安处分，指以犯罪人反复的危险性为基础，以保卫社会为目的，作为刑罚的替代而由法院宣告的强制处分措施。菲利认为，作为镇压手段的刑罚具有一种消极的而非积极的价值，所以他主张用保安处分来替代刑罚。1921年，菲利在其起草的《意大利刑法典草案》（又称"菲利草案"）中，以"危险性和制裁"取代了"责任与刑罚"的概念，成为一部没有刑罚的刑法典。李斯特也是保安处分的积极倡导者，他虽赞同区别刑罚与保安处分的二元论，但认为二者不加区别的一元论才是未来刑法发展的方向。

（三）现代西方的刑法思想

第二次世界大战以后，世界范围内掀起的人权运动蓬勃发展，人道、法治、民主、公正等理念日益深入人心，成为现代各国法律领域基本的价值追求。在此背景下，西方的刑法思想与刑法实践出现了一些新的动向。

1. 新旧两大学派走向折中和融合

古典学派和近代学派的理论对峙，是近代以来西方刑法学发展的一条主线。实际上，两大学派的主张都有一定的科学性和合理性，也都存在一定的局限性。例如，古典学派强调客观主义的犯罪论，有利于发挥刑法的人权保障机能，但忽视了行为背后的行为人，难以对犯罪进行个别化的处遇，影响了犯罪控制的效果。近代学派关注行为人因素及犯罪原因，但在定罪处刑中过分考虑人身危险性因素以及防止犯罪的功利目的，容易导致刑罚权的滥用。第二次世界大战后，两大学派彼此吸收、借鉴，逐步走向折中、融合。例如，德国刑法学者韦尔策尔提出的目的行为论，以及由德国学者比克迈尔首创、日本学者团藤重光发展的人格责任论，都可谓两派折中的产物。可以说，兼采两派理论之长的综合主义理论日渐成为刑法学的主流思想，并主导了许多国家的刑事立法与司法实践。

2. 新社会防卫论崛起

新社会防卫论是法国学者安塞尔针对格拉马蒂卡的社会防卫论提出的观点。格拉马蒂卡主张以社会防卫法取代刑法，废除犯罪、刑罚等刑法基本概念，而以"反社会性""保安处分"等概念来代替。他认为社会防卫法的终极目的，是使个人适应社会秩序，而不是对其行为加以制裁。由于这一理论过于激进，受到多方面的批评。安塞尔在批判地继承这一理论的基础上，提出了新社会防卫论，主张根据健全的刑事政策修改刑法，将社会防卫运动统一到刑法之中，用以保障复归社会者的自由和权利；并改革现有的刑罚制度，把刑罚和保安处分合并为刑事制裁的统一体系，根据具体情况选择适用刑罚或保安处分。新社会防卫论实质上也属于一种综合主义刑法理论，该理论对欧洲大陆、拉丁美洲许多国家产生了比较大的影响。①

3. 刑法的刑事政策化

刑事政策是人类理性在刑事领域觉醒的产物。第二次世界大战后，刑事政策得到长足发展，人们对罪刑现象的认识更趋理性，刑法万能主义和绝对工具主义刑法观受到批判，合理地组织对犯罪的反应成为学界的共识。上述的新社会防卫论，也正是刑法的刑事政策化的具体体现。还有的学者试图以刑事政策理念来指导犯罪论体系的构建。如当代德国刑法学家罗克辛教授，构建了以刑事政策为导向的目的理性犯罪论体系，并提出了客观归责理论，对刑法中的责任理论进行了创新性发展，其理论已经产生了国际性影响。

4. 刑罚问题的研究日益受到关注

第二次世界大战后，刑罚的轻缓化成为各国刑罚制度的总体走向。其主要表现有：一是死刑废除运动风起云涌。截至2017年，全世界已经有2/3的国家在立法或司法层面废除了死刑，有105个国家废除所有罪行的死刑。西方发达国家中，除了美国一些州还保留死刑外，基本上废除了死刑。二是近代以来跃居刑罚体系中心地位的监禁刑地位受到动摇。在对监禁刑的效能进行实证研究和反思的基础上，慎用监禁刑成为许多国家立法或司法上的原则。与此同时，罚金、缓刑、社会服务等非监禁刑的地位不断上升，出现了"犯罪非刑罚化、刑罚非监禁化"的趋势。三是刑罚执行成为理论与实务的焦点。社区矫正发展迅猛，监禁刑执行出现了一定的宽松化、多元化趋向。如一些国家出现了周末监禁、日间监禁及"开放式监狱"等行刑手段，还有的国家探索利用信息技术限制罪犯自由的"电子监禁"。上述刑罚发展趋向的背后，是刑罚人道主义进一步发展、教育刑理念和罪犯再社会化理念兴起的结果。但是，刑罚轻缓化只是刑罚发展的一个宏观趋势，由于受犯罪状况的制约，在不同的时期各国的刑罚政策可能会有所调整。如在美国，监禁刑的执行出现了医疗模式、法律制裁模式和重返社会模式等，且不同时期的

---

① 马克昌主编：《近代西方刑法学说史》，中国人民公安大学出版社2008年版，第467—468页。

侧重点不同,在强硬政策与温和政策之间来回摇摆。值得注意的是,美国"9·11"事件后,随着恐怖主义的威胁上升,各国加大了反恐力度,刑罚政策也出现了两极化的趋向——在对轻微犯罪处理更为宽松的同时,对恐怖主义犯罪、有组织犯罪、毒品犯罪等处罚更为严厉,甚至出现了一些突破传统刑法观念与一般原则的特别处理措施。例如,近年来,加拿大、澳大利亚、法国等诸多国家,都在反恐立法中设立了预防性监禁措施,这是刑法价值在自由与安全之间平衡与调适的结果。

(四)西方刑法思想发展简评

西方刑法思想与刑法制度的发展,经历了一个漫长的演变过程。对不同时期刑法思想与制度进行分析与评价,必须将其放在特定的历史背景之下。即使现在看来愚昧、落后的一些观念或制度,在当时也可能具有一些合理、积极的因素。例如,西方古代的刑法制度虽然十分残酷,但较之原始社会盛行的血亲复仇,仍体现了一定程度的文明演进;中世纪教会刑法把犯罪看作违背上帝意志的罪孽,现在来看是荒唐的、有悖科学的,但这一观念对于近现代刑法中罪过理论的形成具有促进作用;同时,教会刑法中的"赎罪"思想,是近现代刑罚矫正思想的直接源头。特别是启蒙运动后逐渐形成的一些刑法思想与制度,对当今各国刑法与刑法学的发展具有重大影响。虽然其直接服务于当时资产阶级的利益和需要,但在客观上顺应了时代发展规律,如刑法人道主义、罪刑法定、罪刑相适应、刑法面前人人平等、刑罚个别化等理念和原则,已经成为全人类共同的法治文明成果,也已经被我国刑法理论和刑事立法所接纳。但需要注意的是,在具体贯彻执行当中,需要在把握其理论精髓的同时,结合我国具体国情予以理解和阐释。

二、中华人民共和国成立之前的刑法发展简史

(一)中华人民共和国成立之前刑法思想与刑法制度的演进历程

1. 我国奴隶制时期的刑法实践与探索

我国奴隶社会始于公元前 21 世纪夏朝的建立。根据史书记载,夏朝初期我国便有了刑法规范,所谓"夏有乱政,而作禹刑"[①]。商汤灭夏后,制定了汤刑。从甲骨文的记载看,商代不但有了刑法,而且有了司法结构,设置了监狱,使用了刑具,并有了专门的司法人员。夏商两代的刑法都以习惯法为主,统治者尊奉"天罚""神判"思想,神权色彩明显。

---

① 《左传·昭公六年》。

西周是我国奴隶社会的繁荣时期，各种制度渐趋完善。西周初期，著名政治家周公旦主持制定了我国历史上第一部礼刑合一的综合性法典——《周礼》。《周礼》对官吏和百姓的犯罪分门别类地予以明确规定，还通过设置"五刑""圜土""嘉石""三宥、三赦"等制度，建立了比较完备的刑罚体系。公元前10世纪，周穆王命司寇吕侯制定了我国历史上第一部实体法与程序法合编的刑法典——《吕刑》。《吕刑》的核心内容是建立赎刑制度，这对于后世刑法制度产生了一定影响。从刑法思想看，西周时期提出的"明德慎罚""礼法合一""出礼入刑""刑罚世轻世重""罪疑惟轻"等思想，是我国古代刑法思想发展的一个飞跃，对后代刑法有着深刻影响，也为中华法系的形成起到了奠基作用。

就总体而言，我国奴隶制刑法有如下几个特征：一是严格保护奴隶主贵族的特权，实行公开的阶级压迫；二是广泛适用肉刑和死刑，刑罚十分残酷；三是奴隶制刑法多不成文，藏于官府，不向社会公布，实行"临时议罪""议事以制"，以期收到"令不测其浅深，常畏威而惧罪也"[①] 的威慑效果。

2. 我国封建制时期的刑法实践与探索

进入春秋战国时期后，我国开始由奴隶社会向封建社会过渡。春秋时期，法律开始从习惯法向成文法、从秘密法向公开法转变。公元前536年，郑国子产铸刑书，这是我国历史上第一次公布成文法的活动。到战国时期，以商鞅、韩非等人为代表的法家思想逐步占据主流，主张以严刑峻法来治理国家。公元前407年，魏国执政李悝主持制定了《法经》，这是我国历史上第一部较完整的封建法典。《法经》提出"王者之政，莫急于盗贼"，强调对新兴地主阶级利益的保护。《法经》开创了中国封建社会法典的基本体系，以后的历代刑法都在一定程度上参照了《法经》的体例。

公元前221年，秦始皇建立了中国历史上第一个统一的中央集权的封建制国家。秦朝奉行法家思想，重视以法治国，秦律以法条冗繁、刑罚严苛闻名于世。由于"法繁于秋荼，网密于凝脂"[②]，导致秦王朝短促而亡。据史料记载，秦朝的刑罚多达80种，其中死刑19种、肉刑15种、役刑32种、财产刑9种、自由刑5种。

汉代的刑事立法起始于高祖刘邦入关后的"约法三章"，即"杀人者死，伤人及盗抵罪"。不过，这只是为争取民心而实施的临时性刑事政策。不久，即因"三章之法不足以御奸"而承《法经》及秦制，制定了《九章律》。这是汉朝最重要的一部刑

---

① 《左传》卷四十三。
② 《魏书·刑法志》。

法典。总的来说，汉朝的刑事立法总结了秦二世而亡的教训，实行相对宽和的刑事政策，尤其是开国之初的几代帝王相继推行刑罚改革，废除了挟书令、妖言令、三族之诛、收孥相坐之法和肉刑。在汉代，时效、自首、亲亲相匿、诬告反坐、赎刑、赦免等具体刑法制度逐渐形成；另外，还逐步确立了以律、令、科、比为主要形式的立法体例，为以后历代封建刑法所沿袭。汉代还发生了一件对中华法系和中华文化影响深远的事件，即汉武帝采纳儒家董仲舒的主张——"罢黜百家，独尊儒术"。从此，儒家学说被奉为正统，儒家的法律思想垄断了长达2000余年的中国法律实践，刑法与伦理的密切结合，使得中国古代刑法有"伦理法"之谓。

汉朝之后，历经三国、两晋、南北朝时代，中国陷入近四百年的分裂割据局面，但法律仍有一定程度的发展，其间出现过一些有影响的法典，如《晋律》《北齐律》等。这一时期，礼律结合的刑事立法思想得以确立，封建制五刑逐步定型。

隋唐两朝是中国封建社会的成熟期。以隋《开皇律》为基础，唐朝建立后制定了一系列重要律法，如《武德律》《贞观律》《永徽律》《开元律》等。其中《永徽律》共12篇502条，且附有详尽的疏议，成为唐朝刑法的代表，后人称之为《唐律疏议》。唐律被公认为中国古代最成熟、最完备的刑法，成为唐以后宋、元、明、清各代法律的典范，且对当时日本、朝鲜、越南等邻国的法律也产生重大影响。唐律的主要特点在于：一是贯彻了"德主刑辅""礼法合一，一准乎礼"等指导思想，标志着中国封建刑法儒家化的完成。二是疏、议合一，不仅有对条文的理论阐释，也有法理解析、举例明律，均为具有法律效力的有权解释。三是各种刑法制度均已定型，对罪名的设置、刑罚种类与适用原则以及刑罚执行等都有相当完备的规定，成为封建刑法中各种制度的集大成者。①

唐之后，我国封建社会处于衰落阶段，但封建刑法仍历经宋、元、明、清长达千年的演进方告终结。其间重要的法典，包括《宋刑统》《大元通制》《大明律》《大清律例》等。这些法典基本上承袭了唐律的格局与体例，虽然不能否认其立法上都有一定的变化和进展，但总体看突破性的建树不多。另一方面，由于唐以后阶级矛盾加剧，元、清两代又属于少数民族统一中国后建立的政权，民族矛盾激烈，这些朝代的刑法较之唐朝有加重趋向，如变相恢复肉刑，加重缘坐制度，宋代加重对盗贼之罪的惩处，元、清实行民族歧视政策，等等。

3. 我国半殖民地半封建时期的刑法实践与探索

1840年鸦片战争后，中国社会逐步转变为半殖民地半封建社会。晚清时期，

---

① 高绍先：《中国刑法史精要》，法律出版社2001年版，第63—71页。

处于内外交困境地的满清王朝为了挽救其颓败命运,被迫启动了法律改革,任命沈家本、伍廷芳为修律大臣,借鉴西方刑法及理论,先后制定了《大清现行刑律》和《大清新刑律》两部刑法典。《大清现行刑律》只是一部过渡性的法典,其废除了凌迟、枭首、戮尸、刺字及缘坐等残酷刑罚制度,但在基本精神、主要原则方面并没有根本性改变。《大清新刑律》颁布于1911年,是中国历史上第一部近代意义的专门刑法典,该法抛弃了封建律例诸法合体的编纂形式,专门规范犯罪和刑罚问题,首次将刑法典分为总则和分则,并采用了罪刑法定等西方资产阶级刑法的一些原则和制度。虽然该法未能彻底抛弃封建法律的传统,且未及实施清王朝即告覆灭,但作为启动中国法律近代化进程的开端之作,其在法制史上具有重大的开创性与奠基性意义。

中华民国成立后,经历了南京临时政府、北洋政府和南京国民政府三个阶段。民国时期,由于帝制被推翻,社会趋于开放,各种思潮纷纷登场,尤其是西学东渐、西法东渐成为突出现象。随着社会变迁的加速,民国时期进入前所未有的立法活跃期。在刑法立法方面,北洋政府成立之初颁布了《暂行新刑律》,其内容基本照搬了《大清新刑律》。南京国民政府成立后,于1928年制定了《中华民国刑法》,后在进一步修改完善的基础上,于1935年重新公布施行。我国台湾地区的现行"刑法典",名义上仍是这部法典,尽管在内容上发生了巨大变化。在刑法典之外,南京国民政府还出台了《危害民国紧急治罪法》《戡乱时期危害国家紧急治罪条例》等特别刑法,加重了处罚力度,旨在严厉镇压共产党人和进步群众,以维护国民党的独裁统治。民国时期的刑事立法,继承了清末修律的成果,进一步吸收西方国家尤其是大陆法系国家的刑法理论和立法经验,法律移植的色彩十分明显。

民国时期是我国刑法学发展的一个重要时期。这一时期,随着众多留洋学生学成归来,刑法学研究进入了一个繁荣期,多数学者重在引进、介绍、评介大陆法系的刑法制度和刑法学说,中国现代刑法学体系得以初步形成,并在一些基本理论问题的研究上取得了相当成就。不过,民国时期的刑法学呈现为典型的移植刑法学,存在盲目照搬西方主要是大陆法系的德国、日本等国刑法学说的现象。

(二)中华人民共和国成立前刑法思想的演进简析

回顾数千年我国古代和近代的刑法演进历程,中国历代的刑法立法及其思想不啻为一座收藏极为丰富的宝库,先哲们对刑法的本质、功能、作用及其适用的论述也达到了相当的高度。我国传统的刑法理论及实践中,蕴含着很多闪光的思想。例如,"德主刑辅""明刑弼教""刑期无刑""慎刑恤刑""刑罚世轻世重"等思想主张,以及"矜老恤幼"、"亲属相隐"、自首、赦免等方面的具体制度,至今仍有一定的启示与借鉴意义。本着尊重历史、辩证分析的态度，理性、客观地评价传统刑法制度与思想，认真发掘传统法律文化中的积极因素，真正做到以史为鉴、古为今用，对于当前推进中国特色社会主义法治建设，促进刑法学与刑事法治的现代化具有重要意义。

当然，我们也要清醒地认识到，传统刑法思想与刑法制度中也存在大量的糟粕，如泛刑主义、重刑主义倾向明显，导致刑罚过于严酷；法外用刑、罪刑擅断现象普遍存在；等级特权观念浓厚，刑罚适用不平等的情况严重；等等。这些消极、落后的刑法观念至今也未能彻底消亡，仍然是社会主义法治建设道路上的障碍因素，必须予以清算和摈弃。此外，需要提及的是，虽然我国古代的刑法实践相当发达，刑法思想也比较丰富，但并没有孕育出现代意义上的刑法学。我国封建社会有着发达的律学传统，如东汉的马融、郑玄，晋朝的张斐、杜预等，都是注解汉律的大家。《唐律疏议》则是一部律条与注释完美结合的律学名著。但这种单纯的注解方法，难以提炼出精深的刑法理论。直到清末西学东渐后，我国才在吸收借鉴西方理论与实践的基础上，形成了现代意义上的刑法学。

三、马克思主义刑法思想指引下中华人民共和国刑法学的演进

（一）马克思主义的刑法思想

马克思、恩格斯等经典作家的刑法思想是在批判吸收同时期西方近代刑法思想的基础上形成并逐步发展起来的。他们不仅对于西方奴隶制、封建制刑法制度与相关学说有所论述，对于西方近代刑法思想更有较为详细的阐释和深化。后来经列宁、毛泽东、邓小平等革命导师的进一步发展，马克思主义刑法思想亦形成了自身的特色。

马克思主义刑法思想是同马克思主义辩证唯物主义与历史唯物主义的世界观紧密联系在一起的，后者是前者的基础，前者是后者的体现。这个世界观是当代最科学的世界观，是树立正确刑法观的理论基石；它是指导我们正确认识世界、正确认识社会和正确认识刑法本质与作用的指南；同样，它也是指导我们研究与树立正确刑法观的指南。

1. 马克思主义刑法思想的主要内容

（1）关于刑法基本原则的思想。

第一，关于罪刑法定。马克思主义经典作家在许多著作中都强调罪刑法定，反对罪刑擅断。他们崇尚法典对于公民自由的保障，并认为："法律上所承认的自由在一个国家中是以法律形式存在的。法律不是压制自由的措施……法律是肯定

的、明确的、普遍的规范,在这些规范中自由获得了一种与个人无关的、理论的、不取决于个别人的任性的存在。法典就是人民自由的圣经。"①

他们主张,公正的惩罚应以法的原则为边界,认为"如果罪行这个概念要求惩罚,那么罪行的现实就要求有一个惩罚的尺度。实际的罪行是有界限的。因此,为了使惩罚成为实际的,惩罚就应该是有界限的,为了使惩罚成为公正的,惩罚就应该受到法的原则的限制"②。如果行为人被提交法庭受审,其过失"一定是违反了现行法律,而在法律受到违反的地方就至少应当存在着法律"③。如果被告"未触犯任何现行法律,就不能按照法律受到惩罚"。④据此,他们把对犯罪的惩罚分为"合法的惩罚"和"非法的惩罚",认为"受到法的原则限制"的惩罚是"合法的惩罚",反之则是"非法的惩罚"。⑤

同时,他们抨击混乱和含糊的法律用语,认为不明确的措辞,使法官和陪审团大有回旋的余地,也可能为机敏的律师所利用。"法律的不确定性,自然导致人们把从前的法官对类似案件的判决奉为权威;这样一来,法律的不确定性就只有每况愈下,因为这些判决也同样是彼此矛盾的,而且审讯的结果又取决于律师的博学强记和沉着镇定。"⑥

第二,关于平等。尽管资产阶级始终标榜"自由、平等、博爱",但其所谓的平等是以形式的平等掩盖实质的不平等。对此,马克思主义经典作家给予了猛烈的批判。在他们看来,"平等是正义的表现,是完善的政治制度或社会制度的原则"⑦。同时,他们认为,"平等的观念,无论以资产阶级的形式出现,还是以无产阶级的形式出现,本身都是一种历史的产物"⑧。虽然从应然层面讲,"在法律和法官面前,所有的人不论富贵贫贱都一律平等。这一原理在国家的信条中占着首要的地位";但实践中却恰恰相反,"大多数国家的信条都一开始就规定富贵贫贱在法律面前的不平等"。⑨

他们形象地描绘了法官对于资产者和无产者的截然不同的态度,虽不是对当

---

① 《马克思恩格斯全集》第1卷,人民出版社1995年版,第176页。
② 《马克思恩格斯全集》第1卷,人民出版社1995年版,第247页。
③ 《马克思恩格斯全集》第1卷,人民出版社1995年版,第181页。
④ 《马克思恩格斯全集》第11卷,人民出版社1995年版,第789页。
⑤ 参见高铭暄主编:《刑法学原理》第1卷,中国人民大学出版社1993年版,第117页。
⑥ 《马克思恩格斯全集》第3卷,人民出版社2002年版,第582页。
⑦ 《马克思恩格斯文集》第9卷,人民出版社2009年版,第352页。
⑧ 《马克思恩格斯文集》第9卷,人民出版社2009年版,第113页。
⑨ 《马克思恩格斯全集》第2卷,人民出版社1957年版,第70页。

时司法状况的常态观照，但也在某种程度上揭示了双方在定罪、量刑和行刑过程中所面临的差别待遇。"如果富人被传唤，或者更确切些说，被请到法庭上来，法官便会为打搅了这位富人而向他深致歉意，并且尽力使案件变得对他有利；如果不得不给他判罪，那么法官又要为此表示极大的歉意，如此等等，判决的结果是让他交一笔微不足道的罚款，于是资产者轻蔑地把钱往桌上一扔，就扬长而去。但是，如果是一个穷鬼被传唤到治安法官那里去，那么他几乎总是被带到拘留所，和其他许多这样的人一起过一夜，他一开始就被看做罪犯，受人叱骂……最后被处以罚款，他付不出这一笔钱，于是只好在监狱里做一个月或几个月的苦役来抵罪。即使不能给他加上任何罪名，他还是会被当做流氓和流浪汉（a rogue and a vagabond——这两个词几乎总是连在一起用）送去做苦役。"① 他们进而指出："在这方面，法律的执行比法律本身还要不人道得多；'法律压榨穷人，富人支配法律'和'对穷人是一条法律，对富人是另外一条法律'——这是完全符合事实的而且早已成为警世格言。"②

第三，关于罪刑相适应。马克思将罪刑相适应称为"分别治罪的方法"，认为犯罪现象复杂，"同一类罪行具有极不相同的各种形式"。为了达致罪刑相适应，就必须从"形式"和"内容"上区分各种犯罪。马克思、恩格斯指出，"完全撇开各种不同行为之间的差别而只给它们确定一个共同的定义"，这是一种粗暴的观点。"同一类罪行具有极不相同的各种形式"，如果否认这些形式之间的差别，"也就把罪行本身当作一种和法不同的东西加以否认"，其实"也就是消灭了法本身，因为任何罪行都有某种与法本身共同的方面。因此，不考虑任何差别的严厉手段，会使惩罚毫无效果，因为它会取消作为法的结果的惩罚，这是一个历史的，同样也是合乎理性的事实"。③

他们同时认为，"惩罚在罪犯看来应该表现为他的行为的必然结果"。④ "不考虑任何差别的严厉手段"，也会"使惩罚毫无效果"。⑤ 如此，惩罚就会"比过错引起更大的恶感"，使人们对于犯罪行为的愤恨，变成了对于酷刑的愤恨；对于罪犯的憎恶，变成了对于刑罚适用者的憎恶，以致"犯罪的耻辱"变为"法律的耻

---

① 《马克思恩格斯文集》第 1 卷，人民出版社 2009 年版，第 481—482 页。
② 《马克思恩格斯全集》第 3 卷，人民出版社 2002 年版，第 583 页。
③ 《马克思恩格斯全集》第 1 卷，人民出版社 1995 年版，第 245 页。
④ 《马克思恩格斯全集》第 1 卷，人民出版社 1995 年版，第 247 页。
⑤ 《马克思恩格斯全集》第 1 卷，人民出版社 1995 年版，第 245 页。

辱"。① 所以，犯罪人"受惩罚的界限应该是他的行为的界限。犯法的一定内容就是一定罪行的界限。因此，衡量这一内容的尺度就是衡量罪行的尺度"。②

可以说，马克思主义经典作家关于罪刑法定等刑法基本原则的思想并非西方相关刑法理论的简单重复，而是从无产阶级的利益出发进行了根本的改造，并使之成为反对资产阶级反动当局的法律武器。正是得益于马克思、恩格斯等革命导师的刑法基本理念的指引，以及现代法治思想的弘扬，我国1997年刑法典在第3—5条正式确立了罪刑法定原则、适用刑法人人平等原则以及罪责刑相适应原则，从而开创了我国刑事法治的新纪元。

（2）关于犯罪论的思想。马克思主义犯罪论主要体现在关于犯罪的概念和犯罪构成方面。尤其是犯罪的概念，是马克思、恩格斯等革命导师论述得较为详细、完整的一个问题。

恩格斯指出，"蔑视社会秩序的最明显最极端的表现就是犯罪"③。在他们看来，犯罪是"孤立的个人反对统治关系的斗争"④。这一关于犯罪逻辑严密、内容完整的实质性定义，不仅回答了什么是犯罪，而且指出了某种行为为什么是犯罪；不仅规定了将某种行为作为犯罪处理的客观标准，还指出了之所以如此的主观根据。其中，"蔑视社会秩序"揭示了犯罪行为的实质是"反对统治关系的斗争"；"最极端"对犯罪行为必须达到的危害程度提出了要求；"最明显"注重的是犯罪行为人的主观恶性。⑤

同时，马克思、恩格斯还指出，作为一种阶级社会所特有的"文明中的野蛮"现象，犯罪是一个历史的范畴。犯罪的根源不应到人们思想、意识的领域去寻找，而应到人们生活的经济条件中去探求。要想消灭犯罪，就不应当只"惩罚个别人的犯罪行为，而应当消灭产生犯罪行为的反社会的温床"。⑥

马克思主义经典作家还非常注意将犯罪与一般"违法行为"严格加以区分。马克思、恩格斯认为：犯罪与一般违法行为有一个"共同的特征"，即都具有某种程度的社会危害性。但是，"必须承认它们的事实构成在本质上是不同的"。⑦

---

① 《马克思恩格斯全集》第1卷，人民出版社1995年版，第254页。
② 《马克思恩格斯全集》第1卷，人民出版社1995年版，第247页。
③ 《马克思恩格斯文集》第1卷，人民出版社2009年版，第443页。
④ 《马克思恩格斯全集》第3卷，人民出版社1960年版，第379页。
⑤ 参见高铭暄主编：《刑法学原理》第1卷，中国人民大学出版社1993年版，第126页。
⑥ 《马克思恩格斯文集》第1卷，人民出版社2009年版，第335页。
⑦ 《马克思恩格斯全集》第1卷，人民出版社1995年版，第243页。

此外，马克思主义经典作家还论述了犯罪构成问题。例如，马克思、恩格斯阐述了构成犯罪所必需的条件，强调犯罪是对法和法律的破坏。一个行为构成犯罪，不仅需要具备危害社会的犯罪行为、一定的年龄、刑事责任能力等客观条件，还必须具备犯罪意图等罪过心理。其中，危害行为是构成犯罪的核心要素，"对于法律来说，除了我的行为以外，我是根本不存在的，我根本不是法律的对象"。①

马克思主义经典作家关于犯罪概念、犯罪构成的论述，为我国当代刑法中犯罪论体系的创建与完善奠定了基础。事实上，我国1997年刑法典第13条便在对犯罪进行形式界定的同时，侧重揭示了犯罪的实质意义，采纳了将犯罪的实质概念和形式概念合二为一的混合概念。同时，马克思主义经典作家关于犯罪构成的探讨也为我国犯罪构成理论的创建和发展提供了理论指导，成为我国学界通行的强调主客观相统一的犯罪论体系的理论渊源之一。

（3）关于刑罚论的思想。马克思认为，国家对犯罪行为适用的刑罚，是"法对侵犯法的行为胜利"，是"法的恢复"。② 通过对康德、黑格尔的刑罚理论的批判，马克思进一步指出，"刑罚不外是社会对付违犯它的生存条件——不管其性质如何——的行为的一种自卫手段"③，它是"圣物的自卫和对它的亵渎者的反抗"。④ 马克思又把刑罚称为"公众惩罚"，并论述了刑罚的公权利属性。他认为，"公众惩罚是用国家理性去消除罪行，因此，它是国家的权利"，任何个人"既不能从国家获得实行公众惩罚的私人权利，他本身也没有任何实行惩罚的权利"。⑤

针对众说纷纭的刑罚目的问题，马克思、恩格斯认为，"一般说来，刑罚应该是一种感化或恫吓的手段"⑥。这一论述厘清了当时刑罚目的理论的混乱状况，从实质上全面、正确地回答了刑罚具有何种目的之问题。马克思主义经典作家关于刑罚的论述，对于我们今天理解刑罚权的属性、把握刑罚的目的仍有参考意义。

2. 马克思主义刑法思想的基本特征

马克思主义刑法思想以马克思辩证唯物主义和历史唯物主义的世界观为基石，是马克思主义法治思想在刑法领域的具体体现，影响、制约和支配着刑事立法、刑事司法、刑法的功能与目的、刑法的发展与完善以及刑法理论研究等。

---

① 《马克思恩格斯全集》第1卷，人民出版社1995年版，第121页。
② 《马克思恩格斯全集》第1卷，人民出版社1995年版，第275页。
③ 《马克思恩格斯全集》第11卷，人民出版社1995年版，第618页。
④ 《马克思恩格斯全集》第3卷，人民出版社1960年版，第391页。
⑤ 《马克思恩格斯全集》第1卷，人民出版社1995年版，第277页。
⑥ 《马克思恩格斯全集》第11卷，人民出版社1995年版，第618页。

一方面，马克思主义刑法思想作为马克思主义法治思想的具体化，具有基本法治理念所蕴含的共性特征。首先，马克思主义刑法思想具有反映工人阶级和劳动人民根本利益与意志的阶级性。列宁指出，"法律就是取得胜利并掌握国家政权的阶级的意志的表现"①。而作为统治阶级的阶级统治重要工具的国家基本法律，刑法无疑具有最为鲜明的阶级性。它是阶级社会的产物，是统治阶级关于犯罪、刑事责任和刑罚的意识形态与意志的法律反映。其目的便在于惩罚犯罪、保护人民，并具有保障合法权益、维护社会秩序之功能。其次，马克思主义刑法思想具有体现唯物史观和唯物辩证法精神的科学性。作为上层建筑的一部分，刑法规范及刑法思想同样由经济基础决定，并可积极地为经济基础服务。进言之，马克思主义刑法思想始终与社会经济发展状况相适应，并服务于社会经济建设。此外，马克思主义刑法思想具有与时俱进、不断发展的开放性。刑法及刑法思想同其他社会现象一样，也是不断发展变化的。马克思主义刑法思想的开放性便体现在，它是一个不断适应社会发展而发展和完善的开放性体系。从马克思、恩格斯早期关于犯罪、刑罚的认识，到中国特色社会主义理论指导下的契合当代中国经济与社会发展的刑法基本理念，反映了马克思主义刑法思想不断修正和完善的历程。

另一方面，由于马克思主义刑法思想是马克思主义法治思想在刑法领域的具体化，故而也有一些独有的特征。这主要体现在：一是马克思主义刑法思想是马克思、恩格斯、列宁、毛泽东等无产阶级领袖人物在批判资产阶级刑法思想的基础上，在长期的理论研究与社会实践中逐渐形成的对犯罪、刑事责任与刑罚问题的系统化阐述，是马克思主义法治思想与具体刑法问题相结合的产物。二是马克思主义刑法思想是围绕刑法基本理论、犯罪论、刑罚论以及具体犯罪而形成的体系性认识。三是马克思主义刑法思想不仅制约着刑事立法、刑事司法与刑罚执行，支配着刑法的功能与目的、刑法的创制与完善，也影响着刑法的理论研究与学术发展。

总之，马克思主义经典作家关于西方资产阶级刑法思想的评述，尤其是马克思、恩格斯等无产阶级领袖人物在长期的理论研究与社会实践中逐渐形成的对于刑法的系统化阐述，不仅可以为我们今天理解和把握西方刑法思想的演进与发展提供立场、观点、方法的宏观指导，也可以提醒我们，只有放眼世界，以开阔的胸襟和视野科学地吸纳人类社会先进的法律理念、原则，剔其糟粕，取其精华，才能构建科学、严谨、理性的刑法学体系。

---

① 《列宁全集》第 16 卷，人民出版社 2017 年版，第 292 页。

（二）马克思主义刑法思想指引下中华人民共和国刑法学的发展历程

中华人民共和国（以下简称"新中国"）刑法学萌芽于新民主主义革命根据地时期。革命根据地时期各个阶段的刑事立法与实践，积累了同反革命分子和其他刑事犯罪作斗争的经验，如当时提出的惩办与宽大相结合、对犯罪分子区别对待、重视对罪犯的教育感化等刑法思想，对新中国的刑法实践与理论研究产生了重要影响。新中国成立后，在马克思主义刑法思想指导下，结合我国反犯罪斗争的具体实践，逐步形成了我国社会主义刑法学。新中国刑法学的发展不是一帆风顺的，经历了一个曲折发展的过程。一般认为，新中国刑法学的发展分为三个时期：

一是创建与初步发展时期（1949年10月—1957年上半年）。新中国成立后，彻底废除了国民党政府的"六法全书"，全面批判了资产阶级的法学理论（包括刑法理论），并在学习、吸收苏联刑法理论的基础上，开始建立我国社会主义的刑法学。毛泽东同志围绕着"镇反""肃反""三反""五反"以及维护社会秩序、保障社会安全等问题，阐述和创立了一系列的刑法原则和制度。如创立了管制制度、死缓制度，使一个不杀、大部不捉的方针得以制度化；把劳动改造与刑罚方法相结合，作为管制、徒刑的内容，使行刑制度出现了新局面；在"五反"中提出的从"补、退、罚、没"中追回经济损失的原则，对刑法附加刑的刑种提出了要求。

这一时期，在批判资产阶级法学理论的同时，马克思主义的立场观点和方法开始在刑法学研究中得到运用。刑法学研究者积极配合当时的政治斗争和刑事司法实践开展理论研究，还积极参与刑法典的起草工作，提出了一系列立法建议并从刑法理论上加以阐述。但是，受制于历史条件，这一时期的刑法学研究也存在很大局限。例如，在批判资产阶级法学理论的同时，把历史上的刑法学理论予以全盘否定，人为割断了法律文明与法学理论的历史联系；大量介绍和引进苏联刑法理论，虽然对建立我国社会主义刑法学具有一定的促进作用，但也存在照搬苏联刑法理论的教条主义倾向，不利于中国特色刑法学理论体系的构建。

二是遭受挫折和基本停滞时期（1957年下半年—1976年10月）。1957年下半年"反右"斗争开始后，法律虚无主义开始盛行，刑法学研究走向萧条。1966"文化大革命"开始后，我国法治建设基本中断，刑法学研究处于停滞局面，直到"文化大革命"结束。

三是复苏和全面发展时期（1976年10月至今）。1976年粉碎"四人帮"后，社会主义法治事业逐渐恢复，我国刑法学研究也开始复苏。尤其是随着党的十一届三中全会召开后改革开放新时期的到来，我国刑法学迎来了全面发展的新阶段。邓小平同志高度重视法律面前人人平等，反对特权，并把这一思想与党风、社会风气以及精神文明建设联系起来论述。1986年1月17日，邓小平同志在中央政治局常委会上就"抓精神文明建设，抓党风、社会风气好转"的问题作重要讲话时指出："越是高级干部子弟，越是高级干部，越是名人，他们的违法事件越要抓紧查处，因为这些人影响大，犯罪危害大"；"高级干部在对待家属、子女违法犯罪的问题上必须有坚决、明确、毫不含糊的态度，坚决支持查办部门。不管牵涉到谁，都要按照党纪、国法查处。要真正抓紧实干，不能手软。"① 以江泽民同志为核心的第三代中央领导集体，高度重视改革开放形势下的社会治安状况，时刻以人民群众的安危为己任。江泽民同志多次在中央政法工作会议上就进行严打斗争发表重要讲话。他指出，要进一步端正执法指导思想，严厉打击各种犯罪活动，这是我们的改革和建设顺利发展、人民群众安居乐业、国家长治久安的重要保障。② 胡锦涛同志在全面、系统阐述构建社会主义和谐社会时，将民主法制作为社会主义和谐社会的基本特征之一。他指出，作为社会安全、稳定、健康发展的基石，刑事法制建设始终是建设和谐社会的基本保障。要建立社会主义和谐社会，就要最大限度地减少不和谐因素，建立健全和完善刑事法律制度，用以惩治犯罪和预防犯罪的发生，这是构建和谐社会的一项重要内容。

1979年新中国第一部刑法典的诞生，是我国法治建设中具有里程碑意义的事件，也是我国刑法学研究走向繁荣的重要标志。1982年5月，由高铭暄教授主编，并由我国一批老一辈刑法学者参加编写的第一部全国性的刑法学教材——《刑法学》的出版，奠定了我国当代刑法学的基本理论体系，对之后我国刑法学的研究与教学具有重大影响。20世纪80年代，随着我国刑事立法的活跃，刑法学研究集中在对刑法条文的注释以及对刑法完善的论证方面，研究方法相对单一。20世纪90年代后，刑法学研究的广度和深度都得以不断拓展，刑法哲学、刑法解释学等领域的研究发展迅速，刑法学研究的理论品质得到很大提升，研究水平日益精致化。在犯罪论体系等领域还出现了可喜的学术争鸣现象，表明我国刑法学研究进一步走向成熟和繁荣。

(三) 中华人民共和国刑法学的发展方向

改革开放以来，伴随着我国法治事业的不断推进和法学研究水平的总体提升，我国刑法学研究也日趋深入，研究方法逐步由单一走向多元，研究水平不断由粗放走向精细。在回顾新中国刑法学研究历程的基础上展望未来发展，我们认为，

---

① 《邓小平文选》第3卷，人民出版社1993年版，第152页。
② 《江泽民与全国政法工作会议座谈时指出 党政领导要承担起维护稳定的政治责任 政治机关要确保改革开放政策顺利进行》，《人民日报》1998年12月24日，第1版。

新时代我国刑法学研究需要强调以下几点：

1. 必须始终坚持马克思主义思想的指导

习近平总书记曾指出，"当代中国哲学社会科学是以马克思主义进入我国为起点的，是在马克思主义指导下逐步发展起来的"①。"马克思主义尽管诞生在一个半多世纪之前，但历史和现实都证明它是科学的理论，迄今依然有着强大生命力"②。新中国刑法学就是在马克思列宁主义、毛泽东思想指导下，总结了我国人民和司法机关长期同犯罪作斗争的丰富经验，并批判地借鉴了其他国家刑法学中对我们有益的经验而逐步发展起来的。

改革开放以来，随着马克思主义中国化不断发展，在邓小平理论、"三个代表"重要思想、科学发展观指导下，我国刑法学不断取得新突破、新进展。走向新时代的中国刑法学，必须继续坚持马克思主义思想的指导，这是刑法学健康发展的基础和保障。中共十八大以来，以习近平同志为核心的党中央站在时代发展的高度，立足国际国内发展全局，推动了习近平新时代中国特色社会主义思想的形成。这一思想是马克思主义中国化的最新成果，为中华民族伟大复兴和中国现代化之路提供了强大的精神动力。

习近平全面依法治国新理念新思想新战略是新时代中国特色社会主义思想的重要组成部分，包含着诸多有关犯罪治理与刑事法律方面的内容。围绕维护国家安全、反恐维稳、反腐倡廉、扫黑除恶等问题，习近平发表了一系列重要讲话，提出了许多富有创见的新思想、新观点、新论断和新要求。例如，要高度重视加强国家安全工作，依法防范、制止、打击危害我国国家安全和利益的违法犯罪活动；要深刻认识反恐形势的严峻性和复杂性，强化底线思维，以坚决态度、有力措施，严厉打击各种暴力恐怖犯罪活动；要以零容忍态度惩治腐败，坚持"老虎""苍蝇"一起打，以法治思维和法治方式推进反腐败斗争；要把扫黑除恶同反腐败结合起来，既抓涉黑组织，也抓后面的"保护伞"；等等。这些重要论断进一步发展了新时代马克思主义刑法思想，在相关的刑事立法与司法工作中，都应当予以准确领会并贯彻执行。

2. 必须立足中国实际，同时吸收人类刑法文明的一切有益成果

一切从实际出发、立足于本国国情的唯物主义思想，对于刑法的制定和具体

---

① 习近平：《在哲学社会科学工作座谈会上的讲话（2016年5月17日）》，人民出版社2016年版，第5—6页。
② 习近平：《在哲学社会科学工作座谈会上的讲话（2016年5月17日）》，人民出版社2016年版，第8页。

运用，有着极其重要的指导意义。随着我国改革开放不断深入，政治、经济、文化、科技、社会生活都不断有新的变化，刑法学面临的新问题会越来越多。刑法学研究必须强调问题意识，要善于捕捉和发现刑法实践中的现实问题，以问题导向推进刑法学发展，以实践效果检验刑法理论的准确性和可行性。必须破除那种唯西方刑法理论"马首是瞻"，用西方理论"剪裁"中国刑法实践的不良倾向，努力从中国本土刑法实践中吸取养分，善于用中国话语表达中国刑法实践，推动中国特色刑法理论的形成，以更好地服务中国犯罪治理实践。与此同时，刑法学研究应有宏大的历史视野与国际视野，要善于吸收前人创造的一切合理的、有益的刑法文化遗产，既要善于从我国悠久恢弘的传统法律文化中吸取精华，也要善于借鉴世界上其他国家和地区有益的立法与司法经验、有价值的学说观点，以兼容并蓄、开放包容的魄力和精神，服务于中国特色刑法理论体系的构建和完善。

3. 加强基础理论研究，理论研究与应用研究并重

刑法学以刑法为研究对象，因此，必须关注现行的刑事立法与刑事司法实践，努力去解决实践中的问题，这就是刑法学的应用性。但是，刑法学也是理论性很强的学科，刑法学研究也需要关注刑法法条与司法实务之外的问题，如犯罪的本质问题、刑事责任的理论基础问题、刑罚权的正当根据问题等。这些问题具有很强的哲理性、思辨性，似乎同定罪量刑实践直接关系不大，但作为刑法学的基础理论问题，对其认识的深度和广度直接影响着刑事立法的合理性，也潜移默化地影响着司法者的价值趋向、司法理念，最终对办案质量会产生一定影响。如果缺乏坚实的理论根据，必然影响刑法的立法质量和适用效果。所以，必须强化基础理论研究，不断夯实刑法学的理论根基，把理论研究与应用研究结合起来，否则应用性研究就会成为空中楼阁，轻浮乏力。

4. 促进刑法学同其他学科的交流融合

刑法学的基本使命就在于为社会治理的重要方面——犯罪治理提供理论支撑。而现代社会中的犯罪治理是极其浩大复杂的社会工程，刑法也只是犯罪治理诸多工具手段的其中之一，而且现代社会的犯罪治理还面临着多种价值的调适与平衡问题。因此，必须从法治建设的大视野、社会治理的大格局中观察刑法现象及其运行状态。另一方面，当代社会科学在经历了长期的专业化分工之后，已大踏步地向杂交、综合和整体化的方向发展。刑法学作为社会科学，其理论上的突破也寄望于多学科、多视角、综合性的研究进路。

首先，要促进刑法学同其他刑事法学科的交流互动。对此，我国先后有学者提出了"刑事一体化"思想和"立体刑法学"观点，本书认为，这都是深化刑法

学研究的可行路径。所谓"刑事一体化",是指在对刑法问题的研究上,要打破学科隔阂,加强刑法学、犯罪学、监狱学、刑事诉讼法学、刑事政策学等诸刑事法学科之间的交流与融汇,同时倡导关注刑事实践中的刑事立法、刑事审判、刑事执行等各个环节的衔接与互动,从而推动刑法学向纵深发展,促进刑事法律的良性运作。所谓"立体刑法学",其基本内涵是刑法学研究要前瞻后望(前瞻犯罪学,后望行刑学)、左看右盼(左看刑事诉讼法,右盼民法等部门法)、上下兼顾(上对宪法和国际公约,下对治安处罚和其他行政处罚)、内外结合(对内加强对刑法的解释,对外重视刑法的运作环境)。

其次,要注意引进其他社会科学的研究方法。刑法不是孤立存在的社会现象,其与政治、经济、伦理、文化等社会现象存在着相互影响的关系。不同学科的研究方法是可以相互借鉴的,同时,从刑法同其他社会现象的关系着手研究刑法现象,可以拓展刑法学研究的视域。近年来,我国不断有学者从哲学、政治学、伦理学、社会学、心理学、文化学等角度探讨刑法问题,这是值得肯定的研究路径。

最后,在一定范围内还可以引进现代自然科学的研究方法。自然科学、社会科学的互相渗透甚至融合是一个大的趋势,尤其是在方法论方面。作为刑法学研究者,有必要了解现代自然科学的最新发展,尤其要密切关注其方法论的发展,只有这样,才能跟上时代步伐,推动刑法学研究的深入发展。例如,现代自然科学方法论中的控制论、系统论、信息论、模糊论、协同论等都可被引进刑法学研究中;再如,近年来随着信息技术与通信技术的融合发展,大数据、云计算、物流网、移动支付、人工智能等问题,都对传统刑法制度与刑法理论带来了影响乃至冲击,也为刑法学的创新发展带来了机遇,值得我们予以关注。

第三节　刑法学的研究与学习方法

一、研究刑法学的根本方法

坚持以马克思主义为指导,是当代中国哲学社会科学区别于其他哲学社会科学的根本标志。在刑法学研究中,必须坚持马克思主义的指导地位,把辩证唯物主义和历史唯物主义作为刑法学研究的根本方法。在具体运用这一根本方法研究刑法学时,应当注意以下几点内容:

(一) 强调理论联系实际

理论联系实际,是马克思主义"活的灵魂"和最重要的理论品质。毛泽东同志在《整顿党的作风》一文中指出："真正的理论在世界上只有一种，就是从客观实际抽出来，又在客观实际中得到了证明的理论。"习近平总书记也明确提出："要坚持理论联系实际的马克思主义学风"，"反对主观主义、教条主义、形式主义，防止空对空、两张皮"。① 刑法既是理论法学，也是实践法学。丰富多彩的刑事法治实践，是刑法学不断发展的源泉和动力；同时，刑法学理论的创新发展也是刑事法治进步的推进器。研究刑法学过程中，必须注重理论与实践相结合。

首先，要立足中国国情研究刑法学。我们研究刑法学，根本目的是要解决中国的问题，服务中国的发展和中国人民的福祉和利益。因此，必须从中国的实际情况出发，深入调查研究，充分了解中国的国情、社情、民情。当代中国最大的客观实际是："我国社会主要矛盾的变化，没有改变我们对我国社会主义所处历史阶段的判断，我国仍处于并将长期处于社会主义初级阶段的基本国情没有变，我国是世界最大发展中国家的国际地位没有变。"② 我们要牢牢把握社会主义初级阶段这个基本国情，牢牢立足社会主义初级阶段这个最大实际，这是我们认识当下、规划未来、制定政策、推进事业的基点。我们在刑事立法和刑事司法实践中，既要顺应世界范围内刑事法律发展的大趋势，也必须考虑当前我国经济、社会、文化等各方面的现实状况。例如，在犯罪概念的规定、刑罚体系与种类的设置、某些具体罪名的增设与否问题上，都不能脱离现阶段国情，盲目向西方国家看齐。如我国现行刑法采用的"定性加定量"的犯罪概念，将情节显著轻微、危害不大的行为排除在犯罪之外，限缩刑法的打击范围，这符合我国的治国传统、法律文化和现实国情。再如，我国目前的死刑政策是"保留死刑、严格限制死刑适用、逐步减少死刑罪名"，这也是适合我国当前国情的。

其次，要强化刑法学研究中的问题意识。坚持问题导向是马克思主义的鲜明特点。问题是理论创新的起点和动力。改革开放以来，我国社会主义市场经济逐步确立并蓬勃发展，政治、经济、文化、社会生活等各方面发生了深刻变化，尤其是进入21世纪以来，信息技术突飞猛进，人类步入了信息社会、网络时代，犯罪的形态、手法等也不断发生变化，刑法学面临诸多新情况、新问题，值得关注和研究，如虚拟财产的保护问题、个人信息和数据权利的保护问题、人工智能引发的刑事责任问题等。

---

① 习近平：《在全国党校工作会议上的讲话（2015年12月11日）》，人民出版社2016年版，第16页。
② 习近平：《决胜全面建成小康社会 夺取新时代中国特色社会主义伟大胜利——在中国共产党第十九次全国代表大会上的报告》，人民出版社2017年版，第12页。

最后，要善于总结我国刑事立法和刑事司法的实践经验。对有效的经验应当进行适当的理论概括，努力从中提炼出具有中国特色的理论命题，以丰富和发展刑法学研究，并有效地指导立法和司法实践。对于实践中存在的问题与不足，也应当理性、客观地进行检讨和反思，并寻求改进的方案，以促进立法完善与司法进步。

（二）善于运用辩证思维

马克思主义唯物辩证法是关于自然、人类社会和思维的运动和发展的普遍规律的科学。唯物辩证法有三个基本规律，即对立统一规律、质量互变规律、否定之否定规律。刑法学所研究的犯罪及罪刑关系等问题，是十分复杂的充满矛盾的社会现象，把握好唯物辩证法的基本规律，有助于科学地认识罪刑现象。例如，我国刑法中有关一般违法行为与犯罪的界分，以及防卫过当与正当防卫的区分等问题，可以借助于质量互变规律加以分析。在刑法立法和执法的发展过程中，否定之否定规律具有积极的指导作用。刑法立法和刑罚执行是对正常社会秩序的维护与肯定，犯罪是对正常社会秩序的破坏与否定，由于社会生活的变动和成文立法的固有局限，犯罪分子不断对刑法的立法、执法提出挑战和否定，不断完善刑法立法和执法就是对犯罪及其演进的再否定，从而呈现出刑法立法和执法与时俱进、动态发展的过程。这正是否定之否定规律的体现。

对立统一规律是唯物辩证法的根本规律。依据这一规律，刑法学研究中应当坚持矛盾分析法，善于一分为二地看待问题，强调具体问题具体分析，坚持普遍性与特殊性相结合，坚持两点论和重点论的统一。犯罪和刑罚作为刑法学上的核心范畴，都是社会中矛盾运动的必然产物，罪刑关系构成刑法学研究的主线。为了实现罪刑均衡，有效地运用刑罚手段遏制犯罪，需要用好对立统一规律和矛盾分析方法，以实现刑法的任务和刑罚的目的。我国刑法中惩罚犯罪与保护人民并重的刑法任务、对犯罪分子惩罚与改造相结合的原则、主客观相统一的犯罪认定与处理原则、一般预防与特殊预防相统一的刑罚目的等，都体现着两个方面的对立统一的关系，需要依靠辩证思维，准确地把握和协调两方面的关系，既要统筹兼顾，又要突出重点。例如，刑罚目的包含一般预防与特殊预防两个方面，但是在制刑、量刑和行刑的不同阶段，二者的主次地位是不同的。在刑罚的创制阶段，只能是以一般预防为主，以特殊预防为辅；但在刑罚的裁量和执行阶段，应当以特殊预防为主，以一般预防为辅。

需要指出，阶级分析法作为矛盾分析法中的重要方面，曾经是包括刑法学在内的我国法学研究的最主要的方法。随着国际国内形势的变化，阶级斗争不再是当前我国社会的主要矛盾。因此，在刑法学研究中，不能片面强调阶级分析法的地位和作用。但在一定范围内，有必要在马克思主义指导下，继续运用阶级分析法分析、观察问题。那种认为阶级分析法完全过时、应予抛弃的观点是不妥当的。当前，面对敌对势力对我国实施"西化""分化"的战略图谋没有改变，以及国内"暴力恐怖活动、民族分裂活动、宗教极端活动"的猖獗，需要在刑事立法和刑事司法中予以有力回应，以捍卫国家安全和社会主义建设事业。

（三）注重用历史的、发展的观点观察刑法现象

辩证唯物主义和历史唯物主义认为，一切事物都是不断地运动、变化和发展的，事物的发展具有普遍性和客观性，不能用孤立的、片面的、静止的眼光观察事物。由此出发，在刑法学研究中，要学会运用历史的、发展的观点，即观察某一刑法现象，要结合当时特定的历史条件与客观环境加以考察，不能简单套用现在的情势和标准加以评判。如刑法中原有的一些制度或者罪名，现在因不合时宜而被废止，但不能否定其曾经的合理性和积极作用。另一方面，要看到事物的可变性，注意考察其演变情况与发展趋势，这样才能保持刑事立法与司法的适应性，满足社会对公平正义的需求。对于一些规定比较原则或抽象的刑法条文，应当结合立法当时的历史背景，努力探求立法原意。如果不能探明立法原意或立法原意明显有悖于现实的公平正义要求的，应当与时俱进地作出合理解释，促进情理法的统一；对于刑法中一些因为时过境迁而明显不合理的规定，也不存在合理解释的空间的，应当在认真调研论证的基础上，及时启动修法程序进行修改，从而使刑事立法跟上时代发展的步伐。

二、研究刑法学的具体方法

刑法学的研究方法是多元的，除了上述根本方法之外，还有一些具体的研究方法。主要有以下几种：

（一）注释研究法

注释研究法，是指通过语义分析、逻辑分析等手段，对刑法规范的含义进行阐明的研究方法。注释方法是最古老也是最基本的刑法学研究方法。我国封建社会中的法学也被称为律学，主要就是对法条进行注疏。在西方，中世纪一度盛行注释法学派，其侧重运用规范分析的方法研究法律。改革开放初期，我国刑法学主要表现为注释研究的方法，以单纯地注释法条为主，理论含量不高。进入21世纪以后，刑法学领域的注释方法同思辨方法、比较方法、关系分析方法等结合，并吸收借鉴了现代西方的刑法学及诠释学等理论，理论品位不断提升，形成了更具学术影响力的刑法解释学（也有人称之为刑法教义学）。刑法解释学目前已经成

为我国刑法学主流的研究方法。

（二）比较研究法

比较研究法，是指对世界各国的刑法和不同时期的本国刑法进行比较，从而区别异同、鉴别优劣、辨明是非的一种研究方法。比较研究方法对于探求刑法发展规律，促进一国刑事法治的发展具有重要作用。回顾我国刑法发展历史，从清末修律、民国政府制定刑法、新中国成立之初移植苏联法律，一直到改革开放后的历次刑事立法活动，都在一定程度上借鉴了国外有益的立法经验，对此，比较研究的方法功不可没。在运用比较方法时须注意，无论是纵向的古今比较还是横向的中外比较，都必须结合当今中国的实际情况，取其精华，去其糟粕，决不能盲目照搬照抄。

（三）法社会学研究法

法社会学研究法，是指运用包括社会学、人类学、经济学等多学科理论资源，经验性地研究法律现象的一种法学研究方法。这一方法关注刑法同其他社会现象的关系，重视对刑法现象的经验研究，即对刑法的运行过程、适用效果等问题进行观察与思考。法社会学方法的应用拓展了刑法学的研究视野，使之从静态的规范视角转向动态的运作视角，对于促进刑法机制的完善、提高刑法运行的效益具有积极意义。

（四）思辨研究方法与实证研究方法

所谓思辨研究方法，是指从概念与观念出发，通过抽象推理、逻辑演绎来认识、揭示事物的属性。所谓实证研究方法，是从对现象的观察出发，通过对实际材料的收集、整理、分析，以经验事实为依据，探寻事物的发展规律。这两种研究方法各有所长，但也存在一定局限。实证方法可以弥补思辨方法过于空泛的不足，思辨方法也能补充实证方法难以揭示事物本质的缺陷。

（五）定性研究方法与定量研究方法

所谓定性研究方法，是指从质的方面分析事物，确定事物的性质，揭示其内部的规律性。定性研究方法是思辨研究的主要路径。所谓定量研究方法，是指从量的方面分析事物，揭示其量的规定性，以检验和证实定性分析的结论。定量研究方法是实证研究方法的重要表现。从定性研究方法发展到定量研究方法，是学科成熟发达的重要标志。马克思曾指出，一种科学只有在能运用数学的形式时，才算达到真正完善的地步。

以上所列的各种具体研究方法，都具有自身的特色和优势，当然，也都存在不足与局限。各种研究方法是不存在高下之分的，研究者应当根据研究的实际需要分别采用,那种过分推崇某一种方法而忽视甚至贬低其他方法的做法是欠妥的。从总体上看,当代刑法学的发展趋势是倡导研究方法的多元化,综合采用各种研究方法,这有利于推进刑法学的理论创新和深入发展。在此需要特别指出,以往我国刑法研究中,往往注重思辨研究方法、定性研究方法,忽视实证研究方法、定量研究方法。为了使刑法的制定与适用更为科学,须高度重视实证研究方法与定量研究方法。例如,各种刑罚方法的实际适用率及适用效果、各种量刑情节对刑罚适用的具体影响等,都需要通过实证研究和定量研究总结经验,发现和解决问题。当然,在加强实证研究与定量研究的同时,不应矫枉过正,而应当使思辨研究与实证研究、定性研究与定量研究有机结合起来,使之扬长避短,形成良性互补关系。

三、学好刑法学应处理好的几个关系

对于刑法学的初学者而言,在掌握上述刑法学研究的各种方法之前,有必要了解一些入门的学习方法。主要应当处理好三个方面的关系。

(一) 处理好总论和分论的关系

刑法典分为总则和分则两大部分,总则是对犯罪和刑罚一般内容的规定,分则是对具体犯罪及其法定刑的规定。与此相应,刑法学可分为总论和分论两大板块,总论主要研究犯罪、刑事责任与刑罚的基本原理,分论主要对个罪的认定与处理进行研究。刑法学总论与分论的关系,如同刑法总则与分则的关系一样,是一般与特殊、抽象与具体的关系,二者相互依存,密不可分。

刑法学的基础理论集中在刑法学总论当中。因此,学好刑法学,首先要学好刑法学总论,了解和掌握刑法总则的主要规定,同时要把握刑法学的基本范畴、基本关系与基础理论。尤其要学好犯罪构成理论,这是刑法学理论的精华所在。犯罪构成理论实际上是一种认定犯罪的思维方法,掌握犯罪构成理论,对于理解和把握刑法分则规定的具体罪名,准确区分罪与非罪、此罪与彼罪,具有非常重要的作用。

刑法学分论研究具体犯罪的规定。刑法学总论是以分论为依托的,仅仅掌握了犯罪和刑罚的一般规定与基本原理,而不深入了解刑法对于具体犯罪的规定,仍然无法解决司法实践中的问题。事实上,现实生活中不存在抽象的、一般的犯罪,我们面临的总是具体的、个别的犯罪,如故意杀人、盗窃、抢劫、贪污等。因此,必须同时学好刑法学分论,掌握具体犯罪的构成特征与处罚规则。当然,随着刑事立法的发展,刑法分则规定越来越多,不可能也没有必要牢固掌握每个具体罪名,我们可以有针对性地掌握刑法分则中的重点罪名,其他罪名则可以举

一反三，触类旁通。

（二）处理好法条和法理的关系

学习刑法学，特别要强调对法条的学习。法条是刑法规范的基本存在形式，也是学习刑法学的起点。精研刑法中的重要条文，是学好刑法学的前提和基础。而对于刑法法条的学习，不能仅仅拘泥于对刑法条文字面意义的理解，要善于透过具体的法律条文，深入探究背后隐含的立法背景与理论依据，即立法者为什么要作这样的规定，这就上升到了法理的层面。了解法条背后的法理，能够帮助我们更准确地理解和适用刑法。

探讨刑法条文的法理，不仅要解决刑法之所以然的问题，还要解决其应然问题，即根据司法实践发现的问题，对现行的刑法规定进行反思，分析哪些规定是妥当的，哪些规定是不妥当的，以便将来改进，从而推动刑法的完善和刑事司法的进步。

（三）处理好规范和案例的关系

从广义上讲，刑法规范不仅包括立法机关制定的法律条文，还包括有关刑法适用的司法解释。在我国，存在大量的刑法司法解释，而且其实际上对办案机关是有法律约束力的。学习刑法学必然要掌握刑法规范，但仅掌握刑法规范而不结合具体案例来学习，是难以有效掌握刑法知识的。刑法学是实践性、应用性很强的学科，学好刑法学有必要关注犯罪状况与司法实践动态，多研习一些刑法实际案例尤其是典型案例，这也是理论联系实践的一种路径，对于提升学习的效果、培养分析实际问题的能力大有裨益。

刑法规范表现为一套抽象的行为规则与裁判规则，而刑事案件都是具体的、丰富多样的。当抽象的刑法规范面对形形色色、千差万别的具体案件时，必然会面临一些适用上的疑问和困惑，这也就是所谓的疑难案例。面对这些疑难案例，要善于在梳理和归纳案件事实的同时，灵活运用刑法学理论对相关刑法规范进行分析、解释，进而在符合法治精神的前提下得出最合理的处理结论。

思考题

1. 如何理解刑法学及其研究对象？
2. 西方刑法学派之争给我们什么启示？
3. 如何理解刑法学的地位和作用？
4. 研究刑法学的方法有哪些？
5. 如何学好刑法学？

第一章 刑法概说

第一节 刑法的概念、性质与渊源

一、刑法的概念

刑法是规定犯罪、刑事责任和刑罚的法律。具体说,刑法是掌握政权的阶级即统治阶级,为了维护本阶级政治上的统治和经济上的利益,根据自己的意志,以国家名义制定、颁布的规定犯罪、刑事责任和刑罚的法律。

刑法有广义和狭义之分。广义刑法是指一切规定犯罪、刑事责任和刑罚的法律规范的总和。它主要包括刑法典、单行刑法与附属刑法。

狭义刑法是指系统规定犯罪、刑事责任和刑罚的刑法典,它仅是广义刑法的内容之一。我国1979年颁布、1997年修订并经多次修正的《刑法》就是我国现行的刑法典。

二、刑法的性质

刑法的性质有两层含义:一是刑法的阶级性质;二是刑法的法律性质。

(一)刑法的阶级性质

1. 刑法的产生和发展是一个历史的范畴。刑法和其他法律一样,不是自古就有的,也不会永远存在下去,它属于历史的范畴,是在原始社会末期,随着私有制、阶级和国家的产生而产生的,它也必将随着阶级、国家的消亡而消亡。

2. 刑法是统治阶级根据自己的意志和利益制定的,是统治阶级对被统治阶级实行专政的工具。掌握了国家政权的统治阶级,为了维护本阶级的经济利益和政治统治,以国家的名义制定法律,将那些严重破坏统治秩序的行为规定为犯罪,并用刑罚的手段予以惩罚。由于掌握政权的统治阶级不同,他们的意志和利益不相同,不同刑法的阶级属性自然也不相同。刑法的阶级内容主要是通过刑法的具体规定表现出来的。刑法的基本内容是犯罪、刑事责任和刑罚,也就是通过对犯罪人追究刑事责任和适用刑罚来为统治阶级服务。

3. 刑法的阶级性质是由国家的阶级本质决定的。一切剥削阶级国家的刑法,包括奴隶制国家刑法、封建制国家刑法和资本主义国家刑法,尽管因国家类型不同和朝代更替,其内容和形式有所差异,但它们都是以生产资料私有制为基础,反映剥削阶级意志并为剥削阶级利益服务的，它们都是镇压人民的工具，这就是剥削阶级国家刑法的共同阶级本质。当然，剥削阶级国家刑法为了剥削阶级的整体利益，同样处罚剥削阶级内部的某些犯罪人，也规定了一些所谓保护全体人民利益的条款，体现了刑法的社会性，但这并不能掩盖剥削阶级国家刑法的阶级性。与剥削阶级国家刑法不同，我国刑法是社会主义类型的刑法，建立在以生产资料公有制为主体、多种经济成分共同发展的经济基础之上，反映工人阶级和广大人民群众的意志，保卫社会主义的政治、经济制度，保护广大公民当前及长远的利益。我国刑法是保护人民、打击敌人、惩罚犯罪、保障人权、服务国家建设的有力武器，是人民民主专政的重要工具。这一切都反映了我国刑法的社会主义本质。

（二）刑法的法律性质

刑法的法律性质是指刑法作为法律体系的重要组成部分区别于其他法律的特有属性。具体而言，刑法与其他部门法如民法、经济法等比较起来，有四个显著的特点：

1. 刑法所规定内容的特定性。刑法是规定犯罪、刑事责任、刑罚的法律规范，它所解决的主要是如何认定犯罪、是否追究刑事责任以及如何追究刑事责任等问题。刑事诉讼法尽管与刑法之间有着"外形和血肉的联系"①，但它却是规定公检法机关在当事人和其他诉讼参与人的参加下开展刑事诉讼活动的法律规范。而其他部门法虽然也涉及违法及法律后果问题，但所指的主要是一般违法行为，法律后果也主要是承担一定的民事、经济或行政责任。

2. 刑法所保护社会关系范围的广泛性。刑法保护的是所有受到犯罪侵害的社会关系，这些社会关系涉及社会生活的各个方面，既涉及经济基础，也涉及上层建筑。也就是说，任何社会关系的任何方面受到严重的侵害，只要符合法定的条件，就都受到刑法的保护。民法、经济法等部门法保护和调整的则只能是某种特定的社会关系。比如，民法调整的只能是平等主体的自然人、法人和非法人组织之间的人身关系和财产关系；经济法调整的只能是一定的经济关系。必须指出，所有这些部门法保护和调整的社会关系，也都同时借助刑法的保护和调整。例如，一般违法性质的走私、假冒注册商标、逃税、抗税以及盗伐、滥伐林木，分别属于违反海关法、商标法、税收征收管理法、森林法的行为，由海关、工商行政管理部门、税务部门、林业部门来处理，但如数量大、情节严重，则分别构成相应的走私罪、假冒注册商标罪、逃税罪、抗税罪、盗伐林木罪、滥伐林木罪，应由

---

① 《马克思恩格斯全集》第 1 卷，人民出版社 1995 年版，第 178 页。

司法机关依照刑法的有关规定论处。又如，侵犯婚姻家庭关系的违法行为，凡不履行结婚登记手续，或者不支付赡养费、抚养费的，属于违反婚姻法的一般违法行为，由婚姻法调整；如果有配偶而重婚，或者明知他人有配偶而与之结婚，以及有赡养、抚养义务而拒绝赡养、抚养，情节恶劣的，则触犯刑法，分别构成重婚罪、遗弃罪，应依照刑法的有关规定定罪量刑。从这个意义上讲，刑法是其他部门法的保护法，没有刑法作后盾、作保证，其他部门法往往难以得到彻底的贯彻实施。

3. 刑法强制方法的严厉性。任何法律都有强制性，任何侵犯法律所保护的社会关系的行为人，都必须承担相应的法律后果，受到国家强制力的干预。例如，违反民法的，要承担民事责任；违反治安管理处罚法的，要受到治安管理处罚，等等。但是，所有这些强制，都不及刑法对犯罪分子适用刑罚的强制方法严厉。因为刑罚不仅可以剥夺犯罪分子的政治权利、财产权利，限制或有期、无期剥夺犯罪分子的人身自由权利，而且在最严重的情况下还可以剥夺犯罪分子的生命权利。如此严厉的强制性，是任何其他法律所没有，也不可能具有的。

4. 刑法的谦抑性。刑法对于犯罪之防治并非万能，刑法本身亦有其恶害性，因此，刑法应具有谦抑性。所谓刑法的谦抑性，就是刑法不应将一切违法行为都当作处罚对象，仅应以具有刑罚处罚必要性之危害行为为处罚对象。其主要表现在刑法的不完整性、补充性与宽容性。所谓刑法的不完整性，是指刑法并未将所有危害社会的行为都规定为犯罪，而只是将其中部分严重危害社会的行为规定为犯罪，刑法对社会的规制，不必及于社会生活的每一个领域，应仅限于维持社会秩序所必要并在最小限度之内。刑法的补充性，是指在能够以其他手段实现法益保护的目的时，务必放弃刑法。正如李斯特所说的，"最好的社会政策，就是最好的刑事政策"。因为刑法的强制方法主要是刑罚，而"刑罚如双刃之剑，用之不得其当，则国家与个人两受其害"①。所以，应当限制而不是扩张刑罚的适用，使刑法成为保护法益的最后手段。刑法的宽容性，是指即使在社会上有现实犯罪行为发生，如果欠缺处罚的必要性，或即使处罚也达不到预防与惩罚犯罪的目的，就应侧重于宽容精神，而对刑罚加以节制。

因为刑法具有以上特点，所以刑法的法律性质不同于其他法律，它是直接用来同犯罪作斗争的法律。其规定是否完备，适用是否正确，也往往是衡量一个国

---

① 转引自林山田：《刑罚学》，台北商务印书馆1985年版，第127页。

家法制是否健全、法治状况达到何种程度的重要标志。

三、刑法的渊源

一般认为，当代我国法律的渊源有宪法、法律法规、司法解释、国际条约与协定等。具体到刑法，其渊源主要有以下几种：

1. 刑法典，即专门、全面、系统地规定犯罪、刑事责任及刑罚的法律文件。这是刑法的主要表现形式。我国现行的刑法典是1979年颁布、1997年修订的《中华人民共和国刑法》。之后，全国人民代表大会常务委员会先后通过了10个刑法修正案，对修订后的刑法典又进行了必要的修正。当人们说"《刑法》第××条"或"根据《刑法》有关规定"等时，其中的"刑法"都是指刑法典。

2. 单行刑法，即专门规定某种犯罪及其刑事责任、刑罚的法律文件。这是刑法典的重要补充形式。我国自1979年《刑法》颁布以来，至1997年《刑法》修订之前，全国人大常委会通过了25个单行刑法，如《惩治军人违反职责罪暂行条例》《关于惩治走私罪的补充规定》《关于禁毒的决定》等。这些单行刑法要么针对旧刑法典（即1979年《刑法》，下同）的漏洞增加了规定，要么针对旧刑法典的不完善作了补充规定，要么针对旧刑法典的缺陷修改了原有规定。但随着新刑法典（即1997年《刑法》，下同）的颁布与施行，《惩治军人违反职责罪暂行条例》等16个单行刑法被废止；《关于禁毒的决定》等8个单行刑法有关刑事责任的规定失去效力，有关行政处罚与行政措施的规定则继续有效。这是因为上述24个单行刑法的内容基本上都已被纳入新刑法典。在1997年修订《刑法》之后，1998年12月29日全国人大常委会通过的《关于惩治骗购外汇、逃汇和非法买卖外汇犯罪的决定》也是单行刑法，它对1997年《刑法》的相关内容及时进行了补充。

3. 附属刑法，即民法、行政法、经济法等非刑事法律文件中有关具体犯罪、刑事责任及刑罚的法律规范。这是刑法的辅助形式。我国大多数民事、行政、经济等法律文件中的法律责任部分，均设有与刑法典和单行刑法相呼应或对其起补充作用的刑法规范。如《商标法》第67条规定，未经商标注册人许可，在同一种商品上使用与其注册商标相同的商标，构成犯罪的，除赔偿被侵权人的损失外，依法追究刑事责任。伪造、擅自制造他人注册商标标识或者销售伪造、擅自制造的注册商标标识，构成犯罪的，除赔偿被侵权人的损失外，依法追究刑事责任。销售明知是假冒注册商标的商品，构成犯罪的，除赔偿被侵权人的损失外，依法追究刑事责任。但实际上，与国外的附属刑法不同，我国目前的附属刑法只是重申刑法典的内容，而没有对刑法典进行补充，没有独立的实际意义。因此也有观点认为，我国并无严格意义上的附属刑法。

此外，自治区或辖有民族自治地方的省的人民代表大会根据当地民族的政治、经济、文化的特点和刑法典的基本原则可以制定对刑法的变通或补充规定，这类规定也可谓刑法的渊源。但这类规定只在特定地域有法律效力。

第二节 刑法的指导思想、根据与任务

一、刑法的指导思想

刑法的指导思想是掌握了国家政权的统治阶级用以指导刑事立法和司法活动的思想理论体系。不仅不同类型国家的刑法指导思想由于统治阶级赖以生存的物质生活条件不同而根本不同，即使同一类型国家的刑法指导思想也由于其所处的历史时期的政治经济文化等条件的不同而有所区别。我国是工人阶级领导的人民民主专政的国家，我国刑法必须以马列主义、毛泽东思想和新时代中国特色社会主义理论体系为指导，深入贯彻习近平总书记系列重要讲话精神和治国理政新理念新思想新战略，把理论和实践紧密结合起来，进而研究和解决新的历史条件下出现的新问题，丰富和发展我国的刑事立法、司法实践和刑法科学，不断适应实践和时代要求，不断完善中国特色刑法理论体系。

马列主义是关于自然和社会的发展规律的科学，是关于被压迫和被剥削群众革命的科学，是关于社会主义在一切国家胜利的科学，是关于共产主义社会建设的科学。而毛泽东思想和新时代中国特色社会主义理论体系是马列主义普遍真理和中国革命具体实践相结合的产物。历史经验证明，我们靠马列主义、毛泽东思想和新时代中国特色社会主义理论体系的指导，战胜了国内外强大的敌人，取得了社会主义革命、改革和建设事业各条战线的伟大胜利。我国刑法是社会主义的刑法，是社会主义革命、改革和建设事业的有机组成部分，它的制定和实施必然以无产阶级的科学思想，以马列主义、毛泽东思想和新时代中国特色社会主义理论体系为指导。早在第二次国内革命战争时期，毛泽东就提出对胁从、自首、坦白和立功分子，应当减轻或者免除处罚；在解放战争时期，毛泽东又提出首恶者必办、胁从者不问、立功者受奖的政策。我国《刑法》有关主犯、从犯、胁从犯的规定，有关自首、立功的规定，均体现了毛泽东思想对我国刑事立法的指导意义。

党的十八大以来，以习近平同志为核心的党中央全面推进依法治国，加快建设法治中国，形成了具有科学理论形态的习近平全面依法治国新理念新思想新战略。习近平全面依法治国新理念新思想新战略是马克思主义法学中国化的重大理论成果，是新时代中国特色社会主义法治理论的最新成果，是全面依法治国、建设法治中国、推进法治强国的理论基础和指导思想。刑法作为其他部门法的"保护法"，作为新时代中国特色社会主义法制体系的重要组成部分，其进一步完善和实施，必然以习近平全面依法治国新理念新思想新战略为指导。习近平总书记指出："要加强重点领域立法，及时反映党和国家事业发展要求、人民群众关切期待，对涉及全面深化改革、推动经济发展、完善社会治理、保障人民生活、维护国家安全的法律抓紧制定、及时修改。""要贯彻落实总体国家安全观，加快国家安全法治建设，抓紧出台反恐怖等一批急需法律，推进公共安全法治化，构建国家安全法律制度体系；加强互联网领域立法，完善网络信息服务、网络安全保护、网络社会管理等方面的法律法规，依法规范网络行为；加快反腐败立法，完善惩治和预防腐败体系；加快推进军事立法，为军队建设和部队行动提供基本准则。"这些法治思想对于新时代刑法立法的完善无疑具有重要的指导意义，例如，2015 年 8 月 29 日通过的《刑法修正案（九）》，涉及减少适用死刑罪名、严惩恐怖活动犯罪、加强人身权利保护、维护信息网络安全、加大惩处腐败力度、惩治失信背信行为和切实加强社会治理等七大方面，充分体现了习近平全面依法治国新理念新思想新战略对我国刑事立法的指导意义。

二、刑法的根据

我国《刑法》第 1 条规定："为了惩罚犯罪，保护人民，根据宪法，结合我国同犯罪作斗争的具体经验及实际情况，制定本法。"这一规定明确了我国刑法的制定根据，包括法律根据和实践根据两个方面的内容。

（一）法律根据

刑法的法律根据是《宪法》。《宪法》作为刑法制定的法律根据体现在诸多方面。

1. 宪法序言或条文中全局性、方向性和根本性的规定。例如，关于坚持人民民主专政、坚持社会主义道路、坚持改革开放、实现四化建设的原则性规定，对刑法的立法有着重要的指导作用。

2. 宪法条文中保护性、义务性或禁止性的规定。例如，关于社会主义制度是中华人民共和国的根本制度，禁止任何组织或个人破坏社会主义制度的规定，等等。宪法规范是规定刑法分则各章有关犯罪的直接根据。宪法规范是基础规范，一般是高度概括的原则条款。刑法分则有关犯罪的条文，是宪法规定的延伸、补充和具体化。刑法正是以其特殊的功能保护宪法规定的国家的根本制度、根本任务、基本国策和公民的基本权利。因此，刑法在国家的法律体系中占有重要的地位，是国家的基本法律。

3. 刑法的制定不能违背宪法的规定，否则就是违宪，或者全部无效，或者同宪法相抵触的部分无效。

(二) 实践根据

1. 我国在同犯罪作斗争中积累的非常丰富的经验。这些经验表现为我国同犯罪作斗争的基本方针、政策、策略，即社会治安综合治理的方针，惩罚与宽大相结合的基本刑事政策，区别对待、打击少数、争取教育多数、孤立分化瓦解犯罪分子的策略。同时还表现为同各种犯罪作斗争的具体方针政策，例如，"三禁并举，堵源截流，严格执法，标本兼治"的禁毒方针；"一要坚决，二要慎重，务必搞准"的打击经济犯罪的政策；等等。这些方针、政策和策略，都是制定刑法的实践依据。此外，我国在同犯罪作斗争中还有许多具体的经验。既有关于自首、立功、共犯、正当防卫、累犯、减刑、假释等刑法总则方面处理各种问题的经验，也有关于各种犯罪的罪名、特征、情节轻重、处理原则等刑法分则方面打击各种具体犯罪的经验。这些具体的经验都是制定刑法各个具体条文的重要根据。

2. 我国的实际情况。(1) 社会主义初级阶段的中国国情，即中国现阶段的政治、经济、社会、文化等实际情况。刑法是国内法，任何国家的刑法都必须以本国的国情为根据，只有适合于本国国情，才能为本国所用。(2) 我国的治安情况，特别是犯罪情况。制定刑法必须从我国社会治安和犯罪的实际情况出发。这里所讲的社会治安和犯罪的实际情况，不是一时一地的情况，而是一定时期内全国的社会治安和犯罪方面的总体情况。我国现行的刑事政策是宽严相济，要求我们从社会治安形势和犯罪情况出发，在治安形势严峻、犯罪活动猖獗的时候，要强调从严的方面；反之，则要强调从宽的方面，这是我国同犯罪数十年斗争经验的总结。鉴于目前贪污、贿赂犯罪滋长蔓延，黑社会性质的有组织犯罪在个别地区相当猖獗，恐怖组织犯罪也时有发生，故意杀人、爆炸、抢劫等暴力犯罪也很常见，因此，对以上犯罪可以强调从严；对其他犯罪，则可以强调从宽。例如，我国《刑法》明文规定，在共同犯罪中，对组织、领导犯罪集团的首要分子，要按照集团所犯全部罪行处罚，对其他主犯也要按照其所参与的或组织、指挥的全部犯罪处罚；对累犯以及因故意杀人、强奸、抢劫、绑架、放火、投放危险物质或者有组织性暴力犯罪被判10年以上有期徒刑、无期徒刑的犯罪分子，不得假释；等等。

这些规定，都是根据社会治安形势和犯罪的实际情况作出的具体规定。

三、刑法的任务

我国《刑法》第 2 条规定："中华人民共和国刑法的任务，是用刑罚同一切犯罪行为作斗争，以保卫国家安全，保卫人民民主专政的政权和社会主义制度，保护国有财产和劳动群众集体所有的财产，保护公民私人所有的财产，保护公民的人身权利、民主权利和其他权利，维护社会秩序、经济秩序，保障社会主义建设事业的顺利进行。"该条阐明了刑法任务的具体内容，归纳起来，主要有以下四个方面：

1. 保卫国家安全，保卫人民民主专政的政权和社会主义制度。人民民主专政的政权和社会主义制度，是我国人民根本利益的集中体现。我们必须运用刑法武器同各种危害国家安全和企图推翻人民民主专政的政权、破坏社会主义制度的犯罪分子作坚决的斗争，维护国家安全，捍卫和巩固人民民主专政的政权和社会主义制度。我国《刑法》在分则第一章规定了危害国家安全罪，对各种危害国家安全的犯罪行为规定了较为严厉的法定刑。

2. 保护社会主义经济基础。保护社会主义经济基础主要表现在两个方面：（1）保护公共财产和公民私人所有的合法财产；（2）保护正常的社会主义经济秩序。经济基础是与一定社会历史阶段的生产力水平相适应的生产关系的总和。其主要内容是生产资料所有制形式以及与生产资料所有制形式相联系的生产、分配、流通的形式。我国现阶段的生产资料所有制形式是以生产资料公有制为主，多种所有制并存，并在此基础上实行社会主义市场经济；相应地，我国刑法对经济基础的保护也就是对以公有制为主的多种所有制和社会主义市场经济的保护。所以，刑法分则专章规定了"破坏社会主义市场经济秩序罪"和"侵犯财产罪"，从而使社会主义经济基础获得了较为有力的保障。国有财产和劳动群众集体所有的财产是社会主义的公共财产，它是巩固人民民主专政和进行社会主义现代化建设的物质基础，是提高广大人民生活水平并走向共同富裕的物质保证。因此，保护社会主义公共财产不受侵犯，是关系坚持社会主义道路、保卫社会主义成果的重大问题。公民私人所有的合法财产是公民生产、工作、生活不可缺少的物质条件，也必须予以保护。近年来发展起来的城乡劳动者个体经济和私营经济，以及随着对外开放而产生的中外合资经营企业、中外合作经营企业和外商独资企业，都是社会主义经济必要的和有益的补充，对于他们的合法权利和利益，都应予以重视和保护。

3. 保护公民的人身权利、民主权利和其他权利。我国刑法坚决保护公民所享有的人权。公民的人身权利、民主权利和其他权利，都属于人权的基本内容。人身权利，是指与人身有关的各项权利，如生命权、健康权、名誉权、人身自由权等。只有人身权利不受侵犯，才能行使民主权利和其他权利。所以，侵犯公民人身权利的犯罪是侵犯公民个人权利犯罪中最严重的犯罪。我国刑法对严重侵犯公民人身权利的犯罪，如故意杀人、强奸、绑架等都规定有严厉的刑罚，直至适用死刑。民主权利，是指公民依法参加国家管理和社会政治生活的权利。我国《刑法》在分则第四章中明确规定了"破坏选举罪""非法剥夺公民宗教信仰自由罪""侵犯少数民族风俗习惯罪"和"侵犯通信自由罪"等罪名及其相应的刑事责任，体现了对公民民主权利的切实保护。其他权利，是指公民人身权利、民主权利以外的权利，如婚姻自主权，年老、年幼、患病的家庭成员享有的受赡养、抚养、扶养的权利等，对严重侵犯公民其他权利的行为，刑法也要予以追究。

4. 维护社会秩序、经济秩序。没有正常的社会秩序、经济秩序，社会主义现代化建设就无法正常进行，国家的管理活动也无法正常实施，公民的一切权利也就失去了必要的保障。因此，刑法分则规定了"危害公共安全罪""妨害社会管理秩序罪"和"渎职罪"等各类犯罪，以维护社会秩序和经济秩序，保障社会主义现代化建设事业的顺利进行。

第三节　刑法的沿革与发展

一、中华人民共和国刑法的创制

我国刑法的创制，经历了一个长期而曲折的过程。

早在中华人民共和国成立之初，国家就在明令废除以"六法全书"为代表的国民党政府全部法律后，根据革命和建设的需要，制定了一系列单行刑法①。例如，1950年的《关于严禁鸦片烟毒的通令》《禁止珍贵文物图书出口暂行办法》；1951年的《妨害国家货币治罪暂行条例》《惩治反革命条例》《保守国家机密暂行条例》；1952年的《惩治贪污条例》《管制反革命分子暂行办

---

① 中华人民共和国刑法的立法实践最早可以追溯到中华人民共和国成立之前的革命根据地时期的有关刑事立法，但限于篇幅，本书只介绍中华人民共和国成立之后的刑事立法情况。

法》；等等。这些单行刑法在同反革命和贪污、贩运毒品、伪造国家货币等犯罪作斗争中起了重要的作用。在颁布实施单行刑法的同时，我国开始了刑法典的起草工作。

刑法典最初的起草准备工作，是由当时的中央人民政府法制委员会主持进行的。自1950年至1954年9月，法制委员会写出了两个稿本：一是《中华人民共和国刑法大纲草案》（共157条），二是《中华人民共和国刑法指导原则草案（初稿）》（共76条）。

实际上，刑法典的正式起草工作，是由全国人大常委会办公厅法律室于1954年10月组织起草班子开始的。1956年，中国共产党第八次全国代表大会召开，党中央十分重视法制建设。在此背景下，刑法典的起草工作加紧进行，至1957年6月28日，已经写出22稿。但是，随着1957年反右斗争的开始和法律虚无主义思潮的抬头，刑法草案没有公布，且在此后的三四年时间里，刑法起草工作完全停止。1962年5月，全国人大常委会办公厅法律室在有关部门的协同下，对刑法草案第22稿进行了全面修改。经过多次重大修改和征求意见，到1963年10月9日写出第33稿。但因随后开始的"四清""文化大革命"等政治运动的冲击，最终没能公布。①

1976年"文化大革命"结束。随着党和国家对法制工作的重视，1978年10月，由中央政法小组牵头组成刑法草案修订班子，对刑法草案第33稿进行修订，并先后写出两个稿本。其间，1978年11月中共中央召开了具有重大历史意义的十一届三中全会，明确指出为了保障人民民主，必须加强社会主义法制，使民主制度化、法律化，使这种制度和法律具有稳定性、连续性和极大的权威，做到有法可依，有法必依，执法必严，违法必究。② 十一届三中全会的精神，有力地推动了刑法的起草工作，并起到了重要的指导作用。1979年2月下旬，全国人大常委会法制委员会宣告成立，并从3月下旬开始，抓紧进行包括刑法起草在内的有关立法工作，又先后拟订出了刑法草案的3个稿本。其中，第二个稿本于1979年5月29日获得中共中央政治局原则通过，接着又在全国人大常委会法制委员会和第五届

---

① 参见高铭暄：《中华人民共和国刑法的孕育诞生和发展完善》，北京大学出版社2012年版，第1—2页。
② 1978年12月13日，邓小平在中央工作会议闭幕会上讲话时指出："现在的问题是法律很不完备，应该集中力量制定刑法、民法、诉讼法和其他各种必要的法律，经过一定的民主程序讨论通过，并且加强检察机关和司法机关，做到有法可依，有法必依，执法必严，违法必究。"参见《邓小平文选》第2卷，人民出版社1994年版，第146页。

全国人大常委会第八次会议上进行审议，之后提交第五届全国人大第二次会议进行审议。

1979年7月1日，《中华人民共和国刑法》在第五届全国人民代表大会第二次会议上获得一致通过，同年7月6日正式公布，1980年1月1日起施行。至此，我国第一部系统的刑法典正式诞生。这是我国刑法规范基本具备的标志，我国刑事法制也从此步入了一个新的阶段。

二、中华人民共和国刑法的完善

（一）刑法的局部修改

我国1979年《刑法》公布施行以后，为适应国家改革开放中的新情况、新问题和惩治、防范犯罪的实际需要，国家立法机关又不断对之进行修改和补充，使之逐步完善。对刑法典的修改和补充，主要采用单行刑法和附属刑法的方式来实现。1981—1995年间，全国人大常委会陆续通过了25部单行刑法：1981年6月10日《惩治军人违反职责罪暂行条例》；1981年6月10日《关于死刑案件核准问题的决定》；1981年6月10日《关于处理逃跑或者重新犯罪的劳改犯和劳教人员的决定》；1982年3月8日《关于严惩严重破坏经济的罪犯的决定》；1983年9月2日《关于严惩严重危害社会治安的犯罪分子的决定》；1987年6月23日《关于对中华人民共和国缔结或者参加的国际条约所规定的罪行行使刑事管辖权的决定》；1988年1月21日《关于惩治走私罪的补充规定》；1988年1月21日《关于惩治贪污罪贿赂罪的补充规定》；1988年9月5日《关于惩治泄露国家秘密犯罪的补充规定》；1988年11月8日《关于惩治捕杀国家重点保护的珍贵、濒危野生动物犯罪的补充规定》；1990年6月28日《关于惩治侮辱中华人民共和国国旗国徽罪的决定》；1990年12月28日《关于禁毒的决定》；1990年12月28日《关于惩治走私、制作、贩卖、传播淫秽物品的犯罪分子的决定》；1991年6月29日《关于惩治盗掘古文化遗址古墓葬犯罪的补充规定》；1991年9月4日《关于严禁卖淫嫖娼的决定》；1991年9月4日《关于严惩拐卖、绑架妇女、儿童的犯罪分子的决定》；1992年9月4日《关于惩治偷税、抗税犯罪的补充规定》；1992年12月28日《关于惩治劫持航空器犯罪分子的决定》；1993年2月22日《关于惩治假冒注册商标犯罪的补充规定》；1993年7月2日《关于惩治生产、销售伪劣商品犯罪的决定》；1994年3月5日《关于严惩组织、运送他人偷越国（边）境犯罪的补充规定》；1994年7月5日《关于惩治侵犯著作权的犯罪的决定》；1995年2月28日《关于惩治违反公司法的犯罪的决定》；1995年6月30日《关于惩治破坏金融秩序犯罪的决定》；1995年10月30日《关于惩治虚开、伪造和非法出售增值税专用发票犯罪的决定》。此外，全国人大常委会于1980年至1997年间在107部非刑事法律中设置了大量的附属刑法，如《兵役法》第61条第3款，《森林法》第39条，《计量法》第29条，《野生动物保护法》第37条第2款，《进出口商品检验法》第35、37条，《传染病防治法》第74条，《集会游行示威法》第29条，《军事设施保护法》第34条，《铁路法》第60条，《进出境动植物检疫法》第42、43条，《文物保护法》第64条，《烟草专卖法》第39条第2款，《国家安全法》第26、27条，《产品质量法》第49条，《对外贸易法》第61条，等等。

上述单行刑法、附属刑法对1979年《刑法》作了一系列的补充和修改，发展了我国的刑事立法，对司法实践起到了一定的指导和规范作用。但是，在刑法典之外存在如此众多的单行刑法和附属刑法，缺乏一个体系上的归纳，显得凌乱不堪，而且有的单行刑法出台以后，刑法典原有条文规定是否废除也不甚明确（如1979年《刑法》第155条贪污罪条文，在1988年《关于惩治贪污罪贿赂罪的补充规定》颁行后实际上被废除了；1979年《刑法》第141条拐卖人口罪罪名在1991年《关于严惩拐卖、绑架妇女、儿童的犯罪分子的决定》颁行后，仍然存在），以致司法文书中对有的犯罪，既引用刑法典条文，又引用单行刑法的相应条文（如贪污罪、受贿罪、走私罪等），很不规范。再者，1979年《刑法》颁行以来的实践检验和理论研究证明，基于种种原因，我国1979年《刑法》在体系格局、内容、立法技术诸方面，都存在一些缺陷；单行刑法和附属刑法虽然在某种程度上克服了一些不足，弥补了一些缺陷，但这两种立法方式本身的性质决定了它们不可能从根本上解决刑事立法不完善的问题。因此，司法实务部门和刑法学界一致要求全面修改《刑法》，即通过全面修改，制定出一部新的系统而完整的刑法典。

（二）刑法的全面修订

刑法的全面修订工作自1982年决定研究修改刑法始，至1997年3月公布修订的《中华人民共和国刑法》结束，历经15年。特别是在修订后的《刑事诉讼法》于1996年3月17日通过后，国家立法机关立即将主要精力投入刑法典的全面修改工作中。从1996年4月下旬起多次召开规模不同的刑法修改研讨会，并集中时间邀请一些专家学者与立法机关同志一起认真推敲具体的修改问题。在此基础上，全国人大常委会法工委于1996年8月31日推出了《刑法总则修改稿》和《刑法分则修改草案》。经进一步修改，全国人大法律委员会和全国人大常委会法工委又于1996年10月10日编印了《中华人民共和国刑法（修订草案）》（征求意见稿），并将之发往全国各地立法机关、司法机关、法律院校、研究机构等征询意见，后又在北京召开大型的刑法修改座谈会，广泛征求意见。根据这些意见，形成了提交1996年12月下旬召开的八届全国人大常委会第二十三次会议审议的《中华人民共和国刑法（修订草案）》。1996年12月24日至30日，八届全国人大常委会第二十三次会议在北京召开，刑法典全面系统的修改自此进入立法审议阶段。1997年2月19日至23日召开的八届全国人大常委会第二十四次会议，再次审议了刑法修订草案。

1997年3月1日至14日，八届全国人大第五次会议在北京召开，审议与通过刑法修订草案成为这次代表大会最重要的议程之一。1997年3月14日，八届全国人大第五次会议通过了《中华人民共和国刑法（修订草案）》。同日，以中华人民共和国国家主席令第83号予以公布。至此，一部统一的、比较完备的、具有重大改革和多方面显著进展的《中华人民共和国刑法》正式诞生。1997年《刑法》由总则、分则和附则三个部分组成，分15章，计452条。根据该法第452条第1款的规定和第83号国家主席令，1997年《刑法》自1997年10月1日起施行。

修订后的《刑法》主要体现了以下特点：（1）基本上实现了刑法的统一性与完备性；（2）较好地贯彻了刑事法治原则，加强了刑法的保障功能；（3）立法的过程及内容体现了立足本国国情与适当借鉴国外先进经验相结合的原则。但是，如同其他任何法律一样，刑法的修改不是一劳永逸的，它总是随着社会的变迁与发展而需要不断向前迈进。

（三）刑法的适时修正

随着我国经济的飞速发展和法治建设的日益完善，现行《刑法》部分条文已不再适应社会发展的要求，需要通过全国人大常委会予以修正、补充，加以完善。

1997年《刑法》生效后，短短20余年时间，国家立法机关通过1个单行刑法和10个刑法修正案对其进行了修正。分别是：1998年的《关于惩治骗购外汇、逃汇和非法买卖外汇犯罪的决定》、1999年的《刑法修正案》、2001年的《刑法修正案（二）》和《刑法修正案（三）》、2002年的《刑法修正案（四）》、2005年的《刑法修正案（五）》、2006年的《刑法修正案（六）》、2009年的《刑法修正案（七）》、2011年的《刑法修正案（八）》、2015年的《刑法修正案（九）》和2017年的《刑法修正案（十）》。

刑法修正案作为对《刑法》条文的具体修正，其通过之后即纳入刑法典成为其组成部分，因而有利于维护刑法典的统一性和完备性。

第四节　刑法的体系与解释

一、刑法的体系

刑法的体系是指刑法的组成和结构。我国刑法的体系，从总体上分为总则、分则和附则三个部分。其中总则、分则各为一编，各编之下，根据法律规范的性质和内容，有次序地划分为章、节、条、款、项几个层次。刑法附则部分仅一个条文，即《刑法》第452条。该条的内容，一是规定修订后的《刑法》开始施行的日期；二是规定修订后的《刑法》与以往单行刑法的关系，宣布在修订刑法生效后某些单行刑法的废止以及某些单行刑法中有关刑事责任内容的失效。

如上所述，我国刑法的体系就是通过总则、分则、附则，以编、章、节、条、款、项把刑法涉及的内容有机地结合在一起的。具体分述如下：

（一）编

我国刑法首先把各种刑法规范科学而系统地列入总则编和分则编之中，并使两者有机结合起来。刑法总则是关于刑法的指导思想、任务和适用范围，以及犯罪和刑罚的一般原理、原则的规范体系，这些规范是定罪量刑所必须遵守的共同规则。刑法分则是关于具体犯罪和具体法定刑的规范体系，这些规范是解决具体定罪量刑问题的标准。总则与分则的关系是一般与特殊、抽象与具体的关系。总则指导分则，分则是总则某些原理、原则的具体体现，二者相辅相成。只有把总则和分则紧密地结合起来，才能正确地认定犯罪、确定刑事责任和适用刑罚。

（二）章

编下是章，章是总则和分则两编之下的单位。总则和分则各自独立设章。刑法典第一编"总则"设5章，即刑法的任务、基本原则和适用范围，犯罪，刑罚，刑罚的具体运用，其他规定。第二编"分则"设10章，即危害国家安全罪，危害公共安全罪，破坏社会主义市场经济秩序罪，侵犯公民人身权利、民主权利罪，侵犯财产罪，妨害社会管理秩序罪，危害国防利益罪，贪污贿赂罪，渎职罪，军人违反职责罪。各章的排列有一定顺序，形成一个有机整体。

（三）节

章下是节，节是刑法总则和分则的某些章根据需要而设的单位，反映某章内部的有机联系。总则除第一章和第五章外，其余各章下均设若干节；分则大多数章下不设节，仅第三章"破坏社会主义市场经济秩序罪"和第六章"妨害社会管理秩序罪"因涉及的具体犯罪众多、内容庞杂而分设了若干节。

（四）条

节下是条，条是表达刑法规范的基本单位。刑法规范通常都是以条文形式出现的，因而条是刑法规范的基本构成元素。配置在各编、章、节中的刑法条文，全部用统一的顺序号码进行编号。刑法条文采用统一编号，既可以达到系统化的目的，又可以保证查阅方便、引用准确。

刑法中有的条文在同一款中只表达一个意思，有的条文在同一款里包含两个或两个以上意思。后者例如，《刑法》第56条第1款规定："对于危害国家安全的犯罪分子应当附加剥夺政治权利；对于故意杀人、强奸、放火、爆炸、投毒、抢劫等严重破坏社会秩序的犯罪分子，可以附加剥夺政治权利。"该款包含两个意思，用分号隔开。又如，《刑法》第79条规定："对于犯罪分子的减刑，由执行机关向中级以上人民法院提出减刑建议书。人民法院应当组成合议庭进行审理，对确有悔改或者立功事实的，裁定予以减刑。非经法定程序不得减刑。"该条包含三个意思，用句号隔开。一个条文的同一款中包含两个或两个以上意思的，学理上称之为前段、后段，或者前段、中段、后段，在具有这种结构的条款当中，如有用"但是"这个连接词来表示转折关系的，则从"但是"开始的这段文字，学理上称之为"但书"。

我国刑法条文中"但书"所表示的意义大致有以下两种情况：（1）"但书"是前段的例外。例如，《刑法》第246条在规定侮辱罪、诽谤罪"告诉的才处理"的同时，又"但书"指出严重危害社会秩序和国家利益的除外。（2）"但书"是对前段的限制。例如，《刑法》第20条第2款规定："正当防卫明显超过必要限度造成重大损害的，应当负刑事责任，但是应当减轻或者免除处罚。"在这里，"但书"对防卫过当人负刑事责任作了限制性的规定。

（五）款

条下是款，款是设于某些条之下的单位。有些条文表达的内容比较简单，因而没有必要设款；但有些条文要表达的内容比较丰富，有若干层意思，因而需要分为若干款。对条下的款，某些国家的刑法以顺序号码或字母来表示，我国刑法则采用另起一行的办法来表示。例如，《刑法》第25条规定："共同犯罪是指二人以上共同故意犯罪。"接着另起一行："二人以上共同过失犯罪，不以共同犯罪论处；应当负刑事责任的，按照他们所犯的罪分别处罚。"前一部分为第1款，后一部分为第2款。

（六）项

条与款之下，还有项，项是某些条或款之下设立的单位。有些国家的刑法只有条、款，而无项的规定。我国刑法的某些条或款中保留了项的规定，并对之采取了基数号码进行编号。例如《刑法》第263条规定的抢劫罪："有下列情形之一的，处十年以上有期徒刑、无期徒刑或者死刑，并处罚金或者没收财产：（一）入户抢劫的；（二）在公共交通工具上抢劫的；（三）抢劫银行或者其他金融机构的；（四）多次抢劫或者抢劫数额巨大的；（五）抢劫致人重伤、死亡的；（六）冒充军警人员抢劫的；（七）持枪抢劫的；（八）抢劫军用物资或者抢险、救灾、救济物资的。"此条是在条下面设项。又如，《刑法》第91条关于公共财产的规定分两款，第1款下又列了3项，则是在款下面设项。

二、刑法的解释

刑法的解释，是指对刑法规范含义的阐明。刑法规范之所以需要解释，主要是因为：（1）刑法条文具有一定的抽象性，而现实生活却是千姿百态、千变万化的，为了使抽象的法条适用于具体的案件，就需要对刑法规范进行解释；（2）刑法条文具有一定的稳定性，而现实生活则具有多变性，为了使司法活动能够跟上客观情况的变化，可以在条文内容许可的情况下，对某些条文赋予新的含义；（3）刑法条文是用具体文字表述的，可能存在含糊之处，甚至存在缺陷，需要明确。因此，刑法的解释对正确理解和运用刑法具有重要的意义。

刑法的解释，可以从不同方面进行分类：

（一）立法解释、司法解释与学理解释

以解释的主体为依据，可将刑法解释分为立法解释、司法解释[①]与学理解释。

1. 立法解释

立法解释是由立法机关对刑法的含义所作的解释。具体而言，立法解释是指全国人大及其常委会对刑法规范本身需要明确的界限，或者为解决最高人民法院和最高人民检察院所作出的有关刑事司法的解释的原则性分歧而进行的解释。刑

[①] 有观点认为，最高人民法院、最高人民检察院发布的指导性案例也具有司法解释的性质。以最高人民法院2010年11月26日发布的《最高人民法院关于案例指导工作的规定》为标志，案例指导从性质上来看，成为解释法律的一种形式。2014年党的十八届四中全会文件要求："加强和规范司法解释和案例指导，统一法律适用标准。"2015年5月13日《〈最高人民法院关于案例指导工作的规定〉实施细则》颁布，同年12月30日《最高人民检察院关于案例指导工作的规定》颁布。

法的立法解释对于弥补刑法规范中的漏洞，使刑法规范有效适用于复杂多变的犯罪活动，维护刑法规范的稳定性，具有重要作用。刑法的立法解释包括以下三种情况：

（1）在刑法中用条文对有关刑法术语所作的解释。例如，《刑法》第93条规定："本法所称国家工作人员，是指国家机关中从事公务的人员。国有公司、企业、事业单位、人民团体中从事公务的人员和国家机关、国有公司、企业、事业单位委派到非国有公司、企业、事业单位、社会团体从事公务的人员，以及其他依照法律从事公务的人员，以国家工作人员论。"《刑法》总则第五章"其他规定"还分别对《刑法》中的"公共财产""公民私人所有的财产""司法工作人员""重伤""违反国家规定""首要分子""告诉才处理""以上、以下、以内"等术语作了解释。《刑法》分则中也有立法解释的内容。例如，《刑法》第357条规定："本法所称的毒品，是指鸦片、海洛因、甲基苯丙胺（冰毒）、吗啡、大麻、可卡因以及国家规定管制的其他能够使人形成瘾癖的麻醉药品和精神药品。"

（2）由国家立法机关在法律的起草说明或者修订说明中所作的解释。例如，时任全国人大常委会副委员长王汉斌在《关于〈中华人民共和国刑法（修订草案）〉的说明》中，对罪刑相当原则作了如下解释："罪刑相当，就是罪重的量刑要重，罪轻的量刑要轻，各个法律条文之间对犯罪量刑要统一平衡，不能罪重的量刑比罪轻的轻，也不能罪轻的量刑比罪重的重。"

（3）刑法在施行中如发生歧义，由全国人大常委会进行解释。依照《宪法》第67条第4项的规定，解释法律是全国人大常委会的职权之一。例如，全国人大常委会对《刑法》第93条第2款、第228条、第294条第1款、第313条、第342条、第384条第1款、第414条等的解释。

2. 司法解释

司法解释是由司法机关对刑法的含义所作的解释。有权进行司法解释的司法机关是最高人民法院和最高人民检察院。1981年6月10日第五届全国人大常委会第十九次会议通过的《关于加强法律解释工作的决议》第2条规定："凡属于法院审判工作中具体应用法律、法令的问题，由最高人民法院进行解释。凡属于检察院检察工作中具体应用法律、法令的问题，由最高人民检察院进行解释。最高人民法院和最高人民检察院的解释如果有原则性的分歧，报请全国人民代表大会常务委员会解释或决定。"

1979年《刑法》颁行尤其是1997年《刑法》修订以来，最高人民法院和最高人民检察院分别就审判工作和检察工作中具体应用刑法的问题作过不少解释。

例如，关于自首、未成年人犯罪、盗窃、抢夺、抢劫的司法解释等。而且，最高人民法院和最高人民检察院还就某些犯罪案件如何具体应用法律问题，多次联合作出过司法解释。

3. 学理解释

学理解释是由专家、学者从学理上对刑法含义所作的解释。如刑法教科书、专著、论文、案例分析中对刑法规范的含义所作的解释。立法解释和司法解释属于有权解释，有法律约束力。学理解释在法律上没有约束力，属无权解释。但是，正确的学理解释有助于人们理解刑法规范的含义，对于提高公民的法律意识和法学水平，促进刑法科学的发展，具有重要的作用，甚至对于司法实践和立法工作也都具有参考价值。事实上，学理解释也是立法解释和司法解释的理论基础。

（二）文理解释与论理解释

以解释方法为依据，可将刑法解释分为文理解释和论理解释。

1. 文理解释

文理解释是对法律条文的字义，包括单词、概念、术语，从文理上所作的解释。例如，对刑法中"可以、应当"的解释，对刑法条文中多次出现的"暴力"的解释，对抢劫金融机构中"金融机构"的解释，对持枪抢劫中"枪支"的解释（是否包括假枪），对组织卖淫罪的对象的解释（是否包括男子），等等。

2. 论理解释

论理解释是按照立法精神，联系有关情况，对刑法条文从逻辑上所作的解释。论理解释又分为扩张解释、限制解释和当然解释。

（1）扩张解释。扩张解释是根据立法原意，对刑法条文作超过字面意思的解释。例如，将《刑法》规定的"审判的时候怀孕的妇女"中的"审判的时候"解释为包括侦查、起诉时期；将《刑法》第341条中的"出售"解释为包括以营利为目的的加工；将《刑法》第116条"破坏交通工具罪"中的"汽车"解释为包括大型拖拉机；将《刑法》第239条第2款"杀害被绑架人"中的"杀害"解释为包括杀伤、杀害未遂，等等。

（2）限制解释。限制解释是根据立法原意，对刑法条文作狭于字面意思的解释。例如，将"教唆不满18周岁的人犯罪"中的"不满18周岁的人"解释为"已满14周岁不满18周岁"的人；将"二人以上共同故意犯罪"中的"人"解释为具有相应刑事责任能力的人；将入户抢劫犯罪中的"户"解释为他人生活的与外界相对隔离的住所；将"行凶"解释为故意重伤以上。

（3）当然解释。当然解释就是"不言自明，理所当然"，刑法条文虽没有明确规定，但已包含在法律条文的含义中，依据理所当然的方式，对刑法条文所作的解释。例如，既然"禁止攀摘花木"，当然就意味着"禁止刨根伐干"。又如，《刑法修正案（七）》颁布之前，偷税罪曾把"因偷税被税务机关给予二次行政处罚又偷税"作为入罪情节之一加以规定，那么，因偷税被税务机关给予三次行政处罚又偷税的，理所当然应解释为构成偷税罪。一般而言，当然解释可按此进行操作：出罪，举重以明轻；入罪，举轻以明重。

▶ 拓展学习

知识点阐释

思考题

1. 什么是刑法？
2. 如何理解刑法的机能？
3. 具体阐述刑法解释的种类及其内容。

第二章 刑法的基本原则

第一节 刑法基本原则的概念与意义

一、刑法基本原则的概念

刑法基本原则问题是刑事立法和刑事司法中一个带有全局性、根本性的问题。1979年《刑法》没有规定刑法的基本原则。但是，在该部法典颁布之后，刑法基本原则作为一个重大理论问题，曾引起刑法理论界和实务界的高度关注。特别是在20世纪八九十年代的刑法典修订过程中，关于刑法基本原则如何界定，刑法基本原则应否在刑法中增设，以及应当如何规定刑法基本原则等问题，在刑法理论界和实务界更是进行了充分的讨论。1997年《刑法》在广泛听取和归纳各界意见的基础上，于第3—5条明确规定了三项刑法基本原则，即罪刑法定原则、适用刑法人人平等原则、罪责刑相适应原则，从而使刑事立法上如何确立刑法基本原则的问题得到了基本解决。

所谓刑法基本原则，是指贯穿全部刑法规范，具有指导和制约全部刑事立法和刑事司法的意义，并体现我国刑事法治基本精神的准则。

首先，刑法基本原则必须贯穿全部刑法规范，具有指导和制约全部刑事立法和刑事司法的意义。在刑事立法上，为了解决定罪和量刑问题，需要制定出各种不同的法律原则，在刑事司法中也必须遵循这些原则。但是，并非每一个原则都是刑法的基本原则，只有那些对刑法的制定、修改、补充具有全局性意义，并且在刑法的整个规范体系中具有根本性意义的原则，才能成为刑法的基本原则。例如，我国刑法中规定的对未成年人犯罪从宽处罚的原则、对累犯从严处罚的原则以及从旧兼从轻的处理刑法溯及力问题的原则等，虽然都是刑法中不可缺少的重要原则，但这些原则并不具有全局性的指导意义，只是刑法中局部性的原则，仅适用于某些问题或某些案件，因此，它们不能作为刑法的基本原则。

其次，刑法基本原则必须体现我国刑事法治的基本精神，这就是：坚持法治，摒弃人治；坚持平等，反对特权；讲求公正，反对徇私。刑法的基本原则必须贯穿刑法实施的全过程，不仅指导刑事立法、司法的各个环节，也引导着社会的刑法观念和刑法意识；不仅指导着刑事立法与刑事司法机关工作人员正确履职，也影响着全体公民的刑法观念。只有符合刑事法治基本精神的原则才能成为刑法的基本原则。

依据上述界定，罪刑法定原则、适用刑法人人平等原则、罪责刑相适应原则无可置疑地属于我国刑法的基本原则，已为我国1997年《刑法》所确认，其在刑法实施过程中的指导作用日渐显著。而随着我国社会主义法治和人权保障制度的不断完善，"国家尊重和保障人权"被正式写入宪法，鉴于刑法（特别是刑罚）直接关涉公民基本权利和自由，无刑事法治即无法治，也无人权，因此，保障人权原则也应被确立为刑法的基本原则。此外，综合刑法理论与实践，罪责自负原则、主客观相统一原则虽然未在宪法、刑法中有明文规定，但其具备刑法基本原则的功能，也被认为是刑法的基本原则。

二、刑法基本原则的意义

刑法基本原则是贯穿于全部刑法规范和刑法适用的准则，是刑事法治基本精神的集中体现，对刑事立法和刑事司法具有极大的指导意义。今后的刑事立法工作，必须完全符合刑法基本原则，而绝不能违背这些基本原则。当刑法有必要加以修改补充时，一定要以这些基本原则为指导，使罪刑规范更加具体、明确、清晰，既有利于保护社会，又有利于保障人权。刑事司法工作要大力贯彻这些基本原则，强化法治意识、平等观念和公正无私、刚直不阿的思想，使所办的案件既符合法律政策，又能经得起历史的检验。总之，刑法基本原则具有强大的威力：它们既有利于积极同犯罪作斗争，又有利于切实保障公民的合法权益；既有利于推进法治化进程，又有利于维护法律的公正性；既有利于实现刑法的目的，又有利于达到刑罚的最佳效果。因此，它们必将促进我国刑事立法的发展完善，促进刑事司法的文明进步，并更好地保障中国特色社会主义建设事业与法治事业的顺利进行。

第二节 保障人权原则

一、保障人权原则的含义

2004年3月14日，第十届全国人民代表大会第二次会议通过了《宪法修正案》，首次将"人权"概念引入宪法，载明"国家尊重和保障人权"，它标志着我国现行宪法首次用一个概括性条款确认了尊重和保障人权的宪法原则。这是我国民主法治和政治文明建设的一件大事，是我国人权发展的一个重要里程碑。尊重和保障人权原则,其基本含义就是尊重和保障人因其为人而应享有的基本权利,这应该说是该原则的第一层内涵。因为宪法中已有"基本权利"的规定,在此之上再特意引入"人权"这一概念,从规范的内部逻辑而言,意在强调这种基本权利乃"人作为人的基本权利",而尊重和保障人权,正是宪法的价值目标。此外,将"国家尊重和保障人权"这一规定写入作为根本大法的宪法,必然要求从我国现行法律体系的整体出发,最大限度地尊重人权,最全面地保护人权。

基于尊重和保障人权的宪法规定,保障人权原则应该成为刑法的基本原则。因为作为国家法治的重要组成部分,刑法直接关涉公民的基本人权,保障人权是刑法的基础性要求,是当代刑法机能所蕴含的重要内容。刑法不仅可以通过依法惩罚犯罪来维护社会正常秩序,保护守法公民免受犯罪侵害,也保障无罪的人不受刑罚处罚,防止惩罚权的滥用,在惩罚罪犯时也要维护其应有权益,使其所受到的惩罚与其犯罪行为和刑事责任相适应,保证其免受不公正之惩罚,并通过刑罚的执行来感化和改造犯罪人,促使其重新回归社会。因此,"刑法既是犯罪人的大宪章,也是善良公民的大宪章"①。所谓"刑法是犯罪人的大宪章",是指在行为人实施了犯罪的情况下,保障罪犯免受刑法规定以外的不正当刑罚;而"刑法是善良公民的大宪章",是指只要公民没有实施刑法所规定的犯罪行为,就不能对该公民处以刑罚。在此基础上,以刑法保护公民免受犯罪的侵害,也是"刑法是善良公民的大宪章"之题中应有之义。刑法对人权的保障,既包括对犯罪人人权的依法保障,更应当包括对被害人及广大守法公民人权的依法保障。

二、保障人权原则的具体体现

首先,鉴于刑法对人权保障的特殊重要性,各种国际条约或宣言均非常注重以刑事措施保障人权,其中保障人权的条款涉及刑法领域的诸多问题。例如,联合国1948年的《世界人权宣言》、1966年的《公民权利和政治权利国际公约》等对罪刑法定原则作了明确的规定。联合国大会1985年通过的《为罪行和滥用权利行为受害者取得公理的基本原则宣言》以文书的形式集中规定了保障受害者的基本原则。此外,诸多联合国规约还旗帜鲜明地反对酷刑和其他残忍、不人道或有辱人格的待遇或处罚,并对限制和废止死刑提出了明确的要求。

其次,当代各国或地区立法者一般也都根据本国或本地区实际情况尽可能充

---

① 参见[日]木村龟二主编:《刑法学词典》,顾肖荣等译校,上海翻译出版公司1992年版,第9页。

分有效地利用刑法对人权加以保护。各国或地区刑法的制定与修订充分反映了刑法随时代变迁和社会进步而改革发展的世界性潮流与趋势。尤其是20世纪90年代以来，随着保障人权的呼声日益高涨，各国或地区在以刑法手段强化人权保障方面迈出了更大的步伐：1992年法国对其1810年刑法典的全面修订，1995年我国澳门地区刑法典的颁布，1996年俄罗斯联邦刑法典的出台并与苏联刑法典的分离，2002年德国刑法典与奥地利联邦刑法典的修订，2003年瑞士联邦刑法典的修订，无不彰显了保障人权原则。

同样，为秉承保障人权原则而进一步强化刑法的人权保护机能，也是当代我国刑法发展完善的鲜明主题之一。1979年《刑法》特别是之后围绕"严打"的刑法立法与刑事司法更侧重于强调刑法的社会保护机能，力图通过刑罚权的动用来惩罚犯罪，以刑罚这种不得已的"恶"来否定犯罪之"恶"，以求达到维护社会秩序、保障社会稳定发展的目的。刑法在保障人权方面的重要作用既未能在理论上得到高度重视，也未能在实践中得到充分发挥。随着我国改革开放事业的全面推进和依法治国的不断深入，人们逐渐认识到，保障人权是现代刑法的基本原则与重要机能。经全面系统修订的1997年《刑法》以及后续的刑法修正案都充分体现了保障人权之立法精神与宪法原则。其核心举措在于：一方面确立了刑法的三大基本原则，另一方面则是推动刑罚更加人道化，在立法上逐步减少死刑罪名，增设社区矫正，扩大罚金刑等非监禁刑的适用范围，通过《刑法》第36条规定赔偿被害人因犯罪行为而遭受的经济损失，并确立了优先原则，以强化对受害人权利的法律保护。保障人权原则强调的是对公民人权的维护，以对犯罪人人权之保障为首要目标，并以此为基础实现对全体公民特别是被害人权利的保障。从权力运作角度看，刑法的人权保障机能起到了限制国家刑罚权的功效，避免了无限度动用刑罚权给公民权利带来的侵害。这不仅标志着我国刑事法治的发展与社会文明的进步，而且有助于我国在人权保护领域开展更为广泛的国际交往，与国际社会共同搭建人权保护的对话平台与合作机制，顺应了刑事法治发展之保障人权的旨趣。

第三节 罪刑法定原则

一、罪刑法定原则的含义

罪刑法定原则的含义是：什么是犯罪，有哪些犯罪，各种犯罪的构成条件是什么，有哪些刑种，各个刑种如何适用，以及各种具体罪的具体量刑幅度如何等，均由刑法加以规定。对于刑法分则没有明文规定为犯罪的行为，不得定罪处罚。概括起来说，就是"法无明文规定不为罪，法无明文规定不处罚"。

罪刑法定的思想渊源，最早可以追溯到1215年英王约翰签署的《大宪章》第39条的规定，即"凡是自由民，除经贵族依法判决或遵照国内法律之规定外，不得加以扣留、监禁、没收其财产、剥夺其法律保护权，或加以放逐、伤害、搜索或逮捕"。这里就蕴含着罪刑法定、保障自由民权利的思想。到了17、18世纪，资产阶级启蒙思想家针对封建刑法中罪刑擅断、践踏人权的黑暗现实，更加明确地提出了罪刑法定的主张，使罪刑法定的思想更为系统，内容更加丰富。正如刑事古典学派创始人贝卡里亚所指出的："只有法律才能为犯罪规定刑罚。……超越法律限度的刑罚就不再是一种正义的刑罚。"① 资产阶级革命胜利后，罪刑法定这一思想由学说转变为法律，在资产阶级宪法和刑法中得到确认。1789年法国《人与公民权利宣言》（简称《人权宣言》）第8条规定："法律只应规定确实需要和显然不可少的刑罚，而且除非根据在犯罪前已制定和公布的且系依法施行的法律，不得处罚任何人。"在《人权宣言》这一内容的指导下，1810年《法国刑法典》第4条首次以刑事立法的形式明确规定了罪刑法定原则，其后大陆法系各国竞相仿效。由于这一原则符合现代社会民主与法治的发展趋势，至今已成为不同社会制度的世界各国刑法中最普遍、最重要的一项原则。

确立罪刑法定原则具有重大的意义，它不仅有利于维护社会秩序，也有利于保障人权。正如法国刑法学家卡斯东·斯特法尼（Gàston Stefani）等人所指出的："从法律的观点看，无论从公共利益，还是从私人利益考虑，法定原则都是有道理的，都是正确的。""由立法者来确定哪些行为是应当受到惩处的行为并且规定相应的刑罚，这就使刑事处罚有了'确定性'，从而强化了刑罚的威慑力量，社会只会从中得益。""此外，罪刑法定原则也是对个人自由的基本保证，这一原则是对公民的保护，可以使公民免受法官的擅断行为，因为公民事先了解哪些行为是受到社会禁止的行为，同时也了解如果实行这些行为将受到何种惩处。"②

一般认为，基于罪刑法定原则产生出四个派生性原则，这就是：排斥习惯法；排斥绝对不定期刑；禁止有罪类推；禁止重法溯及既往。有的学者还进一步提出

---

① ［意］贝卡里亚：《论犯罪与刑罚》，黄风译，中国大百科全书出版社1993年版，第11页。
② ［法］卡斯东·斯特法尼等：《法国刑法总论精义》，罗结珍译，中国政法大学出版社1998年版，第114—115页。

明确性原则、严格解释原则、实体的正当程序原则等。对此，我国学者基本予以认可。

二、罪刑法定原则的立法体现

1979年《刑法》没有明确规定罪刑法定原则，相反却在第79条规定了有罪类推制度。当时在理论上，对于《刑法》是否采用了罪刑法定原则，曾存在不同的认识和理解。本书认为，在1997年修订《刑法》之前，我国刑法大体上实行了罪刑法定原则，这一原则从刑法关于犯罪的概念，罪与非罪、此罪与彼罪的界限，犯罪构成的一般要件和具体犯罪构成要件，以及法定刑等立法内容中得到了体现。只不过由于当时存在类推制度以及其他一些不合罪刑法定原则要求之处，因而当时我国刑法对罪刑法定原则的认可、重视和贯彻的程度还不高。1997年修订后的《刑法》，从完善我国刑事法治、保障人权的需要出发，明文规定了罪刑法定原则，并废止类推的规定，成为刑法修订和我国刑法发展完善的一个重要标志。

1997年《刑法》第3条规定："法律明文规定为犯罪行为的，依照法律定罪处刑；法律没有明文规定为犯罪行为的，不得定罪处刑。"此即我国刑法中的罪刑法定原则。这一原则的价值内涵和内在要求，在整部法典中得到了较为全面、系统的体现：

（1）1997年《刑法》实现了犯罪的法定化和刑罚的法定化。犯罪的法定化具体表现为：明确规定了犯罪的概念、犯罪构成的共同要件和各种具体犯罪的构成要件。刑罚的法定化具体表现为：明确规定了刑罚的种类、量刑的原则和各种刑罚制度以及各种具体犯罪的法定刑。

（2）1997年《刑法》取消了1979年《刑法》第79条规定的类推制度，这是罪刑法定原则得以真正贯彻的重要前提。

（3）1997年《刑法》重申了1979年《刑法》第9条关于刑法在溯及力问题上从旧兼从轻的原则。

（4）在分则罪名的规定方面，1997年《刑法》已相当详备。分则条文由1979年的103条增加到350条，罪名数由1979年的129个增加到412个。1997年《刑法》通过以来，全国人大常委会因应社会政治、经济、文化等方面的变化及与犯罪作斗争的需要，又陆续制定了1部单行刑法和10部刑法修正案，对1997年《刑法》进行了诸多修改，刑法分则条文和罪名均有大幅度的增加。

（5）在具体犯罪的罪状以及各种犯罪的法定刑设置方面，1997年《刑法》增强了法条的可操作性。对于大量犯罪,尽量使用叙明罪状,在犯罪的处罚规定上,注重量刑情节的具体化。

三、罪刑法定原则的司法适用

刑法规定的罪刑法定原则的实现,有赖于司法机关的司法活动。从我国的司法实践来看,切实贯彻执行罪刑法定原则,必须注意以下几个问题:

第一,正确认定犯罪和判处刑罚。对于刑法明文规定的各种犯罪,司法机关必须以事实为根据,以法律为准绳,认真把握犯罪的本质特征和犯罪构成的具体要件,严格区分罪与非罪、此罪与彼罪的界限,做到定性准确,不枉不纵,于法有据,名副其实。对各种犯罪的量刑,亦必须严格以法定刑及法定情节为依据。

第二,正确进行司法解释。对于刑法规定不够具体的犯罪,最高司法机关通过司法解释指导具体的定罪量刑活动,这对于弥补立法的不足,统一规范和指导司法实务,具有重要的意义。但是,进行司法解释不能超越其应有的权限,无论是扩张解释,还是限制解释,都不能违反法律规定的真实意图,更不能以司法解释代替刑事立法。否则,就会背离罪刑法定原则。

2014年10月,党的十八届四中全会通过的《中共中央关于全面推进依法治国若干重大问题的决定》强调,要"健全落实罪刑法定、疑罪从无、非法证据排除等法律原则的法律制度"。由此可见,虽然我国的刑事立法、司法在贯彻罪刑法定原则方面取得了很大进步,但仍有很大的改进空间,需要继续不断地努力。

第四节 适用刑法人人平等原则

一、适用刑法人人平等原则的含义

法律面前人人平等是我国宪法确立的社会主义法治的基本原则。《宪法》明确规定,任何组织或个人,"都必须遵守宪法和法律","都不得有超越宪法和法律的特权","一切违反宪法和法律的行为,必须予以追究"。为了使这一原则进一步得到贯彻执行,我国一些基本法律也对之加以规定,如《刑事诉讼法》《民事诉讼法》都规定了公民在适用法律上一律平等。刑法作为惩罚犯罪、保护人民的基本法律,更应当贯彻这一原则。为此《刑法》第4条规定:"对任何人犯罪,在适用法律上一律平等。不允许任何人有超越法律的特权。"这就将宪法确立的法律面前人人平等原则,结合刑法的特殊内容,具体化为适用刑法人人平等这样一项刑法基本原则。

适用刑法人人平等原则的含义是：对任何人犯罪，不论犯罪人的民族身份、家庭出身、社会地位、职业性质、财产状况、政治面貌、才能业绩如何，都应追究刑事责任，一律平等地适用刑法，依法定罪、量刑和行刑，不允许任何人有超越法律的特权。

二、适用刑法人人平等原则的具体体现

适用刑法人人平等原则具体体现在定罪、量刑和行刑三个方面。

第一，定罪上一律平等。任何人犯罪，无论其身份、地位等如何，一律平等对待，适用相同的定罪标准。不能因为被告人地位高、功劳大而使其逍遥法外，不予定罪，也不能因为被告人是普通公民就妄加追究，任意定罪。

第二，量刑上一律平等。犯相同的罪且有相同的犯罪情节的，应做到同罪同罚。虽然触犯相同的罪名，但犯罪情节不同，比如有的具有法定从重处罚的情节，有的具有法定从轻、减轻或者免除处罚的情节，从而同罪不同罚，这是合理的、正常的，并不违背量刑平等原则。因为对任何犯罪人来说，都有这样一个具体情况具体分析、针对不同情况区别对待的问题。但如考虑某人权势大、地位高或财大气粗而给予从宽处罚，则是违背量刑平等原则的，因为这等于承认某人享有超越法律的特权。

第三，行刑上一律平等。在执行刑罚时，对于所有的受刑人都应平等对待，凡罪行相同、主观恶性相同的，刑罚处遇也应相同，不能考虑权势地位、富裕程度而对一部分人搞特殊，对另一部分人则加以歧视。掌握法律规定的减刑、假释的条件标准也应体现平等，谁符合条件，谁不够条件，都要严格以法律为准绳，不搞亲疏贵贱。当然，因罪行轻重不同、主观恶性不同、改造表现不同而给予差别处遇，这是行刑的题中应有之义，比如教育改造工作中的评分制、累进制，都体现了相同情况相同对待、不同情况区别对待的司法公正精神，这不仅不违反行刑平等的原则，恰恰是行刑平等的实质体现。

第五节 罪责刑相适应原则

一、罪责刑相适应原则的含义

我国《刑法》第5条规定："刑罚的轻重，应当与犯罪分子所犯罪行和承担的

刑事责任相适应。"这条规定的就是罪责刑相适应原则。

罪责刑相适应原则的含义是，犯多大的罪，就应承担多大的刑事责任，法院也应判处其相应轻重的刑罚，做到重罪重罚，轻罪轻罚，罪刑相称，罚当其罪；在分析罪重罪轻和刑事责任大小时，不仅要看犯罪的客观社会危害性，而且要结合考虑行为人的主观恶性和人身危险性，把握罪行和罪犯各方面因素综合体现的社会危害性程度，从而确定其刑事责任程度，适用相应轻重的刑罚。

从上述含义可以看出，刑罚的轻重不是单纯地与犯罪分子所犯罪行相适应，还要与犯罪分子承担的刑事责任相适应，即在犯罪与刑罚之间通过刑事责任这个中介来调节。因此，称之为罪责刑相适应原则，比称之为罪刑相适应原则更为准确、贴切、完整。罪刑相适应原则是否包容刑罚个别化在内，存在争论，而罪责刑相适应原则肯定是包括了刑罚个别化内容的。

罪责刑相适应原则是从传统的罪刑相适应原则发展而来的。罪刑相适应的观念，最早可以追溯到原始社会的同态复仇和奴隶社会的等量报复。"以血还血、以眼还眼、以牙还牙"是罪刑相适应思想最原始、最粗俗的表现形式。罪刑相适应成为刑法的基本原则，则是17、18世纪的资产阶级启蒙思想家和法学家倡导的结果。孟德斯鸠指出："惩罚总应有程度之分，按罪行大小，定惩罚轻重。"① 贝卡里亚在其传世之作《论犯罪与刑罚》一书中指出："犯罪对公共利益的危害越大，促使人们犯罪的力量越强，制止人们犯罪的手段就应该越强有力。这就需要刑罚与犯罪相对称。"② 贝卡里亚还独具匠心地提出了罪刑阶梯论，试图确定一个与犯罪轻重相适应的刑罚阶梯，以实现罪刑均衡的思想。资产阶级革命胜利后，罪刑相适应原则被写进了法律。传统的罪刑相适应原则，以报应主义刑罚观为基础，机械地强调刑罚与已然之罪、犯罪客观行为或曰犯罪客观危害相适应。从19世纪末开始，随着刑事人类学派和刑事社会学派的崛起，传统的罪刑相适应原则受到了有力的挑战。最为突出的表现，是行为人中心论和人身危险性论的出现及保安处分和不定期刑制度的推行，使传统的罪刑相适应原则在刑事立法上受到削弱和排挤，但这实际上并未动摇其作为刑法基本原则的地位。从当今世界各国的刑事立法来看，罪刑相适应原则内容已得到修正：既注重刑罚与犯罪行为相适应，又注重刑罚与犯罪人个人情况（主观恶性和人身危险性）相适应，这也就是新派所主张的刑罚个别化。这样就把古典学派的罪刑相适应与新派的刑罚个别化巧妙地结

---

① ［法］孟德斯鸠：《波斯人信札》，罗大冈译，人民文学出版社1958年版，第140页。
② ［意］贝卡里亚：《论犯罪与刑罚》，黄风译，中国大百科全书出版社1993年版，第65页。

合起来。这正是罪刑相适应发展为罪责刑相适应的历史趋势。我国《刑法》第 5 条规定的罪责刑相适应原则，正是顺应了这样一种历史趋势，兼具科学性和时代性。

二、罪责刑相适应原则的立法体现

我国刑法明文规定的罪责刑相适应原则，贯穿于刑法内容之中，其具体表现是：

第一，确立了科学严密的刑罚体系。我国刑法总则确定了一个科学的刑罚体系，这一体系由不同的刑罚方法构成。从性质上区分，包括生命刑、自由刑、财产刑、资格刑；从程度上划定，有重刑也有轻刑；从种类上分，有主刑和附加刑。各种刑罚方法相互区别又互相衔接，能够根据犯罪的各种情况灵活运用，从而为刑事司法实现罪责刑相适应奠定了基础。

第二，规定了区别对待的处罚原则。我国刑法总则根据各种行为的社会危害程度和行为人人身危险性的大小，规定了轻重有别的处罚原则。例如，对于防卫过当、避险过当而构成犯罪者，应当减轻或者免除处罚；对于预备犯，可以比照既遂犯从轻、减轻处罚或者免除处罚；对于未遂犯，可以比照既遂犯从轻或者减轻处罚；对于中止犯，没有造成损害的，应当免除处罚，造成损害的，应当减轻处罚。在共同犯罪中，规定对组织、领导犯罪集团的首要分子，按照集团所犯的全部罪行处罚；对于其他主犯，应当按照其所参与的或者组织、指挥的全部犯罪处罚；对于从犯，应当从轻、减轻处罚或者免除处罚；对于胁从犯，应当按照他的犯罪情节减轻处罚或者免除处罚；对于教唆犯，应当按照他在共同犯罪中所起的作用处罚……凡此种种，都体现了罪责刑相适应原则。此外，刑法总则还基于刑罚个别化的要求，规定了一系列刑罚裁量与执行制度，例如累犯制度、自首制度、立功制度、缓刑制度、减刑制度、假释制度和社区矫正制度等。在这些刑罚制度中，累犯因其人身危险性大而应从重处罚；自首、立功者因其人身危险性小而可以从宽处罚；对短期自由刑适用缓刑的前提是犯罪情节较轻，有悔罪表现，没有再犯罪的危险且宣告缓刑对所居住社区没有重大不良影响；减刑和假释是因为罪犯在刑罚执行期间确有悔改或立功表现。

第三，设置了轻重不同的法定刑幅度。我国刑法分则不仅根据犯罪的性质和危害程度建立了一个犯罪体系，还为各种具体犯罪规定可以分割、能够伸缩、幅度较大的法定刑。这就使得司法机关可以根据犯罪的性质、罪行的轻重、犯罪人主观恶性的大小，依法判处适当的刑罚。

三、罪责刑相适应原则的司法适用

根据罪责刑相适应原则的基本要求，结合我国刑事司法实践，司法机关在贯彻这一原则时，应当着重解决以下问题：

第一，纠正重定罪轻量刑的错误倾向，把量刑与定罪置于同等重要的地位。我国审判机关在刑事审判活动中，一贯重视对案件的定性，而对量刑工作的重要性，部分法官则重视不够。有人认为，我国刑法对犯罪规定的量刑幅度颇大，因此，只要定性正确即可，至于多判几年或少判几年则无关紧要。基于这种认识，在处理上诉、申诉案件时，就形成了一个不成文的规则，即确属定性错误或量刑畸轻畸重的才予以改判，而对于量刑偏轻偏重的，则维持原判。针对这种错误倾向，为了切实贯彻罪责刑相适应的原则，必须提高审判机关和法官对量刑工作重要性的认识，保证量刑的合法与规范，把定性准确和量刑适当作为衡量刑事审判工作质量好坏的不可分割的统一标准，以此来检验每一个具体刑事案件的处理结果。

第二，纠正重刑主义的错误思想，强化量刑公正的司法观念。基于种种复杂的历史和现实的原因，作为封建刑法思想重要表现之一的重刑主义观念，至今在一部分国民头脑中仍根深蒂固。这种思想也在一定程度上反映在刑事审判工作中。一些人崇尚重刑，迷信重刑的功能，认为刑罚愈重愈能有效地遏制犯罪。特别是在社会治安不好的时期，重刑主义观念表现尤为突出。必须指出，重刑主义是一种粗暴落后的刑法思想，是与罪责刑相适应原则直接对立的。重刑主义肆虐，罪责刑相适应原则就难以贯彻，甚至会被彻底破坏。因此，我们必须清醒地认识重刑主义的危害，促使每一个法官都树立起量刑公正的思想，切实做到罪责刑相适应，既不轻纵犯罪分子，也不无端地加重犯罪人的刑罚。

第三，纠正不同法院量刑轻重悬殊的现象，实现司法中的平衡和协调统一。按照罪责刑相适应原则的要求，类似的案件在处理的轻重上应基本相同。但是，从我国的实际情况来看，不同法院在对类似案件的处理上轻重悬殊的现象相当普遍。同一性质、犯罪情节基本相同的案件，如果由不同的法院审理，甚至由同一法院不同的审判人员审理，最终判决的结果可能差别甚大。造成这种现象的原因，既有立法上的粗疏，也有司法活动中的缺乏统一标准，还有法官个人业务素质和司法水平不一等各种复杂因素。为此，除继续及时完善刑法立法外，需要进一步加强刑事司法解释工作，加强刑事判例的编纂工作，推行量刑指导意见，以便为量刑工作提供更加具体明确的标准，同时提高刑事审判工作人员的素质，不断改进量刑程序和方法，从而逐步实现量刑的规范化和科学化。

第六节　刑法的其他基本原则

一、罪责自负原则

（一）罪责自负原则的含义

罪责自负原则的基本含义是：谁犯了罪，就应当由谁承担责任；刑罚只及于犯罪者本人，而不能连累无辜。罪责自负原则是与株连无辜原则根本对立的。株连无辜是奴隶社会和封建社会司法裁判制度的重要特征。在人类社会发展史上，株连之法存在了数千年之久，而我国封建社会的株连制度达到了登峰造极的地步。我国古代刑法中规定的株连制度有族株、缘坐、连坐、籍没、禁锢、联保连坐等。在株连制度下，因一起案件而受株连者少则数人，多则成百上千。犯罪者之亲友、邻里、主仆、师生、同僚等皆有可能受牵连，难逃祸殃。针对这种黑暗的刑罚制度，17、18世纪的西方资产阶级启蒙思想家和革命家，率先向其发起了冲击，并提出"刑罚止于一身"的思想。资产阶级革命胜利后，罪责自负正式成为刑法的基本原则，从此宣告株连无辜的专制主义刑罚制度彻底崩溃。

罪责自负原则的基本要求是：（1）犯罪的主体只能是实施了犯罪行为的人，对于没有实施犯罪行为的人，不能对其定罪；（2）刑罚的对象只能是犯罪者本人，对于仅与犯罪者有亲属、朋友、师生、邻里等关系而没有参与犯罪的人，不能追究其刑事责任。

（二）罪责自负原则的立法体现

罪责自负原则在我国刑法中的具体表现是：（1）明确规定了犯罪的概念和犯罪构成的共同要件，原则上划清了罪与非罪的界限，从而为无辜者不受刑事追究提供了法律保障。（2）明确规定了共同犯罪的条件和刑事责任原则，对于主犯、从犯、胁从犯和教唆犯，应当根据他们在共同犯罪中的实际地位和作用，来确定其刑事责任。对于没有共同犯罪故意或者根本未参加任何犯罪活动的人，不能以共同犯罪论处。（3）明确规定了各种刑罚的适用对象，从根本上排除了株连无辜的可能。例如，《刑法》第59条规定："没收财产是没收犯罪分子个人所有财产的一部或全部。没收全部财产的，应当对犯罪分子个人及其扶养的家属保留必需的生活费用。在判处没收财产的时候，不得没收属于犯罪分子家属所有或者应有的财产。"（4）明确规定了各种犯罪的主体范围，以防止株连无辜。

（三）罪责自负原则的司法适用

我国在刑事立法上坚持罪责自负原则，反对株连。这一立法精神要求司法机关在刑事诉讼活动中，必须注意下列问题：（1）对所有刑事案件的侦查、起诉和审判，都必须深入实际调查研究，做到事实清楚、证据确实充分，防止错捕、错判无辜，切实保障无罪者不受刑事追究。（2）对共同犯罪案件中各被告人刑事责任的确定，应当以共同犯罪人预谋范围内的犯罪为依据，令被告人承担共同犯罪的刑事责任；对超出共同预谋范围的犯罪，应当由实行者本人对该罪独立承担责任，其他未参与此罪的人，不应对该罪负责。（3）对单位犯罪案件的处理，应严格依照刑法的规定追究单位及其直接负责的主管人员和其他直接责任人员的刑事责任，不能把单位的其他成员也作为承担刑事责任的主体，对其定罪判刑。（4）对于法律明文规定犯罪主体范围的犯罪，要严格依法办事，不能随意扩大犯罪主体的范围，以防累及无辜。

二、主客观相统一原则

（一）主客观相统一原则的含义

主客观相统一原则的基本含义是：对犯罪嫌疑人、被告人追究刑事责任，必须同时具备主客观两方面的条件，并要求主客观两方面条件的有机统一。即符合犯罪主体条件的被告人，在其故意或者过失心理支配下，客观上实施了一定的危害社会的行为，对刑法所保护的社会关系构成了严重威胁或已经造成现实的侵害。如果缺少主观和客观中的任何一个方面的条件，犯罪就不能成立，就不能令犯罪嫌疑人、被告人承担刑事责任。

主客观相统一原则是与奴隶制和封建制刑法中的主观归罪和客观归罪的刑事责任原则根本对立的。主观归罪把犯罪意思作为犯罪成立的基本条件，把人身危险性、反社会性格、犯罪动机等主观因素作为认定犯罪和适用刑罚的标准。至于是否实施了危害社会的行为，行为是否造成了危害社会的结果，行为和结果与被告人的主观心理状态之间有无联系，则不影响犯罪的成立。而客观归罪则把客观上发生的实际危害作为犯罪的基本要件，认为只要有危害行为或者发生了危害后果即应严惩，至于行为人在主观上是否有认识，则不予理会。主客观相统一原则要求只有主客观要素同时具备，二者有机统一，才能作为使被告人承担刑事责任的根据。因此，它既不是对主观归罪和客观归罪的简单否定，也不是将二者简单地加以调和或折中。

（二）主客观相统一原则的立法体现

主客观相统一原则在我国刑法中得到了贯彻和体现，其具体表现是：（1）《刑法》第 14 条和第 15 条明文规定了故意犯罪和过失犯罪的概念，说明任何一种犯罪的成立，都必须是在犯罪故意或过失支配下所实施的行为。（2）《刑法》第 16 条明文规定："行为在客观上虽然造成了损害结果，但是不是出于故意或者过失，而是由于不能抗拒或者不能预见的原因所引起的，不是犯罪。"从而进一步明确了对缺乏犯罪主观要件的不可抗力事件与意外事件，不能加以客观归罪。（3）《刑法》第 18 条第 1 款明文规定："精神病人在不能辨认或者不能控制自己行为的时候造成危害结果，经法定程序鉴定确认的，不负刑事责任……"其根据就在于精神病人在主观上没有犯罪的故意或过失。（4）《刑法》第 20 条和第 21 条分别规定了正当防卫和紧急避险行为不负刑事责任，其原因在于这两种行为客观上没有社会危害性，行为人主观上也没有犯罪的故意或过失，而是出于正当合法性的目的而进行防卫或避险。（5）《刑法》第 22—24 条规定了预备犯、未遂犯和中止犯，排除了犯意表示行为的犯罪性，表明了我国刑法不惩罚思想犯的立场。（6）刑法分则条文明确规定了各种具体犯罪构成主客观方面的条件。

（三）主客观相统一原则的司法适用

根据主客观相统一原则的基本要求，在司法实践中具体贯彻实施这一原则，必须注意以下两个问题：（1）坚决反对主观归罪。主观归罪在司法实践中主要有两种表现形式：一是把错误思想或犯意表示当做犯罪处理。例如，对声言要报复杀人但尚未实施任何杀害行为的人以故意杀人罪予以拘捕等。二是把事前的犯意当作事中的犯意，以事前的犯意定罪判刑。例如，行为人事前预谋杀人，但实施行为时改变犯意，进行故意伤害，结果对其仍以故意杀人罪（未遂）论处。可见，主观归责的危害，一是导致惩罚思想犯，二是混淆犯罪的性质。无论何种情况，都是对主客观相统一原则的破坏，因而必须坚决予以反对。（2）坚决反对客观归罪。客观归罪在司法实践中也有两种表现形式：一是强调行为、结果的客观危害性，对缺乏犯罪主观要件的意外事件、精神病人的侵害行为等定罪判刑。二是以行为所造成的实际结果确定犯罪性质，而忽视行为人对结果所持的真实心理状态。例如，一旦发生了死亡结果，就按故意杀人罪或过失致人死亡罪处理，而行为人很可能构成故意伤害（致死）罪。可见，客观归罪的实质是忽视或根本不考虑行为人的主观认识情况，唯行为、唯结果而定罪处刑。这种割裂犯罪构成主客观要件的做法，也是违背主客观相统一原则的，因而应当坚决予以摒弃。

▶ 拓展学习

知识点阐释　　典型案例思考

思考题

1. 如何理解刑法基本原则的概念与意义？
2. 为什么说保障人权原则也是刑法的基本原则？
3. 什么是罪刑法定原则？如何贯彻落实罪刑法定原则？
4. 适用刑法人人平等原则的基本要求有哪些？
5. 如何在立法和司法实践中贯彻罪责刑相适应原则？
6. 如何理解罪责自负原则？
7. 如何理解主客观相统一原则？

第三章 刑法的效力

刑法的效力，也叫刑法的适用范围，是指刑法在什么地方、对什么人以及在什么时间具有效力。从上述定义可见，刑法的效力范围包括刑法的空间效力和刑法的时间效力。

第一节 刑法的空间效力

一、刑法空间效力的概念和原则

刑法的空间效力，是指刑法在什么地方和对什么人具有效力。易言之，即刑法对何地与何人能够适用。关于刑法的空间效力，有以下几种不同的处理原则：

1. 属地原则，也叫属地主义，或称领土原则。该原则以犯罪发生地为标准确定刑法的空间效力。即凡是在本国领域内犯罪的，一律适用本国刑法；凡是不在本国领域内犯罪的，一律不适用本国刑法。该原则较好地维护了国家主权，但如果仅仅规定该项原则，本国人在本国领域外犯罪的，将不能适用本国刑法，这不利于促使本国人更好地遵守本国刑法；外国人在本国领域外针对本国国家或本国公民犯罪，侵害了本国国家或本国公民利益的，也不能适用本国刑法，不利于保护本国利益。

2. 属人原则，也叫属人主义，或称国籍原则。该原则以犯罪人的国籍为标准确定刑法的空间效力。即凡是本国人犯罪的，不管犯罪行为发生在本国领域内还是本国领域外，一律适用本国刑法；凡是外国人犯罪的，不管犯罪地在本国领域之内还是本国领域之外，一律不适用本国刑法。该原则有利于使本国公民遵守本国法律，但如果仅仅规定该原则，外国人在本国领域内犯罪的，将无法适用本国刑法，有损国家的主权；外国人在本国领域外实施的犯罪行为侵害了本国国家或本国公民利益的，也将无法适用本国刑法，不利于保护本国利益。

3. 保护原则，也叫保护主义，或称自卫原则。该原则以保护本国利益为标准确定刑法的空间效力。即凡是侵害本国国家或者本国公民利益的犯罪，不管行为发生在何处，也不管行为是否由本国公民实施，一律适用本国刑法；凡是没有侵害本国国家或本国公民利益的，一律不适用本国刑法。该原则有利于保护国家利益，但单纯规定保护原则时，外国人在本国犯罪而未侵犯本国国家或本国公民利益的，不能适用本国刑法，有损国家的司法主权；本国人犯罪而未侵犯本国国家或本国公民利益的，也不适用本国刑法，这既有损于国家司法主权，也不利于促使本国公民遵守本国刑法；对于在国外实施的侵害本国国家或者本国公民利益的犯罪，一般也很难追究其责任。

4. 普遍管辖原则。该原则是指当一个国家既不是犯罪行为的发生地国，也不是行为人和受害人的国籍国，甚至也不是犯罪行为的受害国时，该国仅基于行为人所犯的罪行是严重的国际罪行而对该案件具有刑事管辖权。当一个国家以属地原则、属人原则或保护原则对犯罪行使管辖权时，最重要的因素是该国必须是犯罪行为的发生地国，或者是行为人和受害人的国籍国，或者是犯罪行为的受害国。该国与犯罪行为之间存在这些连接点或连接因素，是其行使管辖权的前提和基础。普遍管辖的特殊性恰恰在于，一个国家与犯罪没有连接点或连接因素时，基于对"绝对实质正义"的追求而对犯罪进行管辖。

普遍管辖权包括有限的普遍管辖权与绝对的普遍管辖权。有限的普遍管辖权，是指一个与犯罪没有任何具体连接点或连接因素的国家要对该犯罪行使管辖权，必须以行为人出现在该国或者在该国被拘捕或被控制为前提。从某个角度，也可以将行为人出现在该国或者在该国被拘捕或被控制视为有限的普遍管辖的连接点。绝对的普遍管辖权，是指即使一个国家既不是犯罪行为地国，也不是行为人和被害人的国籍国，犯罪行为也没有侵害到本国利益，甚至行为人未在该国出现或未在该国被逮捕，一个国家也可以对该种犯罪行使管辖权。绝对的普遍管辖可以说与具体发生的案件没有任何连接因素。①

5. 折中原则，也叫折中主义，或称综合原则、混合原则。上述各原则都既有

---

① 1982年《联合国海洋法公约》第105条规定，在公海上或者在任何国家管辖范围以外的任何其他地方，每个国家都可以扣押海盗船舶或飞机，或为海盗所夺取并在其控制下的船舶或飞机，并可决定对船舶、飞机或财产所应采取的行动，但应受善意第三人权利的限制。就海盗罪而言，《联合国海洋法公约》明文规定各个国家在公海上或者任何国家管辖范围以外的地方都可以抓捕海盗及海盗船舶自行审判，即便案件的发生与该国没有任何关系，行为人也没有在该国出现或在该国被抓捕。这意味着公约对海盗犯罪明确规定了绝对的普遍管辖权。而针对国际犯罪的刑事管辖权，主要指的是有限的普遍管辖权。基于国际犯罪危及人类共同利益，从纽伦堡原则到《国际刑事法院规约》，国际社会确立了对国际犯罪的有限普遍管辖原则。有限普遍管辖原则确立之基本目的在于防止国际罪行免于处罚——世界上每个主权国家都有权对国际犯罪实行刑事管辖，而不论这种犯罪是否在本国领土内发生，不论是否由本国国民实施，也不论是否侵害本国国家或国民的利益，只要罪犯在其领土之内被发现即可；对于在本国领土之内发现的国际罪行，每个国家都应当把犯罪人引渡给有权并要求对其进行惩罚的国家，如果不予引渡，则应按照国内法对其进行惩罚。

优点，又有缺点，于是就产生了折中原则。折中原则是以属地原则为基础，以属人原则、保护原则和普遍管辖原则为补充的原则。该原则主张，以属地管辖为主，即凡是在本国领域内犯罪的，一律适用本国刑法；同时兼采属人原则、保护原则和普遍管辖原则，即本国人或外国人在本国领域外犯罪的，有条件地适用本国刑法。现代多数国家都采用折中原则，我国也是如此。

二、我国刑法的属地管辖权

《刑法》第6条规定："凡在中华人民共和国领域内犯罪的，除法律有特别规定的以外，都适用本法。凡在中华人民共和国船舶或者航空器内犯罪的，也适用本法。犯罪的行为或者结果有一项发生在中华人民共和国领域内的，就认为是在中华人民共和国领域内犯罪。"该条文体现了属地管辖的精神。

（一）关于"领域"

1. 领域的含义。领域包括领陆、领水、领陆和领水的底土以及领空。领陆，指国家疆界以内的所有陆地领土，包括大陆、岛屿。领水，包括内水和领海。内水，指国境线以内的河流、运河、湖泊、内海、内海峡；领海，指与一国陆地领土或者内水相连的、一定宽度的海水带。根据我国《领海及毗连区法》的规定，我国的领海宽度为12海里，即从领海基线向外延伸12海里的水域是我国的领海。领陆和领水的底土在理论上直至地心。领空，指领陆和领水的上空，其最高边缘为大气层的上边缘，不包括外层空间。

2. 领域的拟制。船舶和航空器在国际法上被称为"拟制领土"。根据我国《刑法》的规定，凡是在中华人民共和国船舶和航空器上犯罪的，适用我国刑法。理论上认为，国有船舶和公有船舶属于拟制领土的范围，无论是行驶时还是停泊时，也无论停泊在什么地方，都属于我国的领土。私有船舶进入一国领水的，应当适用进入国法律；在公海上行驶的，适用船旗国法律，因此，私有船舶并不属于拟制领土。飞机等航空器只能在所有权人的国家注册，不存在挂何国国旗的问题。无论飞机是国有、公有还是私有，均属于拟制领土。

3. 领域的虚拟。这是指与现实领域相对的虚拟领域，即网络空间问题。网络是传统领域即领水、领陆、领空以及拟制领域即船舶、航空器之外的所谓"第五空间"。对于"第五空间"刑事管辖的确定宜采用何种原则，应如何适用法律，现行刑法并未涉及，理论界也见解不一，值得深入探索。

关于领域的理解，以下两个问题值得注意：

1. 关于使领馆问题。西方一些学者将使领馆也作为拟制领土，我国刑法学界也有人持该观点，但这种观点并没有法律根据。我国于1975年加入的《维也纳外交关系公约》虽然规定使馆馆舍不容侵犯，但该公约第41条第3款又规定，使馆馆舍不得充作与使馆馆舍职务不相符合的用途——主要指在馆舍内庇护人或抓捕人。有关国际法院的判决表明，使馆馆舍并不是派遣国领土的延伸部分，在其内发生的犯罪行为，应视为发生在接受国的领土上。虽说当罪犯是外交或领事人员时，由于罪犯在驻在国可能享有外交特权和豁免权或领事裁判权和豁免权，一般由派遣国行使刑事管辖权；而对于非使馆人员涉嫌在使领馆内犯罪的，派遣国可能根据具体情形行使属人管辖权或保护管辖权，但派遣国无权行使属地管辖权。对于在使馆避难的罪犯，应交给接受国司法机关，否则便是对接受国主权的侵犯。可见，在国际法上，使馆馆舍并不属于派遣国的领土。我国刑法也未规定在我国驻外国使领馆馆舍内犯罪应适用我国刑法，这表明我国不承认使领馆是派遣国领土的延伸部分。

2. 关于犯罪地问题。如何认定行为人是在本国领域内犯罪？换言之，应以什么因素为标准确定犯罪发生在本国领域内？这就涉及犯罪地的确定问题。对此，有以下观点和立法例：第一，行为地说。该说认为犯罪行为实行之地，就是犯罪地。即犯罪行为发生在本国领域内的，才认为是在本国领域内犯罪。第二，结果地说。该说认为犯罪结果发生之地，就是犯罪地。即危害结果发生在本国领域内的，才认为是在本国领域内犯罪。第三，中间地说，又称中间现象地说、中间影响地说、中间结果地说。该说认为从实施犯罪行为到发生危害结果之间的经过地中有增加结果发生危险作用之地，是中间犯罪地，故中间影响地或中间结果地也是犯罪地。第四，遍在地说，又叫混在说，或称折中说、综合说。该说认为行为实施地与结果发生地都是犯罪地。行为或结果有一项发生在本国领域内的，就是在本国领域内犯罪。

《刑法》第6条第3款规定："犯罪的行为或者结果有一项发生在中华人民共和国领域内的，就认为是在中华人民共和国领域内犯罪。"可见，我国刑法在犯罪地的确定上采用的是遍在地说。

（二）关于"法律有特别规定"

根据《刑法》第6条的规定，行为或结果虽然发生在我国领域内，但如果法律对此有特别规定，则应适用法律的特别规定。法律的特别规定主要包括以下几种情况：

1. 享有外交特权与豁免权的外国人的刑事责任，通过外交途径解决。《刑法》第11条对此作了明确规定。所谓外交特权与豁免权，是指根据国际法，在国家间互惠的基础上，为使外国的外交代表在驻在国能够有效地执行职务，由驻在国所给予的特殊权利和待遇。其通常包括：代表的人身、馆舍和公文档案不受侵犯，代表享有司法豁免权、通信自由权，免除捐税以及其他特权等。我国于1986年9月5日通过的《外交特权与豁免权条例》详细地规定了外交特权与豁免权问题。根据该条例的规定，外交代表享有的特权与豁免权有：外交代表人身不受侵犯，不受逮捕或者拘留；外交代表的寓所不受侵犯，并受保护；外交代表享有刑事管辖豁免；外交代表免交捐税；外交代表免除一切个人和公共劳务以及军事义务。此外，与外交代表共同生活的配偶和未成年子女，如果不是中国公民，享有与外交代表相同的特权与豁免权；使馆行政技术人员和与其共同生活的配偶、未成年子女，如果不是中国公民并且不在中国永久居住，也基本享有与外交代表相同的特权与豁免权；来中国访问的外国国家元首、政府首脑、外交部长及其他具有同等身份的官员，享有该条例所规定的特权与豁免权。所以，这些人员如果在我国实施犯罪行为，应当通过外交途径解决，如宣布其为不受欢迎的人，令其限期出境，建议派遣国依法处理，其中犯罪严重的，可以由政府宣布驱逐出境，等等。

2. 我国香港特别行政区、澳门特别行政区以及我国台湾地区的特殊情况。香港、澳门已经回归祖国，根据"一国两制"的原则，在回归之后，香港、澳门的政治、经济制度不变，法律制度基本不变。特别行政区享有行政管理权、立法权、独立的司法权和终审权，全国性的刑法不适用于香港和澳门。我国台湾地区目前适用的"刑法"仍然是国民党政府1935年在大陆时制定的刑法。按照"一国两制"的方针，两岸统一后，台湾地区的法律制度可以参照港澳模式实施。

3. 民族自治地方的特别规定。《刑法》第90条规定："民族自治地方不能全部适用本法规定的，可以由自治区或者省的人民代表大会根据当地民族的政治、经济、文化的特点和本法规定的基本原则，制定变通或者补充的规定，报请全国人民代表大会常务委员会批准施行。"

4. 特别刑法的特别规定。在我国，特别刑法有特别规定时，应当按照特别法优于一般法的原则，适用特别刑法的规定。

三、我国刑法的属人管辖权

《刑法》第7条规定："中华人民共和国公民在中华人民共和国领域外犯本法规定之罪的，适用本法，但是按本法规定的最高刑为三年以下有期徒刑的，可以不予追究。中华人民共和国国家工作人员和军人在中华人民共和国领域外犯本法规定之罪的，适用本法。"该条文体现了属人管辖的精神。

中国人在中国国内犯罪的，当然适用我国刑法。这既是属地原则的要求，也是属人原则的要求。中国人在我国领域外犯罪的，是否适用我国刑法，根据《刑法》第7条的规定，分为两种情况：

1. 中华人民共和国国家工作人员和军人在我国领域外犯我国刑法规定之罪的，一律适用我国刑法。因为国家工作人员和军人身份特殊，承担着更高的守法义务，他们在国外犯罪，会给我国的国家形象及声誉带来极为恶劣的影响，给我国日益频繁的国际交往造成损害，所以他们在我国领域外仍然应当像在国内一样遵守国家的法律，在国外犯任何罪，都应当适用我国刑法。

2. 军人和国家工作人员以外的其他人员在我国领域外犯我国刑法规定之罪的，同样适用我国刑法，但是，如果所犯之罪的法定最高刑在3年有期徒刑以下的，可以不予追究。这说明，我国普通公民在国外犯我国刑法规定之罪的，如果符合所犯之罪的法定最高刑为3年以下有期徒刑的条件，一般不予追究。上述规定，在有力地捍卫国家主权的同时，兼顾了属人原则在具体适用中可能出现的种种复杂情况。因此，在主张刑事管辖权的前提下，这类案件如果不予追究更符合实际情况的，我国司法机关依法可以不予追究。在现代社会，一国公民的人身或财产在国外遭受损害的，该国有权也有义务依国内法予以保护；相应地，该国公民居住在国外时也应当遵守本国的法律。但是，居住在国外的本国公民情况比较复杂，有的长期居住在国外，有的从小在国外长大，国外的环境、形势和国内有重大差别，他们未必熟悉或者了解国内法的规定，因此他们的守法义务应当和居住在国内的公民有所区别。正因为如此，我国刑法结合他们的实际情况，作出了以上规定。

四、我国刑法的保护管辖权

《刑法》第8条规定："外国人在中华人民共和国领域外对中华人民共和国国家或者公民犯罪，而按本法规定的最低刑为三年以上有期徒刑的，可以适用本法，但是按照犯罪地的法律不受处罚的除外。"该条文体现了保护管辖的精神。

对于外国人在我国领域外犯我国刑法规定之罪的情况，我国刑法也具有管辖权，这对于保护我国国家及国民的利益，当然是极其有利的。但是，由于罪行发生在国外，罪犯既不是我国公民又不在我国境内，要贯彻这一原则是有现实困难的。同时，保护管辖权毕竟是对在国外犯罪的外国人行使管辖权，如果把握失当，极有可能损害有关国家的主权，危及国际关系。这正是各国在采用保护管辖原则时，一般均在法律上设置一定限制的原因，我国也不例外。根据《刑法》第 8 条规定，外国人在我国领域外犯罪，适用我国刑法应具备以下条件：（1）侵害了我国国家或者我国公民的利益，并且已经构成犯罪；（2）依我国刑法规定，所犯之罪的法定最低刑为 3 年以上有期徒刑；（3）依照犯罪地的法律也构成犯罪。

然而，即使犯罪人的行为符合我国刑法规定的上述三个条件，我国要对其予以刑事追究也还要受到客观情况的极大限制。因为只要犯罪的外国人不来中国，不在中国境内被拘捕，我国在事实上很难实现保护管辖权。犯罪地不在我国领域内，犯罪人也没有我国国籍，通过外交途径、司法途径予以引渡同样不易办到。因此，按照保护原则行使刑事管辖权，就实质意义而言，其中事实的限制尤甚于法律的限制。但是，我国作为一个主权国家，为了维护国家安全，保护国家和公民的利益不受侵犯，在刑法上设立保护管辖权还是必要的。

五、我国刑法的普遍管辖权

我国《刑法》第 9 条规定的普遍管辖权，主要指的是有限的普遍管辖权，而不是绝对的普遍管辖权，其适用应满足以下三个条件：（1）必须是中华人民共和国缔结或者参加的国际条约所规定的罪行。在一些国际条约中规定了某些侵害国际共同利益的犯罪，包括：战争犯罪，如侵略罪、战争罪、使用禁用武器罪等；危害人类生存和尊严的犯罪，如种族灭绝罪、种族隔离罪等；危害国际交往秩序的犯罪，如杀害外交使节罪、袭击外国元首罪等；危害国际生活秩序的犯罪，如海盗罪、恐怖行为罪、毒品犯罪等。只有对这些犯罪才能行使普遍管辖权。（2）必须在中华人民共和国所承担的条约义务的范围内。我国加入一些国际条约时，有时会对某些条文声明予以保留，对于声明保留的条文中规定的义务，我国不予履行。（3）原则上，这些犯罪的行为人进入我国领域或被我国发现的，我国有权力也有义务将其缉拿归案，并遵照"或引渡或起诉"原则，对其进行刑事管辖。

六、管辖冲突问题

在适用我国刑法有关上述刑事管辖的规定时，不可避免地会遇到管辖冲突的问题。这种管辖冲突主要发生在对跨国犯罪或国际犯罪进行管辖时。管辖冲突包括事实上的管辖冲突和法律上的管辖冲突。

(一) 事实上的管辖冲突

我国公民在我国领域外犯罪,应受我国刑法属人管辖权的管辖;外国公民在我国领域外对我国国家或者公民犯罪,也应受我国刑法保护管辖权的管辖,但同时他们也受犯罪地所在国的属地管辖权的管辖或者受犯罪人所在国的属人管辖权的管辖,有的甚至已经被按照犯罪地国或犯罪人国的法律加以审判处罚了。这不仅是刑事管辖权的冲突问题,也是对外国审判是否认可的问题,更是一个国家主权的问题。对此,我国《刑法》第10条明文规定:"凡在中华人民共和国领域外犯罪,依照本法应当负刑事责任的,虽然经过外国审判,仍然可以依照本法追究。但是在外国已经受过刑罚处罚的,可以免除或者减轻处罚。"该条规定表明,我国是一个独立自主的主权国家,有其独立的刑事审判权,不受外国审判效力的约束,不能因为犯罪行为已受外国审判,我国就放弃对该犯罪的管辖权,即使犯罪行为已受外国审判,我国仍然保留刑事管辖权。当然,考虑到犯罪分子已经受过刑罚处罚的实际情况,我国《刑法》规定,"可以免除或者减轻处罚"。该条所规定的"经过外国审判",是指经过了外国法院的审理,并已作出了生效判决。其判决内容既包括外国法院判决无罪的,也包括判决有罪的;既包括给予刑事处罚的,也包括免予刑事处罚的。该条所规定的"可以依照本法追究",是指对犯罪分子由我国司法机关根据我国刑法的规定和案件的具体情况,可以追究其刑事责任,也可以不予追究。也就是说,要不要实际追究犯罪分子的刑事责任,由我国司法机关根据我国的需要来决定。

(二) 法律上的管辖冲突

当某一犯罪既为我国刑法所规定,可以适用《刑法》第6—8条分别规定的属地原则、属人原则和保护原则,又为国际条约所规定,可以适用我国《刑法》第9条规定的普遍管辖原则时,如发生在我国领空的劫持航空器的犯罪,属地原则等与普遍管辖原则就有可能发生冲突。解决这一管辖冲突的原则是优先适用属地原则等。这是因为:(1) 该行为是我国刑法规定的犯罪行为,按照国家司法主权原则,当然就应优先适用我国刑法的规定;(2) 在这种情况下,优先适用我国刑法,既直接便利,又节约资源。

第二节 刑法的时间效力

刑法的时间效力,是指刑法的生效时间、失效时间以及刑法是否具有溯及力的问题。

一、刑法的生效时间

刑法的生效时间,是指刑法从什么时间开始具有法律效力。只有在已经发生法律效力之后,刑法规范才能对人们的行为起到规制作用,司法机关才能适用该刑法规范,以之作为定罪量刑的根据。从我国的刑事立法活动看,刑法的生效时间有两种情况:

(一)自公布之日起生效

在1997年《刑法》实施之前,我国颁布的所有单行刑法都采用这种方式,如《关于禁毒的决定》第16条规定,"本决定自公布之日起施行"。1997年《刑法》实施后,我国立法机关对《刑法》进行了10次修正,前七次修正活动在生效时间问题上采用的也是自公布之日起生效的方式。

(二)在公布后过一段时间才开始生效

对于条文众多、内容复杂的刑事法律,如果自公布之日起生效,往往无法使司法人员准确地理解法律的含义,也不能使公民学习、领会其内容,这必然会影响法律的执行效果。所以,对于这样的法律,立法者一般都采用第二种方式使其生效,即在公布后过一段时间才开始生效。如1979年《刑法》是1979年7月6日公布的,其生效时间是1980年1月1日;1997年《刑法》是1997年3月14日公布的,其生效时间是1997年10月1日。

二、刑法的失效时间

刑法的失效时间,是指刑法从什么时候开始不再具有法律效力。刑法在失去法律效力后,对于新发生的犯罪行为,不再适用。一般而言,新的法律生效的时间,也就是旧的法律失效的时间。关于刑法的失效,从我国刑事立法的情况看,主要有两种方式:

(一)明示废止

即以立法的方式明确宣布旧的法律失去法律效力。如1997年《刑法》第452条规定,列于附件一的《惩治军人违反职责罪暂行条例》等15项单行刑法已纳入新《刑法》或不再适用,自新《刑法》生效之日起,予以废止;列于附件二的《关于禁毒的决定》等8项补充规定中有关行政处罚和行政措施的规定继续有效,有关刑事责任的规定则予以废止。又如,1999年12月25日的《刑法修正案》第2条对1997年《刑法》第168条的规定作了修正,代之以新的条文,原来规定的徇私舞弊造成破产、亏损罪在该修正案生效之后就不再适用。

(二) 默示废止

即在立法中虽然没有明确地规定废止旧法，但因为旧法的规定或者和新的刑法的规定相抵触，或者已经为新的刑法所取代，所以旧的刑法自然予以废止。如在1997年《刑法》实施之前，我国在《海关法》《专利法》等非刑事法律中规定了单位走私罪、假冒专利罪等一些附属刑法条款，1997年《刑法》并没有专门对其是否失效的问题作出规定，但随着1997年《刑法》的实施，这些附属刑法已经自然废止。又如1987年6月23日全国人大常委会通过的《关于对中华人民共和国缔结或者参加的国际条约所规定的罪行行使刑事管辖权的决定》的时间效力问题，也没有在1997年《刑法》第452条中予以明确规定，但是因为其内容已经为1997年《刑法》第9条所吸收，所以在该法生效之后，该单行刑法自然就被废止。

三、刑法的溯及力

(一) 刑法的溯及力的概念和原则

刑法的溯及力，是指新的刑事法律生效后，对新的法律生效以前发生的未经审判或者判决未确定的行为是否适用的问题。如果适用，新的刑法就具有溯及力；如果不适用，新的刑法就不具有溯及力。

在刑法的溯及力问题上，世界各国刑事立法选择的原则主要有如下四种：

1. 从旧原则。即新的法律不具有溯及力，对于任何犯罪行为，无论新旧法律的规定如何，一律适用行为时的法律。

2. 从新原则。即新的法律具有溯及力，对于新法生效前发生的未经审判或者判决未确定的行为，无论新旧法律的规定如何，一律适用新的法律。

3. 从旧兼从轻原则。即新法原则上不具有溯及力，对于新法生效前发生的未经审判或者判决未确定的行为，原则上适用旧法，但当适用新法对被告人有利时，则适用新法。

4. 从新兼从轻原则。即新法原则上具有溯及力，对于新法生效前发生的未经审判或者判决未确定的行为，原则上适用新法，但当适用旧法对被告人有利时，则适用旧法。

现代各国在刑法的溯及力问题上大多采用从旧兼从轻原则。根据罪刑法定原则的要求，刑法在溯及力问题上应当采用从旧原则。罪刑法定原则要求"法无明文规定不为罪，法无明文规定不处罚"。由于行为时尚没有相应的新法律或者新法律还没有生效，如果采用从新原则，将会把行为时法无明文规定的行为认定为犯罪，并根据行为时尚无明文规定的法律量刑，因而从新原则被指违反了罪刑法定原则。但是，如果绝对采用从旧原则，那么对于新的法律不认为是犯罪的行为或者根据新的法律处罚较轻的行为，在定罪处罚时适用旧法就会对被告人十分不利，从而与罪刑法定原则保障人权的宗旨发生冲突。所以，对于从旧原则也应作适当修正，以更好地实现刑法保障人权的机能。这样，从旧原则也就演变为从旧兼从轻原则。

（二）我国刑法关于刑法的溯及力的规定

《刑法》第12条规定："中华人民共和国成立以后本法施行以前的行为，如果当时的法律不认为是犯罪的，适用当时的法律；如果当时的法律认为是犯罪的，依照本法总则第四章第八节的规定应当追诉的，按照当时的法律追究刑事责任，但是如果本法不认为是犯罪或者处刑较轻的，适用本法。本法施行以前，依照当时的法律已经作出的生效判决，继续有效。"根据该规定，我国刑法在溯及力问题上，采用从旧兼从轻原则。具体表现为以下四种情形：

1. 行为时的法律不认为是犯罪，现在的法律认为是犯罪的，适用行为时的法律，不能根据新的法律的规定追究行为人的刑事责任。

2. 行为时的法律认为是犯罪，新的法律也认为是犯罪，并且在追诉期内的，适用行为时的法律，但是新的法律对该行为规定的法定刑与旧的法律对该行为规定的法定刑相比较轻时，则适用新的法律的规定。

所谓"处罚较轻"，是指法定刑较低。法定刑较低指法定最高刑较低；如果法定最高刑相同，则指法定最低刑较低。如果某种犯罪只有一个法定刑幅度，法定最高刑、法定最低刑指该幅度的最高刑、最低刑；如果有两个以上的法定刑幅度，法定最高刑、法定最低刑指对具体犯罪行为应当适用的法定刑幅度的最高刑、最低刑。

3. 行为时的法律认为是犯罪，新的法律不认为是犯罪的，适用新的法律，不能根据行为时的法律的规定追究行为人的刑事责任。

4. 新的法律生效以前，依照当时的法律已经作出的生效判决，继续有效。也就是说，从旧兼从轻原则不适用于以前已经作出的生效判决。

在1997年《刑法》生效之后，我国立法机关先后以1部单行刑法、10部刑法修正案修正了刑法。在单行刑法及有关修正案的时间效力问题上，也应该采用从旧兼从轻原则。

为了正确地适用1997年《刑法》，最高人民法院发布了有关司法解释[①]，对于

---

① 参见最高人民法院1997年《关于适用刑法时间效力规定若干问题的解释》。

新刑法适用中涉及时间效力的一些疑难问题作了详细的规定。根据这一解释，在实践中应注意以下问题：

1. 对于行为人 1997 年 9 月 30 日以前实施的犯罪行为，在司法机关立案后，行为人逃避侦查或者审判，超过追诉期限或者被害人在追诉期限内提出控告，司法机关应当立案而不立案，超过追诉期限的，是否追究行为人的刑事责任，适用旧《刑法》第 77 条的规定。

2. 犯罪人在 1997 年 9 月 30 日以前犯罪，不具有法定减轻处罚情节，但是根据案件具体情况需要在法定刑以下判处刑罚的，适用旧《刑法》第 59 条第 2 款的规定。

3. 前罪判处的刑罚已经执行完毕或者被赦免，在 1997 年 9 月 30 日以前又犯应当判处有期徒刑以上刑罚之罪的，是否构成累犯，适用旧《刑法》第 61 条的规定；1997 年 10 月 1 日以后又犯应当判处有期徒刑以上刑罚之罪的，是否构成累犯，适用新《刑法》第 65 条的规定。

4. 1997 年 9 月 30 日以前被采取刑事强制措施的人或者在 1997 年 9 月 30 日以前犯罪，1997 年 10 月 1 日以后仍在服刑的罪犯，如实供述司法机关还未掌握的本人犯罪的，适用新《刑法》第 67 条的规定。

5. 1997 年 9 月 30 日以前犯罪的人，有揭发他人犯罪行为，或者提供重要线索，从而得以侦破其他案件等立功表现的，适用新《刑法》第 68 条的规定。

6. 1997 年 9 月 30 日以前犯罪被宣告缓刑的犯罪分子，在 1997 年 10 月 1 日以后的考验期内又犯新罪，被发现漏罪或者违反法律、行政法规或者国务院公安部门有关缓刑的监督管理规定，情节严重的，适用新《刑法》第 77 条的规定。

7. 1997 年 9 月 30 日以前犯罪，1997 年 10 月 1 日以后仍在服刑的犯罪分子，因特殊情况，需要不受执行刑期限制假释的，适用新《刑法》第 81 条第 1 款的规定，报经最高人民法院核准。

8. 1997 年 9 月 30 日以前犯罪，1997 年 10 月 1 日以后仍在服刑的累犯以及因杀人、爆炸、抢劫、强奸、绑架等暴力性犯罪被判处 10 年以上有期徒刑、无期徒刑的犯罪分子，适用旧《刑法》第 73 条的规定，可以假释。

9. 1997 年 9 月 30 日以前被假释的犯罪人，在 1997 年 10 月 1 日以后的考验期内，又犯新罪，被发现漏罪或者违反法律、行政法规或者国务院公安部门有关假释的规定的，适用新《刑法》第 86 条的规定，撤销假释。

10. 按照审判监督程序重新审判的案件,适用行为时的法律。

思考题

1. 什么是刑法的空间效力?我国刑法对空间效力作了哪些规定?
2. 为什么我国刑法对于溯及力问题采取从旧兼从轻原则?

第四章 犯罪概念与犯罪构成

第一节 犯罪概念

犯罪概念是对犯罪特征的概括和抽象，旨在从一般意义上解决"什么是犯罪"的问题，其在刑法犯罪论理论体系中居于基础与核心的地位，是犯罪论乃至整个刑法学体系的逻辑起点。

一、犯罪概念的类型

尽管犯罪是一种普遍的社会现象，但对于何谓犯罪，学者们却表述不一，各国刑事立法中的界定也不尽相同。具体而言，大体可以分为犯罪的形式概念、犯罪的实质概念和犯罪的混合概念。

（一）犯罪的形式概念

犯罪的形式概念，也称形式意义的犯罪概念，是指仅基于法律特征而给犯罪下定义，至于法律为何将诸如此类的行为规定为犯罪则不予涉及。在大陆法系国家的刑事立法中，犯罪的形式概念屡见不鲜。如1810年《法国刑法典》第1条规定："法律以违警刑所处罚之犯罪，称为违警罪；法律以矫正刑所处罚之犯罪，称为轻罪；法律以身体刑所处罚之犯罪，称为重罪。"西班牙现行《刑法典》第1条规定："依自由意志及疏忽之行为而为法律所处罚者谓之犯罪和过失罪。"《瑞士刑法典》第9条规定："（1）重罪是指应处重惩役之行为。（2）轻罪是指最高刑为普通监禁刑之行为。"刑事立法中对于犯罪的界定显然缘起于刑法理论，而在理论上往往把犯罪界定为违反刑事法律、应当受到刑罚处罚的行为。如德国刑法学家宾丁认为，犯罪即违反刑事制裁法律的行为。[1] 法国刑法学家盖洛（Gallo）认为："犯罪乃是由事先制定的法律规定以刑罚相威胁而禁止的行为。"[2] 而日本刑法理论通常认为，犯罪是"符合构成要件的违法并且有责任的行为"[3]。

犯罪的形式概念，虽然未能触及犯罪的阶级本质，而只从犯罪的法律特征上去阐述"犯罪是什么"，但西方刑法学者指出其是具有巨大的历史意义和社会价值

---

[1] 徐久生编著：《德国犯罪学研究探要》，中国人民公安大学出版社1995年版，第1页。
[2] 高铭暄主编：《刑法学原理》第1卷，中国人民大学出版社1993年版，第374页。
[3] [日] 佐佐木养二：《刑法学原论》，南窗社1987年版，第71页。

的。犯罪的形式概念立场鲜明地抨击封建刑法的罪刑擅断，强调犯罪乃"刑法之明定"内容，充分彰显了罪刑法定主义。这样的形式概念清楚、明了地揭示了判定是否犯罪的唯一标准在于刑法的明确规定。对于刑事司法者而言，采取犯罪的形式概念显然更易于操作，其只需要根据刑法的规定来区别罪与非罪，追究依法构成犯罪者的刑事责任。对于守法者来说，若刑法无明文规定，即系法外定罪和量刑，自己有权拒绝接受。所以，基于对罪刑法定主义的坚持，犯罪形式概念的积极意义是无法否定的。

（二）犯罪的实质概念

犯罪的实质概念，也称实质意义的犯罪概念，是指不涉及犯罪的法律特征，而从犯罪现象的本质上给犯罪下定义，借此揭示一种行为被刑法规定为犯罪的内在原因。以这一形式来界定犯罪概念的，既有学界言说，也有立法实践。

就理论而言，诸多学者力图从实质意义上给犯罪下定义。如康德认为："犯罪的本质就在于犯罪人为了实现个人的自由而实施侵害他人自由的行为。因此，犯罪是出于不道德的动机而实施的不道德的行为。"黑格尔说："犯罪是对他人权利的一种侵犯行为，是对权利普遍性的否定，换言之，也就是对法律秩序的否定。"德国刑法学家李斯特认为，犯罪的本质在于"对社会共同法益的侵害"。意大利刑法学家加罗伐洛认为："犯罪是违反社会的怜悯和诚实二道德情感的行为。"① 而在马克思、恩格斯看来，犯罪则是"孤立的个人反对统治关系的斗争"②，是"蔑视社会秩序的最明显最极端的表现"③。

刑事立法中从实质意义上界定犯罪概念的主要是苏联。例如，1922年的《苏俄刑法典》第6条规定："威胁苏维埃制度基础及工农政权向共产主义过渡时期所建立的法律秩序的一切危害社会的作为或不作为，都被认为是犯罪。"1926年的《苏俄刑法典》也规定："目的在于反对苏维埃制度或者破坏工农政权向共产主义过渡时期所建立的法律秩序的一切危害社会的作为或不作为，都被认为是危害社会的行为。对于形式上虽然符合本法分则任何条文所规定的要件，但因为显著轻微，并且缺乏损害结果，而失去危害社会的性质的行为，不认为是犯罪行为。"

与形式意义的犯罪概念强调司法认定犯罪应如何寻找根据不同，实质意义的犯罪概念注重的是刑事立法中应当如何设置犯罪。这种犯罪概念的表述是与统治

---

① 转引自高铭暄主编：《刑法学原理》第1卷，中国人民大学出版社1993年版，第375页。
② 《马克思恩格斯全集》第3卷，人民出版社1960年版，第379页。
③ 《马克思恩格斯文集》第1卷，人民出版社2009年版，第443页。

阶级的犯罪观和刑事责任观紧密联系的。不过，实质意义的犯罪概念虽然旨在从本质上给犯罪下定义，但若脱离形式意义的犯罪概念，而仅依靠实质意义的犯罪概念，刑事司法必然无所适从，甚至极易造成定罪的随意性和刑罚的滥用，因为否定了形式意义的犯罪概念，就等于否定了罪刑法定原则。

（三）犯罪的混合概念

犯罪的混合概念，是指既强调犯罪的实质概念，亦注重犯罪的形式概念，以同时揭示犯罪的本质特征和法律特征的概念。这种以混合概念来界定犯罪概念之方式系苏联刑法学界的通说，并对苏联的刑事立法产生影响。例如，苏联刑法学家А. А. 皮昂特科夫斯基（А. А. ПИОНТКОВСКИЙ）指出："犯罪乃是对社会主义国家或社会主义法律秩序有危害的、违法的、有罪过的、应受惩罚的作为或不作为。"① 就刑事立法而言，1958年的《苏联和各加盟共和国刑事立法纲要》第7条即规定："凡是刑事法律规定的危害苏维埃社会制度或国民的人身、政治权利、劳动权利、财产权利和其他权利的危害社会的行为（作为或不作为），以及刑事法律规定的违反社会主义法律秩序的其他危害社会的行为，都是犯罪。"随后，这一界定方式为其他社会主义国家的刑法理论和刑事立法所效仿，包括中国在内的大多数社会主义国家，在犯罪概念问题上采纳混合概念。当然，西方国家也存在采纳犯罪混合概念的主张。例如，德国刑法学家耶赛克（Jescheck）认为，犯罪是行为人实施的符合犯罪构成、危害社会因而应受刑罚处罚的不法行为。② 这就既突出了犯罪的形式特征，又指出了犯罪的实质特征。

在我国刑法理论中，对我国刑法中犯罪概念的研究，始终是围绕刑法的规定展开的。《刑法》第13条规定："一切危害国家主权、领土完整和安全，分裂国家、颠覆人民民主专政的政权和推翻社会主义制度，破坏社会秩序和经济秩序，侵犯国有财产或者劳动群众集体所有的财产，侵犯公民私人所有的财产，侵犯公民的人身权利、民主权利和其他权利，以及其他危害社会的行为，依照法律应当受刑罚处罚的，都是犯罪，但是情节显著轻微危害不大的，不认为是犯罪。"据此，我国刑法中的犯罪，是指严重危害我国社会，触犯刑法并应受刑罚处罚的行为。此一定义既揭示了犯罪对各种社会关系所造成的严重的社会危害性之本质特征，也强调了犯罪所具有的依法应当受刑罚处罚这一法律特征。如此界定显然属于混合概念的类型。本书认为，我国刑法中所采纳的犯罪的混合概念并非把形式

---

① 《苏联刑法科学史》，曹子丹等译，法律出版社1984年版，第23—24页。
② 参见徐久生编著：《德国犯罪学研究探要》，中国人民公安大学出版社1995年版，第2页。

意义的犯罪概念和实质意义的犯罪概念加以混淆，而是基于两个不同的视角将犯罪的形式概念和实质概念有机统一起来，进而在刑事立法和刑事司法中发挥指导性作用，成为我们认定犯罪、划分罪与非罪界限的基本依据。

二、犯罪的基本特征

关于犯罪的基本特征，我国刑法学界存在不同的观点。有观点认为，犯罪具有受刑罚处罚的社会危害性和刑法的禁止性之特征。有观点主张，犯罪具有社会危害性和刑事违法性两个特征。有观点指出，犯罪的两个基本特征是应受刑罚惩罚的社会危害性和依法应受刑罚惩罚性。还有观点认为，犯罪是危害社会、触犯刑事法律、出于故意或者严重的过失和应当承担刑事责任四方面特征的密切结合。

本书认为，目前刑法学界普遍接受的三特征说较为全面地阐释了犯罪的基本特征。根据《刑法》第13条的规定并依据此一通说，犯罪具有如下三个特征：其一，犯罪是危害社会的行为，即具有相当程度的社会危害性。这是犯罪具有决定意义的特征，是犯罪的实质内容。其二，犯罪是触犯刑律的行为，即具有刑事违法性。这是社会危害性的法律表现，是犯罪与一般违法行为相区别的重要特征之一。其三，犯罪是应受刑罚处罚的行为，即具有应受惩罚性。这是犯罪前两个特征即社会危害性和刑事违法性的必然法律后果，也是犯罪行为区别于其他违法行为的重要特征之一。

（一）犯罪是具有严重社会危害性的行为

行为具有严重的社会危害性，是犯罪最本质最基本的特征。的确，晚近刑法学界始终存在一种对社会危害性理论的批评之声。考察这些持否定态度的观点，不难发现其核心在于担心社会危害性的判断标准模糊，不利于罪刑法定原则的贯彻。但是，否定社会危害性的观点或多或少地存在孤立地看待社会危害性标准，以致将其视为独立判断行为是否构成犯罪的标准的偏见。而实际上，肯定社会危害性标准的学界通说并不认为社会危害性标准可以用来独立判断行为是否构成犯罪，而是一再强调必须与刑事违法性结合起来。所以有学者认为，否定论者在一定程度上是在攻击一个并不存在的目标。[①] 离开严重社会危害性这一犯罪的内在本质特征，犯罪概念就成了一具空壳，难免流于空洞苍白。

---

① 参见储槐植、张永红：《善待社会危害性观念——从我国刑法第13条但书说起》，《法学研究》2002年第3期。

所谓社会危害性，是指行为对刑法所保护的社会关系造成或可能造成损害的特性。犯罪的社会危害性，亦即对国家和人民利益的危害性。犯罪的本质就在于其具有社会危害性。如果某种行为根本不可能给社会带来危害，法律就不能把它规定为犯罪，更不能对它进行惩罚。根据《刑法》第13条但书的规定，如果行为人的行为虽然具有社会危害性，但是情节显著轻微危害不大的，也不认为是犯罪。例如，殴打他人，造成轻微伤害的，不能构成故意伤害罪。由此可见，没有社会危害性，就没有犯罪；社会危害性未达到相当严重的程度，也不构成犯罪。社会危害性是否达到严重程度是犯罪与其他违法行为的根本性区别。

犯罪的社会危害性是各种主观因素和客观因素的统一。具体而言，影响犯罪社会危害性程度的因素主要包括：（1）行为侵犯的客体，即行为侵犯了什么样的社会关系。例如，危害国家安全罪侵犯的是国家安全，此类犯罪的社会危害性显然要大于其他犯罪，可谓最危险的犯罪。放火罪、爆炸罪等犯罪侵犯的是公共安全，即不特定多数人的生命财产安全，社会危害性也很大。同样是侵犯他人的人身权利，故意杀人罪危害的是他人的生命权，而故意伤害罪损害的则是他人的身体健康权，前者的社会危害性明显大于后者。（2）行为的手段、后果以及时间、地点。就具体犯罪而言，犯罪的手段是否凶残，是否使用暴力，犯罪造成的后果状况，以及犯罪所处时间、地点如何，在很大程度上具有体现和决定社会危害性大小的作用。（3）行为人的情况及其主观因素。诸如是成年人还是未成年人，出于故意、过失还是意外事件，是事前有预谋还是临时起意，动机、目的是否卑劣，是初犯、偶犯还是累犯、惯犯等，都会对行为的社会危害性产生不同的影响。

在考察行为的社会危害性时，要用历史、发展、全面的观点看问题。社会条件发生变化，可能导致对某一行为是否具有社会危害性的评判结果亦发生变化。例如，投机倒把行为在计划经济时期被认为具有相当的社会危害性，并被明确规定为犯罪行为，但随着社会主义市场经济在我国的逐步构建，这一行为的社会危害性也就基本不复存在了。同时，衡量社会危害性的大小，要综合各种主客观情况，既要看到有形的、物质性的危害，也要看到对社会政治、对人们的社会心理带来的危害。

（二）犯罪是具有刑事违法性的行为

犯罪是触犯刑事法律的行为，这是犯罪的法律特征。我们知道，违法行为表现形式多样，既有民事、经济违法行为，也有行政违法行为，还有刑事违法行为。犯罪不是一般的违法行为，而是触犯刑事法律的刑事违法行为，是最为严重的违法行为。触犯刑事法律是构成犯罪的前提。例如，小偷小摸属于违反治安管理处罚法的行为；只有盗窃公私财物，数额较大的，或者多次盗窃、入户盗窃、携带凶器盗窃、扒窃的，才能构成刑法中的盗窃罪。如果没有触犯刑事法律，即便该行为具有严重的社会危害性，也不能以犯罪论处。犯罪的严重社会危害性是刑事违法性的基础，也是犯罪的内在本质；犯罪的刑事违法性则是其严重的社会危害性在刑法上的表现。只有当行为不仅具有社会危害性，而且违反了刑法，具有刑事违法性时，才能被认定为犯罪。这是遵循罪刑法定原则的必然要求。

犯罪的刑事违法性是主观因素和客观因素的统一。行为人虽然主观上有危害社会的企图，但客观上没有实施危害社会的行为的，不会产生刑事违法的问题；行为虽然客观上造成了严重的危害社会的后果，但行为人主观上不存在故意或者过失的，也不会产生刑事违法性的问题。

(三) 犯罪是应受刑罚惩罚的行为

对于任何违法行为，无论是民事的、行政的还是刑事的，行为人都应当承担相应的法律后果。民事违法行为要承担赔偿损失、返还财产、支付违约金等民事责任；行政违法行为要承担罚款、行政拘留等行政处罚，或者警告、记过、降级、撤职、开除等行政处分。而对于刑事违法行为即犯罪来说，行为人应当承担的法律后果是受到刑罚惩罚。犯罪是适用刑罚的前提，刑罚是犯罪的法律后果。因此，应受刑罚惩罚也是犯罪的一个基本特征。应受惩罚性之特征将犯罪与刑罚这两种社会现象紧密联系起来，它体现出犯罪在引发的法律后果方面迥异于其他一般违法行为的基本个别性，对于我们充分认识犯罪现象无疑是必要的。这一特征表明，如果某一行为不应当受刑罚处罚，也就意味着它不是犯罪。

需要注意的是，不应受刑罚惩罚和不需要刑罚惩罚是两个不同的概念。不应受刑罚惩罚，是指行为人的行为根本不构成犯罪，当然就不存在应受刑罚惩罚的问题。而不需要刑罚惩罚，是指行为人的行为已经构成了犯罪，本应受刑罚惩罚，但考虑到案件的具体情况，如犯罪情节轻微，或者有自首、立功、悔改等表现，从而免予刑罚惩罚。免予刑罚惩罚说明，行为还是犯罪，只是不给予刑罚惩罚罢了，它与无罪不应当受刑罚惩罚具有不同的性质，不能混淆。

犯罪的上述三个基本特征是紧密结合、有机联系的。严重的社会危害性是犯罪最基本的属性，是刑事违法性和应受刑罚惩罚性的基础。刑事违法性是严重的社会危害性的法律表现，应受刑罚惩罚性是行为严重危害社会、违反刑事法律应当承担的法律后果。因此，这三个基本特征都是必要的，是任何犯罪都必然具备的。这三个基本特征将犯罪与非罪区别开来。

第二节 犯罪构成

犯罪构成与犯罪概念一样,是犯罪论体系乃至整个刑法学体系的灵魂和基石,是其他犯罪论理论得以展开的核心和基础。把握和研究犯罪构成,具有重要的意义。

一、犯罪构成理论的发展与模式

（一）犯罪构成理论的缘起

犯罪构成,肇始于拉丁文 *corpusdelicti*。1796 年,德国学者克莱因（Klein）把 *corpusdelicti* 引入德国,并译为 Tatbestand。不过,Tatbestand 当时还仅具有诉讼法上的意义,表示与特定的行为人没有联系的外部客观实在（罪体）。司法部门如果不能根据严格的证据法则对这种客观犯罪事实进行确证,就不能进行特别纠问。19 世纪初,德国刑法学家费尔巴哈、斯鸠别尔（C. C. Stübel）始将 Tatbestand 用于实体法中。费尔巴哈认为:"犯罪构成乃是违法的（从法律上看）行为中所包含的各个行为的或事实的诸要件的总和。"① 但费尔巴哈等人所谓的犯罪构成,仅指刑法分则中具体犯罪的构成。

20 世纪初,德国刑法学者贝林格开始将犯罪构成与刑法总则中犯罪的一般规定联系起来,创立了系统的构成要件理论。贝林格认为,行为是否构成犯罪,需要经过实体法明文规定,只有与实体法明文规定的构成要件相符合的行为,才能视为犯罪,故而犯罪概念应补充"构成要件该当性",任何犯罪都必须具备行为、行为符合构成要件、行为是违法的、行为是有责的、行为有适合处罚的规定以及行为具备处罚的条件等六个条件。② 至此,构成要件与违法性、有责性分离。

贝林格的构成要件理论在德国刑法学界引起了关于构成要件与违法性的关系以及构成要件是否包含规范和主观的要素之争。立足于这些争论,麦兹格、迈耶等人又对贝林格的构成要件理论进行了完善,并由迈耶基本完成了这一理论的架构。迈耶于 1915 年发表了其名著《刑法总论》,明确将贝林格提出的犯罪成立的

---

① 转引自高铭暄主编:《刑法学原理》第 1 卷,中国人民大学出版社 1993 年版,第 438 页。
② 参见马克昌主编:《近代西方刑法学说史》,中国人民公安大学出版社 2008 年版,第 284—299 页。

六个条件简化为三个,即构成要件的符合性(或称该当性)、违法性和有责性。时至今日,这一阶层式构成要件理论在德日刑法学界占据了相当重要的地位,也成为我国部分学者力图重构犯罪构成理论的模板。

(二)犯罪构成理论的模式及评析

1. 犯罪构成理论的主要模式

事实上,在外国刑法理论中,除了德日三阶层构成要件理论之外,还主要存在英美法系双层次犯罪成立理论和苏俄耦合式犯罪构成理论。现就这三种犯罪构成理论的基本内涵简要介绍如下:

(1)三阶层构成要件理论。以德日为代表的这一理论,主张犯罪由构成要件的符合性、违法性和有责性构成,三要件之间具有递进的阶层逻辑结构。构成要件的符合性也称为该当性,是指行为符合刑法分则所规定的某个具体犯罪的特征,包括主体、行为、行为客体、结果、行为状况、因果关系、构成要件的故意或过失等要素。违法性,是指行为对刑法所保护的合法权益或者整体法秩序的实质侵害性。确定行为人的行为是否构成犯罪,不仅要看其行为是否具有构成要件的符合性,还要看该行为是否具有违法性,即为法律所禁止。如果行为具有刑法规定的或者法秩序所认可的违法性阻却事由,该行为就因不具违法性而不构成犯罪。正当防卫、紧急避险、自救行为、被害人承诺、正当业务等均属此处所谓的违法阻却事由。有责性,是指能够对实施违法行为的行为人进行非难、谴责。如果不具违法阻却事由,则须进一步判断责任之有无,这是对行为人非难的可能性进行的判断。"无责任即无刑罚",只有在行为人具有主观责任或个人责任的基础上,其行为方成立犯罪。据此,确立犯罪成立需要经过构成要件的符合性——违法性——有责性三个阶层递进式的判断。

(2)双层次犯罪成立理论。英美法系刑法学中的犯罪构成体系由两个层次构成:第一层,犯罪本体要件,包括犯罪行为和犯罪意图,这些要件包含在犯罪定义之中;第二层,责任充足要件,这是诉讼意义上的犯罪要件,通过合法抗辩事由体现出来。其中,第一层次侧重体现国家意志,表现为公诉机关的权力,确立行为规范,发挥刑法维护秩序和保卫社会的功能;第二层次侧重体现公民权利,发挥刑法保障人权的机能,制约国家权力。两个层次相辅相成,共同构成英美刑法运行的内在制约机制,体现刑法公正性的价值取向。

(3)耦合式犯罪构成理论。苏联的犯罪构成理论是在批判大陆法系犯罪构成要件理论的基础上形成的,主张将主客观相结合的犯罪构成理论作为认定刑事责任的唯一根据。例如,特拉伊宁(А. Н. ТРАИНИН)在其1957年出版的《犯罪构成的一般学说》中指出：犯罪构成乃是苏维埃法律认为决定具体的、危害社会主义国家的作为（不作为）犯罪的一切客观要件和主观要件的总和，它是认定刑事责任的唯一根据。① 进言之，苏联犯罪构成理论把犯罪构成要件奠基于社会危害性的概念之上，认为所谓犯罪构成，就是社会危害的构成，是犯罪客体、犯罪客观方面、犯罪主体、犯罪主观方面这四个要件的总和。由于这四个要件之间具有耦合式的逻辑结构，因而我们也称之为耦合式的犯罪构成体系。苏联的犯罪构成理论对其他社会主义国家包括中国的刑法理论产生了重要的影响。

2. 三种主要犯罪构成理论模式简评

德日的三阶层构成要件理论虽然注重理论的抽象研究，与法律对犯罪诸要素的规定不具有直接联系，但其逻辑思考过程严密、先后有序、不可互易，这使得犯罪成立理论对犯罪成立要件的叙述，与实践中认定犯罪的过程之实际情况基本保持了形式的一致，反映了理论与实践的统一，对犯罪的认定比较严格，对于犯罪人的人权保障具有一定的积极意义。而且，从构成要件符合性、违法性到有责性的递进，体现的是一种从外表、客观为主到内在、主观为主的评价过程和顺序，直观地反映了刑事诉讼循序渐进的过程，有助于明确要件之间的逻辑关系，也有助于较好地维护法律适用的安全性，实现结果的正义性。② 但是，三阶层构成要件理论只是大陆法系众多犯罪构成理论中有代表性的一种，其也存在诸多缺陷。例如，构成要件的推定机能在正当防卫、紧急避险等场合失灵；关于违法性、有责性的判断可能先入为主；偏离了司法实践，有唯体系论的倾向；概念、范畴众多，学术体系庞杂，晦涩难懂；等等。

英美法系的双层次犯罪成立理论在某种程度上属于程序性犯罪构成，具有浓厚的程序化特征，侧重体现的是以程序正义为主导的价值取向。在此一理论模式中，本体要件框定了犯罪成立的基础，虽具有推定的性质，但仍属于一般性的、抽象的、形式的评价，而其责任充足要件则从个别、具体和实质的角度限定了犯罪成立的范围。其思维方式，无疑与人类认识的方式以及定罪的过程也是基本上一致的。反映到实践中，这种控、辩双方的对抗对于维护罪刑法定原则，保障被告人人权，无疑也是有利的。但是，英美法系的双层次犯罪成立理论仅仅满足于实用，不注重深入的理论分析与体系的构建，很多问题点到为止，未能展开，甚至没有涉及。例如，欠缺明显的违法性判断标准，其法定的构成要件内容与超法

---

① 参见［苏］A. H. 特拉伊宁：《犯罪构成的一般学说》，薛秉钟等译，中国人民大学出版社1958年版，第48—49页。
② 参见许玉秀：《当代刑法思潮》，中国民主法制出版社2005年版，第56—63页。

规的构成要件内容，均为事实性要素，是价值判断对象而非价值判断标准，理论中也并不研究违法性的判断标准问题。

苏联耦合式犯罪构成理论不仅能够通过各种相互联系、相互作用的要件及其要素，充分反映出社会危害性这一犯罪的本质，揭示犯罪行为内部构成要素的有机统一性质，而且这种犯罪构成的理论体系，总体上避免或至少减少了许多对行为是否构成犯罪而作的烦琐的重复评价。同时，这一理论所确立的犯罪构成要件的结构模式，使犯罪构成理论与犯罪构成的法律规定较为完美地达到了和谐与协调，因为构成要件的内容就是犯罪成立的要素。这样，犯罪构成理论就在逻辑上以立法为依托，且便于司法实际操作和掌握，极具实践品格。当然，这一理论也存在诸多不足和疑惑。例如，犯罪构成理论与犯罪构成容易发生混淆；在犯罪的认定方面，有罪推定的可能性要大于大陆法系的犯罪成立理论；在解释排除犯罪性行为为何不是犯罪时容易出现体系性的矛盾；犯罪构成要件的充足与否同责任的评价一体进行，容易使刑事责任的地位和内容虚置。

客观而言，这三种犯罪构成理论模式都是特定法律文化发展的产物，它们的哲学基础、价值观和立足点均有不同，可谓各有优点和不足，很难说孰优孰劣。

（三）我国的犯罪构成理论争议及其发展

我国刑法学界通行的观点认为，犯罪构成是我国刑法规定的、决定某一具体行为的社会危害性及其程度而为该行为构成犯罪所必需的一切客观要件和主观要件的总和。犯罪构成要件包括犯罪客体、犯罪客观方面、犯罪主体和犯罪主观方面，故而也被称为四要件犯罪构成理论。这一犯罪构成理论脱胎于苏俄耦合式犯罪构成理论，是20世纪50年代初期从苏联引进的。经过数十年的研讨、创造和发展，已基本形成了具有中国特色的犯罪构成理论，并且在我国刑法理论中占有十分重要的地位。正如有学者指出的，四要件犯罪构成理论不仅是一种历史性的选择，具有历史合理性；也符合中国国情，契合中国的诉讼模式，具有现实合理性；而且其逻辑严密，契合认识规律，符合犯罪本质特征，还具有内在合理性。①

然而，近十年来，有部分学者主张将我国通行的四要件犯罪构成理论推倒重来。正是在这一观点的主导下，2009年国家司法考试大纲及配套辅导用书中的刑法学科部分遂全面推翻我国刑法学界通行的学科体系，抛弃四要件犯罪构成理论，转而采用递进式三阶层构成要件理论。此举在刑法理论与实务界引致强烈反对和

---

① 参见高铭暄：《论四要件犯罪构成理论的合理性暨对中国刑法学体系的坚持》，《中国法学》2009年第2期。

广泛关注,同时亦使犯罪构成理论模式之争成为刑法学界关注的焦点。

我们不否认,四要件犯罪构成理论模式的确尚未很好地解决耦合式犯罪构成理论所存在的缺陷,需要借鉴域外犯罪构成理论模式的有益经验进行完善。例如,有必要对犯罪构成与犯罪概念之间的关系、犯罪构成与违法阻却事由之间的关系以及犯罪构成的动态性、精确性和阶层性问题等进行深入研究和探讨。但是,这些理论瑕疵并不足以颠覆传统四要件犯罪构成理论所具有的通说之地位。何况,三阶层构成要件理论亦非完美无缺,即便在大陆法系国家也未占据绝对优势,甚至因为存在理论体系前后冲突、发展现状与建立初衷背离、过于强调体系且偏离司法实践等诸多弊端,而受到德日刑法学界内部的质疑。全盘引进三阶层构成要件理论,不仅严重脱离我国的司法实践,也不具有可操作性。因此,本书仍以四要件犯罪构成理论为基础开展论述。

二、我国刑法中犯罪构成的概念与特征

(一) 犯罪构成的概念

根据刑法学界的通说,我国刑法中的犯罪构成是指刑法规定的,决定某一具体行为的社会危害性及其程度,而为该行为构成犯罪所必须具备的一切客观要件和主观要件的有机统一的整体。

在此,有必要明确犯罪构成与犯罪概念之间的关系。两者的联系在于:犯罪概念是犯罪构成的前提和基础,犯罪构成是犯罪概念的具体化。一方面,作为犯罪概念基本属性的犯罪的社会危害性和刑事违法性,也是犯罪构成的基本属性,离开了犯罪概念所揭示的犯罪的共同本质,犯罪构成就失去了立法和理论上的根据。另一方面,犯罪构成又是犯罪概念及其基本属性的具体化。犯罪构成通过其一系列客观与主观的要件,使犯罪行为的社会危害性这一本质特征得到具体而明确的体现;犯罪构成也通过犯罪成立必备的诸要件,使犯罪概念的法律特征具体化,反映出犯罪行为的刑事违法性及应受刑罚惩罚性。两者的最大区别在于功能有所不同:犯罪概念的功能是基于行为的社会、政治本质而从整体上回答什么是犯罪、犯罪有哪些基本属性,从而使我们得以从原则上把犯罪行为与其他行为区别开来。而犯罪构成的功能,则是在犯罪概念的基础上,进一步解决构成犯罪的规格和标准问题,以揭示犯罪如何成立以及构成犯罪需要具备哪些法定的具体条件。

总之,犯罪概念与犯罪构成是抽象与具体的关系。作为对各种犯罪现象基本特征的科学抽象与概括,犯罪概念并不能直接解决具体犯罪的司法认定标准问题,它所具有的认定犯罪的原则作用和对于刑法制度及刑法理论的基础作用,必须通

过犯罪构成才能具体实现。易言之，犯罪概念说明犯罪行为是具有严重社会危害性、刑事违法性和应受刑罚惩罚性的行为；而依据犯罪构成，就可以具体的构成要件为标准来判断哪些行为是具有严重社会危害性、刑事违法性和应受刑罚惩罚性的犯罪行为。犯罪概念和犯罪构成既紧密联系又彼此区别，相辅相成，共同为司法实践中正确地认定犯罪服务。

（二）犯罪构成的特征

1. 犯罪构成由刑法予以明确规定

行为成立犯罪所必需的犯罪构成要件，必须由我国刑法加以规定。此一特征体现了犯罪构成的法定性。就立法层面而言，刑法之所以规定某一犯罪构成，乃因该行为具有严重的社会危害性。从司法实践来说，要认定某一行为是否构成犯罪，必须依照法律规定的犯罪构成来判断；当某一行为符合具体犯罪的构成时，该行为就具有刑事违法性。因此，通过犯罪构成的法定性，犯罪的严重社会危害性与刑事违法性达到了一致。

犯罪构成的法定性，直接彰显了罪刑法定原则的基本要求。罪刑法定原则之所谓"罪"之法定，重在要求犯罪的构成要件必须法定。值得一提的是，刑法对犯罪构成的规定，是由刑法总则与刑法分则共同实现的。刑法总则规定一切犯罪必须具备的要件，刑法分则规定具体犯罪特别需要具备的要件。因此，根据刑法分则认定具体犯罪的时候，应当依照刑法总则的规定，结合有关案件事实来认定，以便得出正确的结论。

2. 犯罪构成是行为具有严重社会危害性的法律标志

任何一个犯罪都包含着很多事实特征，但不是每一个事实特征都可以成为犯罪构成的要件，只有那些对行为的社会危害性及其程度具有决定意义而为该行为成立犯罪所必需的事实特征，才是犯罪构成的要件。换言之，犯罪构成要件只是从同类案件诸多事实中经抽象、概括而来的带有共性的，对犯罪性质和危害性具有决定意义的事实。考察某一行为是否具有社会危害性并构成犯罪，只需看它是否具备符合该罪犯罪构成的事实。因此，必须将属于构成要件的事实与案件的其他事实相区别。当然，属于构成要件的事实本身，与犯罪构成仍是有区别的，前者是案件中的具体事实，后者是法律规定的要件整体。其他事实，可能对侦查和审理案件有证据或者线索作用，也可能对量刑有一定的意义，但并非犯罪的构成要件。例如盗窃罪，虽然在具体案件中存在各种事实，但只有下列事实是其构成要件：（1）侵犯的是公私财产所有权；（2）在客观上表现为盗窃公私财物，数额较大，或者多次盗窃、入户盗窃、携带凶器盗窃、扒窃的行为；（3）行为人已满

16周岁且具备刑事责任能力；（4）在主观方面是出于直接故意，具有非法占有的目的。至于其他事实，如被害人的状况、窃取的手段、盗窃的动机等，均非盗窃罪的构成要件，不影响盗窃罪的成立。

3. 犯罪构成是诸多客观要件和主观要件的有机统一的整体

任何一种犯罪的成立，都须具备若干要件。在这些要件中，既包含犯罪客体要件和犯罪客观方面要件，也包含犯罪主体要件和犯罪主观方面要件。在刑法理论上，可以将其中的犯罪客体要件和犯罪客观方面的要件统称为客观要件，将犯罪主体要件和犯罪主观方面的要件统称为主观要件。客观要件和主观要件的有机统一，就形成了犯罪构成。之所以说犯罪构成是客观要件与主观要件的有机统一，是因为犯罪构成并不是成立犯罪所需的各个要件的简单叠加，而是由诸要件按照犯罪构成的要求彼此联系、相互作用、协调一致而成的。犯罪构成之所以必须是主客观要件的有机统一，其内在根据在于，犯罪行为本身就是主客观的统一。不考虑客观要件的主观归罪或不考虑主观要件的客观归罪，都是不符合唯物主义辩证法的。

根据我国刑法，任何一种犯罪的成立都必须具备四个方面的构成要件，即犯罪客体、犯罪客观方面、犯罪主体、犯罪主观方面。日常生活中存在形形色色的刑事案件，虽然构成犯罪的具体要件不一样，但所有具体要件都可归属于以上四个构成要件。

我国刑法分则规定的468种犯罪都具有由客观要件和主观要件有机统一而形成的犯罪构成。例如，依照《刑法》第232条和第17条第2款的规定，构成故意杀人罪必须具备以下要件：（1）侵犯的客体是他人的生命权；（2）客观上实施了非法剥夺他人生命的行为；（3）行为人是已满14周岁、具有刑事责任能力的人；（4）主观上具有非法剥夺他人生命的故意。这几个要件有机结合在一起，就是故意杀人罪的犯罪构成。

三、犯罪构成的分类

（一）单纯的犯罪构成与混合的犯罪构成

根据犯罪构成要件组成的繁简程度，可以把犯罪构成分为单纯的犯罪构成与混合的犯罪构成。

单纯的犯罪构成是指刑法条文对具体犯罪所规定诸要件之各种要素均属单一的犯罪构成。例如，非法侵入住宅罪的犯罪构成，其客体要件是公民住宅不可侵犯的权利，客观方面要件为非法侵入他人住宅的行为，主体要件包括已满16周岁、有责任能力，主观方面要件为故意。这种犯罪构成就是单纯的犯罪构成。

混合的犯罪构成，是指刑法条文对具体犯罪所规定的诸要件中存在要素复合或择一而定的犯罪构成。据此，混合的犯罪构成又包括复合的犯罪构成和择一的犯罪构成两种情况。

复合的犯罪构成，是指刑法条文规定的犯罪构成的某一要件包含数个要素的犯罪构成。主要可细分为：（1）包含数个危害行为的犯罪构成。如强奸罪须同时具有暴力、胁迫或者其他强制手段行为和奸淫行为。（2）包含数个犯罪对象或行为对象的犯罪构成。如抢劫罪既侵犯他人的人身，也侵犯他人的财产。（3）包含两种罪过形式的犯罪构成。这种复合的犯罪构成只存在于结果加重犯中。如故意伤害罪致人死亡，行为人对死亡结果只能出于过失，而不可能出于故意。

择一的犯罪构成，是指刑法条文规定的犯罪构成诸要件要素中有可供选择余地的犯罪构成。择一的犯罪构成又有同质的择一犯罪构成和不同质的择一犯罪构成之分。[①] 其中，同质的择一犯罪构成，是指几个可供选择的要件要素具有相同的性质，包括以数个危害行为作为选择要件要素的犯罪构成、以数种犯罪方法作为选择要件要素的犯罪构成、以数种犯罪地点作为选择要件要素的犯罪构成、以数种犯罪对象或行为对象作为选择要件要素的犯罪构成、以数种危害结果作为选择要件要素的犯罪构成、以数种主体身份作为选择要件要素的犯罪构成以及以数种犯罪目的作为选择要件要素的犯罪构成等。例如，《刑法》第152条的走私淫秽物品罪，犯罪目的既可以是"牟利"也可以是"传播"，行为对象可以是淫秽的影片、录像片、录音带、图片、书刊等。不同质的择一犯罪构成，是指可供选择的要件要素不具有相同性质的情况。例如，根据《刑法》第340条的规定，违反保护水产资源法规，在禁渔区、禁渔期或者使用禁用的工具、方法捕捞水产品，情节严重的，就构成非法捕捞水产品罪。不管是在"禁渔区""禁渔期"还是"使用禁用的工具、方法"，三者择其一即可。这三者分别是特定犯罪地点、特定犯罪时间和特定犯罪方法，具有不同性质。

复合的犯罪构成要求成立犯罪需要复合或相加的要素齐备；择一的犯罪构成，只要行为具有可供选择的要素中的一种，就可以成立犯罪，但是同时具备两个或两个以上的选择要素的，也只成立一罪。

（二）基本的犯罪构成与修正的犯罪构成

按照犯罪构成类型所依赖的犯罪形态是否典型，可将犯罪构成分为基本的犯罪构成与修正的犯罪构成。此一分类方法，可以揭示同质的犯罪在不同形态下由

---

① 参见马克昌主编：《犯罪通论》，武汉大学出版社1999年版，第96—97页。

于构成要件的组成结构不同而具有的不同程度的社会危害性。

基本的犯罪构成，是指刑法条文就某一犯罪的单独犯的既遂状态所规定的犯罪构成。基本的犯罪构成由刑法分则直接规定。

修正的犯罪构成，是指以基本的犯罪构成为前提，为适应犯罪行为的各种不同犯罪形态，而对基本的犯罪构成加以某些修改变更的犯罪构成。修正的犯罪构成是在刑法总则中以通则的形式规定的，包括：适应故意犯罪过程中的未完成形态而分别规定的预备犯、未遂犯、中止犯的犯罪构成；适应数人实施以单独犯规定的犯罪构成的犯罪形态而规定的共犯的犯罪构成，即主犯、从犯、胁从犯、教唆犯的犯罪构成；等等。在确定修正的犯罪构成时，要以刑法分则具体条文规定的基本的犯罪构成为基础，结合总则中关于该修正的犯罪构成加以综合认定。[1]

（三）普通的犯罪构成、加重的犯罪构成与减轻的犯罪构成

按照犯罪行为危害程度的大小，可将犯罪构成分为普通的犯罪构成、加重的犯罪构成和减轻的犯罪构成。此一分类方法，不仅有助于立法者根据行为的社会危害性程度合理配置法定刑，完善刑罚结构体系，也有助于司法实务人员在认定犯罪性质的基础上更好地实现、体现罪责刑相适应原则。

所谓普通的犯罪构成，是指刑法条文对具有通常社会危害程度的行为所规定的犯罪构成。例如，《刑法》第234条第1款规定：故意伤害他人身体的，处3年以下有期徒刑、拘役或者管制。该款对于故意伤害罪规定的就是普通的犯罪构成。

所谓加重的犯罪构成，是指以普通的犯罪构成为基础，由于具有较重社会危害程度的情节而从普通的犯罪构成中分化出来的犯罪构成。例如，《刑法》第234条第2款规定：犯前款罪，致人重伤的，处3年以上10年以下有期徒刑；致人死亡或者以特别残忍手段致人重伤造成严重残疾的，处10年以上有期徒刑、无期徒刑或者死刑。此处所规定的犯罪构成，就属于加重的犯罪构成。

所谓减轻的犯罪构成，是指以普通的犯罪构成为基础，由于具有较轻社会危害程度的情节而从普通的犯罪构成中分化出来的犯罪构成。例如《刑法》第232条后半段所规定的犯罪构成，就属于减轻的犯罪构成。

四、犯罪构成的意义

第一，有利于实现和维护罪刑法定原则，防止罪刑擅断。事实上，正是为了贯彻实现罪刑法定原则，犯罪构成理论才应运而生。罪刑法定原则的派生原

---

[1] 参见马克昌主编：《犯罪通论》，武汉大学出版社1999年版，第93页。

则——排斥习惯法原则、明确性原则、实体适当原则要求刑法明文、明确、恰当地规定各种犯罪的成立条件和法律后果，以便于司法实践的操作，而犯罪构成正是犯罪成立条件的概括，所以它有利于罪刑法定原则的贯彻实现。犯罪构成可以使确实犯了罪行的人受到追究，以维护社会秩序；同时可以使未实施罪行的人不受处罚，以保障人权。只有借助于犯罪构成，罪刑法定原则维护社会秩序和保障人权的功能才能够得以实现。

第二，对刑事司法实践起着特别重要的指导作用。具体言之，它具有如下作用：（1）区分罪与非罪。一种行为是否构成犯罪，只能以犯罪构成为标准来判断。行为符合犯罪构成的，构成犯罪；不符合犯罪构成的，则不构成犯罪。犯罪构成为罪与非罪的区分提供了明确而具体的法律标准。（2）区分此罪与彼罪。犯罪构成也为此罪与彼罪的区分提供了法律标准。由于每一种犯罪都具有独一无二的具体构成要件，因此，只需严格把握各种具体犯罪的构成要件，就能将各种犯罪准确地加以区分。（3）正确地裁量刑罚。犯罪构成可以为判定一罪与数罪提供标准，从而正确地进行数罪并罚。而且，不同的犯罪构成也体现了犯罪不同的社会危害性，可以决定刑罚的轻重。尤其是加重的犯罪构成与减轻的犯罪构成，对于判断罪刑轻重，从而正确裁量刑罚具有更加直接的意义。

▶ 拓展学习

知识点阐释　　典型案例思考

思考题

1. 什么是犯罪？犯罪有哪些基本特征？
2. 什么是犯罪构成？犯罪构成有哪些基本特征？
3. 试述我国犯罪构成模式的选择及四要件犯罪构成理论的改进。
4. 犯罪构成如何分类？
5. 犯罪构成的意义是什么？

第五章 犯罪客体

第一节 犯罪客体的概念与特征

一、犯罪客体的概念

犯罪客体，是指我国刑法所保护的为犯罪行为所侵犯的社会关系。犯罪客体是犯罪构成的必备要件之一。任何一种犯罪都必然侵犯刑法所保护的社会关系，否则，就不具备严重的社会危害性，缺乏犯罪的本质特征。

近年来，随着德日犯罪论体系在我国的传播，刑法学界有一种观点认为，犯罪客体并不是犯罪构成的要件，犯罪行为侵犯了一定的社会关系，反映的是犯罪行为的实质，而这正是犯罪概念所研究的犯罪本质问题，因而犯罪客体应是犯罪概念所研究的对象，而不是犯罪构成要件之一；而行为对象（或称犯罪对象、行为客体）体现了犯罪行为所直接作用的人或物，应是犯罪构成客观方面的一个要件。这一观点无疑借鉴了德日等国关于保护客体和行为客体分立的理论。

这种学说对于反思我国刑法理论具有积极的意义，但其观点涉及我国犯罪论体系的改造问题，由于尚处于理论争鸣阶段，没有被广为接受。因此，本书采用通说，认为犯罪客体是犯罪构成的必备要件，而犯罪对象同犯罪客体既有联系，又有区别。

二、犯罪客体的特征

根据上述犯罪客体的定义，其具有以下三个主要特征：

1. 犯罪客体是一种社会关系。社会关系是人们在生产活动和共同生活中所形成的人与人之间的相互关系。这种关系是人类社会存在的必要条件。社会关系分为物质关系和思想关系。物质关系是社会的经济生产关系，即经济关系，它是人们在社会生产过程中结成的，是一切社会关系的基础。思想关系是由经济基础所决定的上层建筑，它是建立在生产关系基础上的政治关系和意识形态。政治关系在阶级社会中主要表现为人们在国家政权中所处的地位以及在法律上的权利义务；意识形态是纯粹的精神生活，由一定的政治、法律、哲学、宗教、艺术等观点组成。在阶级社会中，无论是经济基础，还是上层建筑，都具有鲜明的阶级性。统治阶级要用法律等手段去调整和维护一定的社会关系，如果行为人的行为侵犯了这种社会关系并达到一定的严重程度,就会被认为是犯罪。

2. 犯罪客体是我国刑法所保护的社会关系。社会关系的内容十分丰富,范围极其广泛,存在于社会的各个方面,但它们的重要程度并不可等量齐观。例如,国家安全、政治制度、社会制度、公共安全等社会关系居于最重要的地位,经济秩序、人身权利、财产权利、社会秩序等社会关系次之。根据社会关系的重要性程度,国家分别以不同的行为规范予以调整和保护,以保证社会的正常运作和发展。我国《刑法》第2条、第13条明文规定保护的国家安全,人民民主专政的政权,社会主义制度,财产所有权,公民的人身权利、民主权利和其他权利,社会秩序,经济秩序,以及刑法分则条文规定予以保护的各种社会关系,就是我国刑法中的犯罪客体。

3. 犯罪客体是犯罪行为所侵犯的社会关系。刑法所保护的社会关系,无论是物质关系还是思想关系,都是客观存在的,其本身并不是犯罪客体。只有当它们被犯罪行为侵犯时,才能成为犯罪客体。这说明犯罪行为与犯罪客体具有密切的关系,没有犯罪行为,也就没有犯罪客体。反之,如果行为没有侵犯刑法保护的社会关系,没有侵犯任何客体,也就不可能构成犯罪。

三、犯罪客体与犯罪对象

(一)犯罪对象

犯罪对象,是指刑法分则条文规定的受犯罪行为直接作用或影响的具体的人或物。大多数犯罪行为,都直接作用于一定的对象,进而侵害刑法所保护的社会关系。犯罪对象具有客观性和可知性的特征。人们对危害行为的认知过程,往往开始于对犯罪对象的感知,由此认识受到犯罪行为侵害而为刑法所保护的社会关系的性质。犯罪对象有以下基本特征:

1. 犯罪对象是具体的人或物。具体的人是指在某种具体犯罪中被侵害的人,是广义的概念,包括自然人、法人、非法人团体乃至国家。具体的物是不以人的意志为转移而客观存在的物质,包括有形物与无形物。例如,《刑法》第232条规定的故意杀人罪,犯罪对象是人;第264条规定的盗窃罪,犯罪对象是公私财物。

2. 犯罪对象是刑法规定的人或物。根据罪刑法定原则,无法律规定则无犯罪,因而犯罪对象也应当以刑法规定的范围为界限。作为犯罪构成必备要件的犯罪客体,在刑法绝大多数条文中并没有明确规定,而是通过作为犯罪对象的人或物来表现的。可见,犯罪对象是由刑法加以规定的。

3. 犯罪对象是受犯罪行为直接作用或影响的人或物。作为犯罪对象的人或物总是客观存在的，当尚未受到犯罪行为的直接作用或影响时，只是可能的犯罪对象；只有犯罪行为直接作用或影响于某人或某物时，该人或物才成为现实的犯罪对象。"作用"和"影响"的内容是使对象的性质、数量、结构、状态、位置等发生变化。由此，犯罪对象区别于组成犯罪行为之物、行为孳生之物和犯罪行为的报酬取得之物。

犯罪对象可以从不同的角度作不同的分类。从物质表现形式上看，犯罪对象包括人和物两种。人作为犯罪对象主要表现为人的生命、健康、名誉受到损害或威胁。作为犯罪对象的物是指物品、货币等一切具有价值、归属关系的东西。按其归属关系可分为国家所有物、集体所有物、个人所有物、混合所有物；按其作用可分为生产资料、生活资料；按其存在形态可分为动产、不动产。在具体犯罪中，找出犯罪对象并分析其特征，具有重大的理论及实践意义。

1. 犯罪对象决定某些犯罪是否成立。即在某些犯罪中，只有犯罪行为作用于该对象，才能构成犯罪。例如，《刑法》第384条规定的挪用公款罪，其犯罪对象就是公款和该条第2款规定的用于救灾、抢险、防汛、优抚、移民、扶贫、救济的款物，除上述两种款物之外的公物不属于本罪的犯罪对象，对之加以挪用，就不构成挪用公款罪。

2. 特定犯罪对象影响此罪与彼罪的区分。在许多情况下，犯罪对象不同，犯罪的性质就不相同，罪名亦相应不同，这是因为不同的对象体现不同的社会关系。所以，犯罪对象不同，表明行为侵犯的社会关系不同，因而犯罪性质就不同。例如，抢劫公私财物的行为，主要侵犯了财产所有权，构成抢劫罪；抢劫枪支、弹药、爆炸物、危险物质的行为，危害了公共安全，构成抢劫枪支、弹药、爆炸物、危险物质罪。

3. 犯罪对象不同影响罪行的轻重，进而影响量刑。许多犯罪虽未规定具体的犯罪对象，但行为人具体选择的对象不同或者对象的特点、数量等不同，对犯罪的社会危害性会产生一定的影响，从而影响量刑。例如，同是强奸罪，强奸已满14周岁的女性与奸淫未满14周岁的幼女，后者的危害程度相对要大，量刑时是从重处罚的情节。

（二）犯罪客体与犯罪对象的关系

犯罪对象与犯罪客体的关系密切。犯罪对象反映犯罪客体，犯罪客体制约犯罪对象。但二者又存在明显的区别：

1. 犯罪对象是人、物等可以凭借人的感官感知的事物；犯罪客体是生命权、财产所有权、公共安全、国家安全等凭借人的思维才能认识的观念的东西。两者表现出具体与抽象的差异。

2. 犯罪客体决定犯罪性质，犯罪对象则未必。分析某一案件，单从犯罪对象去看，是分不清犯罪性质的，只有通过犯罪对象所体现的社会关系即犯罪客体，才能确定某种行为构成什么罪。例如，同样是盗窃电线，某甲盗窃的是库房里备用的电线，某乙盗窃的是输电线路上正在使用中的电线，那么前者构成盗窃罪，后者则构成破坏电力设备罪。两者的区别就在于犯罪对象所体现的社会关系不同：一个是侵犯财产所有权，一个是危害公共安全。

3. 犯罪客体是任何犯罪构成的必要条件，犯罪对象则不是任何犯罪都不可缺少的，它仅仅是某些犯罪的必要条件。例如，《刑法》第152条的走私淫秽物品罪，其犯罪对象只能是具体描绘性行为或者露骨宣扬色情的淫秽性书刊、影片、录像带、录音带、图片及其他淫秽物品，否则就不可能构成此罪。而像偷越国（边）境罪，脱逃罪，妨害国境卫生检疫罪，非法集会、游行、示威罪等，就很难说有什么犯罪对象了。但这些犯罪无疑都侵害了一定的社会关系，都具有犯罪客体。

4. 任何犯罪都会使犯罪客体受到危害，而犯罪对象则不一定受到损害。例如，盗窃犯将他人的电视机盗走，侵犯了主人的财产权利，但作为犯罪对象的电视机本身则未必受到损害。并且，一般情况下，盗窃犯总是把窃来的东西好好保护，以供自用或卖得高价。

5. 犯罪对象不是犯罪分类的根据，因为犯罪对象相同并不意味着犯罪性质相同。例如，同是珍贵文物，当被馆藏时，表现为财产所有权，可成为盗窃罪的客体；当被走私时，表现为国家对外贸易管理秩序和对文物的管理秩序，是走私文物罪的客体。而犯罪客体相同则意味着犯罪性质相同，所以犯罪客体是犯罪分类的根据，刑法分则体系只能以犯罪客体为依据来建立，而不能以犯罪对象为依据来建立。

第二节 犯罪客体的分类

按照犯罪行为侵犯的社会关系的范围，刑法理论一般将犯罪客体划分为三类或三个层次：一般客体、同类客体和直接客体。三类客体是三个不同的层次，它们之间是一般与特殊、共性与个性、抽象与具体、整体与部分的关系。同类客体是在直接客体基础上的分类和概括，而一般客体又是对一切犯罪客体的抽象和概括。三者之间构成了两个层次的一般和个别的关系，它们虽然具有许多共性，但又不能相互取代，在刑法理论与司法实践中都有其重要的作用。

一、一般客体

犯罪的一般客体，又称犯罪的共同客体，是指一切犯罪所共同侵犯的社会关系，即刑法所保护的社会关系的整体。它反映了一切犯罪的共性。任何犯罪都侵犯了犯罪的一般客体，否则就不能构成犯罪。因此，一般客体揭示了一切犯罪的本质，是否存在犯罪的一般客体，是区分罪与非罪的重要标准。

我国《刑法》第2条关于刑法任务的规定、第13条关于犯罪概念的规定表明了犯罪一般客体的主要内容。犯罪的一般客体是犯罪客体的最高层次，说明任何犯罪行为都侵害了刑法所保护的社会关系的整体，犯罪并不仅仅是犯罪人与被害人之间的矛盾，还是犯罪人与国家、社会的冲突。

二、同类客体

犯罪的同类客体，是指某一类犯罪所共同侵犯的我国刑法所保护的社会关系的某一部分或某一方面。犯罪的同类客体，是根据犯罪行为侵害的刑法所保护的社会关系所具有的相同或相近的性质确定的。如抢劫、抢夺、盗窃、诈骗等犯罪，其共性特征在于都侵害了他人的财产权，财产权就成为上述犯罪的同类客体；再如故意杀人罪、故意伤害罪、诽谤罪、非法拘禁罪所侵害的他人的生命权、健康权、名誉权、人身自由权等都属于人身权利的范畴，因此，人身权就成为这些犯罪的同类客体。

犯罪客体是刑事立法的重要依据。在刑事立法中，对各种具体犯罪进行了归纳、分类和编排，构建起一个以同类客体原理为指导，以犯罪社会危害性程度为基础的刑法分则体系。根据我国刑法的规定，立法上的犯罪同类客体分为十类：(1) 国家安全，这是《刑法》分则第一章规定的同类客体。(2) 公共安全，这是《刑法》分则第二章规定的同类客体。(3) 社会主义市场经济秩序，其中又包括八小类，这是《刑法》分则第三章规定的同类客体。(4) 公民人身权利、民主权利，这是《刑法》分则第四章规定的同类客体。(5) 公私财产关系，这是《刑法》分则第五章规定的同类客体。(6) 社会管理秩序，其中又包括九小类，这是《刑法》分则第六章规定的同类客体。(7) 国防利益，这是《刑法》分则第七章规定的同类客体。(8) 国家的廉政制度，这是《刑法》分则第八章规定的同类客体。(9) 国家机关的正常活动以及公众对国家机关工作人员职务活动公正性的信赖，这是《刑法》分则第九章规定的同类客体。(10) 国家的军事利益，这是《刑法》分则第十章规定的同类客体。

三、直接客体

(一) 直接客体的概念及分类

犯罪的直接客体，是指某一特定犯罪所直接侵犯的客体，亦即某一特定犯罪所直接侵害的某种具体的社会关系。例如，故意杀人罪的直接客体就是他人的生命权利，诈骗罪的直接客体就是公私财物所有权或占有权。

犯罪的直接客体是决定犯罪性质的最重要因素。一种行为之所以被认定为这种犯罪或那种犯罪，归根结底是由犯罪的直接客体决定的。犯罪的直接客体揭示了具体犯罪所侵害社会关系的性质以及该犯罪的社会危害性的程度。因此，犯罪的直接客体是研究犯罪客体的重点，也是司法实践中凭借客体区分罪与非罪、此罪与彼罪界限的关键。按照不同的标准，还可以对直接客体作进一步的分类。

1. 简单客体与复杂客体。根据犯罪行为侵犯直接客体内容的数量，可以将其区分为简单客体与复杂客体。

简单客体，也叫单一客体，是指某种犯罪行为仅仅侵犯一种具体的社会关系，即只有一个直接客体。例如，盗窃罪的直接客体是公私财产所有权，直接客体就只有一个。

复杂客体，是指某种犯罪行为同时侵犯两种或两种以上的具体的社会关系，即有两个或两个以上的直接客体。例如，贪污罪的直接客体是国家工作人员职务行为的廉洁性和公共财产的所有权，直接客体有两个，为复杂客体。

对于复杂客体，通常要区分主要客体和次要客体。主要客体与次要客体的划分标准，是具体社会关系为刑法保护的重要性程度和遭受犯罪侵犯的程度。例如，以勒索财物为目的的绑架罪，其直接客体有两个，即他人的人身权利和公私财产所有权，立法者着重保护的是他人的人身权利，因而将本罪规定在"侵犯公民人身权利、民主权利罪"一章，他人的人身权利就是本罪的主要客体，相应地，公私财产的所有权就是次要客体。在复杂客体情况下，通常要根据主要客体决定具体犯罪的归类，进而影响犯罪的既遂标准。

在复杂客体中还有一种特殊的情况，也就是所谓的随机客体。它是指在某一具体犯罪侵害的复杂客体中可能由于某种偶然的情形而出现的客体，也称随意客体、选择客体。例如，非法拘禁罪侵害的客体主要是他人的人身自由权利，但如果偶然地导致被害人重伤、死亡，就危害到他人的健康权利、生命权利。随机客体也属于复杂客体的一种，但与主要客体、次要客体不同的是，主要客体、次要客体是某些犯罪的必备要件，而随机客体仅仅是选择要件，可能出现也可能不出现。随机客体往往是加重刑事处罚的原因和依据。

2. 物质性犯罪客体与非物质性犯罪客体。以具体犯罪侵害的社会关系是否具有物质性为标准，可将直接客体分为物质性犯罪客体和非物质性犯罪客体。侵害物质性犯罪客体的标志是产生物质性的损害或威胁，可能成为物质性犯罪客体的社会关系包括经济关系、财产关系以及人的生命、健康权利等。侵害非物质性犯罪客体的标志是不具有直接的物质损害的形式，可能成为非物质性犯罪客体的社会关系包括政治制度、社会秩序、人格、名誉等。

物质性犯罪客体具体体现为物质性的犯罪结果，刑法对此一般都作了明确规定，因此，构成犯罪既遂一般要求造成实际损害结果。非物质性犯罪客体，犯罪对其造成的损害往往难以测定，因此，刑法一般未具体明确规定非物质危害结果。在实践中，也不对危害结果进行特别考察，只要实施了危害行为，犯罪就成立既遂，如侮辱罪、诽谤罪等。

（二）直接客体的立法形式

了解和把握犯罪直接客体的立法形式，有助于准确区分罪与非罪、此罪与彼罪并正确裁量刑罚。我国《刑法》总则关于犯罪直接客体的规定，集中体现于《刑法》第2条、第13条之中，而《刑法》分则对于犯罪直接客体的规定，则采取了多种形式。具体而言，《刑法》分则对犯罪直接客体的规定有以下几种形式：

1. 明确规定犯罪客体。例如，《刑法》第105条规定的颠覆国家政权罪，条文揭示其犯罪客体是"国家政权、社会主义制度"。又如，《刑法》第252条规定的侵犯通信自由罪，条文揭示该罪的犯罪客体是"公民通信自由权利"。

2. 通过规定犯罪客体的物质表现揭示犯罪客体。例如，《刑法》第263条规定的抢劫罪，条文通过犯罪客体的物质表现——公私财物，揭示该罪侵犯的客体之一是公私财产所有权。

3. 通过规定犯罪违反的某项法规表明犯罪客体。法规是为调整一定的社会关系而制定的，其本身不是客体。刑法指出犯罪违反某项具体法规时，犯罪行为侵犯的该法规所调整的社会关系，才是该罪的客体。例如，《刑法》第325条规定的非法向外国人出售、赠送珍贵文物罪，条文以"违反文物保护法规"为要件，通过"文物保护法规"说明本罪的犯罪客体是国家对文物的管理秩序。

4. 通过规定犯罪侵害的被害人特征表明犯罪客体。人是社会关系的主体。犯罪者对处于特定社会关系中的人施加侵害，表明其行为已侵犯了这种特定的社会关系。例如，《刑法》第260条规定的虐待罪，其罪状规定为"虐待家庭成员，情节恶劣的"，条文中的"家庭成员"表明本罪的犯罪客体是平等互助的家庭关系。

5. 通过规定犯罪行为的方法表明犯罪客体。犯罪是通过行为侵犯社会关系的。有些时候，实施犯罪的方法就能说明它所侵犯的客体性质。例如，《刑法》第121条规定的劫持航空器罪，条文规定"以暴力、胁迫或者其他方法劫持航空器的"，通过其犯罪方法"暴力、胁迫"等，结合犯罪对象"航空器"，清楚地表明该种犯罪的客体是航空器的飞行安全。

综上可见，尽管我国刑法中的绝大多数条文没有对犯罪客体作出明文规定，但并不意味着相关犯罪没有犯罪客体，而是在立法上通过其他方式表明其犯罪客体的。

▶ 拓展学习

知识点阐释

思考题

1. 如何理解犯罪客体在犯罪构成中的地位和作用？
2. 犯罪对象与犯罪客体的关系是什么？
3. 我国刑法分则的罪名是按照什么标准进行分类的？

第六章 犯罪客观方面

第一节 犯罪客观方面概述

一、犯罪客观方面的概念

犯罪客观方面,是指刑法所规定的,说明行为对刑法所保护的社会关系的侵犯性,行为成立犯罪所必须具备的客观事实特征。

犯罪的客观方面包括危害行为、危害结果、危害行为和危害结果之间的因果关系以及犯罪的时间、地点、方法等。

在犯罪客观方面的要件中,危害行为是一切犯罪的构成条件;危害结果是大多数犯罪的构成要件;犯罪对象以及犯罪的时间、地点、方法是一部分犯罪的构成要件。

二、犯罪客观方面的特征

犯罪客观方面具有如下特征:

1. 犯罪客观方面是由刑法规定的。犯罪客观方面所包含的都属于犯罪活动的种种外在表现事实。但并非任何犯罪客观事实都是犯罪的客观方面要件,能够作为犯罪客观方面要件的,只是那些依照刑法的规定,对行为的社会危害性及其程度具有决定意义的事实。有些事实,如犯罪的时间和地点,在任何犯罪中都必然存在,但是从刑法的观点看,并非任何犯罪成立都要以一定的时间和地点作为构成犯罪的客观方面要件。

2. 犯罪客观方面是行为对客体的侵犯。犯罪的客观方面与犯罪客体具有紧密的联系。犯罪客观方面所包含的各种事实特征,都是说明某种犯罪是通过什么样的行为、在什么条件下对刑法所保护的客体进行侵犯的,以及这种行为造成或可能造成什么样的损害。凡不能说明侵害犯罪客体的客观事实特征的,都不能成为犯罪构成的客观方面要件。

3. 犯罪客观方面是犯罪主观方面的客观外在表现,同犯罪主观方面有密切联系,是主观见之于客观的事实情况。犯罪行为包括主观和客观两方面的内容。其中,主观方面包括行为人内心的故意或过失、犯罪目的和犯罪动机等,它表现为行为人主观的意识和意志;而客观方面则是行为人在主观方面的支配下实施的危害行为、实施危害行为的时空条件、危害行为所指向的对象、危害行为产生的危害结果等，具有客观性、外在性、具体性等特点。犯罪的主观方面支配犯罪的客观方面，犯罪的客观方面表现犯罪的主观方面。没有犯罪的主观方面，行为人不可能实施客观方面的行为并对犯罪客体造成危害；没有犯罪的客观方面，单纯的犯罪意图尚不能构成犯罪，人们也无法认知行为人主观方面的内容。因而，犯罪的主观方面和客观方面是密切联系在一起的。

4. 犯罪客观方面在犯罪构成的四个要件中居于关键地位。在犯罪构成四个要件中，犯罪的客观方面是一切构成要件的核心要件，犯罪客体、犯罪主体、犯罪的主观方面这三个要件都是为了说明客观方面的社会危害性及严重程度的主客观事实特征，都是为了说明危害行为及其严重程度。没有犯罪的客观方面，就意味着没有危害行为、危害结果，刑法所保护的社会关系就没有受到侵害，犯罪主体、犯罪的主观方面也就无从产生。在客观方面中，危害行为又处于中心地位，其他要素则是为了说明行为的社会危害性及其严重程度——危害结果说明危害行为对社会关系造成了损害的事实，犯罪对象说明危害行为所指向的对象，犯罪的时间、地点说明危害行为实施时的时空条件，犯罪方法具体说明危害行为的表现方式。因此，犯罪的客观方面是行为人承担刑事责任的客观基础。

三、犯罪客观方面的意义

研究和把握犯罪客观方面具有下列重要意义：

第一，有助于区分罪与非罪。缺乏犯罪构成的客观方面要件，就丧失了构成犯罪及承担刑事责任的客观基础。我国刑法所处罚的，只能是人所实施的危害行为，因为只有行为才能够对社会造成这样或那样的危害。例如，没有非法剥夺他人生命的行为，就不能认定为故意杀人罪；狩猎的行为若不是在禁猎区、禁猎期或使用禁用的工具、方法实施的，也不能构成非法狩猎罪。

第二，有助于区分此罪与彼罪。在我国刑法中，有许多犯罪在犯罪客体、犯罪主体和犯罪主观方面都是相同的，将其区分为不同的犯罪通常是由犯罪客观方面来决定的。如侵犯财产犯罪中的抢劫、抢夺、盗窃、诈骗、敲诈勒索等罪之间的区分就是如此。犯罪客观方面具有多样性的特点，犯罪的复杂化、多样化的特点，最突出的表现是其客观方面要件的复杂化、多样化，这也是立法上往往对犯罪客观方面多加以具体规定的原因所在。

第三，有助于正确分析和认定犯罪的罪过。刑法上的犯罪行为都是与一定的罪过相结合的，没有罪过就谈不上犯罪。罪过的实质内容是行为人对犯罪客观事实的认识和态度，是人的一种心理状态，不容易认识和把握。罪过只有通过一定的危害行为表现于外部，才会被认识和把握，而犯罪客观方面则具有直观性，有利于逆向认定犯罪主观方面。所以，罪过的认定，离不开犯罪客观方面。

第四，有助于正确量刑。量刑要以犯罪的社会危害性及其程度为基础，而犯罪的社会危害性及其程度是由犯罪的主客观因素决定的。对于犯罪客体和犯罪主观方面相同的犯罪而言，其社会危害性及其程度主要取决于犯罪客观方面。有些犯罪之所以被区分为不同的罪、规定轻重不同的法定刑，主要是由于它们的客观方面所揭示的社会危害性及其程度不同，如抢劫罪与抢夺罪。我国刑法中的量刑原则和司法实践中的一些量刑规定，都要求充分考察客观情况对犯罪的社会危害性及其程度的影响。

第二节 危害行为

犯罪是人的行为。"无行为则无犯罪亦无刑罚"已成为一种法律信念，是现代刑法的观念基础。在我国刑事立法中，"行为"一词不仅见诸刑法总则关于犯罪的概念以及其他规定中，而且见诸刑法分则的许多规范中。我国刑法所惩处的犯罪，首先是人的危害社会的行为。危害行为是我国刑法中犯罪客观方面首要的、必备的因素，它在每个犯罪构成中都居于核心的地位。研究和把握犯罪客观方面，首先应当了解具体危害行为的内涵、外延及其基本的表现形式。

为正确理解危害行为的概念，应当区分行为、危害行为、犯罪行为这三个词。

"行为"一词在我国刑法文本中多次出现，它指刑法上规定的一切对于犯罪认定、刑罚适用具有意义的人的举动，包括有益行为与有害行为、有意识的行为和无意识的行为、构成犯罪的行为和不构成犯罪的行为等。行为的外延最为广泛。"危害行为"是犯罪构成中客观方面的一个要素，强调行为的危害性，它的范围比行为窄。和犯罪行为相比，其属于犯罪构成的一个要素。"犯罪行为"指刑法上规定的已经构成犯罪的行为，其外延较窄，强调行为已经具备了犯罪构成的全部要件。

一、危害行为的概念

危害行为，又称危害社会的行为，是指表现人的意思自由、客观上危害社会并为刑法所禁止的身体动静。它具有以下特征：

（一）客观上是人的危害社会的行为

首先，危害行为的这个特征表明我国刑法坚决摒弃"思想犯罪"，将单纯的人的思想活动、思想方式排除于危害行为的外延，充分展示了危害行为的外在表现和客观方面，并与"意思刑法"划清了界限。因为如果单纯的思想活动不同人的行为联系起来，就不可能对社会产生实际的影响，不可能在实际上危害社会，只有人的行为才可能对社会产生实际作用。其次，我国刑法所惩罚的行为，只能是危害社会的行为，而不是其他任何性质的行为。人的行为对社会的影响形形色色，各不相同，但从其性质上区分，不外乎分为有害于社会的行为和无害于社会的行为两大类。无害于社会的行为，尤其是其中有益于社会的行为，正是法律要予以保护的行为，当然不是我国刑法所惩罚的对象。只有有害于社会的行为才可能成为我国刑法惩罚的对象，才可能作为我国刑法中犯罪构成的客观方面要件。

危害行为作为人的身体动作，与纯粹的思想活动有本质上的区别，通常也易于区分，难以区分的是有关发表言论的场合。言论作为发表思想观点、表明主观意图的外在表现方式，其本身也可以说是一种行为。至于它是否属于危害行为，取决于言论的性质、作用以及发表人的主观心理状态。一般而言，发表有害言论，若仅是单纯暴露思想，不是刑法上的危害行为；但若意在实现这种言论所表达的思想，利用言论来危害社会的，如侮辱、诽谤、诬告陷害他人，教唆、引诱他人犯罪，实施抢劫、强奸、敲诈勒索时的威胁性言论等，则超越了思想方式的范围，能够成为刑法上危害社会的行为。

（二）主观上是表现人的意志或意识的行为

行为就是表现人的意识和意志的外部动作。也就是说，只有在一定的意思支配下的动作，才能称为人的行为。意识和意志是危害行为的内在因素或称主观因素。坚持这点就可以将人的无意识、无意志的身体活动排除于危害行为的范围之外，亦即只有在一定的意思支配下的身体动静，才可能被规定为犯罪客观方面的危害行为。因此，人的无意识、无意志的身体动作，即使客观上造成损害，也不是刑法意义上的危害行为，不能认为构成犯罪并追究其刑事责任。这类无意识和无意志的行为主要有：

1. 人在睡梦或催眠状态下的举动。这种情况下的举动不是行为人的意志或意识的表现，即使在客观上损害了社会，也不能认定为犯罪客观方面的行为，不能构成犯罪。例如，某甲深夜赶到父母家，用刀杀死父亲，砍杀母亲致其重伤。但案发后，经鉴定：事发时某甲处于一种医学上称之为"临床睡眠"的状态。在本案中，对于某甲所实施的行为就不能认定为犯罪客观方面的行为。

2. 人在不可抗力作用下的举动。这种情况下的举动也不是行为人的意志或意识的表现，并且通常有悖于他的意志，因而由此造成的对社会的损害，也不能认定为刑法中的危害行为。例如，因发生地震，造成道路断裂，致使客车翻车，由此导致重大人员伤亡的，就不能认定客车司机构成交通肇事行为。

3. 人在身体受到绝对强制下的举动。这种情况下的举动同样不是行为人的意志或意识的表现，实质上是违背其主观意愿的。即客观上其对身体被强制是无法排除的，由此导致损害结果的，也不能追究当事者的刑事责任。例如，某铁道扳道员因被歹徒捆绑于道旁大树上，无法履行职责，致使火车出轨翻车，损失惨重。对于该扳道员未履行职责的行为，不能认定为犯罪。

同理，人的无意识参与作用之反射动作、人因疾病发作之抽搐、因触电或注射等而生之痉挛造成社会损害的，都非刑法上的危害行为。但下列举动损害社会的，在某种程度上是人的意志或意识的表现，仍应认为是刑法上的危害行为：（1）受他人暴力胁迫致其意思受到一定影响，但未丧失意志自由，又不符合紧急避险情况等的行为；（2）忘却行为，如扳道员因为睡觉而忘记职责，致使火车颠覆的情形；（3）原因中的自由行为，如故意或过失醉酒使自己陷于无责任能力或限制责任能力状态下的杀人行为。

（三）危害行为的刑法禁止性

这是危害行为与刑法的联系，是危害行为的法律特征。所谓危害行为的刑法禁止性，是指这种行为违反了刑法的规定，已经或者可能给社会造成危害后果。也就是说，判断一种行为是不是刑法上的危害行为，不仅要看其在客观上对社会有无危害性，还要看该种行为是否为刑法所规定，即在客观上是否符合法律规定的构成要件特征。

认定危害行为时，把握危害行为的刑法禁止性，也易于把刑法意义上的危害行为与自然意义上的身体动作予以正确区分。比如某甲掏枪——举枪——瞄准某乙的头部——扣动扳机——乙被击中头部而死亡，这一系列的身体动作，在自然观念中或许能作为复数行为来对待，但是，刑法上所要处罚的，是符合法定要件的行为而非某种具体的动作。因此，上述杀人的数个身体动作，在刑法上只能被评定为一个故意杀人行为，某甲也只能构成一罪即故意杀人罪。混淆了刑法上的危害行为与自然意义上的人身动作的概念，就不可能正确定罪。

综上所述，本书认为，危害行为有内在的、主观性的一面，亦具有客观性的一面，并且还有法律属性的一面。其中前两方面构成危害行为的事实特征，后一方面构成危害行为的法律特征。作为犯罪客观方面的危害行为，就是这种事实特征和法律特征相统一意义上的行为。

二、危害行为的分类

从不同角度可以对危害行为作不同的分类。从行为的客观外在特征看，危害行为可分为作为、不作为和持有；从行为在犯罪中的地位和作用看，危害行为可分为实行行为和非实行行为。

（一）作为、不作为和持有

作为和不作为是根据危害行为的客观外在特征即身体的动、静状态对危害行为所作的分类，是对危害行为最基本的分类。近年来，理论界认为除了作为和不作为之外，危害行为还存在一种特殊的形态，即持有，它介于两者之间，既不是作为，也不是不作为。

1. 作为

作为是行为人以积极的身体活动所实施的刑法禁止实施的危害行为，是危害行为的一种基本方式。简单地说，即"不应为而为"。刑法分则规定的多数犯罪只能表现为作为的方式，如盗窃、抢劫等。作为是危害行为的一种常态。

作为除必须具备危害行为的三个特征外，还有以下特征：（1）行为人实施了刑法规范禁止实施的行为。刑法分则关于具体犯罪的规定的背后都隐含着一定的禁止性规范，如盗窃罪所隐含的禁止盗窃他人财物，抢劫罪所隐含的禁止以暴力、胁迫或其他方法抢劫公私财物等，作为就表现为对这些禁止性规范的违反。（2）作为必须表现为身体的积极状态、动的状态。（3）作为是由人的一系列身体活动组成的，而不是孤立的、单个的动作。

不能把作为等同于亲手实施的行为。具体来说，作为主要有以下几种实施方式：（1）利用身体活动的作为，如身躯的运动、四肢的动作等；（2）利用物质工具的作为，如用刀具砍杀，这是作为最常见的方式；（3）利用他人行为实施的作为，如利用无责任能力的未成年人实施贩毒、投毒行为，利用精神病人实施杀人、伤害行为等，以及利用他人的过失行为来实施杀人行为等；（4）利用自然力的作为，如在上游放水闸，淹死下游钓鱼的人；（5）利用动物实施的作为，如让毒蛇咬人、让恶狗咬人等；（6）利用职务上的便利实施的作为，如贪污、受贿等职务犯罪均系利用职务上的便利实施的作为式的犯罪。

2. 不作为

不作为是危害行为的另一种基本形式，它指刑法要求行为人必须履行实施某种特定积极行为的义务，行为人能够履行而没有履行该义务的行为。简单地说，不作为即"应为而不为"。在社会生活中，社会关系的内容包括权利和义务，犯罪对社会关系的侵害本质上是对权利义务关系的侵害。犯罪行为中有的直接侵害了权利，如以杀人方式侵害了被害人的生命权，以盗窃、诈骗等方式侵害了被害人的财产权等；有的则通过不履行义务的方式对权利造成了侵害。在特定社会关系中，权利的实现以义务方履行特定义务为前提，如果该特定义务得不到履行，权利也就得不到实现，不作为正是以不履行特定义务的方式侵害了被害人的权利，从而造成对刑法保护的社会关系的侵害。

（1）不作为的特征。

第一，从主体看，行为人负有实施某种特定积极行为的法律义务。负有特定义务，是指根据法律规定，行为人在一定时间或者空间或者在一定的情况下必须实施一定的积极行为，如成年子女有赡养父母的义务，新生儿的母亲有给婴儿喂奶的义务，纳税人有依法纳税的义务等。

第二，从行为状态看，不作为是一种消极的身体活动。行为人对于自己所负有的特定作为义务，没有作出法律要求的一定的积极动作或举动，是消极地不实施某种积极行为。当然，在不作为的情况下，行为人并非什么也没有做，其身体并非处于彻底静止的状态，而是没有做法律要求他必须做的事情，这是一种法律意义上的"静"，而不是自然的、物理意义上的静止状态。

第三，从性质上看，不作为是刑法意义上的不作为。行为人应当履行的积极义务，不仅是其他法律所要求的，同时也是刑法所要求的。如母亲给婴儿喂奶，在刑法中表现为"禁止以任何方式非法剥夺他人生命"（《刑法》第232条规定的故意杀人罪）；子女赡养父母，表现为《刑法》第261条对遗弃罪的规定。如果实施某种积极行为的义务虽然在其他法律中有规定，但没有为刑法所要求，那么行为人即使没有履行该义务，也不是刑法上的不作为，如合同法上"债务应当履行"的规定，行为人如果违反了该义务，只承担民法上的违约责任而不承担刑事责任。

（2）成立不作为必须具备三个条件。

第一个条件：行为人应当履行特定义务。特定义务指在一定的社会关系内，基于一定的事实与条件产生的要求行为人实施一定积极行为的具体法律义务。首先，不作为中的特定义务产生于一定的事实与条件，如共同生活的家庭成员之间相互扶养的义务、现代社会生活中取得相应经济收入的自然人或法人纳税的义务等。其次，该特定义务属于法律义务，而不是道德义务。例如，由于我国现行刑法并未规定普通民众有救助义务，因此，普通民众见死不救的行为并不构成犯罪，尽管其可能违反了道德义务。最后，从内容上看，该特定义务的履行以作为为特征，法律要求行为人以积极的作为方式履行该义务。正是由于行为人没有实施法律要求的特定积极行为，才构成了法律上的不作为。一般认为，不作为的义务来源于以下几个方面：

一是来源于法律上的明确规定，即行为人违反的义务是法律明确规定的。不作为犯罪常见的有遗弃罪，拒不执行判决、裁定罪，丢失枪支不报罪，战时遗弃伤病军人罪，等等。法律明文规定的义务最典型的是父母有救助子女的义务，丈夫有救助妻子的义务。

二是职务上、业务上所要求的义务。职务上要求的义务指国家工作人员基于其职务而产生的履行公务的职责。权力和职责任何时候都是对等的。警察对于任何的危难情况都有保护的义务，因为警察拥有的权力，是任何其他公职行为都比拟不上的。法官的权力是审判权，检察官拥有审查起诉的权力，税务官拥有征税的权力，工商行政机关拥有管理公司企业登记的权力，只有警察的权力是没有被明确限定的。警察拥有的权力在世界上所有的国家中都被认为是一般管辖权，即什么事都可以管的权力。由于警察的权力在所有的职业中是最大的，因此，警察的义务在所有的职业中也是最大的。《中华人民共和国人民警察法》第21条第1款规定："人民警察遇到公民人身、财产安全受到侵犯或者处于其他危难情形，应当立即救助。"因此，当人民警察发现公民人身、财产安全受到侵犯或者处于其他危难情形时，必须实施危难救助，而且必须"立即"实施救助，这是法律明文规定的，不得借口履行其他职责而拒绝履行。人民警察不履行危难救助义务即不作为，情节严重的，应依法承担刑事责任。

业务指人们在社会生活中从事的具有一定专业性、持续性并能给其带来经济收益的活动。业务行为不具有国家权力的性质。医生对病人，不管有钱没钱，都不可以把他抛弃，抛弃患者是可以构成相应的犯罪的。例如，司法实践中有这样一个案例：某医院给一个病人做了颅骨手术后，病人不交住院费了，医院院长就派人在半夜把他送到了小树林，致使病人死亡。最高人民法院指定某中级人民法院来审理此案，法院认定医院院长构成过失致人死亡罪。

三是法律行为引起的义务，如合同行为和自愿接受行为。关于合同行为，最简单的例子就是雇用保姆照看孩子，保姆对孩子有一种保护义务，而这种保护义务就是基于合同而建立起来的。又如签订合同请保镖，保镖就有义务保护雇主的安全，在危难的时刻甚至要用自己的生命去保护雇主的生命。

而自愿接受行为能否成为不作为的义务来源？即行为人本来不负有某种特定义务，在他自愿承担该义务之后，能否自动放弃该义务呢？例如，某甲发现在路边奄奄一息的陌生老人之后把老人带回家里，找大夫给其看病，照料其生活。过了一段时间后甲觉得负担太重，将老人遗弃。甲是否构成遗弃罪呢？对此有两种不同观点。否定说认为，行为人原来没有法律上的义务，自愿承担义务的行为是一种积极行为，可以抵消后来自动放弃义务的消极行为，所以，行为人不应对造成的结果负责。肯定说则认为，自动承担义务是一种先前行为，一经实施，行为人就有义务将其履行到底，如果中途自动放弃，致使法律所保护的利益受到损害，行为人就应对这一结果承担刑事责任。本书认为，法益处于无助、危险或者脆弱状态时，行为人基于自愿承担保护义务，使法益的保护依存于自己，行为人就必须继续承担保护义务，即行为人通过自愿接受这一法律行为自我设立了一个积极作为的义务。如登山队在登山时队员之间约定相互救助，他们相互之间就存在着照顾、保护他人的义务。再如，将弃婴领回家中，就负有抚养的义务。

四是先行行为引起的义务。即先行行为导致刑法保护的社会关系处于危险状态时，行为人负有采取有效措施排除危险或防止结果发生的特定义务。

这个先行行为可以是合法行为，也可以是不法行为。例如，张某将自己 7 岁的小侄儿带到水库里教他游泳，结果小孩淹死了。在这个案件中，张某把自己的侄儿带到某地这个行为本身是合法的，关键的问题是带到了一个地方以后并没有履行自己的临时监护人职责，此时就被认为是不法。行为只要制造了危险，不问是否正当，都会成为作为义务的来源，但是正当防卫行为并不构成作为义务的来源。因为对陌生人，任何人都没有保护义务，如果认为防卫者对于不法侵害人有保护义务，那么势必承认不法侵害者的法律地位高于陌生人。但是其他的正当行为仍然可以引起保护义务，如紧急避险。紧急避险人对于遭受损害的第三者具有作为义务。

存在争议的问题是：先行行为可否包括犯罪行为？本书认为，首先，在刑法就某种故意犯罪行为规定了结果加重犯或因发生严重结果而成立重罪时，由于可以将加重结果评价在相应的结果加重犯或者另一重罪中，因此，不需要再评价行为人对重结果的不作为。例如，交通肇事后逃逸致人死亡的情形：行为人严重违章导致重大交通肇事（已经构成了交通肇事罪），为逃避法律责任，置生命处于高度危险状态的被害人于现场而不顾，慌忙逃逸，结果导致被害人因得不到及时救助而死亡。此时，行为人主观上已经明知被害人死亡的可能性，在能积极抢救的情况下逃逸，应否在交通肇事罪之外再成立一个故意杀人罪呢？答案是否定的。因为《刑法》第 133 条已经规定，交通运输肇事后，因逃逸而致人死亡的，处 7 年以上有期徒刑，故此时作为交通肇事罪的结果加重犯处理即可。又如，故意伤害他人，在被害人具有死亡危险的情况下，行为人不予救助，导致死亡结果发生的，成立故意伤害致死。再如，非法拘禁他人并对他人使用暴力，在他人具有死亡危险的情况下，行为人不予救助，导致其死亡的，转化为故意杀人罪。这三个例子都不需要再单独考虑不作为犯的问题。其次，如果对于故意犯罪，刑法并没有像前面那样的规定，那么先前的犯罪行为导致另一法益处于危险状态时，应认为行为人负有保护义务。如行为人盗伐珍贵林木，树木倒下时砸着他人头部，行为人不予救助导致被害人死亡的，成立非法采伐国家保护的珍贵植物罪和不作为的故意杀人罪或者不作为的过失致人死亡罪，实行并罚。最后，过失犯罪与过失违法行为一样，都可以成为作为义务的根据。如行为人过失轻伤他人，产生死亡危险时，行为人故意不救助而导致他人死亡的，成立不作为的故意杀人罪。

　　五是公共秩序和社会公德要求承担的义务。理论界认为，社会公德要求承担的义务一般不能成为不作为的义务来源。但在特定情况下，公共秩序和社会公德要求的义务可以成为刑法上的不作为的义务来源。实践中曾发生这样的案例：被告人黄某与李某未婚同居，同居期间双方经常因家务事发生争吵、厮打。2008年6月12日晚8时，黄某与朋友聚会喝酒后回家，又与李某发生争吵。李某说："跟你在一起老打架，活着真没意思，不如死了算了。"说完便在屋里找农药欲服毒自杀。黄某马上找来邻居王某。王某劝说李某后，将农药瓶拿走。此后，黄某便自己在家喝酒。不久，黄某又与李某发生争吵，李某又讲要自杀，并在屋内找绳子。黄某对李某说："你要死，就去死吧。"然后继续喝酒。李某找到绳子后，将绳子系在屋中的房梁上，踩着凳子自缢。黄某一直在场喝酒，当看到李某自缢并将凳子踢倒时，便起身到离其住处500米远的李某父母家，告诉他们李某自杀的事情。李某父母赶到，将李某救下时，李某已经死亡。经法医检验，李某系机械性窒息死亡（自缢）。法院后来以故意杀人罪对黄某判了刑。在本案中，由于李某是自杀，黄某无论在法律上、职务上或业务上，还是基于先行行为、法律行为，都不负有救助李某的义务。但由于黄某和李某同居关系的存在，且李某的自杀和黄某的行为有关系，因而从公共秩序和社会公德方面看，黄某就承担了保护李某生命、排除危险发生的义务，他应当以合理方式对李某进行抢救。由于黄某在客观上具有积极救助的义务，主观上明知自己的不制止、不救助行为可能造成同居女友的死亡，还放任李某死亡，属于间接故意，故黄某的行为已经构成犯罪，法院的判决是正确的。

　　但公共秩序和社会公德所要求的义务在哪些具体内容上、在何种特定条件下可以成为刑法上的不作为的义务来源，还需要进一步研究。

第二个条件：行为人有能力履行该特定义务。负有特定义务的人必须在能够履行特定义务的条件下不履行义务，即有能力履行并且有条件履行而不履行义务时，才构成刑法上的不作为。如果行为人有某种特定义务，但因故不具备履行该义务的实际可能性的，则不构成犯罪的不作为。例如，仓库保管员被罪犯打晕，以致公共财产被抢走，以及家庭成员之间因无抚养、赡养能力而未尽抚养、赡养义务等情况，就不宜认定为不作为犯罪。

第三个条件：行为人不履行该特定义务，造成或者可能造成危害结果。多数情况下行为人不履行特定作为义务的行为造成危害结果才构成犯罪，但并不尽然，有时候没有造成危害结果，也会构成犯罪，也就是说不作为犯是有未遂、中止和预备的。例如，王某重男轻女，为了生育男孩，决定饿死她新生的女儿。饿死女儿也就意味着不履行哺乳的义务，不履行哺乳的义务就意味着她实行了不作为的故意杀人行为。但她的行为构成故意杀人罪并不要求必须造成其女儿死亡的结果。如果小孩在马上就要饿死时，被邻居发现，喂了食物后又活下来了，则王某的行为虽是一个未完成的形态，也构成故意杀人罪。

（3）不作为的种类。刑法上一般将不作为分为纯正的不作为犯和不纯正的不作为犯两类。纯正的不作为犯，指依刑法规定只能由不作为构成的犯罪，如遗弃罪等，这些犯罪不可能以作为的方式实施。这种行为由于在刑法分则中有明确规定，其义务来源只能是法律规定，认定起来并不困难。

不纯正的不作为犯，指以不作为的方式实施通常由作为实施的犯罪，如母亲不给婴儿喂奶导致其死亡，医生不救治病人致使病人死亡等。不纯正的不作为行为在刑法分则中没有明确规定，人们通常所理解的该种犯罪的实行行为都是以作为方式实施的，因而理论界对不纯正不作为的有关问题存在较大分歧，如前面论述的不作为的义务来源，即主要针对不纯正不作为的。但同时也有学者指出，即使行为人具有上述义务，并且在有能力履行的情形下不履行，也不一定成立不纯正不作为犯。因为不纯正不作为犯和作为犯所适用的构成要件是同一的，基于不作为和作为构造上的差异，不得不考虑不作为和作为的等价问题，即不作为引起的结果能够等同于作为引起的结果，从而限制不纯正不作为犯的成立范围。甚至有学者认为将不纯正不作为认定为危害行为的一种违反了罪刑法定原则，而主张所有的不作为犯只能是纯正的不作为犯。

本书认为，不纯正不作为犯罪与"作为"犯罪具有同样的犯罪构成要件，将其认定为危害行为并不违背罪刑法定原则。只不过，不纯正不作为犯罪违反刑法的样态有所变形。行为人的行为完成于危险状态产生之前，同时行为人在这一危险状态与现实的危害结果之间的时空间隔中有履行特定义务的现实可能性，其履行特定义务不仅足以产生避免危害结果出现的可能性，还足以表明行为人对危害结果的发生并不抱希望或放任的态度（相对于故意犯罪而言），或对危害结果的发生已尽到足够的注意义务（相当于过失犯罪而言）。但是，行为人并不履行该特定义务，危害结果也符合规律地发生了。这样，行为人在危险状态产生之前的"作为"与之后的"不作为"结合成一个完整的行为体系，且与危害结果之间存在因果关系，其行为与作为犯罪的行为一样，符合了犯罪的全部构成要素。因此，应当认为，不纯正不作为犯罪的定罪完全统一于罪刑法定原则。

在理解不作为时，还应该注意以下几个问题：

第一，不能把客观行为方面的作为、不作为的分类和主观罪过方面的故意、过失的分类混淆起来。

第二，以不作为方式实施的犯罪的社会危害性未必就小于以作为方式实施的犯罪。如以不给女婴喂奶的方式饿死该女婴的行为和把女婴抛弃到荒山野岭导致其死亡的行为相比，前者的社会危害性未必更小。

第三，不能认为只有在发生了物质性危害结果的情况下，不作为行为才构成犯罪。在纯正的不作为犯中，法律并不要求发生特定物质性危害结果。如《刑法》第261条对遗弃罪的规定是，"对于年老、年幼、患病或者其他没有独立生活能力的人，负有扶养义务而拒绝扶养，情节恶劣的"，构成遗弃罪，并未规定只有在造成物质性危害结果的情况下才构成犯罪。

在不纯正不作为犯中，是否以结果的发生作为犯罪构成要件，需要以法律的规定为准，而不是以行为是作为还是不作为为准。如绝大多数过失犯罪的成立都要求发生特定危害结果，如果法定危害结果并未发生，则行为不构成犯罪，而无论其过失行为是作为还是不作为；在一些故意犯罪中，如果法律要求发生特定结果而事实上未发生，那么行为将构成未遂犯，如故意杀人罪、盗窃罪等，这也和行为是以作为方式实施还是以不作为方式实施无关，如企图以不作为方式杀人，即使被害人没有死亡，该不作为也已经构成故意杀人罪的未遂犯。

3. 持有

英美法系刑法理论认为，持有是介于作为与不作为之间的另一种行为方式。美国《模范刑法典》在规定了作为与不作为之后还规定了持有："如果持有人有意识地获得或接受了该持有物，或者在能够终止其持有的充分时间内知道自己控制着该物，则此种持有即为一种行为。"

刑法理论认为，持有是对物品的控制状态，通常起始于作为，如取得、接受等，之后以不作为维持其存在状态，具有作为与不作为交融的特点。但持有是一种状态，因其没有积极的行为而区别于作为；因并不以不履行一定的积极义务为前提，也不同于不作为。作为的犯罪性明显地蕴含在主体自身的动作中，不作为的犯罪性取决于主体与法律要求之间的义务关系，而持有的犯罪性则体现于主体对非法财物（如毒品、凶器、不义之财、色情物品、犯罪工具等）的支配状态，所以持有是与作为、不作为并列的行为状态。

目前我国《刑法》中规定的持有型犯罪主要有以下几种：（1）第120条之六非法持有宣扬恐怖主义、极端主义物品罪；（2）第125条第1款非法储存枪支、弹药、爆炸物罪；（3）第128条第1款非法持有、私藏枪支、弹药罪；（4）第130条非法携带枪支、弹药、管制刀具、危险物品危及公共安全罪；（5）第172条持有假币罪；（6）第177条之一妨害信用卡管理罪中的非法持有伪造的信用卡、非法持有他人信用卡这两种行为；（7）第282条第2款非法持有国家绝密、机密文件、资料、物品罪；（8）第297条非法携带武器、管制刀具、爆炸物参加集会、游行、示威罪；（9）第348条非法持有毒品罪；（10）第352条非法持有毒品原植物种子、幼苗罪；（11）第395条第1款巨额财产来源不明罪。

持有是一种事实上的支配与被支配的关系，即行为人与特定物品之间存在着支配与被支配的关系。在理解持有时应注意以下几点：

（1）持有是一种状态。即特定物品处于被行为人支配的状态时，行为人就持有该特定物品，只要这种事实上的支配关系存在，持有状态也就存在。

（2）持有不是握有，不要求行为人时刻将特定物品拿在手中、放在身上或装在口袋里，只要行为人认识到特定物品的存在并能对其进行管理、控制，就是持有。

（3）持有并不要求行为人对特定物品拥有所有权。所有权虽然属于他人，但该特定物品事实上处于行为人的支配、控制之下时，行为人即持有该特定物品，如持有自己偷来的、抢来的特定物品。

（4）持有并不要求直接持有。即使有第三者的介入，仍然能成立持有，如将自己的特定物品交给他人保管时，行为人仍然持有该特定物品。

（5）持有是一种持续行为。即行为人在一段时间内持有该特定物品。如果时间过于短暂，不足以说明其事实上支配该特定物品，则不是持有。

（二）实行行为和非实行行为

实行行为与非实行行为是以行为在犯罪构成中的地位为标准对危害行为所作的分类。

1. 实行行为

实行行为是指符合刑法分则各条所规定的犯罪构成并为完成某一犯罪所必不可少的行为。实行行为又称为构成要件行为，它具有以下几个特点：

（1）实行行为是一切犯罪的犯罪构成所必备的行为，它是由刑法分则各条规定的基本构成要件所确定的。刑法分则所规定的实行行为都是以抽象性行为的形式来表示的，如故意伤害罪中的"伤害"行为、故意杀人罪中的"杀人"行为、盗窃罪中的"盗窃"行为等，但符合该种实行行为的构成事实行为都是具体性行为。

（2）实行行为是具有侵害社会关系紧迫危险性的行为，仅具有危险但没有紧迫性的行为不是实行行为。比如买刀杀人中的"买刀"行为，就并非杀人的实行行为。

（3）实行行为是类型性的社会关系侵害行为，不包括偶然地导致结果发生的情况。如甲希望某乙死亡，就劝说某乙乘坐飞机，认为如果飞机失事则某乙必然死亡，在这种情况下，即使后来某乙确实死于飞机失事，也不能认为甲的行为具有实行行为性。同理，希望他人死亡而劝人到公路上去跑步，劝人雷雨时在森林中散步，劝人不在学校超市买东西而要穿越马路到对面去买牙膏，等等，即使发生了他人死亡的结果，也不能认为劝告人的行为具有实行行为性。

2. 非实行行为

非实行行为指刑法总则规定的、在实行行为以外对实行行为起指使、唆使、帮助、补充作用的危害行为，包括犯罪的预备行为以及共同犯罪中的组织行为、教唆行为和帮助行为①。非实行行为具有以下特点：

（1）非实行行为必须是刑法分则规定的实行行为以外的行为。例如，强奸罪中的暴力行为等，因其已经在刑法分则中予以规定，因此属于实行行为而不是非实行行为。再如，刑法中规定的帮助伪造证据罪、组织卖淫罪等，虽然表面上看有帮助行为、组织行为等非实行行为的表现形式，但由于刑法分则已经将其规定为某种犯罪的构成要件行为，因此，它们都是实行行为。

（2）非实行行为是由刑法总则规定的修正的构成要件所规定的。

（3）非实行行为尚未对刑法所保护的社会关系造成现实侵害，它本身并不能使犯罪达到既遂状态，而只能对实行行为予以加功，只有通过实行行为才能对法

---

① 组织行为、教唆行为和帮助行为虽非与实行行为相对的概念，但由于正犯实施的行为为实行行为，组织犯的组织行为、教唆犯的教唆行为、帮助犯的帮助行为皆为正犯实施的行为之外的行为，故也可称之为非实行行为。

定结果的发生起到作用。

第三节 危害结果

一、危害结果的概念

犯罪行为引起的危害社会结果，是决定行为社会危害性的最根本的因素，关系到对行为人的定罪与量刑问题。对于危害结果在定罪量刑上的重要价值，我国刑法学界没有分歧，但谈及危害结果的概念，刑法理论上存在着不尽一致的论述。比如，有人认为，危害结果作为犯罪行为对客体的损害，是构成任何犯罪在客观方面的必备要件之一，它既包括客观上已经造成的危害结果，也包括可能造成的危害结果。有人认为，危害结果是指犯罪行为已经造成的实际损害。有人则认为，有些行为一经实施即构成完整的犯罪（如侮辱罪、诽谤罪等），没有危害结果或者说没有物质性危害结果；有些犯罪情况，像犯罪的预备、未遂和中止，也没有作为构成要件的危害结果，这样就产生了一些问题。诸如，危害结果到底是否犯罪构成的必备要件？如果危害结果与犯罪客体密不可分，伴随着危害行为同时产生，那么它作为犯罪构成要件在认定犯罪时是否还有实质和独立的意义？侮辱罪等到底有无危害结果？犯罪的预备、未遂和中止不具备的是何危害结果？刑法上的因果关系研究的是什么性质的危害结果？等等。可以说，危害结果是刑法学中使用较为混乱的一个概念，人们通常在不同意义上使用这一概念。

总的来说，危害结果有广义的危害结果和狭义的危害结果两种不同的意义。广义的危害结果是指犯罪行为对刑法所保护的社会关系所造成的损害，包括构成要件结果和非构成要件结果、物质性危害结果和非物质性危害结果、直接结果和间接结果等。它着重表现行为的社会危害性，说明任何犯罪行为都会发生危害结果，如行为犯的危害性、结果犯中的物质性危害结果、危险犯中的危险状态，以及未遂犯、中止犯所造成的实际损害等。从这个意义上说，任何犯罪行为都会侵害刑法保护的社会关系，都会对社会关系产生影响，因而在任何犯罪中都有危害结果的发生。

狭义的危害结果又称构成要件结果，是由犯罪的实行行为造成的、根据刑法分则的规定对成立犯罪或者犯罪既遂具有决定意义的危害结果，它只存在于过失犯罪、间接故意犯罪和结果犯的既遂犯中。狭义的危害结果具有以下特征：

第一，只能是危害行为对犯罪的直接客体所造成的损害即直接危害结果。间接危害结果不可能作为犯罪构成的基本要件，不决定犯罪的构成，因而不是该意义上的结果。但是，直接危害结果并非都是构成要件结果即狭义的危害结果，如故意杀人案中的重伤结果，是由危害行为直接造成的，但不属于杀人罪的构成要件结果，行为人只能构成杀人未遂。

第二，依照刑法规定属于构成要件的一部分。例如，过失伤害他人致人重伤的，依法构成过失致人重伤罪。"致人重伤"就是过失致人重伤罪的构成要件的危害结果，这是由刑法明文规定的。同样，《刑法》规定，"引起检疫传染病传播或者有传播严重危险的""足以使火车、汽车、电车、船只、航空器发生倾覆、毁坏危险，尚未造成严重后果的"，就分别是妨害国境卫生检疫罪、破坏交通工具罪的构成要件的结果。这说明作为构成要件的危害结果，既包括已经造成的现实损害，也包括法定的危险状态。但是，不是刑法规定的某罪构成要件的结果，不能作为狭义上的危害结果。即使是结果犯，也并非危害行为的现实损害就等同于这种意义的危害结果，比如重伤就不是故意杀人罪构成要件的危害结果。

第三，作为法律规定的构成要件，狭义危害结果对于定罪具有重要意义。例如，在故意杀人案件中，伤害结果不是该罪的构成要件，只是量刑情节；而在故意伤害案件中，伤害结果却直接关系到该罪的认定，由故意伤害行为直接造成死亡的结果，却成了量刑情节。

关于危害结果在犯罪构成上的地位，中外刑法理论中均有尖锐的论争。基于对危害结果在广义与狭义两种意义上的界说，本书认为，危害结果不是一切犯罪构成的必要要件。

二、危害结果的分类

这里的分类是对广义的危害结果的分类。主要有以下几种不同的分类：

（一）构成要件结果与非构成要件结果

构成要件结果即前面论述的狭义的危害结果，因其对定罪具有决定意义，又称为定罪结果。

非构成要件结果，指由危害行为引起的、构成要件结果以外的、对于该种犯罪的社会危害性程度及其刑事责任的大小具有一定评价意义的损害结果。在广义的危害结果中，除了构成要件结果之外的其他结果都是非构成要件结果。非构成要件结果最重要的意义在于影响量刑，因而又称量刑结果。非构成要件结果包括以下数种情形：

第一，行为犯造成的结果。如在诬告陷害罪这一行为犯中，有的诬告陷害行为刚一实施完毕，司法机关就发现行为人是在诬告陷害，行为对被害人可能没有产生影响；有的诬告陷害行为在实施完毕之后，司法机关可能进行了侦查活动，被害人已经被逮捕甚至被判刑。这些不同的结果对量刑当然具有重要意义。

第二，预备犯、未遂犯、中止犯造成的结果。在预备犯中，有的预备行为本身并不违法，只是因为它是为犯罪的实行准备工具、制造条件的行为，因而才具有了违法性，这样的预备行为本身没有产生危害结果，如为杀人而购买菜刀，此行为本身并不违法，也不会直接产生危害结果。也有的预备行为本身已经违法并且会产生危害结果，如为了杀人而盗窃枪支，该盗窃行为不但是违法的，还造成了枪支所有人对被盗枪支失去控制、失去占有。两种不同情况如果均只成立故意杀人罪的预备，即行为人尚未着手实施杀人行为，那么在量刑时，处刑的轻重应该有所不同。在未遂犯中，有的未遂犯可能未造成任何物质性结果，如开枪杀人时未打中被害人；也有的可能出现了一定的危害结果甚至较严重的危害结果，如开枪杀人时虽然未致使被害人死亡，但却造成了被害人受伤的结果。这些不同的未遂犯在量刑时应该有所区别。在中止犯中，《刑法》第24条规定："对于中止犯，没有造成损害的，应当免除处罚；造成损害的，应当减轻处罚。"这里的"损害"即指该种非构成要件结果。

第三，间接结果。这是指由直接结果进一步引起的危害结果。例如，强奸行为发生后被害人因受刺激而精神失常或自杀，被害人用来治病的钱遭窃之后因无钱医治疾病而死亡，等等。这些结果不影响强奸罪或盗窃罪的成立与否以及是否既遂，但对于量刑具有一定的影响。

第四，精神损害。这是指危害行为给被害人（广义的）的正常生活和工作、学习，威信和名誉，人格和心理等造成了极坏影响，使其心理上产生的较大痛苦等。如侮辱罪、强奸罪使被害人羞愧难堪，受贿罪使政府威信下降等。

（二）物质性危害结果与非物质性危害结果

物质性危害结果，又称有形的危害结果，具有具体、可见、可以计量的特点，如人的死亡、伤害结果的发生、财产的损害等。物质性危害结果一般不是犯罪一经着手就发生或者伴随着实行行为同时发生，而是在实行行为实施完毕后才发生的，可能是在实行行为实施完毕之后随即发生，也可能是再过一段时间才发生。物质性危害结果中既包括构成要件结果（一般地说，刑法分则规定的构成要件结果都是物质性结果），也包括一些非构成要件结果；物质性危害结果既可能是直接结果，也可能是间接结果。

我国刑法关于物质性危害结果的规定，大致有下列几种情况，反映了危害结果在不同犯罪中的不同意义：

第一，有些犯罪以对直接客体的现实损害作为犯罪既遂的标准。在我国刑法中，这样的条文很多。在这种情况下，一般地说，判定犯罪的既遂与未遂，要看行为是不是已经造成有形的物质性损害结果，比如故意杀人罪、盗窃罪、诈骗罪等。

第二，有些犯罪以发生某种危害结果的危险性作为犯罪既遂的标准。即不要求发生某种有形的结果才认定为既遂，而是只要出现法定的发生某种结果的危险状态，就成立既遂。

第三，有些犯罪以发生严重结果作为犯罪的构成要件，缺少该严重结果，不构成犯罪。例如，对于过失犯罪，刑法一般都要求造成严重结果时才构成犯罪。

第四，有些犯罪以危害结果的轻重作为定罪或量刑的标准。这类规定在刑法条文中不少，由此有了犯罪基本构成和加重构成的区分，如刑讯逼供罪等。

第五，有的犯罪以某种危害结果来决定案件的诉讼程序。例如，我国刑法关于侮辱罪、诽谤罪的规定，通常情况下是"告诉的才处理"，即被害人不告诉，司法机关不主动追究；被害人告诉的，司法机关才受理。"但是，严重危害社会秩序和国家利益的除外"，即在这一情况下，由于侮辱、诽谤行为严重地危害了国家利益和社会秩序，就成了公诉案件，依法由国家检察机关提起公诉，从而使得诉讼程序发生了变化。

非物质性危害结果，又称无形的危害结果，它具有抽象性，不能直接看见，无法具体测量，如名誉权受到损害、人格被侮辱、尊严丧失、国家机关的威信遭受损害等。非物质性危害结果虽然看不见，但仍然是客观存在的，人们可以通过一定的方式感知其存在。

（三）直接结果与间接结果

直接结果，指由危害行为本身直接引起的损害结果，如故意杀人罪中被害人被杀死，诈骗罪中财物被骗走，等等。构成要件结果只能是直接结果，但直接结果未必都是构成要件结果，如行为犯引起的结果是直接结果，但不是构成要件结果。

间接结果，指由直接结果进一步引起的危害结果。例如，被害人被强奸后羞愤自杀，被害人财物被盗窃后因无钱治病而死亡，这样的结果是由直接结果所引起的。又如，被害妇女被拐卖后其丈夫精神失常，其孩子因而辍学，后在流浪时遇车祸死亡，该结果就是由间接结果进一步引起的结果，它仍然属于间接结果。间接结果对量刑有意义，有的刑法条文对此作了明确规定。如《刑法》第240条第1款第7项规定,在拐卖妇女、儿童罪中,"造成被拐卖的妇女、儿童或者其亲属重伤、死亡或者其他严重后果的",是适用更高法定刑的情形之一。这里的"造成被拐卖的妇女、儿童重伤、死亡"既包括直接结果,也包括间接结果,而"造成其亲属重伤、死亡或者其他严重后果"只能属于间接结果。多数刑法条文对间接结果并未明确规定,但只要发生了间接结果,在量刑时就应该对其予以考虑。所以,间接结果都是非构成要件结果。

(四)基本结果与加重结果

基本结果,是指作为一种犯罪构成基本要件的结果,也是对该罪直接客体的损害,是构成该罪的基本要件之一。

加重结果,是指实施一种犯罪,具备该罪的基本要件,但却引起了另一种严重的危害结果(因而法律规定加重其刑罚)。这种造成加重结果的犯罪,刑法理论上称为结果加重犯,亦称加重结果犯。

在刑法上,基本结果是某罪的基本构成要件,加重结果是加重构成的要件。结果加重犯的加重结果以刑法的明文规定为限,未发生法定的加重结果,不适用结果加重犯的规定,不发生未遂的问题。

第四节 刑法上的因果关系

一、刑法上因果关系的概念

因果关系是哲学上的一个重要范畴,它是指一种现象在一定条件下引起另一种现象。引起其他现象的现象是原因,被引起的现象是结果,两种现象之间引起与被引起的联系,即因果关系。辩证唯物主义因果关系的理论与刑法上因果关系的理论,是一般与个别、普遍与特殊的关系。

我国刑法要求,一个人只能对自己实施的危害行为及其造成的危害结果承担刑事责任。因此,当危害结果发生时,要使某人对该结果负责,就必须查明他所实施的危害行为与该结果之间具有因果关系。这种因果关系,是在危害结果发生时使行为人负刑事责任的必要条件。刑法学是研究犯罪及人的刑事责任的,它研究的是人的危害行为与危害结果之间的因果关系。我国刑法总则虽然没有对查明因果关系问题作出一般规定,但是,查明某人的行为与危害结果有无因果关系,是正确解决某些犯罪(例如结果犯)刑事责任的必要条件。

据此,本书认为,所谓刑法上的因果关系,是指人的危害行为合乎规律性地引起某种危害结果的内在联系。

二、刑法上因果关系的特点

以辩证唯物主义因果关系的理论为指导并结合刑法特色，我国刑法理论认为，我国刑法中的因果关系具有以下特点：

（一）因果关系的客观性

因果关系是客观存在的、不以人们的意志为转移的客观现象之间的引起和被引起的关系。人们主观上对因果关系的认识，是客观存在的因果关系现象的反映，只有真实反映客观因果关系的认识，才是正确的认识。因此，不能用主观设想和推测代替实在的客观联系，也不能以行为人对因果关系的发展有无认识来决定因果关系是否存在。在司法实践中，不能凭司法人员的臆测来确定因果关系的有无，而是要对客观现实已存在的两个现象——危害行为和危害结果，进行周密、细致的调查研究，按照客观事物本身的规律性来判断。例如，某售货员态度不好，与一个老年顾客发生争吵，并对该顾客说了一些侮辱性语言，使老人很气愤，当即引发脑溢血，猝死在柜台旁。对此，我们绝不能以侮辱者不知道会有该后果的发生而否认他的行为与死亡之间的因果关系，也不能以"一般情况下"该行为并不一定导致这种结果来否认客观存在的因果关系。至于侮辱者是否应当负刑事责任，则应在主观方面进一步考察其有无罪过。

（二）因果关系的相对性

在客观世界中，各种现象都是普遍联系、互相制约的，并形成一个错综复杂、相互联系的因果链条。在这一现象中成为原因的，其本身又可能是另一现象的结果，所以我们在研究哪个现象是原因，哪个现象是结果时，必须把一对现象从普遍联系的链条当中抽取出来，这时才能显示出一个是原因，另一个是结果。在刑法上研究因果关系，也必须把危害行为和危害结果从普遍联系的链条中抽出来，作为一个矛盾运动的发展过程加以研究，从而使危害行为和危害结果分别取得原因与结果的绝对意义。例如，甲欠乙借款1万元，乙多次逼讨，甲遂铤而走险，某夜抢劫一金融机构并杀死一保安，抢走现金2万余元。该保安在外地的妻子，闻讯后上吊死亡。如果我们确定该保安之死为甲杀害的结果，甲的杀害是死亡的原因，我们就必须暂时把甲的抢劫行为同乙的逼债行为之间的联系割断。只有这样，我们才肯定甲的杀害是原因，保安之死是结果。也应指出，该原理只是针对原因与结果概念的相对性而言的，并不意味着研究问题（包括因果关系）可以不顾及现象中的各种复杂联系。比如说，我们在对甲追究抢劫罪责时，也要看到甲的杀人抢劫行为与保安之妻的死亡具有一定的间接联系，因此，依法应对甲从重处罚。

（三）因果关系的时间顺序性

因果关系的时间顺序性，就是从时间上看，必定是原因在先，结果在后，二者的时间顺序不可颠倒。因此，在司法实践中，只有查明某人的行为是在某种危害结果发生之前实施的，该行为才可能为造成该结果的原因。对于危害结果发生以后的行为，就不能认为是结果发生的原因，当然也不存在刑法上的因果关系。但是，危害结果之前的行为，不一定都是产生危害结果的原因。例如，甲给乙一张电影票，乙去影院途中遭遇车祸死亡。甲的行为就不是乙死亡的原因，而只是一种表面上的、偶然的联系。因为甲的行为对于乙的死亡不具有原因力，没有因果关系。

（四）因果关系的条件性和具体性

人的行为不可能是超时空而孤立地存在和发展的，一旦引起某种危害结果，总是与当时具体的时间、地点以及其他各种各样的条件相结合、相作用的过程。脱离刑事案件中的各种具体条件独立地看待行为，是不可能正确判断因果关系的。任何案件的因果关系都是具体的、有条件的。例如，甲、乙二人因故发生口角，甲因愤怒向着乙的腹部猛击一拳，乙即时倒地，后在送往几十里外医院的途中死亡。尸检结论表明乙患有先天性脾脏过大症，这种脾脏遇外力打击极易破裂，但若抢救及时还不至于死亡。本案中，若乙的脾脏正常或距医院较近没有失去抢救时间，在同等打击下或者脾脏不致破裂或者能够获救，但我们并不能由此否认在这个案件中甲的拳击与乙的死亡之间存在因果关系。

（五）因果关系的复杂性

这主要表现为"一因多果"或"一果多因"。"一因多果"，是指一个危害行为可以同时引起多种结果的情况。例如，甲诽谤乙，并由此导致乙自杀；甲放火烧毁了大片房屋，并烧死、烧伤数人。在这种情况下，就要分清构成要件结果和非构成要件结果、直接结果和间接结果，以便做到定罪准确、量刑适当。"一果多因"，是指某一危害结果是由多个原因造成的。最明显地体现为两种情况：一为责任事故类犯罪，二为共同犯罪。这时就必须弄清每个人行为（原因）对结果所起作用的大小，亦即必须分清主要原因、次要原因，以便准确地认定各自应负的责任的大小。

（六）因果关系的必然性和偶然性

刑法上的因果关系最本质的问题是必然性还是偶然性的问题。某种危害结果由某人的行为内在地、合乎规律地产生，行为与结果的这种联系，就是必然因关系；某行为不包含产生某种结果的内在根据，但在其发展中偶然与另一个必然因果过程相交叉，由后一原因合乎规律地引起该结果，其最初的行为（即第一因果过程中的行为）不是最后结果（即第二因果过程中的结果）的决定性的必然的原因，而是非决定性的偶然原因，就是偶然因果关系。一般认为，刑法上的因果关系是必然因果关系，但这个必然性又是通过偶然性表现出来的。例如，某妇女甲追打其子某乙，某乙跑上公路，恰遇某丙驾车驶来，某丙见状即刻刹车，但因距离太近，终将某乙撞死。某乙的死与某丙的行为有必然因果关系。然而，如果不是某甲追打某乙致其慌不择路，某乙被撞死的结果不是必然会发生的。因此，某甲的行为与某乙死亡有偶然因果关系。但是，正是因为某甲的追打，才使某乙跑上马路，从而使某乙不可避免地被汽车撞死，因而表现了一定的必然性。没有必然性，偶然因果关系也就没有存在的可能。所以，必然因果关系与偶然因果关系是刑法上因果关系的两种表现形式，而因果关系本身则是必然性和偶然性的统一。其中，前者是最常见的和最主要的形式，司法机关在确定罪名、裁量刑罚时尤其要注意这一点。

三、刑法上因果关系的性质

刑法上因果关系的性质，指危害行为在特定具体条件下合乎规律地引起了危害结果的发生。具体包括两个方面的内容：

1. 作为原因的危害行为，必须具有引起危害结果发生的现实可能性。认定因果关系，意味着将结果归属于某个危害行为。而危害行为本身是具有造成社会危害结果的危险的行为，所以，因果关系的发展进程，实际上是危险的现实化过程。因此，如果行为本身不具有危害社会的危险甚至减少了危害社会的危险，就不可能是危害行为，也就不可能将结果归属于该行为。也就是说，在危害行为的"因"和危害结果的"果"之间存在着相同的质，二者具有质的同一性。作为原因的危害行为，一定包含着引起危害结果发生的根据和内容，否则，该结果就不会是由该行为引起的。某种结果的发生，一定是由能够导致这种结果发生的行为所引起的，其他行为不可能产生这样的结果。正是由于因果之间存在着相同的内容和根据，它们之间才具有引起与被引起的关系，原因才具有引起结果发生的现实可能性，这是因果关系的前提。例如，甲用刀刺伤乙的手臂，造成乙轻微伤，住院治疗。医生用未经消毒的器械对其进行治疗，结果乙因感染而死亡。甲的行为不含有致乙死亡的现实可能性，不能认定其行为和乙死亡具有因果关系。医生的行为包含着导致乙死亡的现实可能性，不能排除其因果关系的存在。再如，甲希望乙死亡，就劝说乙乘坐飞机，认为如果飞机失事则乙必然死亡，在这种情况下，假设后来乙确实死于飞机失事，由于甲的行为中并不必然具有引起危害结果发生的现实可能性，不可能合乎规律地引起危害结果的发生，因而，从实行行为性质的角度考察，甲的行为不具有实行行为性；从因果关系的角度考察，甲的行为和危害结果之间不存在相同的质，其行为中不包含引起危害结果发生的根据和内容。

2. 作为原因的危害行为，必须合乎规律地引起危害结果的发生。只有当这种现实可能性合乎规律地引起了该结果的发生，才能认定因果关系。如甲将乙打成重伤，乙住院治疗时因伤势严重，医院下了病危通知书，恰巧同室病人丙和乙有仇，就趁乙昏睡时向乙投毒，使乙中毒死亡。甲的行为虽然可能导致乙死亡，但事实上死亡结果并不是甲的行为引起的，甲自不能对死亡结果承担责任。

判断危害行为是否合乎规律地引起危害结果的发生，需要注意两个问题：第一，该结果必须具有回避可能性。如果结果没有回避可能性，我们就不能说危害行为合乎规律地引起了危害结果，而是可以直接否认危害行为与危害结果之间的因果关系。第二，对所引起的结果的判断，应是具体的、特定样态、特定规模、特定发生时间与地点的危害结果，而不是抽象意义上的结果。例如，即使被害人死亡，也要分清是毒杀还是因病死亡，是流血过多死亡还是窒息死亡，是被合法处死还是被非法处死，等等。只有具体地判断危害结果，才能准确地把握刑法中的因果关系。

四、刑法上因果关系的认定

在通常情况下，危害行为合乎规律地引起了危害结果是清晰可辨的。例如，甲用刀捅中乙的心脏导致乙死亡；甲虚构事实欺骗他人，他人基于认识错误处分财产。在这些案件中，可以直接肯定刑法中的因果关系，并不会发生认定上的困难。但在有些案件中，虽然危害结果同样十分显见，但这种危害结果是否由行为人的危害行为所引起，却并非一目了然。

（一）假定的因果关系

所谓假定的因果关系，是指虽然某个行为导致结果发生，但即使没有该行为，由于其他情况也会产生同样结果。例如，某刑场正准备对罪犯执行死刑，在执行人扣动扳机的瞬间，被害人的父亲甲推开执行人，自己扣动扳机打死了死刑犯。又如，乙和丙都想杀死丁，在没有意思联络的情形下，在丁准备进行穿越沙漠长途旅行的前夜，乙在丁的水壶底部钻了一个小洞，而丙则将丁壶里的水换成无色无味的毒药。次日晨，丁出发了，由于没有发现壶底的小洞，其在沙漠中想喝水的时候发现水壶是空的。由于没有其他水源，丁被渴死。在这两个案例中，是否承认甲、乙的行为与死亡结果之间的因果关系，刑法学界还存在争议。本书认为，至少可以肯定的是，死刑犯的死亡结果和丁的死亡结果，分别是由甲、乙的行为合乎规律地引起的，因此，应当直接肯定因果关系的存在。这时不需要考虑附加的假定因素。

（二）重叠的因果关系

重叠的因果关系，是指两个以上相互独立的行为，单独不能导致结果的发生，但合并在一起造成了结果的发生。例如，甲乙没有意思联络，分别向丙的食物中投放了致死量50%的毒药，二人行为的重叠达到了致死量，丙吃食物后死亡。在这种情况下，由于甲乙的行为分别都对丙的死亡起作用，故肯定甲乙二人的行为与丙的死亡之间的因果关系。

（三）流行病学的因果关系

在重大环境污染事故罪等犯罪中，要认定犯罪的成立，排污行为与环境污染的结果之间必须有因果关系。这种因果关系比一般因果关系复杂，表现在三个方面：第一，主体的多样性，即同一污染事故往往是不同主体同时向环境中排污而引起的；第二，过程的复杂性，即各种污染物排入环境后，互相之间及其与环境各要素之间会进行多种物理的、化学的、生物的作用或反应；第三，结果的复杂性，即污染结果往往不是立即发生的，违法排污行为与环境污染的结果之间的间隔时间可能相当长。所以实践中查明该因果关系往往十分复杂。国外司法实践中一般采用推定原则。

我国有学者将这种因果关系称为流行病学的因果关系。其主要内容为两个方面：

1. 必要条件。一般的因果关系在逻辑学上表现为充要条件，即有 A 则有 B，无 A 则无 B；认定环境污染的原因时则采用必要条件，即无 A 则无 B，有 A 但未必有 B。这是因为排污行为与环境污染之间的因果进程往往不能查清。

2. 病因学旁证法，即根据临床医学判断在一定区域内被害人发生了某种疾病，并且预断其可能是由某种污染物引起的，且被害人住地附近的一些污染源恰恰排放这种污染物，就可以推定环境犯罪因果关系的存在。根据病因学旁证法认定因果关系时应符合四个条件：第一，病因子（污染物）在发病前已经存在；第二，该病因子在环境中的浓度越大、数量越多，则该种疾病的发病率就越高；第三，当该病因子减少或被消除时，则该种疾病的发病率也将下降或被消除；第四，病因子与疾病之间的因果关系符合一般的生物学规律。

这种因果关系的认定方法不仅为刑法所采用，也为民法认定环境损害赔偿时所采用。

（四）不作为犯的因果关系

关于不作为犯的因果关系，主要有以下几种不同的观点：

否定不作为犯因果关系说认为，不作为是物理上的"无"的状态，无中不可能生有，即人的身体的消极静止状态未给外界以任何物理性的力量，不会使外界产生任何变化或反应，所以不作为对于结果的发生没有原因力。由于该说将不作为当成"无"，否定了不作为的行为性，因此已经被抛弃。

不作为准因果关系说认为，不作为本来是一种"无"的状态，对于结果的发生本来没有原因力，但不作为的行为人负有防止结果发生的作为义务，行为人不履行该防果义务而放任结果的发生，具有"如无其不作为，则不发生该结果""如果其履行了防果义务，则不至于发生该结果"的特征，所以在法律上才赋予不作为对于结果发生的原因力。这种情况是法律上的拟制，因而将其称为"不作为准因果关系说"。有学者认为，该说不是在不作为行为中寻找原因力，而是求诸法的拟制，是不妥当的；该说既认为不作为是"无"的状态，又称不作为的因果关系与作为的因果关系等同，也是不妥当的；而且不作为中违反作为义务属于违法性问题及构成要件该当性的问题，不能将其与因果关系混为一谈。

肯定不作为因果关系说认为，不作为行为与结果之间存在着因果关系。这是刑法学界的主流观点。首先，从权利义务的关系上看，如果义务主体不履行义务，权利主体就不能享受权利，从而使法律关系受到侵害。不作为正是因为行为人负有特定义务而不履行义务，才使法律关系遭受破坏，造成具体的危害结果。其次，作为与危害结果之间的关系一般表现为：如果没有该行为，危害结果便不会发生，故该作为是原因。不作为与危害结果之间的关系则表现为：如果行为人履行义务，危害结果便不会发生，故不履行义务是原因。二者虽然在形式上有差异，但因果联系的内容是相同的。

本书认为，不作为行为与危害结果的因果关系是客观存在的，而不是基于法律的拟制。不作为的原因力，就在于它应该阻止而没有阻止事物向危险方面发展，以至于引起了危害结果的发生。不作为犯罪因果关系的特殊性只在于：它要以行为人负有特定的作为义务为前提。除此以外，它的因果关系应与作为犯罪一样看待。

（五）中断的因果关系

某种行为虽然具有引起危害结果发生的现实可能性，但如果在因果关系发展的进程中介入了其他危害行为或因素，这种介入的危害行为或因素还可能加速或延缓因果关系的发展进程，甚至改变因果关系发展的方向和趋势，以致切断了原来的因果进程，由中途介入的危害行为或因素合乎规律地引起危害结果的发生，那么我们就把后一种情形叫做中断的因果关系。所谓中断的因果关系，是指某种危害行为引起或正在引起某种危害结果，在因果关系的发展过程中，介入了另一原因，从而切断了原来的因果关系。例如，甲投毒欲杀害乙，乙在快中毒身亡的时候被丙开枪打死。在本案中，由于丙的后因行为的介入，切断了甲的前因行为与乙的死亡结果之间的因果关系，因此，甲仅负故意杀人未遂的责任，不能认为是故意杀人既遂，而丙应负故意杀人既遂的责任。

介入因素在司法实践中主要包括三类情形：自然事件、他人行为以及被害人自身行为。但并不是所有的介入因素都能导致因果关系的中断，在案件存在介入因素的场合，如何判断其对因果关系的影响，需要综合考虑以下三个因素：

第一，最早出现的实行行为导致最后结果发生的可能性的高低。对被害人造成危及生命的重伤，和只对被害人造成轻伤相比，虽然后来都介入了医生的重大失误，从而引起被害人死亡，但重伤行为更容易被评价为死亡的原因。当然，也不能仅仅根据行为所具有的导致结果发生的概率来判断因果关系。例如，甲追杀乙，乙无奈狂奔逃命，乙的仇人丙早就想杀乙，偶然见乙慌不择路，在甲尚未赶到时，开枪射击致乙死亡。这时，死亡结果应该由丙负责，即使甲的追杀行为导致乙死亡的概率很高，乙的死亡和甲的追杀之间也没有因果关系。而这就涉及下面两个因素的判断问题。

第二，介入因素异常性的大小。介入因素过于异常的，危害行为和最终结果之间的因果关系就可能不存在；反之，因果关系存在。介入因素是否异常，必须和危害行为联系起来，考虑介入因素在多大程度上具有通常性。在做这种判断时，必须依次考虑以下情况：其一，该介入因素是不是由最初的危害行为所必然引起的；其二，是不是常常伴随该危害行为所发生的；其三，是否存在几乎不发生的情况；其四，是不是和危害行为完全无关地发生的。例如，甲点燃乙身穿的衣服，乙跳入水中溺死或因心脏麻痹而死亡，甲的行为导致乙不得不或几乎必然实施介入行为，因此，乙的介入行为具有通常性，甲应对乙的死亡结果负责；又如，甲杀乙，仅导致乙轻伤，但乙因迷信，不仅不去就医，反而用香灰涂抹伤口，致毒菌侵入体内死亡，这时乙的行为就具有异常性，甲不应对乙的死亡结果负责。

第三，介入因素对结果发生的影响力。影响力大者，最初危害行为和最后结果之间的因果关系不存在；反之，因果关系存在。在最初的危害行为使被害人生命随时可能丧失的情况下，后来介入的暴力行为只是使被害人的死期稍微提前，虽然从表面上看后来的介入行为导致被害人死亡，但也应当将死亡结果归属于最初的危害行为。例如，行为人甲重伤乙，乙倒在路边，濒临死亡，恰遇乙的仇家丙路过，乙向丙求救。丙不但不出手相救，反而乘机辱骂乙，乙急气攻心，当时气绝身亡。在这种情况下，乙的死亡应归因于甲的重伤行为。相反，无论最初的危害行为对被害人伤害多重，在有"故意射杀"这种足以超越最初危害行为的因素介入时，被害人身负重伤的危害行为和最终的死亡结果之间就没有因果关系。

五、刑法上的因果关系与刑事责任

因果关系是犯罪客观方面的内容，有因果关系并不意味着就是犯罪，还要看行为人的主观方面。

如张某碰到李某说："老朋友多年没见了，让我捶你一拳。"结果张某一拳过去李某死了。如果张某根本就没有认识到也不可能认识到李某有心脏病的话，它属于一个意外事件，即使有因果关系，也无须承担刑事责任。假如当时李某说："不可以捶，我有心脏病，捶了会死的。"可张某说："看你长得这么结实，怎么可能被捶死？"结果一拳过去，李某死了。李某已经认识到拳击行为有可能导致自己死亡而警告张某，但张某轻信自己的判断而不相信李某的劝说，是过于自信的过失，属于过失致人死亡。假如张某听了后说"那我带你到医院去检查一下，看能不能捶死"，医生得出结论"你要敢捶，会死的"，张某说"那也得捶一下"。在这种情况下，就要按照故意杀人罪来处理了。

由此可见，在客观上行为与结果之间存在因果关系的情况下，确定行为人是否构成犯罪以及构成何种犯罪，还要看行为人主观上是否具有罪过以及罪过的形式，不具有罪过心理的，不能对行为人追究刑事责任。

第五节　犯罪客观方面的其他要件

犯罪客观方面的其他要件，是指实施危害行为的特定时间、地点和方法。通常它们并不是犯罪成立所必需的，也不决定犯罪的性质。但是，在刑法有明文规定的某些犯罪里，则具有必要要件的意义。

一、行为的时间

所谓行为的时间，通常是指犯罪行为实施的时间。任何犯罪行为都是在一定的时间实施的。在一般情况下,该时间并非犯罪成立所必需,即犯罪行为是在白天、黑夜,还是在战时、平时实施的,对于定罪不起决定性作用,也不影响犯罪的性质。但是,在法律明文规定把特定时间作为某罪构成要件时,特定时间对于危害行为是否为罪、构成何罪,则起着决定性的作用。例如,《刑法》第 340 条和第 341 条第 2 款把"禁渔期""禁猎期"规定为犯罪构成的必要要件,只有在这个法定的时间内进行捕捞和狩猎,情节严重的,才构成犯罪。可见,是否在法定的禁期内实施捕捞和狩猎,是区分罪与非罪的重要标志。

另外,在没有把时间作为犯罪构成要件的情形里,犯罪行为实行的时间,对于正确评判行为的社会危害性程度也有一定的意义。例如,在战时、社会治安状况不好时、自然灾害期间,某些犯罪行为的社会危害性会相对增加,如杀人、放火、抢劫、强奸、盗窃等。社会危害性程度增大了,刑事责任自然也就相应地更重了,量刑当然应适当从重考虑。

二、行为的地点

所谓行为的地点,一般是指犯罪行为实施的场所或地理位置,即危害行为发生的空间区域。在通常情况下,犯罪行为的地点并非犯罪构成要件,不影响犯罪的成立。譬如,只要是以暴力、胁迫或者其他方法抢劫公私财物的,不管在什么地方,均构成抢劫罪,具体的地点不影响抢劫罪的成立。但是,在刑法明文规定把特定地点作为某罪构成要件时,地点对该行为是否为罪就具有决定性作用。譬如,《刑法》第 340 条和第 341 条第 2 款规定的"禁渔区""禁猎区",以及破坏公共场所秩序罪所限定的地点——"车站、码头、民用航空站、商场、公园、影剧院、展览会、运动场或者其他公共场所",等等,就属于这种情况。

在不把地点作为犯罪构成要件时,危害行为的地点对于我们正确评定行为的社会危害性程度,从而正确地追究刑事责任也具有一定的意义。

三、行为的方法

所谓行为的方法,是指实施犯罪行为所采用的具体方式。在一般情况下,犯罪人用何种方法实施危害行为,对于构成犯罪并没有影响。比如,故意杀人罪的方法很多,有枪杀、刀杀、毒杀、勒死、饿毙等。只要是非法剥夺了他人的生命,都构成故意杀人罪。但是,对某些犯罪来说,刑法也将特定的方法规定为犯罪构成的必要条件。比如,刑法规定"以暴力、胁迫或者其他手段强奸妇女的"构成强奸罪;"以暴力、胁迫或者其他方法抢劫公私财物的"构成抢劫罪;"以暴力干涉他人婚姻自由的"构成暴力干涉婚姻自由罪；等等。因此，在这类案件中，查明行为人所具体使用的方法，对于分清罪与非罪，以及此罪与彼罪的界限有重要意义。

另外，行为的方法也能够反映出行为的社会危害程度以及行为人的人身危险程度。比如，使用极其残忍的方法杀害他人的，往往是酌情从重处罚的情节。因此，行为的方法在量刑中也是一个不可忽视的因素。

▶ 拓展学习

知识点阐释　　　典型案例思考

思考题

1. 如何理解犯罪客观方面的要件在犯罪构成中的地位？
2. 如何理解"无行为则无犯罪"？怎样区分刑法中的危害行为与其他危害行为？
3. 如何理解不作为的行为性？不作为的成立条件是什么？
4. 哪些危害结果对定罪有意义？哪些危害结果对量刑有意义？
5. 如何区分刑法上因果关系中的原因与条件？

第七章 犯罪主体

第一节 犯罪主体概述

一、犯罪主体的概念

犯罪主体是构成犯罪的必备条件之一。根据我国刑法的规定和相关理论，犯罪主体是指实施危害社会的行为并依法应当负刑事责任的自然人和单位。自然人可以成为我国刑法规定的所有犯罪的主体，而单位则只可以成为我国刑法规定的部分犯罪的主体，因而刑法分则对自然人犯罪主体，除特殊主体外，不作专门规定，对单位犯罪主体则专门予以明确规定。

二、犯罪主体的意义

研究犯罪主体，具有如下两个方面的重要意义。

第一，有助于准确定罪。任何犯罪都有其犯罪主体，即任何犯罪都有犯罪行为的实施者，离开了犯罪主体就不存在犯罪。而且，成为犯罪主体需要具备一定的条件，并非任何人实施了刑法所禁止的危害社会的行为，都能构成犯罪并追究其刑事责任，只有具备法律所要求的犯罪主体条件的人，才能构成犯罪并被追究刑事责任；不符合犯罪主体条件的人，即使实施了刑法所禁止的危害社会的行为，也不构成犯罪和承担刑事责任。因此，运用有关刑法理论正确阐明我国刑法中关于犯罪主体条件方面的规定，如关于刑事责任年龄的规定、关于无刑事责任能力的规定等，对于正确划清罪与非罪，具有相当重要的作用。研究刑法分则某些条文中规定的关于犯罪人应具备的特殊身份要件，对于正确区分罪与非罪以及此罪与彼罪，也都有重要意义。例如，公司、企业的董事、经理利用职务便利，自己经营或为他人经营与其所任职公司、企业同类的营业，获取非法利益，数额较大的，如果其属于国有公司、企业的董事、经理的，构成非法经营同类营业罪；如果其属于非国有公司、企业的董事、经理的，则不构成犯罪。再如，国有公司、企业等单位中具有国家工作人员这一特殊身份者，利用职务便利侵占本单位财物的，构成贪污罪；不具有此特殊身份者实施上述行为的，则构成职务侵占罪。

第二，有助于合理量刑。在具备犯罪主体要件的同样情况下，犯罪主体的具体情况可能不同，这又影响到刑罚的轻重。例如，我国《刑法》第17条第3款规定，已满 14 周岁不满 18 周岁的人犯罪，应当从轻或者减轻处罚。第 17 条之一规定，已满 75 周岁的人故意犯罪的，可以从轻或者减轻处罚；过失犯罪的，应当从轻或者减轻处罚。第 18 条第 3 款规定，尚未完全丧失辨认或者控制自己行为能力的精神病人犯罪的，可以从轻或者减轻处罚。第 19 条规定，又聋又哑的人或者盲人犯罪，可以从轻、减轻或者免除处罚。又如《刑法》第 307 条第 1 款、第 2 款分别规定了妨害作证罪与帮助毁灭、伪造证据罪，其第 3 款规定，司法工作人员犯前两款罪的，从重处罚。这些都说明了犯罪主体的不同情况对量刑即刑罚裁量的重要影响。科学地研讨立法与司法中有关犯罪主体的问题，对实践中正确地适用刑罚，无疑是十分重要的。

第二节 自然人犯罪主体

一、自然人犯罪主体的概念与构成条件

刑法理论界对于自然人犯罪主体概念的见解分歧颇多，归纳起来看，主要有以下几种：第一种见解认为，犯罪主体是指刑法上有犯罪资格者。第二种见解认为，犯罪主体的概念应当包含达到刑事责任年龄、具备刑事责任能力、自然人、实施危害行为（或犯罪行为）的内容。但在实施危害行为还是实施犯罪行为上又有不同的看法。如有的论者认为，根据我国刑事法律有关规定，犯罪主体是指达到刑事责任年龄、具有刑事责任能力、实施了危害社会行为的自然人；而有的论者则认为，犯罪主体是指达到刑事责任年龄、具备刑事责任能力、实施了犯罪行为的自然人。第三种见解认为，犯罪主体的概念应当包含实施危害行为（或犯罪行为）、依法应负刑事责任的人的内容，然后进一步论述自然人、责任年龄和责任能力是构成犯罪主体的条件。但对实施的是危害行为还是犯罪行为，也有不同的表述。如有的论者认为，犯罪主体是指实施了危害社会行为，依据刑事法律应负刑事责任的人；而有的论者则认为，犯罪主体是指实施犯罪行为，依法对自己罪行负刑事责任的人。第四种见解认为，犯罪主体就是达到法定责任年龄、具备责任能力的自然人。犯罪主体概念并不包含危害行为（犯罪行为）、应负刑事责任的内容。第五种见解认为，犯罪主体就是实施严重危害社会行为，具有刑事责任能力的人。第六种见解认为，犯罪主体是指具备刑事责任能力、实施严重危害社会的行为并且依法应负刑事责任的自然人。第七种见解认为，我国刑法中的犯罪主体是指具备刑事责任能力、实施犯罪行为并且依法应负刑事责任的自然人。第八

种见解认为，犯罪主体是指达到刑事责任年龄、具有刑事责任能力、实施了严重危害社会行为的人。

上述见解的分歧在于：犯罪主体的概念应否包含属于犯罪客观方面的实施犯罪行为或者危害行为的内容？应否包含实施危害行为还是实施犯罪行为的内容？是否需要包含应负刑事责任的内容？应否把刑事责任年龄与刑事责任能力在其中并列载明？本书认为，第一，犯罪主体的概念应当包含犯罪客观方面的内容。因为只有实施了犯罪客观方面行为的人才能称为犯罪主体，而没有实施犯罪客观方面行为的人只是可能成为犯罪主体，而并非就是犯罪主体。第二，应在犯罪主体的概念中，将犯罪的客观方面表述为刑法规定的危害社会行为。因为简单地表述为危害社会行为，无法将构成犯罪的危害行为与成立一般违法的危害行为区别开来；表述为严重危害社会行为，虽然能够与成立一般违法的危害行为相区别，但如果行为人实施的是刑法没有规定的严重危害社会行为，则根据罪刑法定原则的要求，不能作为犯罪处理；表述为犯罪行为，则因其是根据犯罪构成四要件判断的结果，而将其包含在犯罪构成四要件之一的犯罪主体的概念中，并不妥当。第三，犯罪主体概念不需要包含应负刑事责任的内容。因为只要确认了行为人的行为构成犯罪，自然就确定了行为人应负刑事责任，因而不需要在犯罪主体中包含应负刑事责任的内容。第四，应在犯罪主体概念中，同时体现刑事责任年龄和刑事责任能力两个要素。因为虽然年龄只是确定是否具备刑事责任能力的因素之一，但刑事责任能力是人在刑法意义上辨认和控制自己行为的能力，根据刑法的规定，如果没有达到刑法规定的承担刑事责任的年龄，即使具备刑事责任能力且实施了刑法规定的危害社会的行为，仍然不能构成犯罪并追究其刑事责任，所以在犯罪主体的概念中单纯强调刑事责任能力而不包含刑事责任年龄的要素，是不周全的。综上，我们认为，应将自然人犯罪主体的概念表述为：实施刑法规定的危害社会行为、已达刑事责任年龄且具有刑事责任能力的自然人。相应地，我国刑法中的自然人犯罪主体必须同时具备以下三个构成条件：

第一，自然人必须已达刑法规定的刑事责任年龄。我国《刑法》规定，自然人必须已满14周岁，才可能对其犯的《刑法》第17条第2款规定的故意杀人、故意伤害致人重伤或者死亡、强奸、抢劫、贩卖毒品、放火、爆炸、投毒罪承担刑事责任；必须已满16周岁，才可能对其实施的刑法规定的所有犯罪行为承担刑事责任。否则，即使自然人实施了刑法规定的危害社会行为，也不承担任何刑事责任。

第二，自然人必须具有刑事责任能力。根据《刑法》第17条、第18条的规定,即使行为人已达到刑法规定的负刑事责任的年龄,如果不具备刑事责任能力即刑法意义上辨认和控制自己行为的能力,即使其实施了刑法规定的危害社会行为,也不能追究其刑事责任。

第三,自然人必须实施了刑法规定的危害社会行为。根据《刑法》第3条关于罪刑法定原则的规定,自然人只有实施了刑法规定的危害社会的行为,才可能认定其行为构成该犯罪并追究刑事责任;自然人虽然实施了危害社会的行为,但如果该种行为并未被刑法规定为犯罪,即使危害程度极其严重,也不能认定其行为构成犯罪并追究刑事责任。

二、刑事责任能力

(一) 刑事责任能力的概念与内容

1. 刑事责任能力的概念

在我国刑事立法和刑法理论看来,刑事责任能力的本质,是人实施行为时具备相对自由的意志能力,即行为人实施刑法所禁止的严重危害社会的行为,具备相对自由的认识和抉择行为的能力。一般说来,当人达到一定的年龄之后,智力发育正常,就自然具备了这种能力。当然,这种能力可能因年龄或精神状况、生理功能缺陷而不具备、丧失或者减弱。具备刑事责任能力者可以成为犯罪主体并被追究刑事责任;不具备刑事责任能力者即使客观上实施了危害社会的行为,也不能成为犯罪主体,不能被追究刑事责任;刑事责任能力减弱者,其刑事责任也应相应地适当减轻。刑事责任能力作为犯罪主体的核心和关键要件,对于犯罪主体的成立与否以及对行为人的定罪量刑,具有至关重要的作用和意义。

对于刑事责任能力的概念,尽管刑法理论通说认为,刑事责任能力包括辨认行为能力和控制行为能力,但由于对"辨认或者控制自己行为的能力"中的"行为"的含义认识不同,致使对刑事责任能力的概念有不同的见解。"辨认或者控制自己行为的能力"中的"行为",究竟是指人的身体举动或者静止即纯粹物理性质的行为,还是指违法犯罪的行为?换言之,人对自己行为性质的辨认应当达到何种程度,才能被视为具有辨认自己行为的能力?或者人对自己行为性质达不到何种程度,才能被视为不具有辨认自己行为的能力?对此,我国刑法理论界主要有三种见解:第一种见解认为,辨认能力是行为人对自己行为的性质、意义和后果的辨识能力,或辨认能力是行为人对自己行为的性质、意义、作用和后果的辨识能力;第二种见解认为,辨认能力是指行为人具备对自己的行为在刑法上的意义、性质、作用、后果的分辨认识能力;第三种见解认为,辨认能力是指行为人对自己行为的是非对错和是否危害社会、触犯刑法的辨识能力。

上述三种见解的根本分歧在于，辨认能力是指行为人辨认自己行为的性质、意义、作用和后果，还是仅指行为人辨认自己的行为在刑法上的性质、意义、作用和后果。本书认为，在刑法理论中研究人的辨认行为能力问题，目的就是要解决行为人的行为是否构成犯罪的问题。从坚持犯罪的主客观相一致原则而言，对人辨认行为能力的要求应当是人是否认识到自己的行为违法或有害于社会，甚至是否认识到行为在刑法上的性质、意义、作用和后果。否则只要求人认识其行为的是非、善恶，甚至只要求其认识到行为的物理属性，就极易将不具有犯罪意识即不具有认识其行为在刑法上的性质、意义、作用和后果的人，误判为具有刑事责任能力者，从而惩及无辜。因此，辨认行为能力的内容，应当是行为人是否认识到其行为在刑法上的性质、意义、作用和后果。据此，本书认为，刑事责任能力，是指行为人具备的刑法意义上辨认和控制自己行为的能力。

2. 刑事责任能力的内容

刑事责任能力的内容，是指行为人对自己行为所具备的刑法意义上的辨认能力与控制能力。明确这两种能力的含义及其相互关系，是正确把握刑事责任能力概念的需要。

刑事责任能力中的辨认行为能力，是指行为人具备的对自己的行为在刑法上的意义、性质、后果的分辨认识能力。就是说，行为人有能力认识自己的行为是否为刑法所禁止、所谴责、所制裁。刑事责任能力中的控制行为能力，是指行为人具备的决定自己是否以行为触犯刑法的能力。例如，达到一定年龄而精神正常的人，都有能力认识到实施杀人、放火、强奸、抢劫、盗窃行为，是为刑法所禁止并受刑法制裁的，都有能力选择和决定自己是否实施这些触犯刑法的行为。

辨认行为能力和控制行为能力是构成刑事责任能力的必要要素，两者只有同时具备，才可具备刑事责任能力。辨认行为能力与控制行为能力之间存在着有机的联系。一方面，辨认能力是刑事责任能力的基础。人只有对自己行为在刑法上的意义有认识能力，才谈得上凭借这种认识能力，自觉有效地选择和决定自己是否实施触犯刑法的行为。控制行为能力的具备是以辨认行为能力的存在为前提的，不具备辨认行为能力的人，自然也就没有刑法意义上的控制行为能力，因而也就不具备刑事责任能力。另一方面，控制行为能力是刑事责任能力的关键。这表现为，除具有辨认行为能力外，还需要具有控制行为能力，才能具备刑事责任能力；只要人具备了控制行为能力，就一定具备辨认行为能力。还表现在，人虽然具有辨认行为能力，但也可能不具有控制行为能力，进而不具有刑事责任能力。① 总之，刑事责任能力的存在，要求辨认行为能力与控制行为能力同时齐备，缺一不可。

（二）刑事责任能力的程度

人的刑事责任能力不仅仅是有无的问题，在具有刑事责任能力的人中，也可能受一些因素的影响而存在着刑事责任能力程度不同的情况。影响和决定人的刑事责任能力程度的有两个方面的因素：一是人的知识和智力成熟程度。人的知识和智力成熟与否，主要受人从幼年向成年成长的年龄因素的制约，此外也会受人学习知识、发展智力的某些重要器官的生理功能的制约。二是精神状况即人的大脑功能正常与否的状况。人的精神即大脑功能正常与否，受人是否患精神疾病及精神疾病的种类、程度和特点的影响。只有知识和智力成熟且精神正常的人，才具有刑事责任能力，才在刑法意义上有能力辨认和控制自己的行为。生活在人类社会中的自然人，其重要器官生理功能和大脑功能正常的，达到一定年龄，其知识和智力的发展就达到了相当程度或成熟程度，因而必然不同程度地具有刑法所要求的辨认和控制自己行为的能力。因此，当代各国刑法都以一定的年龄为标志，规定了正常自然人具备刑事责任能力的标准。同时，各国刑法一般还对某些重要器官生理功能丧失者和精神病患者刑事责任能力的有无及程度问题，作出了专门规定。

根据人的年龄、精神状况等因素影响刑事责任能力有无和大小的实际情况，当代各国刑事立法和刑法理论一般都对刑事责任能力采取三分法或四分法。三分法即将刑事责任能力区分为完全刑事责任能力、完全无刑事责任能力以及处于中间状态的限定（减轻）刑事责任能力三种情况；四分法是除上述三种情况外，还有相对无刑事责任能力的情况。无论是三分法还是四分法，都承认在刑事责任能力的有与无之间存在着中间状态的限定（减轻）刑事责任能力的情况。我国刑法对刑事责任能力采取的是四分法。

1. 完全刑事责任能力

完全刑事责任能力，其概念和内容在各国刑法中一般不作规定，而是由刑法理论和司法实务结合刑法中责任能力和限定责任能力的规定来加以明确。从外延看，凡不属刑法规定的无责任能力人及限定责任能力人的，皆属于完全刑事责任

---

① ［苏］H. A. 别利亚耶夫、M. Д. 科瓦寥夫主编：《苏维埃刑法总论》，马改秀、张广贤译，群众出版社1987年版，第113页；贾谊诚等编著：《实用司法精神病学》，安徽人民出版社1988年版，第87—88页。

能力人。例如,在我国刑法看来,凡年满 18 周岁、精神和生理功能健全且智力与知识发展正常的人,都是完全刑事责任能力人。完全责任能力人实施了刑法规定的犯罪行为的,应当依法负全部的刑事责任。

2. 完全无刑事责任能力

完全无刑事责任能力,指行为人没有刑法意义上的辨认或者控制自己行为的能力。根据现代刑法的规定,完全无刑事责任能力人一般包括两类人:一是未达刑事责任年龄的幼年人;二是因精神疾病而不具备或丧失刑法所要求的辨认或控制自己行为能力的人。例如,按照《刑法》第 17 条、第 18 条的规定,我国刑法中的完全无责任能力人,为不满 14 周岁的人和行为时因精神疾病而不能辨认或者不能控制自己行为的人。

3. 相对有刑事责任能力

相对有刑事责任能力,是指行为人仅限于对刑法所明确限定的某些严重犯罪具有刑事责任能力,而对未明确限定的其他犯罪无刑事责任能力的情况。从设立这一责任能力层次的各国刑法立法例看,这种相对有刑事责任能力人都是已超过完全无责任能力的年龄但又未达到成年的一定年龄段的未成年人。例如,《刑法》第 17 条第 2 款规定的已满 14 周岁不满 16 周岁的人,即属于相对有刑事责任能力的人。

4. 减轻刑事责任能力

减轻刑事责任能力,又称限定刑事责任能力、限制刑事责任能力、部分刑事责任能力,是完全刑事责任能力和完全无刑事责任能力的中间状态,是指因年龄、精神状况、生理功能缺陷等,行为人在实施刑法所禁止的危害行为时,虽然具有责任能力,但其辨认或者控制自己行为的能力较完全刑事责任能力有一定程度的减弱、降低的情况。当代各国刑法较为普遍地规定有减轻刑事责任能力人,其外延主要是达到一定年龄的未成年人、聋哑人、盲人、因精神病而致辨认或控制行为能力有所减弱的精神障碍人。各国刑法一般都认为,限制责任能力人实施刑法所禁止的危害行为的,构成犯罪,应负刑事责任,但是其刑事责任因其责任能力的减弱而有所减轻,应当或者可以从宽处罚或免予处罚。我国刑法明文规定的属于或可能属于减轻刑事责任能力人的有四种:(1)已满 14 周岁不满 18 周岁的未成年人,因其年龄因素的影响而不具备完全的刑事责任能力;(2)又聋又哑的人,因其听能、语能缺失的影响而可能不具备完全的刑事责任能力;(3)盲人,因其视能缺失的影响而可能不具备完全的刑事责任能力;(4)尚未完全丧失辨认或者控制自己行为能力的精神病人,因其精神疾病的影响而可能不具备完全的刑事责任能力。

（三）影响刑事责任能力的因素

决定刑事责任能力有无或影响刑事责任能力程度的因素，主要包括人的年龄情况、精神状况和重要的生理功能状况等。刑法关于这些因素及其意义的规定，形成犯罪主体领域的具体内容。

1. 刑事责任年龄

（1）刑事责任年龄的概念。刑事责任年龄，是指刑法所规定的行为人对自己实施的刑法所禁止的危害社会行为负刑事责任而必须达到的年龄。

犯罪是具备辨认和控制自己行为能力者在其主观意识和意志支配下实施的危害社会的行为，而辨认和控制自己行为的能力取决于行为人智力和社会知识的发展程度，因而它必然受到行为人年龄的制约。年龄幼小的儿童还不能正确认识周围事物以及自己行为的性质和意义，若对他们实施的危害社会的行为作为犯罪追究，不符合我国刑法的性质，也因其不能理解刑罚的性质和意义而难以实现刑罚的目的。只有对达到一定年龄、能够辨认和控制自己的行为并能够适应刑罚的惩罚和教育功能的人，才能够要求他们对自己的危害社会行为依法负刑事责任。因而各国刑法均根据人的年龄因素与责任能力的这种关系，明确规定了刑事责任年龄制度，即明确规定人达到什么年龄才能对自己实施的刑法规定的危害社会行为承担刑事责任和承担何种程度的刑事责任。由此可以说，达到刑事责任年龄是自然人具备责任能力而可以作为犯罪主体的一个基本条件。

刑事责任年龄制度，就是从年龄上划定一个负刑事责任和负何种程度刑事责任的范围。我国刑法中关于刑事责任年龄的规定，解决的是不同年龄人刑事责任的有无及程度问题。司法实践中处理案件时，必须严格遵守这些规定。

（2）刑事责任年龄阶段的划分。目前各国刑法关于刑事责任年龄的规定虽各有不同，但一般都是根据本国少年儿童成长的实际情况和惩治与防范犯罪的实际需要，根据一个人从完全不具备到部分具备再到完全具备辨认和控制自己行为的能力的逐步发展过程，把刑事责任年龄划分为几个阶段。不过，在划分的方法上并不完全相同：有的实行绝对无刑事责任年龄和完全负刑事责任年龄的两分制；有的实行绝对无刑事责任年龄、相对无刑事责任年龄（或减轻刑事责任年龄）、完全负刑事责任年龄的三分制；有的实行绝对无刑事责任年龄、相对无刑事责任年龄（或称为相对负刑事责任年龄）、减轻刑事责任年龄、完全负刑事责任年龄的四分制等。当代多数国家刑法中的刑事责任年龄制度都采用三分制或四分制。我国刑法根据国家对少年儿童的危害行为一贯实行的教育为主、惩罚为辅的政策，从我国政治、经济、文化教育状况、少年儿童的成长过程以及各类犯罪的情况等实际出发，并适当借鉴他国的立法经验，考虑刑法的世界发展趋势，在《刑法》第17条中对刑事责任年龄作了较为集中的规定，把刑事责任年龄划分为完全不负刑事责任年龄、相对负刑事责任年龄与完全负刑事责任年龄三个年龄阶段。

第一，完全不负刑事责任年龄阶段。按照《刑法》第17条的规定，不满14周岁，是完全不负刑事责任年龄的阶段。一般地说，不满14周岁的人尚处于幼年时期，还不具备辨认和控制自己行为的能力，即不具备责任能力。因而法律规定，对不满14周岁的人所实施的危害社会的行为，一概不追究刑事责任。但应当注意，对于因不满14周岁实施了危害社会行为而不追究刑事责任的人，应依法责令其家长或监护人加以管教，也可视需要对接近14周岁，如12—13周岁的人由政府收容教养。

第二，相对负刑事责任年龄阶段。按照《刑法》第17条第2款的规定，已满14周岁不满16周岁，是相对负刑事责任年龄阶段，也称相对无刑事责任年龄阶段。达到这个年龄阶段的人，已经具备了一定的辨别行为的大是大非的能力和控制能力，即对某些严重危害社会的行为具备一定的辨认和控制能力。因此，刑法规定他们对自己实施的严重危害社会的行为负刑事责任。《刑法》第17条第2款规定："已满十四周岁不满十六周岁的人，犯故意杀人、故意伤害致人重伤或者死亡、强奸、抢劫、贩卖毒品、放火、爆炸、投毒罪的，应当负刑事责任。"对于该款规定，有以下几个问题值得研究：

其一，该款中的"故意杀人……投毒罪"是指犯罪行为还是具体罪名？对此，刑法理论界曾经有比较大的意见分歧。全国人民代表大会常务委员会法制工作委员会2002年《关于已满14周岁不满16周岁的人承担刑事责任范围问题的答复意见》明确规定："刑法第十七条第二款规定的八种犯罪，是指具体犯罪行为而不是具体罪名。对于刑法第十七条中规定的'犯故意杀人、故意伤害致人重伤或者死亡'，是指只要故意实施了杀人、伤害行为并且造成了致人重伤、死亡后果的，都应负刑事责任。而不是指只有犯故意杀人罪、故意伤害罪的，才负刑事责任，绑架撕票的，不负刑事责任。对司法实践中出现的已满十四周岁不满十六周岁的人绑架人质后杀害被绑架人、拐卖妇女、儿童而故意造成被拐卖妇女、儿童重伤或死亡的行为，依据刑法是应当追究其刑事责任的。"本书赞同上述意见。主要是考虑，无论是单纯地实施故意杀人等8种行为，还是实施其他犯罪过程中同时实施故意杀人等8种行为，行为性质都是故意杀人等犯罪行为，都符合故意杀人罪等8种犯罪的构成要件，而且后种情况除了故意杀人等八种行为之外还有其他犯罪如犯绑架罪过程中杀害人质的，其危害社会程度往往比单纯实施故意杀人等 8 种犯罪还严重，不可能只惩治已满 14 周岁不满 16 周岁的人实施单纯的故意杀人等 8 种犯罪，而放纵其实施的包含故意杀人等 8 种行为在内的更严重的犯罪。在难以判明刑法规定的究竟是 8 种具体罪名还是 8 种犯罪行为的情况下，这样理解和处理，不能认为违反了罪刑法定原则。而且，已满 14 周岁不满 16 周岁的人既然对单纯地故意杀人等 8 种犯罪具有辨认和控制能力，对实施其他犯罪过程中同时实施的故意杀人等 8 种犯罪行为当然也具有辨认和控制能力，因此，将后者纳入已满 14 周岁不满 16 周岁的人承担刑事责任的犯罪范围，并未超出该年龄段的人的辨认和控制能力。至于对行为的罪名是否必须按照《刑法》第 17 条第 2 款规定的 8 种罪名确定，司法实务中有不同的意见。最高人民检察院研究室 2003 年《关于相对刑事责任年龄的人承担刑事责任范围有关问题的答复》规定："相对刑事责任年龄的人实施了刑法第十七条第二款规定的行为，应当追究刑事责任的，其罪名应当根据所触犯的刑法分则具体条文认定。对于绑架后杀害被绑架人的，其罪名应认定为绑架罪。"最高人民法院 2005 年《关于审理未成年人刑事案件具体应用法律若干问题的解释》第 5 条则规定："已满十四周岁不满十六周岁的人实施刑法第十七条第二款规定以外的行为，如果同时触犯了刑法第十七条第二款规定的，应当依照刑法第十七条第二款的规定确定罪名，定罪处罚。"本书赞同后者的做法，前者的做法会导致对已满 14 周岁不满 16 周岁的未成年人处罚过重的不公问题。因为，对该年龄段的人，如果单纯犯故意杀人等 8 种犯罪的话，除贩卖毒品罪外，都有在 3 年以上 10 年以下有期徒刑的幅度内处罚的可能，而如果犯含有故意杀人等 8 种行为的其他犯罪，直接按这些犯罪的罪名定罪处罚的话，由于故意杀人等 8 种行为均是这些犯罪明确规定的或者隐含的法定加重处罚情节，其最低刑绝大多数为 10 年以上有期徒刑，有些甚至是无期徒刑或者绝对确定的死刑，这种情况下的处罚就会远远重于前种情况。而且对后种情况，既然刑法并未规定该年龄段的人应对基本犯罪负刑事责任，那么如果以这些罪名对其定罪，也会出现背离罪刑法定原则的问题。

其二，该款规定的抢劫是否包括抢劫枪支、弹药、爆炸物、危险物质的犯罪？是否包括《刑法》第 269 条的转化型抢劫罪和第 267 条第 2 款的"携带凶器抢夺"的抢劫罪？对于前者，虽然通常所谓的抢劫是指抢劫财物的抢劫罪，抢劫枪支、弹药、爆炸物、危险物质的犯罪很少见，但不仅根据《刑法》第 17 条第 2 款的规定不能得出此处的抢劫仅限于抢劫财物，而且枪支、弹药、爆炸物、危险物质也是财物（只是出于突出打击的考虑另行独立成罪），抢劫枪支、弹药、爆炸物、危险物质与抢劫财物的行为手段和性质完全一样，因此，应将两者均包含于《刑法》

第 17 条第 2 款的抢劫之内。对于后者，理论上有截然不同的见解①，司法实务中也有不同的做法。② 本书认为，应当肯定《刑法》第 269 条规定的转化型抢劫罪和第 267 条第 2 款规定的"携带凶器抢夺"抢劫罪并非典型的、常态的抢劫罪。尽管如此，毕竟刑法明确将其规定为抢劫罪，从这个意义上看，将其包含于《刑法》第 17 条第 2 款规定的"抢劫"之内，并无违背罪刑法定原则之处。但是，正是因为这两种情形系非典型、非常态的抢劫罪，对于仅能对常见的大是大非的行为性质具有辨认和控制能力的已满 14 周岁不满 16 周岁的人而言，要求其认识到这两种情形的性质并基于该认识而控制自己的行为，有些强人所难，因此，从刑法的谦抑性方面考虑，应将该两种情形排除于《刑法》第 17 条第 2 款规定的"抢劫"范围之外。

其三，该款规定的投毒罪是否包括投放除毒害性物质之外的放射性、传染病病原体等危险物质？对此，刑法理论界存在两种相反的观点：一种观点认为，在国家立法机关将《刑法》第 17 条第 2 款中的"投毒罪"修改为"投放危险物质罪"之前，已满 14 周岁不满 16 周岁的人实施投放毒害性物质之外的放射性、传染病病原体等危险物质，虽然符合《刑法》第 114 条、第 115 条的规定，但是不负刑事责任。当然，故意造成人员重伤、死亡结果发生的除外。因为刑法总则与分

---

① 有论者认为，《刑法》第 17 条第 2 款中的抢劫包括《刑法》第 269 条的转化型抢劫罪和第 267 条第 2 款的"携带凶器抢夺"的抢劫罪。因为《刑法》第 269 条规定的是抢劫罪，而《刑法》第 17 条第 2 款规定了已满 14 周岁不满 16 周岁的人对抢劫负责任。况且，《刑法》第 269 条所规定的准抢劫罪并不是身份犯，不应将"犯盗窃、诈骗、抢夺罪"解释为完全符合盗窃、诈骗、抢夺罪的全部要件。（参见张明楷：《刑法学》（上），法律出版社 2016 年版，第 314 页。）但有论者认为上述观点不妥当，认为该转化型抢劫罪的前行罪行"盗窃、诈骗、抢夺罪"和后续罪行"窝藏赃物、抗拒抓捕或者毁灭罪证"，均不属于《刑法》第 17 条第 2 款列举的犯罪行为，均不能进行评价，也就不能"转化"为抢劫罪。（参见曲新久：《刑法学》，中国政法大学出版社 2009 年版，第 100 页。）还有论者认为，如果把《刑法》第 17 条第 2 款列举的犯罪理解为"行为"，就不应适用《刑法》第 267 条第 2 款"携带凶器抢夺的"的规定。因为《刑法》第 267 条第 2 款属于拟制规定，把不是抢劫行为的"携带凶器抢夺的"行为依照抢劫罪定罪处罚。若抢劫行为当然包含"携带凶器抢夺"，或者"携带凶器抢夺"当然属于抢劫行为，则刑法没有作此特别规定的必要。（参见阮齐林：《刑法学》，中国政法大学出版社 2008 年版，第 92—93 页。）

② 最高人民检察院研究室 2003 年《关于相对负刑事责任年龄的人承担刑事责任范围有关问题的答复》规定，已满 14 周岁不满 16 周岁的人实施了《刑法》第 269 条规定的行为的，应当依照《刑法》第 263 条的规定，以抢劫罪追究刑事责任。最高人民法院 2006 年的《关于审理未成年人刑事案件具体应用法律若干问题的解释》第 10 条第 1 款则规定，已满 14 周岁不满 16 周岁的人盗窃、诈骗、抢夺他人财物，为窝藏赃物、抗拒抓捕或者毁灭罪证，当场使用暴力，故意伤害致人重伤或者死亡，或者故意杀人的，应当分别以故意伤害罪或者故意杀人罪定罪处罚。

则之间一般与特殊的关系决定了分则第 114 条、第 115 条的修改并不导致总则第 17 条第 2 款随之改变。① 另一种观点认为,《刑法》第 17 条第 2 款中的"投毒"包括投放毒害性、放射性、传染病病原体等危险物质。从补正解释的角度来说,可以认为《刑法修正案(三)》遗漏了对第 17 条的投毒概念的修改,故应当将这两个法条中的投毒补正解释为投放毒害性、放射性、传染病病原体等危险物质;从解释技巧的角度来说,对第 17 条的投毒宜做扩大解释,即投毒包括投放毒害性、放射性、传染病病原体等危险物质。② 本书认为,投毒中的"毒"即为毒害性物质,不仅是科学的界定,也是社会常识,因而不能将投毒与投放毒害性、放射性、传染病病原体等危险物质划等号。再者,毒害性物质属于社会生产、生活中常见的物质,而放射性、传染病病原体等危险物质则属于少见的物质。对于已满 14 周岁不满 16 周岁的人而言,对于社会生产、生活中少见的放射性、传染病病原体等危险物质未必有认识能力,也即对投放放射性、传染病病原体等危险物质的刑法上的性质和意义不一定具有辨认能力。因此,将《刑法》第 17 条第 2 款中的投毒理解为投放毒害性、放射性、传染病病原体等危险物质,要求已满 14 周岁不满 16 周岁的人对投放放射性、传染病病原体等危险物质的行为承担刑事责任,既违背罪刑法定原则,也有强人所难的问题。

第三,完全负刑事责任年龄阶段。按照《刑法》第 17 条第 1 款的规定,已满 16 周岁的人进入完全负刑事责任年龄阶段。由于已满 16 周岁的未成年人的体力和智力已有相当的发展,具有了一定的社会知识,是非观念和法制观念的增长已经达到一定的程度,一般已能够根据国家法律和社会道德规范的要求来约束自己,因而他们已经具备了基本的刑法意义上辨认和控制自己行为的能力。基于此,我国刑法规定已满 16 周岁的人原则上可以构成刑法中所有的犯罪,要求他们对自己实施的刑法所禁止的一切危害行为承担刑事责任。

根据司法实践情况,要切实贯彻刑事责任年龄制度,正确处理未成年人的违法犯罪案件,还应当明确以下三个问题:

第一,刑事责任年龄应当怎样计算?首先,刑事责任年龄应当是指实足年龄即周岁,这一点《刑法》第 17 条已明确作了规定。其次,周岁应当怎样计算?根据有关司法解释可以明确:一是周岁应当一律按照公历的年、月、日计算。二是 1 周岁以 12 个月计,每满 12 个月即满 1 周岁。三是每满 12 个月即满 1 周岁应以日

---

① 曲新久:《刑法学原理》,高等教育出版社 2014 年版,第 119 页脚注③。
② 张明楷:《刑法学》(上),法律出版社 2016 年版,第 314 页。

计算，而且是过了几周岁生日，从第二天起，才认为已满几周岁。例如，行为人于 1998 年 10 月 1 日出生，至 2012 年 10 月 2 日为已满 14 周岁，至 2014 年 10 月 2 日为已满 16 周岁，至 2016 年 10 月 2 日为已满 18 周岁。因此，14 周岁生日当天实施危害行为的，应视为不满 14 周岁，不能追究刑事责任；16 周岁生日当天实施危害行为的，只能令其对法定的 8 种犯罪行为负刑事责任；18 周岁生日当天犯罪的，应视为不满 18 周岁，对其适用"从轻或者减轻处罚"的原则。

第二，关于未成年人犯罪和处罚的法定年龄界限能否突破？例如，对即将满 14 周岁甚至差几天就满 14 周岁的人实施了故意杀人、故意伤害致人重伤或者死亡等行为，甚至造成了非常严重的危害结果的，可否作为犯罪追究刑事责任？对于即将满 18 周岁的人所犯罪行极其严重的，可否判处死刑？应当强调指出，法律在未成年人定罪和处罚问题上所规定的年龄界限是刚性界限，不能有任何伸缩性，这是我国刑法罪刑法定原则的必然要求。如果允许突破这种界限，刑法关于责任年龄的规定就失去了限制作用，这是明显违背法治的。

第三，关于跨年龄段的危害行为的刑事责任问题。主要问题有两个：一是行为人已满 16 周岁后实施了某种犯罪，并在已满 14 周岁不满 16 周岁期间也实施过相同的行为，应否一并追究刑事责任？对此应当具体分析。如果在已满 14 周岁不满 16 周岁期间实施的是《刑法》第 17 条第 2 款规定的特定严重犯罪，则应一并追究刑事责任；否则，就只能追究已满 16 周岁以后犯罪的刑事责任。已满 14 周岁不满 16 周岁期间所实施的行为，如果与已满 16 周岁后实施的犯罪行为具有密切联系，则说明行为人的人身危险性较大，可以作为量刑情节予以适当考虑。二是行为人在已满 14 周岁不满 16 周岁期间，实施了《刑法》第 17 条第 2 款规定的特定严重犯罪，并在未满 14 周岁时也实施过相同行为，对此不能一并追究刑事责任，而只能追究行为人已满 14 周岁后实施的特定严重犯罪的刑事责任。同理，如果未满 14 周岁时实施的行为与已满 14 周岁后实施的犯罪行为具有密切联系，则表明行为人的人身危险性严重，量刑时应予以适当考虑。

2. 精神障碍

达到一定年龄而精神健全的人，由于其知识和智力得到一定程度的发展，因而其刑事责任能力即辨认和控制自己行为的能力就开始具备，并以达到成年年龄作为其刑事责任能力完备的标志。但是，人达到负刑事责任的年龄，如果存在精神障碍，该障碍就可能影响其刑事责任能力，而使刑事责任能力减弱甚至不具备，从而使其实施危害行为时的刑事责任也受到影响。《刑法》第 18 条专门规定了精神病人（即精神障碍人）的刑事责任问题，将精神病人的刑事责任能力划分为完全无刑事责任能力、限制刑事责任能力和完全刑事责任能力，分别规定了相应的刑事责任问题。

（1）完全无刑事责任能力的精神病人。《刑法》第18条第1款规定："精神病人在不能辨认或者不能控制自己行为的时候造成危害结果，经法定程序鉴定确认的，不负刑事责任，但是应当责令他的家属或者监护人严加看管和医疗；在必要的时候，由政府强制医疗。"根据这一规定，认定精神障碍者为无刑事责任能力人，必须同时符合两个标准：

一为医学标准，亦称生物学标准，即从医学上看，行为人是基于精神病理的作用而实施特定危害社会行为的精神病人。它应当包含以下三个条件：第一，行为人必须是精神病人。目前有为数不少的学者认为司法精神病学上所说的精神病人即严重的精神障碍人，不包括具有非精神病性的精神障碍人。但这些学者只代表了司法精神病学界的一种观点，即认为像非神经病性精神障碍中的神经症中的癔症，如果属于有严重意识障碍的，应归于严重的精神障碍中的精神病等位状态。实际上，还有另外一些学者主张有严重意识障碍的癔症仍然属于神经症，是非精神病性精神障碍中的一种情况。观点的不统一，必然影响到司法实践中对无刑事责任能力的精神病人的正确认定，很可能会将不具有刑事责任能力的精神障碍人错误地当作有限制刑事责任能力的人而追究刑事责任。再者，客观而言，我国关于司法精神病学的研究还不很发达，很可能还有一些非精神病性的精神障碍会导致患者的刑事责任能力完全丧失，只是我们目前还没有发现而已。因此，本着实事求是的态度和对精神障碍患人负责的精神，还是将《刑法》第18条第1款中的精神病人作广义解释为宜，不管是严重的精神障碍人还是非精神病性的精神障碍人，都属于《刑法》第18条第1款所说的"精神病人"。这样并不会存在把具有限制刑事责任能力的精神障碍人错误地当作完全无刑事责任能力人对待的问题，因为对精神病人含义和范围的理解和认定，仅仅是解决了确定精神病人刑事责任能力的医学标准问题，要认定其是否属于完全无刑事责任能力人，最终还要依据心理或法学标准来解决。此外，《刑法》第18条中的精神病人是否仅限于由于疾病而导致的精神障碍的人？我们认为，结合司法精神病学的理论和实践经验来看，由于行为人饮酒或使用毒品及其他药物而造成的精神障碍，和由于疾病而导致的精神障碍只是产生的原因不同，对人的辨认或控制自己行为能力的影响都是一样的，因而如果行为人在出现精神障碍状态之前，对其在精神障碍状态下实施的刑法所禁止的危害行为没有犯罪的故意和过失的，就不应认定为《刑法》第18条规定的精神病人。第二，精神病人必须实施了特定的危害社会的行为，即实施了刑法所禁止的危害行为，如果这些危害行为是精神健全者实施的，就会构成犯罪和应负刑事责任。第三，精神病人实施刑法所禁止的危害行为必须基于精神病理的作用。这意味着，行为人的精神病须在行为时处于发病期，而不是缓解期或间歇期。只有精神病人在行为时正处于发病期，才谈得上因精神病理的作用导致危害行为的实施。这进一步意味着，行为人的精神病理与特定危害行为的实施之间具有直接的因果关系。

二为心理学标准，亦称法学标准，是指从心理学、法学的角度看，患有精神病的行为人的危害行为，不但是由精神病理机制直接引起的，而且由于精神病理的作用，其在行为时丧失了辨认或者控制自己触犯刑法之行为的能力。所谓丧失辨认行为的能力，是指行为人由于精神病理的作用，在行为时不能正确地了解自己行为危害社会的性质及其危害后果。例如，精神分裂症患者实施杀人时，由于其精神病理的作用，不知道自己实施的是杀人行为及该行为会造成剥夺对方生命的结果，或者坚信自己是在反击一个要杀害自己的凶手。所谓丧失控制行为的能力，是指行为人由于精神病理的作用，不能根据自己的意志自由地选择实施或不实施危害行为，也往往表现为不能根据自己的意志选择和控制危害行为实施的时间、地点、方式与程度。如果精神病人所实施的行为与其精神病没有直接联系，就不能认为他没有辨认与控制自己行为的能力，而只有当他所实施的危害行为起因于精神病时，才可能认定其丧失辨认与控制自己行为的能力，从而认定他为无责任能力人。

由上可见，实施刑法所禁止的危害行为的精神障碍人，只有同时符合上述医学标准和心理学（法学）标准的，才应确认为无刑事责任能力人，并按《刑法》第18条第1款的规定对其危害行为不负刑事责任。需要指出的是，依照《刑法》第18条的规定，上述医学标准与心理学标准相结合的判断结论，必须是经过法定程序鉴定确认的。

（2）限制刑事责任能力的精神病人。《刑法》第18条第3款规定："尚未完全丧失辨认或者控制自己行为能力的精神病人犯罪的，应当负刑事责任，但是可以从轻或者减轻处罚。"这里的尚未完全丧失辨认或者控制自己行为能力的精神病人即限制刑事责任能力的精神病人。对此处的"精神病人"，从立法意图来说，应作广义的理解，一般包括以下两类：一是处于早期（发作前趋期）或部分缓解期的精神病（如精神分裂症等）即严重精神障碍患者。由于精神病理机制的作用，这种患者辨认或控制自己行为的能力有所减弱。二是某些非精神病性精神障碍人，包括轻至中度的精神发育迟滞（不全）者、脑部器质性病变（如脑炎、脑外伤）

或精神病（如精神分裂症、癫痫症）后遗症所引起的人格变态者、神经官能症中少数严重的强迫症和癔症患者等。根据《刑法》第18条第3款的规定，限制刑事责任能力的精神病人犯罪的，只是"可以"从轻或者减轻处罚，而不是应当从轻或者减轻处罚。在司法实践中，是否对限制刑事责任能力的精神病人从轻或者减轻处罚、从轻或者减轻的幅度如何掌握，应以行为人所实施的犯罪是否与辨认或控制行为能力减弱有直接联系，以及有多大的影响为标准。如果没有联系、没有影响，则可以不予从轻或减轻处罚。

（3）完全刑事责任能力的精神病人。依据《刑法》第18条的规定和有关的司法精神病鉴定实践及司法实践经验，责任能力完备而应完全负刑事责任的精神障碍人包括以下两类：

一为精神正常时期的"间歇性精神病人"。《刑法》第18条第2款规定："间歇性的精神病人在精神正常的时候犯罪，应当负刑事责任。"我国司法精神病学一般认为，刑法中所说的"间歇性精神病"，是指具有间歇发作特点的精神病，包括精神分裂症、躁狂症、抑郁症、癫痫性精神病、周期精神病、分裂情感性精神病、癔症性精神病等。所谓"间歇性精神病人的精神正常时期"，包括上述某些精神病（如癫痫性精神病）的非发病期。"间歇性精神病人"在精神正常的时候实施刑法所禁止的危害行为的，由于当时其辨认和控制自己行为的能力即刑事责任能力完全具备，不符合无刑事责任能力和限制刑事责任能力所要求的心理学（法学）标准，因而法律要求行为人对其危害行为依法负完全的刑事责任。适用《刑法》第18条第2款的规定，应当注意两个问题：第一，根据《刑法》第18条第2款的规定，间歇性精神病人的行为是否成立犯罪，应以其实施行为时是否精神正常，是否具有辨认与控制自己行为的能力为标准，而不是以侦查、起诉、审判时是否精神正常为标准。如果间歇性精神病人实施危害行为的时候精神正常，具有辨认与控制自己行为的能力，即使实施行为后精神不正常也应承担刑事责任。当然，在承担刑事责任的具体方式上，司法机关应根据行为人的实际情况酌情妥善处理。第二，间歇性精神病人并非在精神病未发作时实施的犯罪都属于在精神正常时犯罪。医学上的精神病，可以有不同程度的缓解期。只有完全缓解且精神症状已完全消失的，才可以认为精神正常，评定为完全责任能力；虽处于缓解期，但有残留症状或者性格改变的，精神状态就不完全正常，出现危害行为时，其辨认或者控制能力可能明显减弱，应评定为限制责任能力。也有几种精神疾病如癫痫、躁狂抑郁症、癔症，可以间歇性发作，不发病时一如常人。即使是少数呈间歇性发作的精神病，在长期发作后，在间歇期仍可能出现某些精神障碍，如癫痫性性格改变、癫痫性智能障碍等，可以出现辨认或者控制能力明显减弱的危害行为，应评定为限制责任能力[①]。因此不能认为间歇性精神病人在精神病未发作时实施的任何犯罪都属于精神正常时的犯罪，从而使其承担刑事责任或承担完全的刑事责任。对此，目前刑法理论界并无任何疑义。由此，我们认为，虽然《刑法》对第18条第2款并未规定对间歇性精神病人在精神正常时犯罪是否要依法定程序进行鉴定，但是在司法实践中，为了避免使本无刑事责任能力的间歇性精神病人承担不应该承担的刑事责任，或者使本仅具有限制刑事责任能力的间歇性精神病人承担完全的刑事责任的不良后果，对任何被认为患间歇性精神病的人实施的犯罪，均应依照《刑法》第18条第1款规定的法定程序进行鉴定，以确定行为人的刑事责任能力状况。如果行为人被鉴定为无刑事责任能力人，就应依据《刑法》第18条第1款的规定，不使其负刑事责任；若被鉴定为限制刑事责任能力人，就应依据《刑法》第18条第3款的规定，对其可以从轻或者减轻处罚；若被鉴定为完全刑事责任能力人，就应依据《刑法》第18条第2款的规定，使其承担完全的刑事责任，而不能仅因其患有精神病就从宽处罚。

二为大多数非精神病性精神障碍人。按照我国司法精神病学，非精神病性精神障碍的主要种类有：① 各种类型的神经官能症，包括癔症、神经衰弱、焦虑症、疑病症、强迫症、神经症性抑郁、人体解体性神经症等，但癔症性精神错乱除外；② 各种人格障碍式变态人格（包括器质性人格障碍）；③ 性变态，包括露阴癖、恋物癖、恋童癖、性虐待癖等；④ 情绪反应（未达到精神病程度的反应性精神障碍）；⑤ 未达到精神病程度的成瘾药物中毒与戒断反应；⑥ 轻躁狂与轻性抑郁症；⑦ 生理性醉酒与单纯慢性酒精中毒；⑧ 脑震荡后遗症、癫痫性心境恶劣以及其他未达到精神病程度的精神疾患；⑨ 轻微精神发育不全；等等。非精神病性精神障碍人，其辨认或者控制自己行为的能力大多数情况下并不因精神障碍而丧失或减弱，而是具有完全的刑事责任能力，因而不能对其行为不负刑事责任，也不能对其行为负减轻的刑事责任，而应在原则上对其危害行为依法负完全的刑事责任。但在少数情况下，非精神病性精神障碍人也可成为限制刑事责任能力人甚至无刑事责任能力人，从而涉及减轻刑事责任或者不负刑事责任的问题。

3. 生理功能丧失

一般说来，精神正常的人，其智力和知识随着年龄的增长而发展，达到一定

---

① 林准主编：《精神疾病患者刑事责任能力和医疗监护措施》，人民法院出版社1996年版，第50页。

的年龄即开始具有刑事责任能力，达到成年年龄即标志着刑事责任能力的完备。但是，有些重要生理功能（如听能、语能、视能等）丧失也可能影响其接受教育、学习知识和开发智力，因而影响到其刑法意义上的辨认或控制行为能力。因此，我国《刑法》第19条规定："又聋又哑的人或者盲人犯罪，可以从轻、减轻或者免除处罚。"这一规定意味着，聋哑人、盲人实施刑法禁止的危害社会行为，构成犯罪的，应当负刑事责任，应受刑罚处罚，但又可以从轻、减轻或者免除处罚。

适用《刑法》第19条关于聋哑人、盲人犯罪的刑事责任规定，应当注意以下几点：（1）该条的"又聋又哑的人"，是指同时完全丧失听力和语言功能者。只聋不哑、只哑不聋的人，不属于该条规定的"又聋又哑的人"。至于是先天聋哑和幼年聋哑，还是后天聋哑和成年后聋哑，并无特别限定。（2）该条的"盲人"，系指双目均丧失视力者。至于是先天和幼年丧失视力，还是后天和成年丧失视力，并无特别限定。（3）是否对聋哑人、盲人犯罪"从轻、减轻或者免除处罚"，应根据聋哑人、盲人对其实施的犯罪的辨认和控制能力状况来决定。行为人虽然系聋哑人、盲人，但如果对其实施的犯罪具有完全的辨认和控制能力，原则上不从宽处罚。当然，聋哑人、盲人毕竟在生活等方面的能力通常低于正常人，完全可以综合考虑其犯罪的性质、情节、危害程度以及有利于其改过自新等方面的情况，对其适当从宽处罚，但这种从宽处罚与其辨认和控制自己行为的能力状况无关。

4. 醉酒

醉酒客观上会造成人的辨认和控制行为能力的减弱甚至丧失，因而对醉酒的人实施的犯罪行为如何处理，值得重视。我国《刑法》第18条第4款规定："醉酒的人犯罪，应当负刑事责任。"如何理解和适用该款的规定，值得研究。醉酒主要包括生理性醉酒和病理性醉酒两类情况。由于病理性醉酒属于精神障碍的范畴，目前刑法理论界一致认为对病理性醉酒的人犯罪应按照《刑法》第18条第1款、第3款的规定解决，故目前刑法理论界对醉酒的人犯罪问题的研究，集中在生理性醉酒者的刑事责任能力及其实施危害行为的刑事责任问题方面。

目前对于生理性醉酒者犯罪如何处理，刑法理论界主要有两种见解：一种见解认为，在大多数生理性醉酒的场合，醉酒的人辨认和控制自己行为的能力事实上有所降低甚至可能完全丧失，但是，只要醉酒是醉酒人自愿的，而非不可抗拒，行为人就应当对自己的罪行负责；再加上醉酒属于一种不良的社会习俗，所以刑法规定醉酒的人犯罪，应当负刑事责任，而且不得从轻、减轻处罚。[①] 另一种见解

---

① 曲新久：《刑法学》，中国政法大学出版社2009年版，第102页。

认为，处理醉酒人犯罪案件时，应当注意行为人在醉酒前有无犯罪预谋，行为人对醉酒有无故意、过失的心理态度，醉酒犯罪与行为人一贯品行的关系，以及醉酒犯罪是否发生在职务或职业活动中等不同情况，予以轻重不同的处罚，以使刑罚与犯罪的醉酒人的责任能力程度及其犯罪的危害程度相适应。① 我们认为，对于在醉酒前即存在着犯罪的故意或过失的行为人，在醉酒状态下实施了受其之前故意或过失支配的刑法禁止的危害社会行为，当然应该承担完全的刑事责任。但是，如果行为人在醉酒前并无犯罪的故意或过失，而仅对醉酒本身具有故意或过失，在醉酒状态下实施了刑法禁止的危害行为，若根本不考虑行为人的实际责任能力状况，就要其承担完全刑事责任的话，就存在着不足：

第一，这实际上是用刑法评价来谴责醉酒、酗酒这种所谓的恶习。饮酒和醉酒本属正常的社会现象，即便醉酒是引发犯罪的一种原因，但它同众多的诱发犯罪产生的原因一样，其本身并不是犯罪。仅因为行为人对醉酒的态度存在故意或过失，就追究其在醉酒状态下实施的刑法禁止的危害行为的刑事责任，而不考虑其行为当时的实际责任能力状况，实际上是把醉酒行为作为犯罪来对待。从刑罚的正当根据上来看，是得之功利而失却报应，因而是一种不合理的刑罚。

第二，如果仅根据行为人在醉酒前对醉酒的态度是否故意、过失而追究其刑事责任，就是把这种日常生活中的所谓故意、过失等同于犯罪的故意、过失，仅仅因为要预防醉酒后犯罪即作此例外处理是不合适的，也难以得到社会大众的理解和支持。即便对此不管不顾，那么我们如何认定这种情况下犯罪的罪过形式呢？如果对在醉酒状态下处于无刑事责任能力的情况的罪过形式以行为人对醉酒的态度是故意或过失来认定的话，那么对在醉酒状态下处于限制刑事责任能力的情况的罪过形式又如何认定呢？如果也按行为人对醉酒的态度是故意或过失来认定，那么行为人在醉酒状态下确实对其实施刑法禁止的危害行为的心理态度与对醉酒的态度一致时当然完全可以，但是客观上也会出现不一致的情况，这时仍以醉酒的态度来认定犯罪的罪过形式是否仍然妥当，不无疑问。

综上，本书主张，对于《刑法》第18条第4款"醉酒的人犯罪，应当负刑事责任"的规定，应当做如下把握：如果行为人在醉酒前对其在醉酒后实施的危害社会行为具有犯罪故意或犯罪过失，应负完全的刑事责任；反之，应依其醉酒后的实际精神状态确定其刑事责任，处于无刑事责任能力状态的则不负刑事责任，处于限制刑事责任能力状态的则应负刑事责任，但应从宽处罚。

---

① 高铭暄、马克昌主编：《刑法学》，北京大学出版社、高等教育出版社2017年版，第95页。

此外，应说明的是，这里以生理性醉酒者犯罪的刑事责任问题为研究对象，只是因为《刑法》第18条第4款适用的对象主要是生理性醉酒者犯罪，并不表明病理性醉酒者犯罪没有适用《刑法》第18条第4款的可能。如果某人故意或过失使自己陷于病理性醉酒状态从而实施犯罪，仍然应适用《刑法》第18条第4款的规定而承担完全的刑事责任。这包括两种情况：一是行为人以前曾因病理性醉酒而实施了刑法禁止的危害行为但未承担刑事责任，又故意或过失使自己陷于病理性醉酒状态而实施了刑法禁止的危害行为的；二是行为人了解因病理性醉酒而实施刑法禁止的危害行为不负刑事责任的知识，故意饮酒希望自己进入病理性醉酒状态从而实施犯罪，并真的进入了病理性醉酒状态进而实施了刑法禁止的危害行为的。当然该两种情况是比较罕见的。

三、犯罪主体的特殊身份

（一）犯罪主体特殊身份的概念

一般意义上讲，身份是指人的出身、地位和资格，是人在一定的社会关系中的地位，因而人人皆有其身份。但犯罪主体的特殊身份与此不同，有其独特的含义。按照刑法理论通说，所谓犯罪主体的特殊身份，是指刑法所规定的影响行为人刑事责任的人身方面特定的资格、地位或状态，如国家机关工作人员、司法工作人员、军人、辩护人、诉讼代理人、证人、依法被关押的罪犯、男女、亲属等。这些特殊身份不是自然人犯罪主体的一般要件，而只是某些特定犯罪的自然人主体必须具备的要件。

以行为人的行为构成犯罪是否必须具备特定身份为标准，自然人犯罪主体分为一般主体与特殊主体。刑法不要求以特殊身份作为要件的主体，称为一般主体；刑法要求以特殊身份作为要件的主体，称为特殊主体。在刑法理论上，通常还将以特殊身份作为主体构成要件或者刑罚加减根据的犯罪称为身份犯。身份犯可以分为真正（纯正）身份犯与不真正（不纯正）身份犯。真正（纯正）身份犯是指以特殊身份作为主体构成要件，无此特殊身份则不可成立的犯罪。例如，《刑法》第109条叛逃罪的主体必须是国家机关工作人员，如果行为人不是国家机关工作人员，其行为就不可能成立叛逃罪。不真正（不纯正）身份犯，是指特殊身份不影响定罪但影响量刑的犯罪。在这种情况下，如果行为人不具有特殊身份，犯罪也成立；如果行为人具有这种身份，则科处的刑罚就比不具有这种身份的人要重或轻一些。例如，《刑法》第243条诬告陷害罪的主体，不要求以特殊身份为要件，即任何年满16周岁、具有刑事责任能力的自然人，均可构成本罪，但是，如果主体具备国家机关工作人员身份，依照《刑法》第243条第2款的规定，则应从重处罚。

理解犯罪主体特殊身份的含义，应当特别注意以下两个问题：（1）特殊身份一般是在行为人开始实施危害行为时就已经具有的特殊资格或已经形成的特殊地位或状态。行为人在实施行为后才形成的特殊地位，通常不属于特殊身份。例如，《刑法》第291条的聚众扰乱公共场所秩序、交通秩序罪，法律规定只处罚首要分子，但我们并不能说该罪的主体为特殊主体，因为首要分子在此是指在聚众犯罪中起组织、策划、指挥作用的犯罪分子，这种地位或资格是在行为人实施犯罪过程中才形成的，并非其行为之前就具有的特殊身份。事实上，任何达到刑事责任年龄、具有刑事责任能力的自然人，均可以聚集众人扰乱公共场所秩序、交通秩序而成为首要分子，因而该罪的主体是一般主体。如果把行为人在实施犯罪后才形成的特殊地位或状态也称为特殊身份，那么在犯罪主体中区分一般主体与特殊主体就失去了意义。（2）作为犯罪主体要件的特殊身份，仅仅是针对犯罪的实行犯而言的，至于教唆犯与帮助犯，并不受特殊身份的限制。例如，我国《刑法》第236条规定的强奸罪的主体必须是男性，但这只是就实行犯而言的，不具有男性身份的妇女教唆或帮助男性实施强奸女性行为的，可以成立强奸罪的共犯。

（二）犯罪主体特殊身份的类型

犯罪主体的特殊身份，从不同角度可有不同的分类。主要有以下两种分类：

1. 自然身份与法定身份

从形成方式上加以区分，犯罪主体的特殊身份可以有自然身份与法定身份之别。所谓自然身份，是指人基于自然因素而形成的身份。例如，基于性别形成的事实可有男女之分，有的犯罪如强奸罪仅男子可以单独成为犯罪的主体；再如，基于血缘的事实可形成亲属身份，有些犯罪的主体只能由具有此种身份者构成，如遗弃罪、虐待罪。所谓法定身份，是指人基于法律的规定而形成的身份，如军人、国家机关工作人员、司法工作人员、在押罪犯等。自然身份和法定身份要成为犯罪主体的特殊身份，一般需要由刑法予以明确规定。这种分类的意义，并不在于直接说明犯罪主体特殊身份与刑事责任的关系，而在于通过对犯罪主体特殊身份的了解，进而准确而深刻地把握刑法设立此项规定的原义，这无疑会有助于正确地适用法律。例如，国家工作人员是一种法定身份，具有国家工作人员身份者总是由法律赋予一定的职权和职责。我国刑法把国家工作人员规定为受贿罪主体的特殊身份条件，正是为了惩罚其利用职权、违背职责收受他人财物的行为。

2. 定罪身份与量刑身份

这是根据犯罪主体的特殊身份对行为人刑事责任的性质和方式产生的影响所作的划分。定罪身份，即决定刑事责任存在的身份，又称为犯罪构成要件的身份。此种身份是某些具体犯罪构成中犯罪主体必须具备的要素，缺此身份，犯罪主体要件就不具备，就不能构成该具体犯罪，当然也不存在行为人对该罪应负刑事责任的问题；有此身份，犯罪主体要件就可具备，如果同时又具备其他犯罪构成的主客观要件，就可认定行为人的行为构成该罪并应负刑事责任。

量刑身份，即影响刑事责任程度的身份，又称为影响刑罚轻重的身份，是指按照刑法的规定，此种身份的存在与否虽然不影响刑事责任的存否，但影响刑事责任的大小，其在量刑上，表现为是从重、从轻、减轻甚至免除处罚的根据。

（三）犯罪主体特殊身份对定罪量刑的意义

由于犯罪主体的特殊身份从主客观统一上影响了行为社会危害性的有无和程度，并反映了行为人主观恶性的大小，因而现代各国刑法都在不同程度上、以不同形式规定了犯罪主体特殊身份及其对刑事责任的影响。这种规定不外乎要达到两个目的：（1）借助行为人某些特殊身份限制某些犯罪主体及犯罪成立的范围，以区分罪与非罪、此罪与彼罪，准确妥当地对某些危害行为追究刑事责任。（2）借助行为人某些特殊身份，确定危害程度不同的犯罪之轻重罪责，以突出和加重对某些具备特殊身份的犯罪分子及其特定犯罪行为的惩罚，使刑罚的适用与其刑事责任程度相适应，同时也对某些因具备特定身份而使行为危害程度较轻的犯罪分子和犯罪行为从宽处罚，做到宽严相济。总之，刑法规定犯罪主体特殊身份的意旨，在于从犯罪主体角度调整危害行为与刑事责任的关系，以更加准确有效地打击犯罪，从根本上维护统治阶级的利益。

犯罪主体的特殊身份对正确定罪量刑具有重要的意义。

1. 犯罪主体特殊身份对定罪的意义

影响行为的定罪是犯罪主体特殊身份的首要功能。这主要表现在：（1）主体特殊身份具备与否，是区分罪与非罪的标准之一。刑法之所以规定某些犯罪的主体必须具备特殊身份，就是要通过对犯罪主体身份的限定，来限制追究刑事责任的范围，以准确有效地打击那些达到犯罪程度的严重危害行为及其行为人。（2）主体特殊身份具备与否，也是某些犯罪案件中区分和认定此罪与彼罪的一个重要标准。例如，同是隐匿、毁弃或者非法开拆他人信件的行为，具有邮政工作人员身份并利用其职务便利实施者构成《刑法》第253条规定的私自开拆、隐匿、毁弃邮件、电报罪，一般公民则构成《刑法》第252条的侵犯通信自由罪。

（3）主体特殊身份影响无特殊身份者的定罪。这主要指无特定身份者与有特定身份者共同实施要求特殊主体身份之罪的情况。例如，一般公民与国家工作人员一起利用该国家工作人员的职务便利向他人索取财物的，构成受贿罪，即为适例。

2. 犯罪主体特殊身份对量刑的意义

犯罪主体的特殊身份对量刑也有一定的影响。这主要表现在：（1）在我国刑法中，对行为类似的特殊主体的犯罪规定的刑罚一般都较一般主体的犯罪要重。例如，包含对于窃取、骗取行为的国家工作人员贪污罪的刑罚，重于对一般主体的盗窃罪、诈骗罪的刑罚；对军人战时造谣惑众罪的刑罚，重于非军人战时造谣扰乱军心罪的刑罚。对这些要求特殊主体的犯罪的刑罚之所以较一般主体的犯罪的刑罚重，当然不是仅基于主体的特殊身份，但主体的特殊身份无疑是影响行为的社会危害程度并进而影响其刑罚轻重的重要因素之一。（2）在我国刑法中，对某些犯罪，若行为人具有特殊身份，就要从重处罚。例如，《刑法》第243条第2款规定，国家机关工作人员犯诬告陷害罪的，从重处罚。

第三节 单位犯罪主体

一、单位犯罪的概念与构成特征

我国现行《刑法》采用总则与分则相结合的方式确立了单位犯罪及其刑事责任，其中总则第二章第四节"单位犯罪"用两个条文规定了单位犯罪的成立范围和处罚原则。《刑法》第30条规定："公司、企业、事业单位、机关、团体实施的危害社会的行为，法律规定为单位犯罪的，应当负刑事责任。"尽管该条规定的并非单位犯罪的概念，但刑法理论界多依据该条的规定将单位犯罪的概念表述为"公司、企业、事业单位、机关、团体实施的依法应当承担刑事责任的危害社会的行为"。

单位犯罪的构成，如同自然人犯罪一样，需要同时具备犯罪客体、犯罪客观方面、犯罪主体、犯罪主观方面四个要件。由于单位犯罪是相对于自然人犯罪而言的，所以为了准确区分单位犯罪与自然人犯罪，需从两者相区别的角度把握单位犯罪的构成特征。本书认为，相对于自然人犯罪而言，单位犯罪具有如下两个构成特征：

（一）犯罪的主体是单位

根据《刑法》第30条规定，实施单位犯罪行为的主体只能是单位，具体包括公司、企业、事业单位、机关、团体。所谓公司，是指依法定程序设立，以营利为目的的法人组织。所谓企业，是指依法成立并具备一定的组织形式，以营利为目的独立从事商品生产经营活动和商业服务的经济组织。公司也是企业的一种，这里的企业是公司以外的企业。所谓事业单位，是指依照法律或者行政命令设立、从事各种社会职能活动的组织。《刑法》第30条规定的公司、企业、事业单位，既包括国有、集体所有制的公司、企业、事业单位，也包括依法设立的合资经营、合作经营企业和具有法人资格的独资、私营等公司、企业、事业单位。① 所谓机关，包括国家行政机关、立法机关、司法机关、军队、政党等组织。在我国，机关均承担着国家管理职能，因而通常称为国家机关。所谓团体，是指各种群众团体组织，具体包括人民团体和社会团体。人民团体，是指各工商联以及各级青、工、妇等人民群众团体，是由中国共产党领导的、按照其各自特点组成的从事特定的社会活动的群众组织。社会团体，是指中国公民自愿组成，为实现会员共同意愿，按照其章程开展活动的非营利性社会组织。总之，根据立法精神和实践状况，一个组织能否成为刑法上的单位，关键看其是否依法成立，是否拥有一定财产或者经费，是否以自己的名义承担责任。但并不尽然，有关司法解释性文件规定，以单位的分支机构或者内设机构、部门的名义实施犯罪，违法所得亦归分支机构或者内设机构、部门所有的，应认定为单位犯罪。不能因为单位的分支机构或者内设机构、部门没有可供执行罚金的财产，就不将其认定为单位犯罪，而按照个人犯罪处理。②

此外，需要注意以下四个问题：第一，符合我国法人资格条件的外国公司、企业、事业单位，在我国领域内实施危害社会的行为，符合我国刑法规定的犯罪构成要件的，应当依照刑法关于单位犯罪的规定追究刑事责任；个人为在我国领域内进行违法犯罪活动而设立的外国公司、企业、事业单位实施犯罪的，或者外国公司、企业、事业单位设立后在我国领域内以实施违法犯罪为主要活动的，不以单位犯罪论处。③ 第二，虽然有些犯罪是以单位的名义实施，但个人为进行违法犯罪活动而设立的公司、企业、事业单位实施犯罪的，或者公司、企业、事业单

---

① 参见最高人民法院1999年《关于审理单位犯罪案件具体应用法律有关问题的解释》第1条的规定。
② 参见最高人民法院2001年《全国法院审理金融犯罪案件工作座谈会纪要》"（一）关于单位犯罪问题"的规定。
③ 参见最高人民法院研究室2003年《关于外国公司、企业、事业单位在我国领域内犯罪如何适用法律问题的答复》。

位设立后，以实施犯罪为主要活动的，不以单位犯罪论处；盗用单位名义实施犯罪，违法所得由实施犯罪的个人私分的，依照刑法有关自然人犯罪的规定定罪处罚。① 第三，一人公司应视为刑法上的单位，可以成为单位犯罪的主体。尽管承认一人公司属于刑法上的单位，可以成为单位犯罪的主体，存在着在其犯罪时处罚过轻等比较明显的问题②，但刑法并没有将一人公司排除于公司的范围之外，因为要避免对其按照单位犯罪对待会受到较自然人犯罪为轻的处罚，就要否认其公司资格而将其当做自然人犯罪对待，显然与罪刑法定原则的要求不合。第四，以单位名义实施犯罪，但刑法分则和其他法律并未规定追究单位的刑事责任的，对组织、策划、实施该危害社会行为的人依法追究刑事责任。③

（二）犯罪行为体现单位意志

尽管单位犯罪的行为需要借助单位成员来实施，但在单位犯罪中，单位成员实施的犯罪行为并非单纯出于个人的意志，而是体现了单位的意志。只有体现了单位意志的单位成员实施的犯罪行为，才能被认定为单位犯罪；没有体现单位意志的单位成员实施的犯罪行为，只能被认定为单位成员的个人犯罪，与单位无关。因此，认定单位成员实施的犯罪行为是否体现单位的意志，就成为区分单位犯罪与个人犯罪的关键问题。单位成员实施的体现单位意志的行为表现为两种情形：一种是执行单位决策机构的决策和单位法定代表人或者负责人的决定的行为。单位的决策机构作出了实施犯罪的决策，或者单位法定代表人、负责人作出了犯罪的决定，然后由决策者或者决定者自己以及其他单位成员按照犯罪决策或者决定实施犯罪行为，就是直接体现单位意志的犯罪行为，应当被认定为单位犯罪。当然，单位成员在按照单位犯罪决策或者决定实施犯罪行为过程中，超出了犯罪决策或决定的范围实施的其他犯罪，应被认定为个人犯罪。另一种是单位成员在单位业务范围内履行职责的行为。成立公司、企业、事业等单位就是为了开展某种业务，因此单位成员在单位法定的业务范围内实施履行职责行为，当然体现了单

---

① 参见最高人民法院 1999 年《关于审理单位犯罪案件具体应用法律有关问题的解释》第 2 条、第 3 条的规定。
② 将一人公司作为犯罪主体对待具体存在以下两个问题：第一，刑法分则的不少条文对单位犯罪中的直接负责的主管人员和其他直接责任人员规定的法定刑轻于自然人犯罪，司法解释对许多单位犯罪规定了高于自然人的立案标准，如果承认一人公司可以成为单位犯罪的主体，会导致一些人恶意利用刑法分则与司法解释的这种规定，逃避应有的法律制裁。第二，如果将一人公司作为单位犯罪主体，那么，当自然人犯罪被判处罚金或者没收财产时，一人公司的财产就不能用于缴纳罚金，也不能成为没收的对象。这会产生明显的漏洞。（参见张明楷：《刑法学》（上），法律出版社 2016 年版，第 138 页。）
③ 参见全国人大常委会 2014 年《关于〈中华人民共和国刑法〉第三十条的解释》。

位的意志，若该履职行为构成犯罪的，就应归责于单位，成立单位犯罪。如果单位成员超出了单位的业务范围实施的行为构成犯罪的，就属于个人犯罪。但是在这种情况下，如果单位成员是为了单位的利益而实施犯罪行为，犯罪所得也归单位，而且事后也得到了单位决策机构或负责人的追认，能否认定为单位犯罪？对此，刑法理论界存在肯定说和否定说两种观点。本书认为，罪过是指行为人对自己行为造成的危害社会结果的心理态度，基于这种心理态度的支配而实施的行为，称为犯罪。该种情况下，单位成员实施的犯罪行为并非受单位意志支配所为，将其认定为单位犯罪显然失当。但毕竟行为的实施是为了单位的利益，犯罪所得归单位，且经单位决策机构或负责人事后追认，与典型的单位犯罪行为实质上并无不同，在我国刑法对一些单位犯罪的定罪量刑标准轻于自然人犯罪的定罪量刑标准的情况下，本着同罪同罚的要求，宜将其认定为单位犯罪。

实践中，涉案的犯罪行为只要具备上述两个特征，即可认定单位犯罪。在此，需要明确指出的是，刑法理论界很多学者主张将以单位名义、为了单位的利益、犯罪所得归单位所有等作为认定单位犯罪的条件。对此，本书认为，这些因素固然在一定程度上能够区分单位犯罪与个人犯罪，但实践中也有不少单位犯罪没有以单位的名义实施，不是为了单位的利益，犯罪所得没有交给单位，因而不足以作为认定单位犯罪的条件，只有犯罪行为是否体现单位意志才是区别单位犯罪和个人犯罪的唯一标准。

二、单位犯罪的处罚原则

对单位犯罪的处罚，世界各国刑事立法和刑法理论主要遵循两种原则：一是双罚制，即单位犯罪的，对单位和单位直接责任人员（代表人、主管人员及其他有关人员）均予以刑罚处罚。二是单罚制，即单位犯罪的，只处罚单位或只处罚单位的直接责任人员。单罚制具体又分为转嫁制和代罚制两种类型。转嫁制，是指单位犯罪的，只对单位予以刑罚处罚，而对直接责任人员则不予处罚；代罚制，是指单位犯罪的，只对直接责任人员予以刑罚处罚，而不处罚单位。

《刑法》第31条规定："单位犯罪的，对单位判处罚金，并对其直接负责的主管人员和其他直接责任人员判处刑罚。本法分则和其他法律另有规定的，依照规定。"这是我国刑法关于单位犯罪处罚原则的规定。根据这一规定，对单位犯罪，一般采取双罚制的原则。即单位犯罪的，对单位判处罚金，同时对单位直接负责的主管人员和其他直接责任人员判处刑罚。在双罚制内部，又可以区分为两种情形：一是对直接责任人员的刑罚与自然人犯该罪时的刑罚相同。如《刑法》第140

条、第 150 条规定的生产、销售伪劣产品罪，第 151 条规定的走私武器、弹药罪等。二是对直接责任人员的刑罚轻于自然人犯该罪时的刑罚。如《刑法》第 180 条规定的内幕交易、泄露内幕信息罪（单位犯罪时直接责任人员的法定最高刑为 5 年有期徒刑，而自然人犯罪时的法定最高刑为 10 年有期徒刑）等。但是，若刑法分则和其他法律（特别刑法）规定不采取双罚制而采取单罚制的，则属例外情况。这是因为，单位犯罪的情况具有复杂性，其社会危害程度差别很大，一律采取双罚制的原则，并不能全面准确地体现罪责刑相适应原则，也无法对单位犯罪起到警诫的作用。在我国刑法分则中，有少数几种单位犯罪，就采取了单罚制。如《刑法》第 161 条规定的违规披露、不披露重要信息罪和《刑法》第 162 条规定的妨害清算罪，都不处罚作为犯罪主体的公司、企业，而只处罚其直接责任人员。

▶ 拓展学习

知识点阐释　　典型案例思考

思考题

1. 如何理解犯罪主体的概念？
2. 何谓刑事责任能力？辨认行为能力与控制行为能力之间的关系为何？
3. 如何理解我国刑法中刑事责任年龄阶段的划分？
4. 怎样理解和掌握精神障碍人的刑事责任能力问题？
5. 聋哑人、盲人、生理性醉酒人的刑事责任能力如何？
6. 犯罪主体的特殊身份有什么意义？
7. 怎样理解单位犯罪及双罚制？

第八章 犯罪主观方面

第一节 犯罪主观方面概述

一、犯罪主观方面的概念

犯罪主观方面，是指行为人对其实施的行为所必然或可能引起的危害社会的结果所持的心理态度。它反映了行为人在怎样的心理状态支配下实施了危害社会的行为，是行为人构成犯罪并承担刑事责任的主观基础。

犯罪主观方面包括犯罪故意和犯罪过失、犯罪目的和犯罪动机等因素。犯罪故意和犯罪过失统称为罪过，它是犯罪构成的必备要素，也是犯罪主观方面的核心内容。犯罪目的和犯罪动机只存在于某些故意犯罪之中。犯罪目的属于犯罪构成的选择要素；犯罪动机本身不是独立的犯罪构成要素，但对定罪量刑具有一定程度的影响。此外，认识错误问题也是犯罪主观方面中需要探讨的内容，因为它的出现有可能改变行为人的罪过形式及犯罪形态，从而对刑事责任产生影响。

二、犯罪主观方面的特征

第一，犯罪主观方面是支配行为人实施危害行为的心理状态。刑法意义上的行为特指受人的大脑支配的行为，单纯的反射动作、无意识动作、绝对强制下的动作等被排除在行为概念之外。因此，一方面，任何犯罪都是在一定的心理状态支配下实施的，都表现为有意识、有意志的行为，犯罪行为可以说是人的主观犯罪心理的外在表现。如果人的某种举止虽然在客观上对社会造成了危害，但其是在完全不受主观心理支配的状态下实施的，则不能构成犯罪，亦不存在刑事责任问题。另一方面，犯罪主观方面必然同一定的危害行为相联系。如果只是单纯的心理态度，尚没有外化为危害行为，就不能称其为犯罪的主观方面。

第二，犯罪主观方面主要体现为对行为的危害结果的心理状态。这里的危害结果，既包括已经发生的实际危害结果，也包括可能造成的但尚未发生的危害结果。在大多数情况下，行为人就其实施的行为和结果的态度是一致的，但也存在二者并不完全一致的情况，如在一些过失犯罪当中，行为人就其实施的行为而言是有意的，但对危害结果的发生却持否定的态度。因此，对犯罪主观方面的把握，关键应当看行为人对其行为造成或可能造成的危害结果的态度，行为人对危害结果持什么样的心理态度,直接决定了罪过的性质及具体形式。

第三,犯罪主观方面是刑法明文规定的心理状态。犯罪主观方面作为犯罪的构成要件之一,具有"法定性"。在我国刑法总则中,通过对"故意犯罪"及"过失犯罪"定义的规定,以及对不可抗力与意外事件性质的规定,明确了故意与过失两种罪过形式及其法律地位。同时,在刑法分则条文中,通过"故意……""明知……""以……为目的""为……"和"过失……"等表述,表明了某些犯罪中行为人的心理状态,从而揭示了犯罪的主观方面。当然,也有部分分则条文并未对犯罪主观方面作出具体规定,如伪造货币罪、强奸罪等,这主要是因为此类犯罪的主观方面明显属于故意,不必专门加以规定。

第四,犯罪主观方面是一切犯罪必须具备的要件。我国刑法坚持主客观相统一的原则,既反对主观归罪,也反对客观归罪。具备刑事责任能力的行为人实施了某种危害社会的行为,并不意味着其行为必然构成犯罪,还要进一步分析行为人主观上是否有罪过,有的案件还要看行为人是否具有特定的目的等。所以,就整体而言,犯罪主观方面是犯罪成立的必备要件,是认定犯罪所必须考虑的内容。

第二节 犯罪故意

一、犯罪故意的概念

我国《刑法》第 14 条第 1 款规定:"明知自己的行为会发生危害社会的结果,并且希望或者放任这种结果发生,因而构成犯罪的,是故意犯罪。"根据这一规定,所谓犯罪故意,是指行为人明知自己的行为会造成危害社会的结果,并且希望或者放任这种结果发生的心理态度。把握犯罪故意的概念需注意两点:

第一,犯罪故意与故意犯罪并不是等同的概念。前者是罪过形式之一,是故意犯罪的主观心理态度;而后者是一种犯罪类型。当然,二者亦具有密切联系,故意犯罪是在犯罪故意这一罪过心理支配下所实施的犯罪行为。

第二,要注意犯罪故意与一般生活意义上的"故意"的区别。刑法上的犯罪故意具有特定的内涵,特指行为人对其实施的行为所造成的危害结果所持的希望或放任的态度;而一般生活意义上的"故意",只是表明行为人有意识地实施某种行为,并不包含其对结果的社会危害性的态度这一内容。例如,行为人为制止持刀歹徒的追杀,在搏斗中将其打成重伤,该行为从一般意义上讲可以说是"故意"的,但从刑法意义上看,该行为属于正当防卫,行为人"有意"打伤歹徒的行为并不具有刑法上的犯罪故意。

二、犯罪故意的构成要素

由犯罪故意的概念可知，其由认识因素和意志因素两个层面的因素构成。故意的认识因素是明知自己的行为会发生危害社会的结果。这里的"明知"就是一种认识。故意的意志因素是希望或者放任危害结果的发生。这里的"希望""放任"即意志的体现。犯罪故意是认识因素和意志因素的有机统一。其中，认识因素是构成犯罪故意的前提条件，行为人只有对自己的行为有一定的认识，才具备产生意志的基础，才有可能对自己的行为进行判断和选择；意志因素则是构成犯罪故意的决定性因素，是认定犯罪故意的主要依据。

（一）犯罪故意的认识因素

犯罪故意的认识因素，即行为人明知自己的行为会发生危害社会的结果。对犯罪故意的认识因素，应着重把握以下几点：

1. 关于对明知的理解。明知的内容应当以犯罪构成要件事实为限，对此学界已经形成共识，但究竟行为人应当对哪些构成要件事实有认识才成立故意，则存在一定的分歧。本书认为，犯罪主体、犯罪客体等要件通常不应作为明知的内容。犯罪故意的明知，应当限定为法律规定的构成某种故意犯罪所不可缺少的客观事实因素，大体上相当于作为犯罪客观要件的内容。但是，我国刑法规定的犯罪概念中包含定量因素，与此相应，刑法分则中的某些犯罪被设置为"情节犯""数额犯"的立法模式，即以"情节严重""情节恶劣""数额较大""数额巨大"等作为犯罪成立的条件。这些反映定量因素的定罪情节，不应被纳入犯罪故意的认识因素中。具体来讲，"明知"主要包括以下内容：

（1）对行为性质的认识。对行为性质的认识包括对其行为的内容、作用的认识。行为是犯罪的核心要件，行为人对其行为性质的认识，是确定犯罪性质的重要主观前提。对行为性质的认识，也就是行为人当时知道自己在做什么，例如，是偷还是抢，是杀人还是伤害。如果行为人对自己的行为的实际性质缺乏认识，便无法认识到其行为会发生危害社会的结果，从而排除犯罪故意的成立。例如，某乘客下火车时，误把别人的手提箱当成自己的拿走，因为缺乏对"秘密窃取他人财物"这一客观要件事实的认识，显然不具有盗窃罪的故意。又如，甲见乙在街上奔跑，又听见有人喊"抓小偷"，便决定实施抓捕行为，上前将乙绊倒，谁知乙是便衣警察，甲的行为实际上妨害了公务，但由于他并没有意识到自己的行为妨害公务的性质，故不具有妨害公务罪的故意。

（2）对危害结果的认识。即对行为造成或可能造成的危害社会结果的内容与性质的认识，如故意杀人罪的行为人认识到自己的行为会发生致他人死亡的结果等。对危害结果的认识是犯罪故意认识因素中最根本的内容。尤其是在一些行为性质相似且造成同样后果的案件中，行为人对结果的认识情况，往往直接决定了行为成立何种性质的犯罪，如故意伤害致死与故意杀人。

（3）对法定的行为对象的认识。如雇用童工从事危重劳动罪，要求行为人必须明知雇用的对象是不满16周岁的未成年人；走私、贩卖、运输、制造毒品罪，要求行为人必须明知其行为对象是毒品。

这里要特别注意对规范的犯罪构成要素的认识。所谓规范的犯罪构成要素，是指如财物的他人性、文书的淫秽性等含有非法律专业人士难以理解的评价性概念。如果对这些要素不存在认识，也就不能形成反对动机，故而这些因素必须作为故意的认识对象。只不过，要求一般人认识到法律上的准确含义事实上是不可能的，所以，只要行为人主观上对财物的他人性与淫秽概念具有一般人的判断，就可以认为行为人认识到了这些要素的含义，这被称为同类的外行人的平行评价。例如，行为人认识到自己是在卖书，却并不一定知道是在卖淫秽书。此时，只要行为人对行为的社会意义认识到与规范概念实质相当的程度即可，如不知道是淫秽物品，但知道是黄色、下流的物品即可，即认识到与法律语言"平行"的日常用语层次即可成立故意。如果行为人不能认识行为的社会意义，则不成立故意。

（4）对特定的时间、地点、方法的认识。刑法规定某些犯罪以特定的时间、地点及方法为构成要件。对这些犯罪来说，是否具备特定的时间、地点及方法，决定了行为是否成立犯罪，故行为人必须对行为的时间、地点及方法有所认识。如非法狩猎罪，要求行为人明知自己是在禁猎区、禁猎期或者使用禁用的工具、方法实施狩猎行为。又如破坏性采矿罪，要求行为人明知所采取的是破坏性的开采方法。

在理解刑法中的明知时，还应注意不能把刑法中的明知简单理解为"确知"，即确切无疑地知道。明知当然包括确知，但不限于确知，还包括一定条件下的"应知"，即根据行为人的主观认识能力和行为时的客观情况，合理推断出行为人当时应当知道，也就是所谓的"推定的明知"。在推定明知的情况下，如果有相反的事实和证据足以证明行为人的明知不成立，就可推翻这种推定。我国一些司法解释对这种"推定明知"有具体规定。如2002年颁布的《办理走私刑事案件适用法律若干问题的意见》第5条规定：走私主观故意中的"明知"，是指行为人知道或者应当知道所从事的行为是走私行为。同时列举了可以认定为明知的7种具体情形,并规定有证据证明确属被蒙骗的除外。必须明确,这种合理推定的明知与"严格责任"不同,更不是"客观归罪",它仍然强调罪过原则。同时,合理推定也不是主观臆断,它并没有免除司法机关对罪过的证明责任,推定的结论是建立在足够的事实和证据的基础上的。在实践中认定行为人是否明知时,不能片面依赖行为人的口供,而应当根据《刑法》《刑事诉讼法》及有关司法解释的规定,结合案件的具体事实和行为人的实际情况来加以判定,同时还可参照长期以来形成的某些司法实务经验。

2. 关于犯罪故意内容是否要求包含违法性认识的问题。对此问题,理论界一直存有争议。有学者认为明知仅要求违法性认识而不包括社会危害性认识。有的学者认为,明知的规范层面是对社会危害性的认识而非对违法性的认识。还有个别论者认为,违法性认识和社会危害性认识都是犯罪故意的认识内容,二者必须同时具备。晚近又有学者指出,行为人有社会危害性认识不一定有违法性认识,有违法性认识也不一定有社会危害性认识,那么,在关于构成要件事实的评价性认识中,行为人只要具有社会危害性认识和违法性认识中的一项,便可认定其具有犯罪故意。

本书认为,原则上,犯罪故意的认识因素只要求对行为社会危害性的认识,而不要求对违法性有所认识。因为从我国刑法规定来看,只要求行为人"明知自己的行为会发生危害社会的结果",并没有要求行为人对行为违法性有所认识。而且一般来说,认识到行为会发生危害社会的结果,自然也会知道这种行为是法律所禁止的,因而没有必要把违法性认识作为犯罪故意的内容。当然,在个别特殊情形下,如果行为人确实因不知其行为违法导致其不可能知道行为会发生危害社会结果的,则不应认为其具有犯罪故意。

3. 对明知自己的行为"会发生"危害社会的结果的理解。刑法理论界普遍认为,这里的"会发生"包括两种情形:(1)明知自己的行为必然会造成某种危害结果。如甲将仇人乙捆在一个麻袋里,然后抛入大海,此时甲明知自己的行为必然致乙死亡。(2)明知自己的行为有可能造成某种危害结果。如甲欲枪杀乙,其枪法不准,且射击距离较远,此时,甲认识的就只是危害结果发生的可能性,即开枪后可能打死乙,也可能打不死乙。但不管行为人认识到危害行为发生危害结果的必然性还是可能性,都属于明知自己的行为会发生危害社会的结果,都符合犯罪故意的认识特征。

(二) 犯罪故意的意志因素

犯罪故意的意志因素,即行为人希望或者放任危害结果的发生。犯罪故意的意志因素是行为人在明知其行为会发生危害结果的基础上，仍决意实施这种行为的主观心理态度。具体而言，犯罪故意的意志因素表现为希望和放任两种形式。希望，是指行为人对危害结果抱着积极追求的态度，这种态度明显而坚决。放任，是指行为人对危害结果既不是希望，也不是不希望。换言之，行为人既不积极追求危害结果的发生，也不反对和设法阻止其发生，而是对该结果的发生采取听之任之的态度。同希望态度相比，这种放任态度是比较模糊而随意的。

三、犯罪故意的分类

（一）犯罪故意的理论分类

不管刑法是否规定犯罪故意的种类，刑法理论都可以根据不同标准对犯罪故意作不同的分类。这样的分类很有研究必要。一方面，通过进一步分析确定不同犯罪故意的特征，可为犯罪故意的具体认定提供更清晰明了的标准；另一方面，通过揭示具体犯罪故意的不同特征，区别不同犯罪故意在主观恶性上的轻重差别，可为量刑的个别化和科学化提供主观责任方面的依据。

1. 根据成立犯罪故意所要求的认识与意志的不同，可以分为行为故意和结果故意

（1）行为故意，是指明知自己的行为属于违法的、符合构成要件的事实，而决意并以意志努力实施该种行为的心理状态。行为故意以行为人对构成要件行为的明知及意志为主要内容，具备之则构成犯罪故意，并不要求行为人对行为的结果有所认识，也不必考察行为人对于行为结果的意志态度。行为故意就是行为犯的故意。我国刑法上所规定的行为犯，其犯罪故意的成立，均以具备行为故意为已足，或者说均应属于行为故意。如《刑法》第316条规定的脱逃罪，构成要件中并无具体危害结果的规定，认定其犯罪故意时，自然也不必要求行为人对于行为的某种构成要件外的具体危害结果有所认识、具备某种意志态度。只要行为人认识到自己是在押人犯，所实施的是脱逃行为，并知道法律禁止在押人脱逃，而仍决意并以其意志努力实施该行为的，就成立该罪故意，至于脱逃行为会造成何种危害结果、法律为何禁止脱逃，均不要求行为人有所认识（客观上行为人可能有所认识），也不必考察行为人对危害结果的意志态度。

按照我国《刑法》第14条规定，犯罪故意的成立应以行为人对危害结果的认识和希望或放任的意志态度为标准。这种规定或者排除了行为犯的故意，或者混淆了构成要件结果与一般危害故意的界限，从而混淆了犯罪故意与一般危害结果的界限，似乎不够科学。

(2) 结果故意，是行为人明知自己的行为会导致违法的构成要件的结果，仍决意实施该行为并希望或放任这种结果发生的心理状态。结果故意以行为人对行为结果的明知及一定的意志状态为主要内容。有学者认为，成立这种犯罪故意，不仅要求行为人有明知行为事实及其社会危害性仍实施该行为的决意，而且要求行为人明知会导致危害社会的构成要件的结果，并对这种结果的出现持希望或放任的意志态度。结果故意就是结果故意犯的故意。凡刑法规定以某种具体危害结果的出现为犯罪既遂的结果犯，其犯罪故意的成立，均应以行为人对该构成要件结果的认识及法定的意志态度为必要条件。例如，故意杀人罪中杀人故意的成立，必须具备行为人对受害者死亡结果的认识与希望或者放任的意志态度；盗窃罪中盗窃故意的成立，必须具备行为人对财物非法转移结果的认识与希望意志，等等。

2. 根据行为人对构成要件结果的认识内容与认识程度，可分为确定故意与不确定故意

(1) 确定故意，是指行为人明知自己的行为必然会发生某种具体的构成要件的结果，并希望这种结果发生的心理态度。

(2) 不确定故意，是指行为人明知自己的行为会发生某种构成要件的结果，但对结果的具体内容认识不确定，或者对结果发生概率的认识不确定，而希望或放任结果发生的心理态度。根据不确定故意中"不确定"内容的特点，又可将其分为概括故意、择一故意和未必故意三种。概括故意是指行为人明知自己的行为必然导致构成要件的结果，但对结果的具体范围及其性质没有确定的认识，而希望或放任这种结果发生的心理态度①。择一故意是指行为人明知自己的行为必然导致构成要件的结果，但对侵害的具体对象是哪一个尚不能确定，而希望或放任这种结果发生的心理态度。未必故意是指行为人明知自己的行为可能导致构成要件的结果，而放任这种结果发生的心理态度。

3. 根据要求行为人所认识的构成要件结果的状态，可分为实害故意和危险故意两种

构成要件的结果可分为实害结果和危险结果两种。相应地，结果犯的故意也可以分为实害故意和危险故意两种。

(1) 所谓实害故意，是指行为人明知自己的行为会导致构成要件的实体的、具象的结果，而希望或放任这种结果发生的心理态度。例如杀人故意、伤害故意、

---

① 也有观点认为，故意犯罪的意志因素表现为希望、容忍和放任三种。其中，希望是"一定要这样"的心态；放任是"这样也行"的心态；容忍则是"只好这样"的心态。它们之间存在着一定的差别。参见贾宇：《罪与刑的思辨》，法律出版社2002年版，第146页。

盗窃故意等，都是实害故意。

（2）所谓危险故意，是指行为人明知自己的行为会导致构成要件的某种危险状态，而希望或放任这种危险状态出现的心理态度。例如，我国《刑法》第116条破坏交通工具罪、第117条破坏交通设施罪、第118条破坏易燃易爆设备罪等危险犯的故意，均属危险故意。

一般来说，行为人不会以造成某种危险状态作为他追求的结果，因此，实害结果和危险结果的区分，主要是法律上规定的不同故意犯罪达至既遂的标准。实害故意与危险故意的划分，也就是在这种法定的意义上提出的分类法。

4. 根据行为人意志中策划过程的有无，可分为预谋故意和非预谋故意

所谓预谋故意，是指行为人产生犯罪决意后，经过策划行动过程后方付诸实施的犯罪故意。所谓非预谋故意，又称突发故意、一时故意，是指行为人产生犯罪决意后，未经策划，在较短时间内决定行动过程并付诸实施的犯罪故意。

5. 根据行为人对行为形式的意志选择，可分为作为故意和不作为故意

所谓作为故意，就是作为犯的故意，是指行为人明知会发生构成要件的事实，仍决意以作为方式实施构成要件的行为的故意。所谓不作为故意，就是不作为犯的故意，是指行为人明知会发生构成要件的事实，仍决意以不作为方式实施构成要件的行为的故意。

（二）犯罪故意的法定分类

根据行为人的认识状况和对危害结果所持的具体态度，犯罪故意可分为直接故意和间接故意两类。这种分类是根据立法规定所作的一种分类，同时也是最基本的一种分类。

1. 直接故意

直接故意，是指行为人明知自己的行为会发生某种危害社会的结果，并且希望这种结果发生的心理态度。直接故意是实践中最常见的一种犯罪故意，而且大多数犯罪只能由直接故意构成，如强奸罪、盗窃罪、贪污罪等。

直接故意犯罪，由于行为人对危害结果的发生持希望态度，因此在犯罪实行过程中，行为人都具有比较明确的犯罪目的，而且多具有较强的意志力，对所遇到的困难或阻力往往会想方设法加以排除，以促成危害结果的发生和犯罪目的的实现。所以，直接故意具有较大的主观恶性。

2. 间接故意

间接故意，是指行为人明知自己的行为可能发生某种危害社会的结果，并且放任这种结果发生的心理态度。相对于直接故意犯罪，实践中间接故意犯罪的案

件少一些，但往往更为复杂，认定难度更大。

关于间接故意的认识因素，到底是既包括必然性认识，也包括可能性认识；还是只包括可能性认识，存在不同的见解。对于明知结果发生的可能性而持放任态度的情形，基本上没有什么争论，因为这是"放任"的本意所指。争论的焦点集中在所谓"明知结果发生的必然性而放任其发生"的归类问题上。有学者认为，在明知结果必然发生的情况下，不存在"放任"的心理态度，而只能是"希望"，即属于直接故意。① 也有学者认为，区分故意罪过的不同形式，只能以意志因素"希望"或"放任"为根据，而不能以认识因素"可能"或"必然"为转移。只要行为人是希望结果发生的，不论行为人认识到结果必然还是可能发生，都是直接故意；只要行为人是放任结果发生的，不论行为人认识到结果必然还是可能发生，都是间接故意。所以"明知必然性而放任"的，当然是间接故意。② 还有学者认为，应跳出刑法明文规定的框架来思考问题，指出"明知必然性而放任"，既不属于"希望"，也不属于"放任"，而是介乎这二者之间的另一种意志类型，可以名之为"容忍"。也就是说，直接故意的意志态度只能是希望，而间接故意的意志态度则不仅仅是放任，在行为人明知非目的的构成要件结果必然发生的情况下，行为人的意志态度可称为"容忍"。也就是说，间接故意的意志态度包括容忍和放任两种。③

在意志因素上，间接故意的基本特点是"放任"，即行为人对危害结果的发生，采取听之任之、满不在乎、无所谓的态度，结果未发生行为人并不遗憾，结果发生了也不违背其本意。如果行为人对可能发生的危害结果没有放任其发生，而是设法加以制止，即使发生了危害结果，也不属于间接故意犯罪。

一般认为，间接故意主要表现为下列三种情形：

（1）行为人在追求某一非犯罪目的的同时，放任其行为可能引起的某一危害结果发生。如为防盗而私设电网且未采取任何避免措施，以致他人伤亡的案件。又如甲为打野兔而置正在附近采摘果实的某乙于不顾，开枪击中某乙致其死亡。

（2）行为人在追求某一犯罪目的的同时，放任其行为可能引起的另一个危害结果发生。例如，某些盗窃公路上井盖的案件，行为人追求的是非法占有公私财物的目的，但对井盖被盗可能会发生的车辆或人员损伤的结果，就是一种放任的心态，其行为在可能构成盗窃罪的同时，也触犯了间接故意形式的以危险方法危

---

① 参见陈兴良：《刑法哲学》，中国政法大学出版社2015年版，第207页。
② 参见马克昌主编：《犯罪通论》，武汉大学出版社2013年版，第350—351页。
③ 参见贾宇：《罪与刑的思辨》，法律出版社2002年版，第143—167页。

害公共安全罪。

（3）在某些突发性犯罪中，行为人临时起意，不计后果，放任严重后果的发生。例如，某甲因违法犯罪被某乙当场抓获，为挣脱逃跑，某甲掏出匕首向某乙刺去，致某乙心脏被刺破伤重而死。

3. 直接故意与间接故意的区分

直接故意与间接故意作为犯罪故意的两种表现形式，既有犯罪故意的共同属性，也有各自的不同特点。其共性主要为：在认识因素上，二者对危害结果的发生都有明知；在意志因素上，二者都不反对危害结果的发生。二者的主要区别在于：

（1）在认识因素上，行为人对危害结果发生的确定性认识有所不同。直接故意既可以认识到危害结果必然发生，也可以认识到危害结果可能发生；而间接故意只能认识到危害结果可能发生，不包括认识到危害结果必然发生。如果行为人明知危害结果必然发生仍实施某一危害行为，则其罪过形式只能是直接故意。

（2）在意志因素上，行为人对危害结果发生的心理态度显然不同。意志因素的不同是两种故意区别的关键所在。直接故意对危害结果抱着希望的态度，即积极追求危害结果的发生。在这种心理支配下，行为人会想方设法、克服困难、创造条件、排除障碍，积极地实现犯罪目的，促成犯罪结果的发生。间接故意则表现为放任的态度，行为人虽然不是积极主动地追求危害结果，但也不采取任何措施来防止结果的发生，而对结果的发生采取放任自流、任凭其发生的心理态度。

（3）从司法实践看，直接故意犯罪不以危害结果的实际发生为必要，也就是说，直接故意犯罪存在预备、未遂等未完成形态。但间接故意的"放任"特性，决定了危害结果的实际发生是间接故意犯罪成立的必要条件，因为如果客观上没有发生危害结果，就难以认定行为人主观上是否具有对危害结果发生的放任心态。

一般认为，直接故意的主观恶性比间接故意更为严重，在量刑上可酌情从重。

四、犯意转化与另起犯意

（一）犯意转化

犯意转化是指行为人在犯罪行为的过程中，改变犯罪故意从而导致此罪与彼罪的转化。在司法实践中，犯意转化主要有以下几种情形：

1. 预备阶段的此犯意在实行阶段转化为彼犯意。即行为人以实施甲罪的犯意实施预备行为，却以乙罪的犯意实施实行行为。如本预备抢劫，到达犯罪地点后却发现无人，于是实施盗窃行为。或者相反，本意欲盗窃，但进入现场后，被财物所有人发现，继而转化为使用暴力劫取财物。在这种情形下，原则上采用实行行为吸收预备行为的处理方式，如上述的前一种情况，就应以盗窃罪论处，后一种情况则应以抢劫罪论处。

2. 在实行犯罪过程中的犯意转变。如甲在故意伤害乙的过程中，改变犯意，意图致乙死亡而直接杀死被害人乙；或者相反，甲本意欲致乙死亡，在杀害过程中，由于改变犯意，认为致其伤害即可，而没有致乙死亡。

(二) 另起犯意

另起犯意，是指在实施犯罪行为过程中，因某种情形出现，停止原犯罪行为而另起其他犯罪故意，实施另外一个犯罪行为。对于另起犯意者，原则上应实行数罪并罚。如，某甲深夜埋伏路边意欲强奸路过的妇女，待妇女乙骑车路过时，甲以强奸的故意使用暴力制服乙，结果发现乙长得并不漂亮，甲失望之际便另起犯意对乙实施抢劫行为。对此，由于甲的抢劫故意与抢劫行为是在强奸行为中止之后产生的，故对甲应以强奸罪（中止）与抢劫罪并罚。

另起犯意与犯意转化有十分类似之处，但本质不同，最终处理方式也不同，应注意辨析与区别。犯意转化的本质是此罪转化为彼罪，因而仍为一罪；而另起犯意是在前一犯罪行为停止后（即前一犯罪行为或既遂，或中止，或未遂），行为人又另起犯意实施其他犯罪行为，故实为数罪。两者的主要区别在于：

1. 前一犯罪行为是否已经停止下来。犯意转化是前一犯罪行为正在继续进行过程中的犯意变更，而另起犯意是前一犯罪行为基于某种原因已经停止后的临时起意。

2. 犯罪对象是否为同一对象。犯意转化是针对同一被害对象存在的，而另起犯意既可以针对同一犯罪对象也可以针对另一不同对象（更多地体现为不同对象）。如甲以伤害故意举刀砍乙，适逢其仇人丙出现在现场，甲转而将丙杀死。因甲的行为针对不同的犯罪对象，故应成立故意伤害罪与故意杀人罪两罪。

3. 犯罪客体即所侵害的法益是否为同一或同类法益。在犯意转化的情形下，前后犯意所侵害的法益是同一或者同类的；在另起犯意的情形下，前后犯意所侵害的法益多数情况下是不相同的。如行为人入室盗窃后，又突生破坏作案现场、毁灭罪证之念，于是又实施了放火行为。行为人前后犯意所针对的犯罪对象、所侵害的法益均不相同，应当以盗窃罪与放火罪（若放火行为并未危及公共安全，则可以考虑认定为故意毁坏财物罪）并罚。

第三节 犯罪过失

一、犯罪过失的概念

《刑法》第 15 条第 1 款规定：“应当预见自己的行为可能发生危害社会的结果，因为疏忽大意而没有预见，或者已经预见而轻信能够避免，以致发生这种结果的，是过失犯罪。”根据这一规定，所谓犯罪过失，是指行为人应当预见自己的行为可能发生危害社会的结果，因为疏忽大意而没有预见或已经预见但轻信能够避免，导致危害结果发生的一种心理态度。

犯罪过失与过失犯罪是两个不同的概念，前者属于一种罪过心理，而后者是指在犯罪过失支配下实施的犯罪行为。

同犯罪故意一样，犯罪过失也包括认识因素和意志因素两个方面。其特点是：（1）在认识因素上，表现为对危害结果应当预见而没有预见，或者已经预见而轻信能够避免；（2）在意志因素上，行为人对危害结果的发生持根本否定的态度，是一种事与愿违、主观愿望与客观效果不一致的情况。由此可知，犯罪过失的认识因素和意志因素的具体内容显然有别于犯罪故意，它所反映的主观恶性明显小于犯罪故意，因此，我国刑法对过失犯罪的处罚总体上要轻于故意犯罪。此外，我国刑法中的犯罪过失是同严重的危害后果紧密联系的，如果没有法定的严重危害结果的发生，就谈不上犯罪过失的存在（《刑法》第 330 条妨害传染病防治罪、第 332 条妨害国境卫生检疫罪属于过失危险犯，除外）。这同犯罪故意有很大的不同，犯罪故意并非都要求实害结果的发生。

对过失犯罪追究刑事责任的正当根据在于：行为人本来能够正确认识一定的行为与危害社会结果之间的客观联系，进而正确选择自己的行为，避免危害结果的发生，但却采取了不负责任的态度，实施了错误的行为并造成了不应有的严重危害社会的结果，所以，行为人应当对自己不负责任的态度支配的行为所造成的严重后果承担刑事责任。

二、犯罪过失的分类

（一）犯罪过失的法定分类

根据我国《刑法》的规定，过失犯罪可分为疏忽大意的过失犯罪和过于自信的过失犯罪，相应地，犯罪过失可分为疏忽大意的过失和过于自信的过失。

1. 疏忽大意的过失

疏忽大意的过失，也称为无认识的过失，指行为人应当预见自己的行为可能发生危害社会的结果，因为疏忽大意而未预见，以致发生这种结果的主观心理状态。例如，某人在启动汽车时，没有注意查看汽车周围的状况，以致将一个在汽车后面玩耍的小孩轧死。该行为人对危害结果的心理态度就是典型的疏忽大意的过失。疏忽大意的过失有以下特征：

（1）行为人因疏忽大意而对危害结果的发生没有预见。这是疏忽大意的过失认识因素的特点，亦即行为人在实施某种行为时对可能会引发的危害结果缺乏认识。行为人既不希望也没有放任危害结果的发生，危害结果的发生是违背行为人意愿的。如果行为人意识到会出现这一结果，他就不会继续实施该行为，或者会采取及时有效的措施防止危害结果的发生。没有预见的原因是疏忽大意，也就是行为人存在粗心、马虎、松懈、麻痹等不良心态，缺乏必要的责任心和谨慎态度。

（2）行为人应当预见到行为可能发生危害结果。"应当预见"，指行为人在行为时负有预见行为可能发生危害结果的义务，并且具有预见的能力。"应当预见"是"预见义务"和"预见能力"的统一。

预见义务，指行为人预测自己行为可能发生危害社会结果的责任。预见义务的产生依据包括：一是法律、法规、规章、制度等规定的注意义务，如《道路交通安全法》为保障交通安全、避免交通事故而对有关主体设定的各种预见义务，以及航空、铁路、建筑、医疗等行业性法律及规章制度为相关从业人员规定的预见义务等。二是社会共同生活准则，即习惯常理所要求的注意义务。行为人缺乏预见义务，就无所谓疏忽大意的过失。

预见能力，是指行为人预见并避免其行为可能产生的危害结果的主观上的能力。法律不强人所难，不会要求公民去做他实际上不可能做到的事情。因此，行为人是否具有预见能力是认定疏忽大意过失的关键。关于预见能力的判断标准，刑法理论界一直存在争议，主要有三种观点：一是客观标准说，即主张以社会上一般人的水平来衡量；二是主观标准说，即以当时的具体条件下行为人本身的能力和水平来衡量；三是折中说，即以主观标准为根据，以客观标准作参考，这种观点实质上坚持的仍是主观标准说。

个人能否预见到危害结果的发生，取决于一个人的智商、生活经验，以及当时眼睛、鼻子或者耳朵等各种接触信息感官的灵敏性，不是一般人的标准，应是个别人的标准。因此，我们赞成上述第三种观点，具体原因有二：一方面，预见义务是针对一般人提出来的（如果是特殊行业中的预见义务，则是针对该特殊行业中一般人提出的义务），一般理智正常的人能预见到的危害结果，理智正常的行为人在正常条件下也应当能预见到。所以，在行为导致了危害结果而行为人又没有预见的情况下，应当首先考察行为人所属的一般人能否预见危害结果的发生。如行为人为普通农民，则首先考察一般的农民能否预见类似结果的发生；如行为人为医生，则首先考察像行为人这样的医生能否预见类似结果的发生；等等。另一方面，判断行为人能否预见，不能脱离行为人的实际认识能力和行为时的具体条件。如果一般人有能力预见某一危害结果的发生，而行为人的智能水平决定了他无法预见，就应当判定行为人不应当预见该危害结果。例如，生活在偏远山区受教育程度极低的农民，对某些事物的认知能力就比较低，对此按一般人的标准认定他有预见能力而构成过失，就可能导致客观归罪的结果。反过来，如果一般人不能预见某一危害结果，而行为人的实际智能水平决定了他确实能预见该危害结果的，也可以判定行为人构成过失，不过这种情况一定要特别慎重。

在实践中具体把握行为人的预见能力时，既要充分考虑行为人本人的情况，包括行为人的年龄、职业、社会阅历、文化水平、技术熟练程度等，又要仔细考察行为时的客观环境，即把主客观因素结合起来考虑。有些行为人，按其本身的知识能力水平来说，能够预见危险程度高的行为可能发生危害结果，但不能预见危险程度低的行为可能发生危害结果；有些行为人，在一般条件下能够预见某种行为可能发生危害结果，但在某种特殊条件下，受客观环境的限制，就不能预见某种行为可能发生危害结果。对此，必须结合行为人自身的情况和案发时的具体环境和条件，综合分析认定。

2. 过于自信的过失

过于自信的过失，也称为"有认识的过失"，是指行为人已经预见到自己的行为可能发生危害社会的结果，但轻信能够避免，以致发生这种结果的心理态度。过于自信的过失主要有以下特征：

（1）行为人已经预见到行为可能引起危害社会的结果。在过于自信的过失中，行为人对危害结果的发生已有了一定程度的预见，这同疏忽大意的过失是不同的。在疏忽大意的过失中，行为人对于可能发生的危害结果并没有认识到。不过，过于自信的过失中的"已经预见"，同犯罪故意认识因素中的"明知"是有区别的，过于自信的过失虽然对可能发生的危害结果有所认识，但这种认识具有相当的模糊性、不确定性，充其量不过是一种程度很低、概率极小的认识。

（2）行为人轻信能够避免危害结果的发生。过于自信的过失中，行为人对危害结果的发生显然是持反对、排斥的态度的，既不希望也不放任危害结果的发生。行为人之所以在对危害结果的发生有预见的情形下，仍继续实施某种具有危险性的行为而导致危害结果发生，是因为其"轻信能够避免"。轻信是指行为人盲目自信，过于轻率地选择和支配自己的行为。但轻信是以一定的条件或理由为凭借的，即行为人根据一定条件，相信自己能够避免危害结果的发生。这些条件包括主观条件，如自己的经验、技能、知识等，也包括客观条件，如有利的环境、所借助工具的良好性能以及他人的帮助等。这些条件并非行为人凭空捏造的，而是真实存在的，只是这些条件并不如行为人所预期的那样，足以避免危害结果的发生。正是由于行为人过高估计了有利条件，过低估计了不利条件，未采取可靠、有效的措施，最终导致了危害结果的发生。

3. 疏忽大意的过失与过于自信的过失的区别

疏忽大意的过失与过于自信的过失都是犯罪过失，二者对危害后果的出现都持反对的、否定的态度，结果的出现都是意料之外的。关键区别点就在于行为人在行为当时是否已经认识到其行为可能会导致某种结果的发生。过于自信的过失中，行为人在行为当时已经预见到其行为可能导致某种危害结果的发生，但凭借一定的条件而轻信可以避免；而疏忽大意的过失中，行为人对危害结果的发生根本没有预见。所以过于自信的过失又称为有认识的过失，疏忽大意的过失又称为无认识的过失。

（二）犯罪过失的其他分类

除疏忽大意的过失和过于自信的过失这种法定分类外，还存在关于犯罪过失的其他分类方式。如根据主体及其违反的规范内容，可将其分为"普通过失"和"业务过失"；根据过失的程度可将其分为重过失与轻过失等。此外，还有一种比较特殊的过失形式，就是监督（或管理）过失。

所谓监督（或管理）过失，是指由于业务及其他社会生活上的关系，在特定的人与人之间、人与物之间形成了一种监督与被监督、管理与被管理的关系，如果监督者不履行或不正确履行自己的监督或管理义务，导致被监督者产生过失行为引起危害结果，或者由于管理不到位导致危害结果发生的，监督者（或管理者）主观上对危害结果就具有监督（或管理）过失。在监督（或管理）过失的情形下，即使被监督者（或管理者）因自己的过失承担刑事责任，仍不能免除监督者（或管理者）因监督过失而应承担的刑事责任。从形式上看，监督（或管理）过失既可能是疏忽大意的过失，也可能是过于自信的过失。

三、认定犯罪过失应注意的几个问题

（一）正确区分犯罪过失与容许的危险行为

容许的危险行为，在理论上也称为正当冒险行为，是指某种行为虽然潜藏着损害法律权益的危险，但该行为的目的具有正当性，并在客观上有益于社会，因而法律在一定限度内允许这种危险行为的实施。在现代社会中，随着工业与科技的发展，社会中的危险行为越来越多，如火车、汽车、飞机等交通工具，以及矿山、电力、煤气等各种事业或设施，都存在一定程度的危险。但这些危险行为是现代社会不可缺少的，如果禁止所有的危险行为，社会将停止发展。因此，应当以宽容的态度对待这些必要的危险行为，将其同犯罪过失区别开来。对于实施这些危险行为的人，只要行为人遵守了公认的行为规则，并以慎重的态度实施其行为，即使造成了侵害合法权益的结果，也不能将其认定为犯罪过失从而追究行为人的刑事责任。例如，医生为抢救危重病人而实施风险很大的手术，只要遵循了有关的规章制度及诊疗规范，即使手术失败，也不能认定其构成医疗事故罪。又如，从事科学实验的人虽然预见到了实验失败可能造成的危害后果，但只要他们遵守了科学实验的规则，以慎重态度从事科学实验，即使实验失败带来了损失，也不能认定为过于自信的过失。

（二）信赖原则

随着高速运转的交通工具在人们的生活中占据越来越重要的地位，产生了针对这种情况的一个新的过失理论——信赖原则，就是当行为人开车遵守交通规则的时候，合理地相信别的参与公共交通运输的人也在遵守规则，而所有人都遵守规则的时候，事故就不会发生。那么在这种情况下，第一，驾驶高速运行的交通工具，只要遵守了规则，即使出现事故，在刑法上也一律被认定为意外事件。第二，在违反交通规则的情况下，行为人的主观方面主要表现为过失，也有故意。一般人认为行为人闯红灯是"故意"的，而撞死他人是过失的。如果认为行为人闯红灯是故意，把人撞死最起码也是间接故意，那就意味着驾驶者对自己的生命财产受损害也是一个放任的态度，而这是违背正常人的理性的。当我们开着汽车闯红灯的时候，我们往往是"故意"的。但闯红灯的时候，一般的人都会有这样的想法：我虽然闯红灯，但不会出事，我的技术很高。这就是过于自信。因为出现交通事故，驾驶者往往也是受害人，要么是危害生命的受害人，要么是损害健康的受害人，最起码也是财产权的受害人，没有人把自己随时随地当作受害人来

放任。所以闯红灯是"故意"的，但是对于出现的结果，行为人是希望能够避免的，他总是相信自己能够避免这种情况的出现，就应按照过失来处理，而且绝大多数情况下都是过于自信的过失，即驾驶者总是相信自己的运气，总是相信自己的判断，总是相信自己的技术。其实闯红灯的"故意"，只是一般生活中的故意，只是表明行为人有意识地实施某种行为，但不具备犯罪故意的内容。当然，如果机动车的驾驶员严重违规，如酒后严重超速，毫无眷顾地放弃了对别人生命的责任，也毫无眷顾地放弃了对自己生命的责任，那么，行为人主观方面就属于故意的范畴。信赖原则还适用于其他生活领域，如医生在做手术时有权利假设其他医护人员都会按照医疗规则行事。

（三）正确区分过于自信的过失与间接故意

过于自信的过失与间接故意有一定的相似之处，两者都预见到行为可能发生危害社会的结果，并且行为人都不是积极主动地希望危害结果发生，因此在实践中二者很容易混淆，但它们实质上是两种性质截然不同的心理态度。其区别主要在于：

第一，从认识因素上看，二者认识的程度存在明显差异。间接故意是"明知"，而过于自信的过失是"预见"，说明间接故意对结果发生的可能性的认识程度要高一些。若具体分析，间接故意的行为人对发生危害结果的可能性到现实性的这种转化并未产生错误的认识，也就是行为人认识到发生危害结果的可能性极大，在此情况下，行为人的主观意识与客观结果并未相违背。过于自信的过失则不同，尽管行为人预见到了自己的行为具有一定的风险，但自认为凭借自己的能力、技术、经验以及某些外部的有利条件等，危害结果发生的可能性还不会转化为现实性，也就是说，行为人所预见到的结果发生的可能性，只是一种概率较小的抽象的可能性。换言之，过于自信的过失中，行为人的主观认识与客观事实发生背离。因此，当危害结果真正发生时，间接故意的行为人并不会感到意外，而过于自信过失的行为人会觉得出乎意料。

第二，从意志因素上看，虽然表面看二者都不希望危害结果发生，但深入探究，二者对危害结果的态度是根本不同的。间接故意的行为人虽不希望结果的发生，但也并不反对、排斥其发生，因而也不会凭借某种有利条件或采取某种措施去防止危害结果的发生，而是听之任之，有意放任其发生。而过于自信过失的行为人对危害结果的发生持完全的否定态度，之所以在预见到可能发生危害结果的情况下还实施这样的行为，是由于凭借某种有利的条件，如自身过硬的技术、丰富的经验、充沛的体力、敏捷的动作等，或者客观方面的某些有利因素，自认为可以避免危害结果的发生，只是由于判断的失误，未能避免或阻止危害结果发生。因此，在具体判断上，如果有事实证明行为人采取了积极的措施来避免结果发生的，通常属于过于自信的过失；在行为人未采取积极措施避免结果发生的情况下，要从客观环境与个人能力两方面来分析行为人有无"自信"的根据，也就是说，是否存在使行为人自认为不会发生危害结果的某种可以凭借的有利条件。对无任何自信根据而不计后果地实施冒险行为的，一般可断定行为人对结果是放任的态度，属于间接故意的情形。

第三，考察行为人在危害结果发生后的态度和行为。在通常情况下，危害结果发生后，过于自信过失的行为人往往会感到吃惊、遗憾、懊悔、焦虑、痛苦等，并采取积极措施防止危害结果的扩大。而间接故意的行为人一般不会因此而产生这样的情感，也不会有任何防止危害结果扩大的行动。

第四节　无罪过事件

一、意外事件

刑法上的意外事件，是指行为人的行为虽然造成了客观上的损害结果，但不是出于故意或过失，而是由无法预见的原因引起的情况。根据《刑法》第 16 条的规定，意外事件的主要特征是：第一，行为人的行为客观上造成了损害结果。第二，行为人主观上不是出于故意或者过失。第三，损害结果的发生是由不能预见的原因引起的。所谓不能预见，是指行为引起损害结果发生的当时，根据客观环境和行为人的实际认识能力，行为人没有也不可能预见到这种损害结果。不能预见是意外事件的本质特征，也是同犯罪行为的关键区别。在意外事件的情况下，由于行为人不具有认识能力，行为缺乏认识因素，因而缺乏犯罪的罪过形式，不具备构成犯罪和承担刑事责任的主观根据，不能认为是犯罪，不能追究刑事责任。

意外事件与疏忽大意的过失存在相似之处：对于危害结果的发生，行为人事先都没有预见到；对后来发生的危害结果，行为人都持否定的态度。区分二者的关键在于行为人在行为当时对损害结果能否预见，即判断行为人有无预见的能力。对意外事件来说，行为人对危害结果的发生不仅没有预见到，而且在当时的条件下，也不可能预见到，亦即行为人缺乏预见的能力。而在疏忽大意的过失中，行为人对危害结果的发生是应当预见也能够预见的，只是因为疏忽大意才没有预见到。例如，司机驾车以正常速度行驶在快车道上，有一男子决心自杀，突然扑到车前，司机刹车不及将该人轧死。本例中，对于死者突然实施的撞车自杀的反常行为，司机主观上就是无法预见的，尽管客观上是司机将他轧死，但属于意外事件，司机不负过失的责任。

二、不可抗力

刑法上的不可抗力，是指行为在客观上虽然造成了损害结果，但不是出于故意或者过失，而是由不能抗拒的原因所引起的情况。根据《刑法》第16条的规定，不可抗力具有以下特征：第一，行为人的行为客观上造成了损害结果。第二，对所造成的损害结果，行为人主观上既无故意，也无过失。第三，损害结果是由不能抗拒的原因引起的。所谓不能抗拒，是指行为人虽然认识到自己的行为可能发生损害结果，但由于行为当时的主观与客观条件的限制，而无力排除或阻止损害结果的发生。

在不可抗力的情况下，行为人主观上缺乏罪过，因而其行为不属于犯罪，不负刑事责任。例如，医疗队员奉命前往地震灾区救援，但因为地震导致山体滑坡，前方道路受阻，结果未能如期赶往指定救援地点，以致多名重伤员因得不到及时救治而死亡。对此结果的发生，医疗队员是有所预见的，但他们并不存在任何失职行为，完全是不能抗拒的原因导致他们无法及时履行职责，故此，本例属不可抗力，医疗队员对救助迟延引起的伤员死亡结果并无法律上的责任。

三、无期待可能性

期待可能性，是指从行为时的具体情况看，可以期待行为人不实施违法行为，而应实施合法行为的情形。法律不能强人所难。只有当一个人具有期待作出适法行为的可能性但却作出违法行为时，才能对行为人进行谴责。如果不具有期待可能性，也就不能对行为人的违法行为进行谴责与非难，所以，期待可能性也是一种重要的责任要素。

期待可能性的概念本身比较模糊，其要件和界限并不明确，如果将其作为一般性的责任阻却事由大规模适用的话，就会导致法的不安定性。在我国，在刑法明文规定之外因缺乏期待可能性而阻却责任的情形，较为罕见。

对于是否具有期待可能性，应该以行为人当时的能力状态来判断。在一般情况下，具有刑事责任能力的人，基于故意或过失实施某一违法行为，通常就认为存在期待可能性。也就是说，行为人有无期待可能性，在绝大多数案件中，都不需要特别予以考虑。但是在某些特殊情况下，期待可能性的判断仍是必要的。比较明显的是在司法实践中，对于特殊时期因遭受自然灾害出外谋生而重婚的，因缺乏期待可能性而不以重婚罪论处。

第五节　犯罪目的与犯罪动机

犯罪目的和犯罪动机同罪过一样，同属行为人实施犯罪时的心理态度，但它们只存在于直接故意犯罪之中，并不具有普遍意义。直接故意犯罪都包含犯罪目的及犯罪动机的内容，在多数情况下，它们对定罪不发生直接影响，但在某些情况下，特别是刑法条文有明文规定时，犯罪目的或犯罪动机就成为定罪时需要专门考虑的因素。

一、犯罪目的

犯罪目的，是指行为人通过实施犯罪行为所希望达到的某种危害社会的结果，也就是预期的危害结果在行为人大脑中的反映。犯罪目的决定犯罪行为的方向，回答做什么的问题，引导着犯罪行为向预期的目标迈进。

对大多数的直接故意犯罪而言，危害结果是比较明显的，而犯罪目的作为危害结果的观念形态，已经较为直观地反映在行为人的行为当中。例如，盗窃罪以非法占有公私财物为目的，故意杀人罪以非法剥夺他人生命为目的，这些犯罪中的犯罪目的是不言而喻的，因而立法上无须专门加以规定。虽然法律对这些犯罪的目的没有明确规定，但其是直接故意中的一个重要内容，认真考察一定的目的是否存在，对于正确定罪还是有重要作用的。例如，区分强奸罪和强制猥亵、侮辱罪的关键，在于查明行为人是否有奸淫妇女的目的；贪污罪与挪用公款罪的主要界限，则在于行为人是否具有永久性非法占有公款的目的。

还有一部分直接故意犯罪，因为危害结果具有一定的隐蔽性，犯罪目的也不是很直观，所以刑法明确要求行为人必须具备特定的目的才能成立。例如，伪证罪必须具有意图陷害他人或者隐匿罪证的目的，聚众赌博罪必须出于营利的目的，等等。这些犯罪在理论上被称为目的犯。对目的犯而言，行为人是否具备特定的目的，直接决定着行为能否构成犯罪或者构成何种犯罪。例如，侵犯著作权的行为，只有以营利为目的才可能构成侵犯著作权罪，如果没有营利目的，就只是一般的民事侵权行为。在这里，特定的目的是区分罪与非罪的重要界限。刑法对这些犯罪的目的作特别要求，体现了立法者限缩刑法打击面的立法意图。又如，对于绑架妇女、儿童的行为，如果出于勒索财物或绑架他人作为人质的目的，则构成绑架罪，但如果以出卖为目的，则构成拐卖妇女、儿童罪。在这里，特定的目的是区分此罪与彼罪的重要依据。

我国《刑法》中，很明显的目的犯有：（1）第 126 条第 1 项、第 2 项规定，构成违规制造、销售枪支罪须以非法销售为目的。（2）第 152 条规定，构成走私淫秽物品罪须以牟利或者传播为目的。（3）第 175 条规定，构成高利转贷罪须以转贷牟利为目的。（4）第 192 条规定，构成集资诈骗罪须以非法占有为目的。（5）第 193 条规定，构成贷款诈骗罪须以非法占有为目的。（6）第 196 条第 2 款规定，恶意透支构成的信用卡诈骗罪须以非法占有为目的。（7）第 217 条规定，构成侵犯著作权罪须以营利为目的。（8）第 218 条规定，构成销售侵权复制品罪须以营利为目的。（9）第 224 条规定，构成合同诈骗罪须以非法占有为目的。（10）第 239 条规定，构成绑架罪须以勒索财物或者绑架他人作为人质为目的。（11）第 240 条规定，构成拐卖妇女、儿童罪须以出卖为目的。（12）第 265 条规定，盗接他人通信线路、复制他人电信码号或者明知是盗接、复制的电信设备、设施而使用构成盗窃罪的，须以牟利为目的。（13）第 276 条规定，构成破坏生产经营罪须出于泄愤报复或者其他个人目的。（14）第 303 条规定，构成赌博罪须以营利为目的。（15）第 326 条规定，构成倒卖文物罪须以牟利为目的。（16）第 363 条第 1 款规定，构成制作、复制、出版、贩卖、传播淫秽物品牟利罪须以牟利为目的。

对于一些目的犯，刑法分则虽无明文规定，但根据条文对客观构成要件的表述以及条文之间的关系，成立犯罪也必须具备一定的目的，如盗窃罪。

二、犯罪动机

所谓犯罪动机，是指引起和推动行为人实施犯罪行为，以满足某种需要的内心起因。从犯罪行为的发生机理看，犯罪动机的主要作用在于为犯罪行为提供动力支持，回答为什么做的问题。根据心理学理论，需要产生动机，动机能激励人确定行动的目的，推动人将内心的愿望变成客观的现实。犯罪动机也具有心理学上动机的一般特点，只是它激励人实施的是危害社会的行为，要达到的是犯罪的目的。犯罪动机的形成须具备两个基本条件：（1）行为人内在的需要和欲望。引发犯罪动机的需要或欲望往往是不良的、畸形的，但在有些情形下，导致犯罪行为发生的犯罪动机并不具有反道德性，如大义灭亲行为中的正义感动机。（2）外界的诱因与刺激。犯罪动机是多种多样的，实践中常见的有贪财动机、报复动机、性欲动机、妒忌动机、政治动机等。犯罪动机的性质不同,所反映出来的行为人的主观恶性程度是有差别的。

一般认为,犯罪动机不属于犯罪构成要件,一般不直接影响犯罪的性质,但不排除犯罪动机在个别情况下会对定罪发生一定作用。如对于某些"情节犯"而言,犯罪动机是衡量情节是否严重或是否恶劣的一个重要因素,因而在定罪时应予以考虑。但需注意,刑法中的情节是一个综合的概念,既包括主观因素,也包括客观因素,犯罪动机只是需要考虑的因素之一,并不单独决定行为是否达到情节严重或恶劣的程度而构成犯罪。

犯罪动机的作用主要体现在量刑方面。在刑法分则的个别条文中,明确规定了犯罪动机的量刑作用。例如,《刑法》第 397 条关于滥用职权罪、玩忽职守罪的规定中,把"国家机关工作人员徇私舞弊"作为加重处罚的情节。而这里的徇私,实际上就是一种动机。在法律没有明文规定的情况下,犯罪动机也是一个重要的酌定量刑情节。例如,同样是故意杀人罪,有的行为人是出于谋财害命的动机而杀人;有的行为人则是长期受恶霸欺压,出于义愤而杀人。显然,出于谋财害命等卑劣动机而杀人的,罪恶程度更深,量刑时可适度从重考虑;出于义愤而杀人的,其罪恶程度相对小一些,量刑时可适度从轻考虑。

三、犯罪动机与犯罪目的的关系

(一)二者的联系

1. 二者都是行为人实施直接故意犯罪行为过程中产生的主观心理活动,都在一定程度上反映行为人的主观恶性程度。

2. 犯罪目的以犯罪动机为前提和基础,犯罪动机促使犯罪目的形成,犯罪目的是犯罪动机的具体化。当行为人以具体的犯罪方式来满足犯罪动机的要求时,就形成了特定的犯罪目的。

(二)二者的区别

1. 二者形成的时间顺序不同。由于犯罪目的来源于犯罪动机,故犯罪动机产生在前,犯罪目的产生在后。

2. 二者的内容与表现形式不同。犯罪动机是犯罪的内心起因或内在动力,比较隐蔽、抽象;犯罪目的是行为人追求的客观结果在主观上的反映,比较直观、具体。

3. 同一犯罪目的可以出于不同的犯罪动机,而相同的犯罪动机也可能导致不同的犯罪目的。例如,故意杀人罪的目的是非法剥夺他人生命,其动机可能是泄愤报复，也可能是"大义灭亲"等。又如，同样是出于报复他人的动机，可能会导致行为人产生不同的犯罪目的，实施不同的犯罪行为，如可能产生杀人的目的，也可能产生伤害的目的，还可能产生侮辱、诽谤的目的，等等。

4. 二者在定罪量刑中的地位和作用不同。犯罪目的是犯罪构成的选择要素，因而不仅影响量刑，还影响定罪；而犯罪动机不是独立的犯罪构成要素，其作用主要侧重于量刑方面，一般不会单独对定罪产生影响。

第六节　刑法上的认识错误

刑法上的认识错误，是指行为人对于自己行为的法律性质或事实情况的认识发生错误。认识错误可能会影响行为人的主观心理态度，并有可能对刑事责任产生影响，所以是犯罪主观方面中需要研究的一个重要问题。刑法上的认识错误在理论上一般分为两大类，即法律认识错误和事实认识错误。

一、法律认识错误

法律认识错误，即违法性错误，是指行为人对自己的行为在法律上是否构成犯罪、构成何种犯罪或者应当受到何种处罚的错误认识。这种错误一般是行为人不知法律和误解法律造成的。在法律认识错误中，行为人只是对其行为的法律评价有不正确理解，对其行为在事实上的情况并无错误认识，因此，对其行为的性质及法律后果并没有影响，其行为是否构成犯罪、如何追究刑事责任，只能严格按照法律的规定加以认定和处理。

法律认识错误通常有三种情况：

（一）假想的犯罪

假想的犯罪，即行为人的行为在法律上不构成犯罪，而行为人误认为构成犯罪。生活中一些人因为不懂法，而导致对行为法律性质的误认，如有的把正当防卫、紧急避险等合法行为当成犯罪，有的把不具备刑事责任能力人实施的危害行为当成犯罪，有的把卖淫、嫖娼、通奸等不道德行为当成犯罪，还有的把轻微斗殴、少量偷窃等一般违法行为当成犯罪，甚至有的行为人因上述行为而向司法机关"自首"。对此，根据罪刑法定原则的要求，只能依据法律来判断和认定行为的性质，对于法律不认为是犯罪的行为，当然不能以犯罪论处。

（二）假想的无罪

假想的无罪，即行为人的行为在法律上构成犯罪，而行为人误认为不构成犯罪。例如，甲男明知乙女只有13周岁，误以为法律并不禁止征得幼女同意后的性行为，于是在征得乙女的同意后与乙女发生了性行为。甲的行为就属于假想的无罪。又如，某企业的负责人，为了单位利益，而指使下属实施偷税行为，已经构成逃税罪，但行为人存在所谓的"为公不犯法"的错误观念，以为只要自己没有中饱私囊，就不构成犯罪。对假想无罪的情形，由于行为人已经实施了触犯刑法的行为，因而应当依法追究其刑事责任，不懂法律原则上并不是可以免除刑事责任的理由，否则就会为犯罪人提供逃避罪责的借口。

不过，在以下三种特殊情况下，行为人的法律认识错误是不可避免的，不宜认定行为人的行为构成犯罪并追究刑事责任：（1）某种原来并非法律所禁止的行为，后来国家以特别法的形式规定为犯罪，在该法律刚实施之际，行为人确实不知道新的法律颁行并已经禁止此行为，而仍然认为自己的行为是合法的。（2）对法的状况产生疑问，因信赖主管机关或者司法机关的见解而产生了违法性的错误时，属于不可避免的错误。（3）当上位法和下位法发生矛盾时，行为人因信赖下位法而违背上位法的，属于不可避免的错误。

（三）对具体罪名及刑罚轻重的认识错误

对具体罪名及刑罚轻重的认识错误，即行为人认识到自己的行为已经构成犯罪，但对自己的行为构成何种罪名，以及应当如何处罚，存在错误的理解。例如，行为人在公共场所引爆自制炸弹，将自己的情敌炸死，他以为自己构成故意杀人罪，但实际上因危及公共安全而构成爆炸罪。又如，某女因长期受丈夫虐待而毒死其夫，受"杀人偿命"观念的影响，她认为自己一定会被判死刑，但最终没有被判死刑。行为人的此类错误，既不影响定罪，也不影响量刑，因为司法机关只能根据案件事实和法律规定定罪处刑，追究行为人的刑事责任。

二、事实认识错误

事实认识错误，是指行为人主观上对决定其行为性质及刑事责任的有关事实情况存在不正确的理解。

行为人认识的事实虽然与实际发生的事实不一致，但没有超出同一犯罪构成的范围，这种情况被称为具体的事实认识错误，也称同一犯罪构成内的错误。行为人认识的事实与实际发生的事实不一致，且已超出同一犯罪构成的范围，这种情况被称为抽象的事实认识错误，也称不同犯罪构成的错误。

对于事实认识错误的处理，理论上存在具体符合说和法定符合说的争论。具体符合说认为，只有当行为人所认识的事实与实际发生的事实相一致时，才成立故意的既遂犯。如甲意欲杀乙而误打死旁边丙的情况，由于客观事实和行为人的主观认识没有形成具体的符合，所以甲对乙成立故意杀人罪未遂和对丙的过失致人死亡罪，按想象竞合从一重处。具体符合说重视法益主体的区别，要求故意的认识内容包括对具体的法益主体的认识。法定符合说认为，行为人所认识的事实与实际发生的事实，只要在犯罪构成范围内是一致的，就成立故意的既遂犯。如前例，甲意欲杀死乙而误打死旁边丙，根据法定符合说，则甲主观上具有杀人故意，客观上的杀人行为也导致他人死亡，二者在故意杀人罪的犯罪构成内是完全一致的，因而成立故意杀人罪既遂。法定符合说重视法益的性质，并不重视法益主体的区别。理论的通说和司法实践均采法定符合说。

事实认识错误主要有以下几种：

（一）客体错误

客体错误，是指行为人意图侵犯一种客体，而实际上侵犯了另一种客体。这种情况实际上是一种特殊的对象认识错误，也就是误把甲对象当成乙对象而实施某种危害行为，而甲对象与乙对象体现着不同的社会关系。例如，行为人本欲盗窃一般财物，却误把枪支当作一般财物偷走。本例中，行为人意图侵犯的客体是公私财产所有权，但实际上构成对枪支管理制度的侵犯。对这种客体认识错误的案件，应当按照行为人意图侵犯的客体定罪。对本例而言，由于行为人只有盗窃一般财物的故意，没有盗窃枪支的故意，只能以盗窃罪定性处理，而不能定盗窃枪支罪。

（二）对象错误

对象错误，是指行为人对自己行为所指向的人或物的具体性质或种类的认识错误。对象错误具体可分为三种情况：

1. 意欲指向的具体犯罪对象不存在，行为人误以为存在而实施犯罪的。如行为人潜入某单位财务室行窃，撬开保险柜后却发现里面分文皆无；再如，行为人误将野兽、牲畜、物品、尸体等当作人而开枪射杀的。此类情况，行为人仍成立故意犯罪，但由于作为犯罪构成要件事实的犯罪对象不存在，犯罪不可能得逞，因而行为人只负犯罪未遂的刑事责任。

2. 对同一性质具体对象的认识错误，又称为具体的事实认识错误，也称同一犯罪构成内的错误，即行为人对危害行为所作用的具体的人或物发生错误认识。没有引起客体变化的对对象的认识错误，不影响定性。例如，张某将手伸到了李某的包里，意欲窃取李某的手机，拿出来一看不是手机，而是手表。该案中，张某意欲窃取手机，结果却窃取了手表，由于手机和手表对于盗窃罪而言是等价值的对象，都属于财物，因而张某主观上意欲窃取他人财物，客观上侵犯了他人财产权，满足了盗窃罪的犯罪构成。又如，张某想杀害仇人李某，蓄谋已久，并且准备了一把枪。这天晚上跑到李某的家门口，从门缝向里观看，看见屋里面有一个人影闪了一下，以为是李某，张某就开枪射击，其实这个人是李某的弟弟李小某，李某和李小某是双胞胎，长相十分相似。该案中，张某主观上意欲侵犯他人的生命权，客观上也侵犯了生命权，在侵犯生命权这个客体上是主客观相一致的，成立故意杀人罪的既遂。李某的生命和李小某的生命在刑法上是等价值的，至于被害人是李某还是李小某对故意杀人罪而言是没有意义的。虽然行为指向的具体目标有误，但都属于犯罪构成要件内的事实，故不改变行为的性质。

3. 对不同性质具体对象的认识错误。这一错误称为抽象的事实认识错误，也称不同犯罪构成的错误。行为人对打击对象的认识错误引起了客体错误，认识内容和发生事实分别属于不同的犯罪构成。对于超出了同一犯罪构成的内容，行为人在主观上应被认定为过失，一般按照故意犯罪的未遂和过失行为的竞合来处理。例如，张某想杀死王某，秘密潜入王某家，见其床上有一个王某常盖的毯子，里面似乎有人，张某以为就是王某，一枪打过去，结果听到毯子下面传来猫的惨叫声，原来是猫钻到了王某的被窝里，张某将猫当作人给误杀了。本案中，张某主观上意欲侵犯他人生命权，客观上却侵犯了他人的财产权，主客观并不一致，属于故意杀人罪未遂与过失毁坏财物的想象竞合。过失毁坏财物是不能按照犯罪来处理的，所以只定故意杀人罪的未遂。

（三）行为性质错误

行为性质错误，是指行为人对自己行为的实际性质发生了错误的认识。假想防卫、假想避险等都属于此种情况。例如，甲男与乙女在某偏僻处拉扯，丙见状以为是甲男对乙女实施不轨行为，冲上去将甲男猛力推倒在地，致甲男头部着地死亡，事后得知甲男与乙女系夫妻，双方吵架后乙女欲回娘家，甲男不让其回娘家。本例中，丙就对其行为性质发生了错误认识。对于行为性质错误，一般可以排除故意犯罪的成立，行为要么不构成犯罪，要么构成过失犯罪。这里还需注意，行为性质错误与法律错误有相似之处，都是行为人对自己行为的性质发生误解，但前者是对事实本身的误解，后者是对法律评价的误解，行为性质认识错误的行为人对法律并没有发生误解。

(四) 工具错误

工具错误，是指行为人在实施危害行为时，对其使用的工具产生错误认识。例如，错把白糖当作砒霜去投毒杀人，错把假枪当真枪欲射杀他人等。在此类情形下，行为人具备犯罪的故意，也实施了犯罪行为，只是由于对犯罪工具实际效能的误解致使犯罪未能得逞，故应以犯罪未遂追究行为人的刑事责任。

(五) 因果关系的错误

因果关系的错误，是指行为人对自己的行为与某种结果之间有无因果关系，以及因果关系的实际发展方向或具体进程发生了错误认识。主要包括以下几种情况：

1. 因果关系存在与否的错误。即行为人对其行为是否造成了预期的结果，或者说其追求的结果是否由自己行为造成的，发生了错误的认识。这类错误不影响犯罪的性质，但可能会影响犯罪的形态。具体又可分三种情形：(1) 行为人实施了某种故意犯罪行为，客观上也造成了某种危害结果，但行为人自以为该结果没有发生。如甲开枪击中了乙，并导致乙死亡，但甲以为没有击中。这种情况下不能以行为人的认识为转移，仍应成立犯罪既遂。(2) 行为人误以为自己的行为造成了预期的犯罪结果，但该结果实际上并未发生。例如，行为人为杀人而将被害人推下悬崖，以为被害人已经身亡，结果被害人在下落过程中被山崖上的树枝挂住，幸免于难。在此情况下，行为人的犯罪性质不受影响，但应当以犯罪未遂论处。(3) 行为人所追求的结果事实上是由其他原因造成的，行为人误认为是自己的行为造成的。例如，甲女意图杀害其继子乙，在给乙的食物中投放了毒药，乙在吃饭过程中死亡。后经法医鉴定查明，乙并非中毒而亡，而是由于吃饭过急，将饭粒吸入呼吸道，窒息死亡。在此情况下，行为人亦应负故意犯罪未遂的刑事责任。

2. 因果关系发展方向的错误。即行为人的行为没有按照他预想的方向发展，造成了其所预见、追求的目标之外的其他结果。故意伤害致人死亡就属此情形。如某甲只想轻伤某乙，不料某乙因未能得到及时救治，失血过多而死。这种错误不影响行为人原有的故意心理，但对实际发生的超出故意范围的结果排除故意，只负过失的罪责。在实践处理中，一般是在按照原有的故意心理确定犯罪性质的同时，将超出故意范围的结果作为量刑时考虑的因素。

3. 因果关系具体进程的错误。通常表现为，行为人先后实施了甲、乙两个行为，危害结果实际是由乙行为直接造成的，行为人却认为是由甲行为造成的。例如，行为人欲杀害被害人，并实施暴力攻击行为，造成被害人休克后，以为被害人已经死亡，为了隐匿罪迹，将被害人扔入河中，实际上被害人是溺水而亡。这种情况下，行为人具备故意犯罪的主客观要件，危害结果的发生也确实是由其行为造成的，因而对因果关系具体进程的错误认识并不影响刑事责任，行为人仍构成故意杀人罪的既遂。

4. 犯罪结果的提前实现，即行为人所追求的犯罪结果提前于行为人的预想实现。对犯罪结果提前实现的情况，有一个处理标准，就在于行为人是否已经着手。如果已经着手，则认定为此罪的既遂。例如，大学宿舍里，甲欲将乙的笔记本电脑从阳台扔下，刚拿起没走到阳台时，失手掉地上摔坏了。如果没有着手，则认定为此罪的预备与过失行为的一个竞合。例如，妻子为了杀害丈夫，中午将一瓶毒酒放在餐桌上，准备在丈夫第二天回家后给他喝，然后就出门办事。不料丈夫今天下午提前回家，喝了毒酒死亡。由于妻子的杀人行为属于准备工具的预备行为，尚未着手，丈夫提前死亡这个结果不属于既遂结果，就故意杀人罪而言只能成立犯罪预备。同时，妻子将毒酒放在家里餐桌上，存在过失，构成过失致人死亡罪。一个行为触犯两个罪名，按想象竞合犯择一重罪论处。

（六）打击错误

除了上述错误类型之外，实践中还存在另一类特殊的错误，即打击错误。打击错误，又称"方法错误"，是指行为人对自己意欲侵害的某一对象实施侵害行为，由于行为本身的差误，导致行为人所欲攻击的对象与实际受害的对象不一致。

我国刑法学界通说认为，打击错误不属于认识上的错误，因为行为人主观上并没有发生对所指向对象的误认，只是由于客观上行为本身的偏差，才造成欲攻击的对象与实际受害的对象不一致的情况。本书认为，认识错误并不限于行为人主观上发生了错误，而是包括行为人的认识与客观事实不相符合的一切情况。在打击错误的情况下，行为人的认识与客观实际情况不一致，应当放在认识错误中研究。

打击错误，既包括同一犯罪构成内部的错误，也包括不同犯罪构成的错误。处理方式根据不同的学说有不同的标准，理论通说和司法实践采取法定符合说，即在犯罪构成内若主客观一致，则成立既遂。

1. 同一犯罪构成的错误。例如，张某欲杀李某，于是用枪对着李某瞄准，突然发现李某和王某肩并肩、手拉手走着。张某心想：我一定要打死李某，可千万不能打死王某。结果子弹还是打着了王某。本案中，张某想杀死李某却杀死了王某，这里面没有对象错误的问题，换句话说，他眼睛是看得很清楚的，只是枪法不准，是打击错误，技术手段错误问题。由于张某主观上意欲侵犯他人生命权，客观上侵犯的也是他人的生命权。所以就侵犯生命权而言,主客观相一致,应该以故意杀人罪的既遂来定性。

2. 不同犯罪构成的错误。例如,甲想杀死乙,用枪对着乙的后脑勺瞄准,意欲射击。但是子弹没有打中乙,却击中了乙旁的一条狗。本案中,甲并没有认识错误,他认得很清楚,人就是人,狗就是狗,只是自己的手段错误,换句话说,是技术不过关而导致打击错误。在这种情况下,甲直接追求乙的死亡,甲对于乙是直接故意杀人罪的未遂,对于狗的死亡却是过失,属于过失毁坏财物,不构成犯罪,最终应按照直接故意杀人罪未遂处理。

▶ 拓展学习

知识点阐释　　典型案例思考

思考题

1. 为什么说罪过是行为人承担刑事责任的主观基础?
2. 如何区分刑法中的犯罪故意与日常生活中的故意?
3. 如何理解犯罪故意中的"明知"?
4. 如何理解间接故意中的"放任"?
5. 如何理解和把握犯罪过失中的"应当预见"?
6. 如何处理事实认识错误?

第九章 正当行为

第一节 正当行为概述

一、正当行为的概念与特征

正当行为,在我国刑法理论中又被称为排除犯罪性行为,是指客观上造成一定的损害结果,形式上符合刑法对某种犯罪规定的客观构成要件,但实质上既不具有社会危害性,也不具有刑事违法性的行为。例如,正当防卫、紧急避险、自救行为、法令行为等。正当行为主要具有如下特征:

第一,形式上符合某种犯罪的客观构成要件。正当行为通常会对实施对象造成一定的损害,从而导致该类行为在形式上符合刑法中某种犯罪的客观构成要件。例如,正当防卫会对不法侵害人造成损害,紧急避险会使某种合法权益受到损害等。

第二,实质上并不符合某种犯罪的构成特征。尽管正当行为在客观上造成了一定的损害,似乎已经具备了刑法对某种犯罪规定的行为形式,但由于实施该类行为的人主观上是为了保护国家、公共利益,本人或者他人的人身、财产和其他合法权利免受侵害,因而该类行为并不具备犯罪客体、犯罪主观要件等,实质上不具有社会危害性。

二、正当行为的种类

关于正当行为,刑法明文规定的只有正当防卫和紧急避险两种。但刑法理论界普遍认为,刑法中的正当行为实际上并不限于这两种,还有其他的正当行为。但是,对于其他正当行为包括的种类,理论上尚未达成共识。

本书认为,其他正当行为主要应包括:(1)自救行为;(2)正当业务行为,具体包括医疗行为和竞技行为;(3)法令行为,具体包括直接依法实施的行为和执行命令的行为;(4)基于权利人承诺或自愿的损害行为。

三、研究正当行为的意义

刑法明文规定正当行为以及在刑法理论上深入研究正当行为,具有十分重要的意义。

第一,从刑法的实践层面而言,有助于司法实践中区分正当行为与相关犯罪行为,进一步保证每一个不具有社会危害性的行为不受刑事责任的追究,建立起法律的权威性。

第二,从刑法的理论研究层面而言,有利于帮助我们更好地理解刑法的价值取向和犯罪的本质属性,更好地掌握犯罪构成的基本理论,从而更好地把握罪与非罪的界限。

第三,从刑法的社会效果层面而言,有利于鼓励人民群众充分地行使法律所赋予的权利,进行必要的正当防卫、紧急避险,积极地与各种违法犯罪行为作斗争。

第二节 正当防卫

一、正当防卫的概念与特征

《刑法》第 20 条规定:"为了使国家、公共利益、本人或者他人的人身、财产和其他权利免受正在进行的不法侵害,而采取的制止不法侵害的行为,对不法侵害人造成损害的,属于正当防卫,不负刑事责任。正当防卫明显超过必要限度造成重大损害的,应当负刑事责任,但是应当减轻或者免除处罚。"从这一规定可以看出,正当防卫是指为了使国家、公共利益、本人或者他人的人身、财产和其他权利免受正在进行的不法侵害,而对不法侵害者实施的制止其不法侵害且未明显超过必要限度造成重大损害的行为。

从《刑法》对正当防卫的规定以及正当防卫的概念来看,正当防卫主要具有如下特征:

第一,正当防卫一般是通过对不法侵害人的人身反击行为来实施的,从而具有杀人、伤害的行为表现。如果客观上不具有杀人、伤害的行为表现或行为结果,则属于制止不法侵害的一般行为或者属于擒拿或控制不法侵害人,而不属于刑法中正当防卫的范畴。当然,通过毁损不法侵害人财产来实施反击的行为,也可能成立正当防卫。

第二,正当防卫是针对不法侵害行为实施的正当、合法行为。正当防卫是一种面临不法侵害而实施的人身反击行为,是为了制止不法侵害行为的继续进行而被动进行的防卫手段,其实质是一种受到国家法律保护、支持和鼓励的私力救济行为。

第三，正当防卫的目的是使国家、公共利益或者公民的个人权益免受正在进行的不法侵害。正当防卫是为了保护合法权益而派生的一种辅助性权利，它不仅不具有社会危害性，相反还在一定程度上弥补了国家公力救济的不足，其目的具有合法性。

二、正当防卫的条件

正当防卫是通过对不法侵害人实施人身反击的方式实施的，防卫行为一旦实施不当，就有可能给他人造成不应有的损害，从而背离法律设置正当防卫制度的初衷和精神。因此，为了保证正当防卫的正确实施，防止其滥用，法律严格规定了正当防卫的成立条件。只有符合条件的防卫行为，才属于正当行为，行为人不负刑事责任。具体而言，可以从起因条件、时间条件、对象条件、目的条件和限度条件五个方面对正当防卫的成立条件加以界定。只有同时具备这五个条件，才能成立正当防卫。

（一）起因条件

正当防卫的起因条件是发生和存在不法侵害行为。这一条件表明，没有不法侵害行为的存在，正当防卫将失去其存在的根据。换言之，对所有合法的行为均不能进行所谓的正当防卫，如果造成严重后果，还有可能构成相关犯罪。正确理解正当防卫的起因条件，应注意以下三个方面：

第一，不法侵害包括违法行为。所谓不法侵害，是指能够危害到国家、公共利益、本人或者他人合法权益的各种违法犯罪行为。不法侵害是否仅限于犯罪行为，曾在我国刑法学界引起过争议。目前我国刑法理论的通说认为，正当防卫中的不法侵害既包括犯罪行为，也包括犯罪行为以外的其他违法行为。这是因为，违法行为随时可以向犯罪行为的方向发展和转化，而这种发展和转化并不以防卫人的意志为转移。不法侵害在着手进行时，防卫人往往很难判断其是否已经达到犯罪的程度，而当不法侵害能够明显地被认定为犯罪行为时，大多已经造成了不法侵害结果，此时再实施正当防卫已无意义。在违法和犯罪之间并无不可逾越的鸿沟的情况下，如果要求防卫人在实施防卫时，还要对不法侵害人的侵害行为进行性质上的判断，则不仅不具有现实性，还有可能纵容不法侵害行为，从而对受害人造成更大的损害。

当然，由于正当防卫是通过对不法侵害人造成一定人身或财产损害的方法实施的，因而不法侵害的范围应当受到不法侵害的性质的限制，亦即并非针对所有的违法行为和犯罪行为都能实施正当防卫，能够实施正当防卫的违法行为和犯罪行为应该具有暴力性、破坏性和紧迫性的特征。对于那些一般不具有暴力性质的、并不十分危险的、不会立即造成实际严重损害结果的违法犯罪行为，应当尽可能通过其他合法途径加以处理。

第二，不法侵害必须具有违法性。这就表明对于任何合法行为均不能实施正当防卫。对于没有社会危害性的合法行为，即使从当事人的立场看具有某种侵害性也不允许当事人实施正当防卫。此处的合法行为主要包括：执法人员的拘捕、搜查、扣押行为，人民群众的扭送行为，正当防卫、紧急避险行为等。尽管这些行为有可能对当事人造成一定的损害，但当事人均不能针对这些行为实施正当防卫。

需要讨论的是，对于动物的侵袭、未达到刑事责任年龄的未成年人和不具有刑事责任能力的精神病人的侵袭行为，能否实施正当防卫？

首先，对于动物的侵袭能否实施正当防卫，需分两种情况加以讨论。第一种情况是，动物"自发"侵袭他人的。在此情况下，尽管行为人能够针对动物的侵袭进行反击，但这种反击在性质上并不属于正当防卫，如果该动物为特定人所有，应当属于紧急避险。这是因为，正当防卫中不法侵害的来源只能是自然人的不法侵害，而动物的侵袭则是紧急避险中的危险来源之一。第二种情况是，动物受人驱使侵袭他人的，如人驱使狂犬撕咬他人。在此情况下，动物只不过是驱使人实施不法侵害的工具，动物的侵袭实际上就是驱使人侵害行为的延伸。因此，本书认为，行为人不仅可以对驱使人进行正当防卫，也可以针对动物进行反击，此时针对动物进行的反击行为可以视为对驱使人的正当防卫行为。

其次，对于未达到刑事责任年龄的未成年人、不具有刑事责任能力的精神病人的侵袭行为能否实施正当防卫，我国刑法理论界存在一定争议。本书认为，刑法意义上的不法侵害不仅要求行为在客观上危害社会、违反法律，理应还要求行为人必须具备责任能力和主观罪过。因此，未达到刑事责任年龄的未成年人和不具有刑事责任能力的精神病人的侵害行为就不属于人的不法侵害。那么，未达到刑事责任年龄的未成年人和不具有刑事责任能力的精神病人自发实施侵害行为的，如果行为人明知侵害人是无责任能力人，则不能对其进行正当防卫，但可以进行紧急避险；如果不知其是无责任能力人而采取反击行为，则属于假想防卫，但应以意外事件认定。当然，如果未达到刑事责任年龄的未成年人和不具有刑事责任能力的精神病人是在他人的唆使下实施侵害行为的，则行为人的反击行为属于正当防卫。这是因为，在此情况下，未达到刑事责任年龄的未成年人和不具有刑事责任能力的精神病人的侵害行为，实际上是唆使人不法侵害行为的一种延伸，对未达到刑事责任年龄的未成年人和不具有刑事责任能力的精神病人的反击行为，就可以视为对唆使人的正当防卫行为。

第三，不法侵害必须客观实际存在。即不法侵害必须客观真实地存在，而不能是防卫人凭主观想象所臆想或推测的。由于防卫人主观认识上的错误，对实际上并不存在的"正在进行的不法侵害"的他人，误认为是不法侵害人而实施的反击行为，在刑法理论上称为"假想防卫"。假想防卫是基于行为人对事实认识的错误发生的，因此，对于假想防卫，在实践中应当依据事实认识错误的处理原则来解决其法律责任问题，即如果行为人应当预见到对方行为可能不是不法侵害，那么行为人在主观上有过失，应对其假想防卫所造成的损害承担过失犯罪的刑事责任；如果行为人在当时情况下确实不能预见到对方不是不法侵害，那么行为人在主观上并无罪过，其假想防卫造成的损害就属于意外事件，不负刑事责任。

(二) 时间条件

正当防卫的时间条件是不法侵害必须正在进行。这一条件表明，只有针对正在进行的不法侵害才能实施正当防卫。所谓正在进行的不法侵害，是指不法侵害处于已经开始并且尚未结束的进行阶段。

在司法实践中，对于时间条件的运用，应注意以下两方面的要求：

第一，不法侵害已经开始。通常而言，"不法侵害已经开始"是指侵害人已经着手并正在直接实行侵害行为。例如，杀人犯持刀砍向受害人，强奸犯对妇女实施暴力或以暴力相威胁，等等。如果不法侵害处在尚未着手进行的预备阶段，则可以检举揭发，可以通知或者请求有关部门进行处置，也可以采取相应的防范措施，但不允许采取预先的防卫行为。

第二，不法侵害尚未结束。通常而言，"不法侵害尚未结束"是指不法侵害行为或其导致的危险状态尚在继续中，防卫人可以用防卫手段予以制止或排除。如果不法侵害已经结束，则不能行使正当防卫权。不法侵害的结束，主要包括以下四种情况：不法侵害人自动、有效地中止违法犯罪；不法侵害的危害结果已经造成，犯罪处于既遂的状态；不法侵害已被制止，不法侵害人已处于被控制的状态；不法侵害人已经丧失继续侵害的能力。对于已经结束的不法侵害，只能由有关部门依法处置，而不允许防卫人任意进行报复惩罚。

刑法理论上将不符合正当防卫时间条件的防卫行为统称为"防卫不适时"。根据防卫不适时发生的时间，可以将其分为事前防卫和事后防卫两种形式。其中，事前防卫是指不法侵害尚处于犯意表示阶段或者准备阶段，对于合法权益的威胁尚未达到现实状态时，行为人就对不法侵害人实施某种损害其权益的行为。该种行为本质上属于我们通常所说的"先下手为强"或者"先发制人"的非法侵害行为。当然，这并不意味着行为人不能在正当防卫中做一些预防准备。如果行为人预见自己有被他人侵害的可能，可以适当地做一些预防准备，如预先安装防卫装置等。设立防卫装置后，如果遇到正在进行的不法侵害，该装置针对正在进行的不法侵害发挥作用，并且没有超过必要限度的，就应当认定为正当防卫。但是，预先安装防卫装置所造成的风险也应由安装者承担，例如防卫装置导致无辜者伤亡的，安装者应当承担相应的法律责任。事后防卫是指在不法侵害已经结束的情况下，通过反击而损害不法侵害人的人身或财产权利的行为。事后防卫实际上大多是报复性的侵害，但也不排除防卫人出于认识错误而实施防卫行为的可能性。

对于防卫不适时，无论是事前防卫还是事后防卫，如果防卫人对于事实存在认识错误，主观上是基于防卫的意图，则排除其犯罪故意的成立。对于已经造成的实际损害结果，应当按照处理认识错误的原则，根据防卫人主观上是否有过失，分别以过失犯罪和意外事件处理。当然，如果防卫人主观上没有认识错误，而仅仅是报复性的事后防卫，则应以故意犯罪论。

（三）对象条件

正当防卫的对象条件是防卫针对的必须是不法侵害人。所谓不法侵害人，是指不法侵害行为的实施者及其共犯，而不包括与不法侵害无关的不法侵害人的亲友等其他人。这与正当防卫既可以由受害人本人实施，也可以由受害人和不法侵害人以外的其他人实施有所不同。不法侵害人之所以包括不法侵害的共犯，是因为共同犯罪是一个有机的行为整体，所有共同犯罪的行为人都属于不法侵害人，在这种情况下，防卫人理应可以选择任何一个共同犯罪人进行反击防卫。

（四）目的条件

正当防卫的目的条件是防卫必须是为了保护合法权益。这一条件表明如果行为人实施反击行为不是为了保护合法权益，其反击行为就不能被认定为正当防卫。所谓合法权益，是指受法律保护的国家利益、社会公共利益、本人或者他人的各种权益。某些行为从形式上看似乎符合正当防卫的客观要件，但由于行为人主观上不具备正当的防卫目的，因而不能被认定为正当防卫。这类行为主要有以下几种。

1. 防卫挑拨。防卫挑拨又称挑拨防卫，是指行为人出于侵害他人的目的，以故意事先刺激、引诱、挑衅等方法促使对方先行向自己进行不法侵害，然后借口正当防卫加害对方的行为。从形式上看，这种"防卫"行为可能完全符合正当防卫的客观条件，但由于行为人在主观上不仅不具备正当的防卫目的，反而事先具有蓄意加害他人的犯罪故意，缺乏正当防卫的目的，其实质是一种有预谋的不法侵害行为，因而不能认定为正当防卫。对于防卫挑拨应当依法惩处，构成犯罪的还应追究相应的刑事责任。

2. 互殴行为。所谓"互殴行为"，是指在一些流氓斗殴或者因民事纠纷而引发的争斗过程中，双方都出于侵害对方的非法意图而发生的互相侵害的行为。在互殴过程中，双方行为人主观上都有侵害对方的非法意图，都在积极追求非法损害对方利益的结果，因而根本上并不存在正当防卫的前提条件。双方行为人实际上都属于不法侵害人，因而都不拥有正当防卫的权利。需要指出的是，如果其中一方已经放弃侵害，例如退让逃避、宣布不再斗殴或认输，而另外一方仍然继续攻击，穷追不舍，则已经放弃侵害行为的一方就具备了正当防卫的条件，可以为制止对方的进一步加害采取必要的反击措施，这种情况下的反击可以成立正当防卫。

3. 偶然防卫。所谓"偶然防卫"，是指行为人故意对他人实施犯罪行为时，偶遇他人正在进行的不法侵害，其行为客观上制止了他人正在进行的不法侵害行为的情况。从客观上来看，偶然防卫的行为人符合正当防卫的条件，但由于行为人是出于犯罪故意而实施，主观上没有制止不法侵害进而保护合法权益的防卫目的，因而不是正当防卫，而是故意犯罪。

（五）限度条件

正当防卫的限度条件是防卫行为不能明显超过必要限度而对不法侵害人造成重大损害。这一条件表明正当防卫并非报复性的惩罚手段，而是要受到必要限度的制约。

在正当防卫的限度条件中，对于"必要限度"的正确理解无疑是最重要的。刑法并未规定"必要限度"的具体界定标准，因而这一问题成为刑法理论应当予以解决的任务。通说认为，必要限度原则上应以制止不法侵害所必需为标准，同时要求防卫行为与不法侵害行为在手段、强度等方面，不存在过于悬殊的差异。需要注意的是，既然以制止不法侵害所必需为标准，我们就不能简单地将正当防卫所造成的损害与不法侵害人所造成的损害进行量上的比较，错误地认为两种损害需要基本相等。应当说，防卫行为只要是制止不法侵害所必需，防卫行为的性质、手段、强度以及造成的损害又不是明显超过不法侵害行为的性质、手段、强度，或者尽管造成的损害明显超过不法侵害，但实际造成的损害并不重大的，均属于正当防卫的范围，而不能认定为防卫过当。

三、正当防卫中的特殊防卫

鉴于严重危及人身安全的暴力犯罪的严重社会危害性，《刑法》第 20 条第 3

款明确规定:"对正在进行行凶、杀人、抢劫、强奸、绑架以及其他严重危及人身安全的暴力犯罪,采取防卫行为,造成不法侵害人伤亡的,不属于防卫过当,不负刑事责任。"对此规定,刑法理论通常将其称为特殊防卫,也有学者将其称为无限防卫或者无过当防卫。

特殊防卫与一般正当防卫相比,主要在于对限度条件的要求有所不同,即特殊防卫没有防卫限度方面的限制,不存在过当的情形。当然,特殊防卫权的行使,仍然有严格的法律限制。除需要具备一般正当防卫的前四个基本条件以外,特殊防卫中的不法侵害还必须具有明显的法定暴力性。具体而言,特殊防卫的前提条件是存在正在进行的行凶、杀人、抢劫、强奸、绑架以及其他严重危及人身安全的暴力犯罪。此处所说的"严重危及人身安全的暴力犯罪"不仅修饰"其他"行为,也修饰行凶、杀人、抢劫、强奸和绑架五种行为。亦即"行凶、杀人、抢劫、强奸、绑架"与"其他"行为是一个整体,同时受到"严重危及人身安全"和"暴力"的限制。据此,对于那些采取隐蔽性、非暴力手段进行的杀人、抢劫、强奸、绑架等犯罪行为进行防卫,就不属于特殊防卫的范围,从而也就可能存在防卫过当的问题。例如,对以投毒方式杀人、以麻醉方式抢劫等行为,均不能实行特殊防卫。

值得一提的是,特殊防卫规定中的"行凶"严格来说并非规范意义上的法律概念,更不是一个独立的罪名,而是一种范围较广的泛指行为,但主要还是指故意伤害类犯罪行为。至于"其他严重危及人身安全的暴力犯罪"的范围,则主要应从暴力犯罪的范围和程度两方面加以综合考量,即相关犯罪既要以暴力手段实施,同时又要达到严重危及人身安全的程度。例如,我国《刑法》第 121 条规定的劫持航空器罪等。

四、防卫过当及其刑事责任

(一)防卫过当的概念

根据《刑法》第 20 条的规定,防卫过当是指防卫明显超过必要限度造成重大损害,应当负刑事责任的行为。防卫过当与正当防卫是既有密切联系又有本质区别的两种情形:首先,防卫过当与正当防卫都是具有防卫性的行为。要成立防卫过当,也必须符合正当防卫的前四个条件,亦即防卫行为必须是在不法侵害正在进行、针对不法侵害人且为了制止不法侵害从而保护合法权益的前提下实施的。只是因为防卫不符合正当防卫的限度条件,或者说防卫明显超过必要限度造成了重大损害,才使防卫行为过当。其次,防卫过当是一种特殊形式的犯罪情形,这是其区别于正当防卫的本质特征。防卫过当在客观上具有危害性，防卫过当的行为人主观上具有一定的罪过，因而从总体上说防卫过当是一种非法侵害行为，要承担刑事责任。

（二）防卫过当的罪过形式

防卫过当应当负刑事责任，意味着防卫过当已经构成犯罪。但防卫过当毕竟是一种特殊形式的犯罪形式，对于这种特殊的犯罪，防卫人的主观心理状态属于何种罪过形式，刑法理论界众说纷纭。本书认为，防卫过当的罪过形式只能是间接故意或过失，而不能是直接故意。理由是：在防卫过当的场合，行为人对于其过当行为以及结果，主观上不可能出于直接故意，因为正当防卫的目的和直接故意犯罪的目的不可能同时存在于一个主观意识支配下的行为过程中。疏忽大意的过失、过于自信的过失以及间接故意都是没有犯罪目的的罪过形式，与构成防卫过当所需具备的目的正当性并不矛盾，因而都可以成为防卫过当的罪过形式。当然，如果防卫行为明显超出必要限度且造成了重大损害，但并不是由于防卫人的间接故意或者过失导致的，而是防卫人不能抗拒或者不能预见的原因引起的，则应当以无罪过事件论。

（三）防卫过当的刑事责任

防卫过当的刑事责任包括两方面的内容：一是防卫过当的定罪；二是防卫过当的量刑。

就防卫过当的定罪而言，尽管防卫过当构成犯罪，但对于防卫过当应当以何种罪名追究防卫人的刑事责任，刑法并未规定。同时需要注意的是，防卫过当本身也并非一个独立的犯罪，不能将防卫过当统称为"防卫过当罪"。在确定防卫过当的罪名时，主要还是应当依据防卫人的主观罪过形式以及客观上的行为性质和具体危害结果加以确定，并分别以过失致人死亡罪、过失致人重伤罪、故意杀人罪、故意伤害罪等罪名定性。

就防卫过当的量刑而言，刑法规定"应当减轻或者免除处罚"。对于防卫过当减轻或者免除处罚，主要是考虑到防卫过当的主客观因素决定了其社会危害性较通常犯罪行为的社会危害性要小，体现出法律对这种特殊形式犯罪行为的一种宽容的立法倾向。在司法实践中，对于何种防卫过当情形应当减轻处罚，减轻处罚的幅度如何，以及对于何种防卫过当情形应当免除处罚，需具体案件具体分析，综合考虑防卫手段、防卫过当的结果性质、防卫过当的程度、防卫目的、保护权益的性质、罪过形式、不法侵害行为的强度和可能造成的结果等因素。通常情况下，在具体量刑时，一般应当先考虑减轻处罚，当减轻处罚仍显处罚过重时，才应当考虑免除处罚。

第三节 紧急避险

一、紧急避险的概念与特征

《刑法》第 21 条第 1 款规定:"为了使国家、公共利益、本人或者他人的人身、财产和其他权利免受正在发生的危险,不得已采取的紧急避险行为,造成损害的,不负刑事责任。"根据这一规定可以看出,紧急避险是指为了使国家、公共利益、本人或者他人的人身、财产和其他权利免受正在发生的危险,不得已而采取的损害另一较小合法权益的行为。

从刑法对紧急避险的规定以及紧急避险的概念来看,紧急避险主要有如下特征:

第一,紧急避险是通过对合法的人身、财产权益的损害行为来实施的,从而具有伤害人身、损毁财产的行为表现。如果行为在客观上不具有伤害人身、损毁财产的行为表现或者行为结果,就不属于刑法上紧急避险的范畴。

第二,紧急避险是在合法权益遭受重大危险时采取的一种避免危险的紧急措施,虽然其造成了较小的权益的损害,但整体上而言,其最大限度地维护了国家、公共利益以及本人和他人的合法权益,因而是有益于社会公共秩序的行为,不仅不应承担刑事责任,还应受到鼓励和支持。

第三,紧急避险是避险人在已无可能采取其他措施避免危险的情况下,不得已采取的权宜之计,其行为虽然在避险过程中损害了另一较小的合法权益,但是为了保全较大的权益而不得已为之,行为人主观上并不具有危害社会的罪过。

二、紧急避险的成立条件

由于紧急避险是以损害某种合法权益来保护另一种合法权益的方式加以实施的,为防止紧急避险被滥用,法律规定了紧急避险的适用条件。只有符合刑法所规定的适用条件,避险行为才属于刑法中的紧急避险。根据刑法的规定,进行紧急避险必须符合起因条件、时间条件、对象条件、目的条件、限度条件、限制条件这六个基本条件。这六个条件是紧急避险成立的必备要件,缺一不可。

(一)起因条件

紧急避险的起因条件是合法权益遭受损害危险。所谓危险,是指客观现实中存在的足以使各种合法权益遭受严重损害的紧急情况。危险的来源主要有四种：（1）人的不法侵害行为。无论是有刑事责任能力的人实施的违法犯罪行为，还是无刑事责任能力人实施的危害社会的行为，都有可能使某种合法权益处于危险状态，在不得已的情况下，都可以采取紧急避险。（2）自然灾害。凡是可以危及合法权益的自然灾害，都是可能引起紧急避险的危险，如地震、火灾、海啸、龙卷风、火山爆发、泥石流、雪崩、洪水、塌方等。（3）动物的侵袭。动物的侵袭也可能对人身、财产安全造成一定危险，如疯狗咬人、野兽冲撞、毒蛇攻击等。如果打死、打伤的动物属于特定人所有的动物，有可能构成紧急避险。（4）人的生理、疾患。人在满足生理需求或是排除疾患时所实施的行为也有可能侵害到他人的合法权益。例如，饥渴难耐的旅行者，在物主不在的情况下私自取走路边房屋中的饮食；为了抢救重伤员，强行拦截过往汽车送往医院等。这类行为都有可能属于紧急避险。

需要注意的是，危险必须是客观现实存在的，而不能是避险人凭主观想象臆造和推测的。如果行为人由于对事实的认识错误，对于实际上并不存在的危险误认为是危险，而进行所谓"紧急避险"的，则构成刑法理论上所称的"假想避险"。假想避险并不是紧急避险，因此而对他人的合法权益造成损害的，应依据对事实认识错误的原理处理，排除其故意的成立，有过失的以过失犯罪论，无过失的则以意外事件论。

（二）时间条件

紧急避险的时间条件是危险正在发生，对合法权益形成了紧迫的、直接的危险。所谓危险正在发生，是指足以损害合法权益的危险情况已经出现，尚处于继续之中并未结束的情形。紧急避险只能在危险已经出现且尚未结束这一时间条件下进行，否则就不是紧急避险。

行为人在危险尚未出现的情况下实施的所谓"紧急避险"，属于事前避险；行为人在危险已经结束的情况下实施的所谓"紧急避险"，则属于事后避险。刑法理论上将事前避险和事后避险统称为"避险不适时"。避险不适时不是紧急避险，因而对合法权益造成损害的，如果行为人对事实存在认识错误，应当依据对事实认识错误的原则处理，排除其故意的成立，有过失的以过失犯罪论，无过失的以意外事件论；如果行为人不存在认识错误，达到犯罪程度的，应当以故意毁坏财物罪或者其他相应犯罪论处。

（三）对象条件

紧急避险的对象条件是避险行为损害的是除避险人和不法侵害人以外的其他

人的合法权益。紧急避险的本质特征，就是为了保全一个较大的合法权益，而将其面临的危险转嫁给另一个较小的合法权益。例如，在危险来源是人的不法侵害的情形中，紧急避险行为所指向的对象，就不是实施不法侵害行为的人，而是除避险人和不法侵害人以外的第三者的合法权益。如果行为人通过损害不法侵害人的人身权利（或者财产权利）来排除遭受不法侵害的危险，其行为就不属于紧急避险而是正当防卫。再如，在危险来源是自然灾害的情形中，紧急避险行为所指向的对象，同样不是自然灾害本身，而是其他人的合法权益。

（四）目的条件

紧急避险的目的条件是行为人主观上必须有正当的避险意图。正当的避险意图，是指行为人认识到正在发生的危险只能通过损害另一个较小的合法权益的方式来加以排除，同时出于避免国家、公共利益以及本人或者他人的合法权益免受正在发生的危险的目的，实施了紧急避险行为。

（五）限度条件

紧急避险的限度条件是避险行为不能超过必要限度，造成不应有的损害。何谓紧急避险的必要限度，刑法并未规定，但根据紧急避险的性质和目的，刑法理论界和司法实务界通常认为，其限度标准应当是紧急避险造成的损害必须小于所避免的损害。这是因为在两种利益发生冲突时，只有牺牲较小的利益来保护另一个较大的利益，才能对社会有益，也才符合刑法设置紧急避险制度的初衷。避险行为造成的损害大于或者等于所要保护的利益的，刑法理论上称为避险过当。避险过当，应当负刑事责任。

在司法实践中，如何衡量两个合法权益的大小是一个比较复杂的问题。一般而言，人身权利大于财产权利，财产权利的大小可以用财产的价值大小加以衡量。理论上一般认为，紧急避险不能以牺牲他人包括生命、健康在内的人身权利，来保全自己或者他人的合法权益。当然，这并非绝对的准则，如牺牲一个人的生命、健康而使很多人的生命、健康得到维护，能否认为是紧急避险，理论上就存在较大争议。在处理具体案件时，还应当具体情况具体分析，作出切合实际的判断。

（六）限制条件

紧急避险的限制条件是避险行为必须在不得已的情况下才能实施。所谓"不得已"，是指在危险正在发生的紧急情况下，除了进行紧急避险外，任何其他方法都无法排除危险，而不得不采取损害另一个较小权益的方式来保全较大的权益。如果当时还有其他方法可以避免危险，例如，行为人在有条件逃跑、报警或者直接对抗危险等情况下，对另一个合法权益造成了不必要的损害，则其行为不能成为紧急避险，构成犯罪的还应追究其刑事责任。

根据《刑法》第 21 条第 3 款的规定，紧急避险中"关于避免本人危险的规定，不适用于职务上、业务上负有特定责任的人"。这意味着在职务和业务上负有特定责任的人，即使在无法排除和避免正在发生的危险时，也不能进行紧急避险，他们还必须依据自己特定的义务，积极地履行自己的职责，同一定的危险作斗争。例如，面对战死沙场的危险，军人仍然必须服从命令参加战斗；面对被熊熊烈火烧伤的危险，消防队员仍然必须奋力救火；面对坠机死亡的危险，民航客机机组成员仍然必须坚守岗位，不能率先逃生；等等。需要注意的是，这里着重强调的是"负有特定责任的人"，而不是"具有职务或者从事业务的人"，因此，即使行为人具有一定的职务或者从事一定的业务，只要其不负有特定的责任，就可以为避免本人的危险进行紧急避险。

三、避险过当及其刑事责任

（一）避险过当的概念

根据《刑法》第 21 条的规定，避险过当是指避险行为超过必要限度造成不应有的损害，应当负刑事责任的行为。紧急避险的意义在于通过损害较小的合法权益以保护较大的合法权益，如果避险人实际损害了较大的或者价值相等的权益，造成了不应有的损害，其避险行为便失去了意义。

（二）避险过当的罪过形式

根据刑法的规定，避险过当应当负刑事责任，这意味着行为人主观上对于避险过当行为具有罪过。从刑法理论的基本原理来看，由于避险人是出于保护更大的合法权益的需要而不得已进行紧急避险的，因而其主观心理上应当排除直接故意的存在。一般而言，避险过当的罪过形式通常是疏忽大意的过失，但少数情况下，也可能是间接故意或者过于自信的过失。理由与防卫过当的主观罪过认定相同，故不再赘述。当然，如果损害结果确实是由避险人不能预见或者不可抗拒的原因造成的，则应当以意外事件或者不可抗力事件加以认定。

（三）避险过当的刑事责任

避险过当的刑事责任包括两方面的内容：一是避险过当的定罪；二是避险过当的量刑。

就避险过当的定罪而言，尽管避险过当构成犯罪，但避险过当本身并不是独立的罪名，刑法分则也没有对避险过当规定独立的法定刑。因此，在追究避险过当的刑事责任时，应当依据避险人的主观罪过形式以及客观上的行为性质和具体危害结果，按照刑法分则中的相应条款定罪，例如过失致人死亡罪、过失致人重伤罪等。

就避险过当的量刑而言，根据《刑法》第 21 条第 2 款的规定，对于避险过当行为，量刑时"应当减轻或者免除处罚"。在司法实践中，对于何种避险过当情形应当减轻处罚，减轻处罚的幅度如何，以及对于何种避险过当情形应当免除处罚，需具体案件具体分析，综合考虑避险目的、罪过形式、保护权益的性质、过当程度等多个因素。

四、紧急避险与正当防卫的异同

紧急避险与正当防卫都是为了保护国家、公共利益以及本人或者他人的合法权益，尽管客观上给他人的某种利益造成一定的损害，但由于产生了有益于社会利益的实际效果，因而法律明文规定在适当的情况下都不负刑事责任，排除其犯罪性。但是两者又存在着诸多区别，具体有以下几点：

1. 两者的起因条件有所不同。正当防卫的起因条件仅限于人的不法侵害；而紧急避险的起因条件则包括人的不法侵害，自然灾害，动物的侵袭，人的生理、疾患等。

2. 两者的对象条件有所不同。正当防卫只能针对不法侵害人本人实施；而紧急避险则必须针对另一个合法利益实施。

3. 两者的限度条件有所不同。正当防卫的必要限度，是制止不法侵害所必需，只要造成的损害没有明显超过必要限度、造成重大损害即可；而紧急避险造成的损害，只能小于所避免的损害，不能大于或者等于所避免的损害。

4. 两者的限制条件有所不同。正当防卫只要是面对正在进行的不法侵害就可以实施；而紧急避险必须是在没有任何其他方法排除危险的不得已的情况下才能实施。

5. 两者对行为主体的要求有所不同。正当防卫与紧急避险虽然都是每一个公民的合法权利，但对于在职务上、业务上负有特定责任的社会成员而言，不能为了避免本人的危险而实施紧急避险。

第四节 其他正当行为

除刑法明文规定的正当防卫与紧急避险以外，在社会生活中，正当行为主要还包括自救行为、正当业务行为、法令行为、基于权利人承诺或自愿的损害行为等。对于正当防卫与紧急避险以外的一些正当行为，日本等国家是在刑法中明确规定的，但我国是通过行政法规予以规定并加以解决的。为进一步明确这类正当行为的法律性质，阐明其正当性的理由，在此一并加以介绍。

一、自救行为

自救行为，又称为自助行为、自力救济，是指权利受到侵害的人，在无法按照正式的法律程序等待国家公权力救济时，以自己的力量求得权利恢复的行为。例如，盗窃罪的被害人，在犯罪人将要损毁盗窃的财物或者逃往外地等情况下，来不及通过法律程序挽回损失，便迅速从盗窃犯手中夺回财物的行为。

通常认为，自救行为只有具备以下条件，才能成为刑法中的正当行为：（1）不法侵害已经对自救人的合法权益造成了侵害。如果不法侵害正在进行，则应当认定为正当防卫或者紧急避险。（2）通过法律程序或者依靠国家公权力来不及或者不可能恢复权益。（3）行为人主观上必须具有自救的目的。（4）自救行为具有相当性。如果自救行为所侵害的权益明显超过被恢复的权益，则行为不具有正当性，不能排除其犯罪性。

二、正当业务行为

正当业务行为，又称为履行业务的行为，是指行为人根据自身从事的职业要求所实施的行为。例如，医生实施的医疗行为、职业拳击手实施的竞技行为等。从表现上看，正当业务行为也会给他人造成身体上的伤害，但这些行为不仅是相关职业所允许的，而且是有益于社会公共秩序的，不具有社会危害性。因此法律规定排除其犯罪性。

通常认为，正当业务行为只有具备以下条件，才能成为刑法中的正当行为：（1）行为人所从事的业务必须是合法的。这不仅要求行为人必须是具有一定专业知识和业务能力的专业人员，也要求业务本身必须是经国家有关部门认可或者为社会公众所认可的有益于社会的正当行为。（2）行为人主观上必须具有有益于社会的正当目的。即行为人在实施行为时，已明确认识到自己的行为是符合自己职责要求的，同时也是为了保全某种社会利益或发展某种社会事业。（3）行为人实施的行为必须没有超出必要限度。每个从业人员都必须根据自己所从事的业务性质和业务需要而严格行事，如果行为人违反操作规程和有关规定，或者超出保全某种合法权益的必要限度，造成不应有的损害，则不属于正当行为，不能排除其犯罪性。

三、法令行为

法令行为，是指行为人根据有效的法律、法规或者依据上级组织、上级主管人员的命令而实施的合法行为。例如，负有行刑权的警察依法处决死刑犯的行为；刑事警察依法拘留、逮捕、搜查犯罪嫌疑人的行为；士兵依据长官的命令击毙敌军士兵的行为；等等。从表面上看，法令行为也会侵害某些人的人身或者财产权利，但这些行为是为法律所允许的，本质上是有益于社会的正当行为。

在我国，根据法令行为的刑法意义及其正当性根据来源，理论上将法令行为分为依照法律实施的行为和执行命令的行为两类。其中，依照法律实施的行为只有具备以下条件，才能成为刑法中的正当行为：（1）行为人实施的行为必须具有明确的法律、法规依据；（2）行为人主观上必须具有有益于社会的正当目的；（3）行为人所实施的行为必须在法律规定的限度之内。执行命令的行为只有具备以下条件，才能成为刑法中的正当行为：（1）行为人执行的命令必须是其所属上级依照职权并经法定程序依法发布的；（2）行为人在执行命令之前，必须已经明确认识到这一命令的合法有效性和这一命令对国家与社会的有益性；（3）行为人执行命令的行为必须在命令的范围之内。

四、基于权利人承诺或自愿的损害

基于权利人承诺或自愿的损害，又称为被害人承诺、经权利人同意的行为，是指行为人经过有权处理某种权益的权利人同意后而实施的损害其本身利益的行为。例如，为了科学实验，权利人同意他人将自己关闭起来，在一定时间内自愿放弃了自己的行动自由。这种情况下禁闭权利人的行为，虽然看上去符合非法拘禁罪的客观构成要件，但因排除犯罪性，不成立犯罪。

通常认为，基于权利人承诺或自愿的损害只有具备以下条件，才能成为刑法中的正当行为：（1）权利人必须有权处理其合法权益；（2）权利人的同意必须是自愿的；（3）权利人的同意必须是合法的或者是合乎道德的；（4）权利人的同意必须是有益于社会的；（5）行为人实施的行为必须在权利人授权的范围内且没有超出必要限度。

值得一提的是，由于刑法没有明确规定排除积极实施"安乐死"行为的犯罪成立，因此，任何人实施"安乐死"的行为都仍然是构成犯罪的行为。当然，如果实施"安乐死"的行为人主观上出于善良的动机，在社会上亦未造成恶劣影响，在处罚时可以酌情从轻或者减轻处罚。

▶ 拓展学习

知识点阐释　　典型案例思考

思考题

1. 如何看待预先安装防卫装置的行为？
2. 如何理解特殊防卫中"其他严重危及人身安全的暴力犯罪"的范围？
3. 如何理解紧急避险中"另一较小合法权益"的含义？
4. 如何看待安乐死中"权利人承诺"的问题？

第十章　故意犯罪的停止形态

第一节　故意犯罪停止形态概述

一、故意犯罪停止形态的概念与特征

（一）故意犯罪停止形态的概念

故意犯罪停止形态，是指部分故意犯罪在实施过程中，由于主客观原因停止后所呈现的各种具体状态，包括完成形态与未完成形态两种类型。

通常来讲，犯罪人从产生犯意并形成犯罪决意、着手实行犯罪到最终完成故意犯罪存在一个过程。一个完整的犯罪过程，一般要经历预备犯罪、着手实行犯罪至最终完成犯罪这些步骤。但并不是所有故意犯罪活动都是完整的，许多犯罪会基于某些主客观原因而在完成以前就停止下来。换言之，故意犯罪在实施过程中会呈现出不同的结局，而故意犯罪这些表现各异的终局性状态就是故意犯罪的停止形态。它具体包括四种形式：犯罪预备、犯罪未遂、犯罪中止与犯罪既遂。犯罪预备形态仅仅出现在犯罪预备阶段；犯罪未遂形态只能出现在犯罪实行阶段；犯罪中止形态既可能出现在犯罪预备阶段，也可能出现在犯罪实行阶段；当某一故意犯罪处于完成状态时，则该犯罪表现为既遂形态。

（二）故意犯罪停止形态的特征

总体而言，故意犯罪停止形态具有以下几方面的特征：

第一，故意犯罪停止形态只能存在于部分直接故意犯罪中。我国刑法理论通说认为，故意犯罪的停止形态只能以直接故意犯罪为载体，且只能存在于某些直接故意犯罪类型中。

由故意犯罪与过失犯罪的差别以及直接故意犯罪与间接故意犯罪的区别所决定，只有直接故意犯罪才可能呈现不同的停止形态。在过失犯罪中，只有当法定的危害结果出现时，行为人的过失行为才能成立犯罪，因此，过失犯罪只有成立与不成立两种情形，而没有属于何种犯罪停止形态的问题。具体说来，过失犯罪不存在犯罪人预先设定犯罪目标，因而也就谈不上有意识地围绕这一目标做准备或开始着手实行特定犯罪的活动，故可能不存在犯罪预备、犯罪未遂和犯罪中止的问题。而且，过失犯的结果是行为具有严重社会危害性的标志，没有发生危害结果就不存在犯罪意义上的社会危害性，只有当行为造成危害结果时，才能认定

其社会危害性达到了严重程度，行为才能成立犯罪。所以，认为过失犯罪存在未完成之停止形态的观念是不恰当的。

在间接故意犯罪中，同样也只有发生了危害结果才能构成犯罪。尽管在我国刑法理论界存在认为间接故意犯罪也具备未遂和中止等犯罪未完成形态的见解，但通说认为，间接故意犯罪行为人的放任心态以实际上发生了危害结果为客观前提，没有发生危害结果，难以认定行为人主观上持放任危害结果发生的心理状态。而且若主张间接故意犯罪也存在未完成形态，不仅会给控诉方增加证明上的难度，还会带来不恰当地扩大刑事处罚范围的问题。因此，基于认定犯罪必须有充分的客观依据以及合理限制刑罚处罚范围的考虑，也应该认为在主观上出于放任心理态度的情况下，只有危害结果出现之后才能构成犯罪，而不能认同间接故意犯罪存在未完成形态的见解。

必须进一步指出的是，并非所有的直接故意犯罪都存在各种故意犯罪停止形态的认定问题。实际上，某些犯罪类型就不存在某种或全部的犯罪未完成形态。具体而言：一是刑法规定凡着手实施就完成犯罪的举动犯，不可能存在犯罪未遂；二是刑法将"情节恶劣"或"情节严重"等规定为故意犯罪成立必要条件的故意犯罪，不存在犯罪的未完成形态；三是突发性的故意犯罪中，由于犯罪人属于临时起意实施犯罪，故不存在犯罪预备的形态和犯罪预备阶段的中止形态，当然这类犯罪可能存在着犯罪未遂形态和实行阶段的犯罪中止形态。

第二，故意犯罪停止形态只能发生在犯罪过程中。犯罪过程以开始进行犯罪预备活动为起点，以犯罪行为彻底完成为终点。从犯罪预备到犯罪着手实行之前是犯罪的预备阶段；从犯罪着手实行到犯罪既遂是犯罪的实行阶段。在犯罪过程以外所出现的某种状态，不是故意犯罪停止形态。例如，某人尚没有开始犯罪预备活动而只是进行单纯的犯意表示，即在一定场合表达自己要实施犯罪的想法，经过他人说服教育而放弃其犯意的，由于此时犯罪过程还没有开始，所以不属于应受处罚的犯罪停止形态。再如，行为人于盗窃行为完成之后又将所盗财物归还给失主的，属于犯罪既遂以后的悔罪行为，因这时犯罪过程已经结束，所以对其物归原主的举动只能作为量刑情节考虑，而不能认定为未完成犯罪的停止形态。

第三，故意犯罪停止形态是一种结局性的状态。故意犯罪停止形态是在犯罪过程中基于主客观原因而停止下来的静止状态。这种停止不是因为条件不具备或为了等待最佳时机而暂时性地停下来，等条件具备、时机成熟后再实施犯罪，而是终局性地、彻底地停止。即当特定犯罪行为呈现出这种结局性状态后，就不会再继续发展下去了。具体来说，在出现了犯罪预备形态之后，就不会再有未遂或者中止形态发生；出现了犯罪未遂形态之后，特定犯罪行为也就不可能再继续下去并发展成为犯罪完成形态；犯罪既遂之后，犯罪人的悔罪行为也不能再被认定为犯罪中止形态了。

二、故意犯罪停止形态与犯罪构成的关系

我国刑法理论认为，作为主客观要件统一体的犯罪构成是所有犯罪的成立规格与认定标准，是判断某种行为是否构成犯罪的唯一根据。换言之，只有符合犯罪构成的行为才能被认定为犯罪。故意犯罪停止形态是在行为成立故意犯罪的基础上所呈现出的各种不同形态，所以应当以行为符合犯罪构成为前提。无论是犯罪既遂还是犯罪预备、未遂与中止，都必须符合犯罪构成。对欠缺必备的犯罪构成要件的行为，不能认定为犯罪，相应也就不存在讨论故意犯罪停止形态的问题。当然，故意犯罪的完成形态与未完成形态所符合的犯罪构成存在一定的差异性，对此将在下一节中具体阐释。

第二节 犯罪既遂形态

一、犯罪既遂形态的概念

犯罪既遂形态是故意犯罪的完成形态。我国刑法没有对犯罪既遂的概念专门作出界定，而是交由刑法理论对其进行定义。因此，对犯罪既遂的理解也就存在着较大争议。第一种观点是"法定结果说"，认为犯罪既遂就是指犯罪实行之后出现了法律规定的犯罪结果的情况。第二种观点是"目的得逞说"，认为犯罪既遂是指犯罪实行之后出现了犯罪行为人所追求的那种危害结果，即犯罪行为达到了行为人所追求的目的。第三种观点是"构成要件齐备说"，认为犯罪既遂是指犯罪行为实行之后具备了具体犯罪构成全部要件的情况，即认为既遂与未遂区别的标志，就是犯罪实行行为是否具备了犯罪构成的全部要件。

"法定结果说"强调以出现法律规定的危害结果作为既遂的标志，这对于故意杀人罪这样的犯罪而言具有其合理性。但是，并不是刑法中所有的犯罪既遂都以"危害结果"的出现作为标志，有不少的犯罪，如危害国家安全罪和侵犯公民人身权利、民主权利罪中的一些具体犯罪，就是以出现特定的事实状态作为犯罪既遂标志的，而这些"事实状态"并不属于"危害结果"的范畴。因此，以出现法律

所规定的"危害结果"作为犯罪既遂标志的观点并不全面、准确。

以"目的得逞说"作为认定犯罪既遂的标准的不妥之处在于其过于主观化，因为现实中具体犯罪的目的千差万别，以这种极端个人化的目的作为标准势必使犯罪既遂的认定完全失去统一的客观尺度。另外，由于犯罪行为人所追求的目的往往可能逾越犯罪构成的内容，所以采用"目的得逞说"的标准也背离了我国将犯罪构成作为一切犯罪的成立规格与认定标准的原理，甚至会导致十分荒唐的结论。例如，倘若犯罪行为人追求的目的是将被害人碎尸万段，而实际上他只是杀死了被害人，还没有来得及进行分尸。在此种情况下，按照"目的得逞说"，该犯罪行为仍没有达到行为人追求的目的，因而不能认定为犯罪既遂。可见，"目的得逞说"明显存在不科学性。

相比较而言，"构成要件齐备说"更具合理性。结合近年来相关理论研究的精细化进展，"构成要件齐备说"应更为准确地表述为"构成要件之全部要素齐备说"。需要指出的是，"构成要件之全部要素齐备说"并不违背犯罪构成系行为成立犯罪的唯一标准这一定理。因为犯罪构成包括基础的犯罪构成（成立犯罪的标准）和完备的犯罪构成（犯罪既遂的标准），故任何犯罪都必须满足基础的犯罪构成即符合行为成立犯罪的这一唯一标准，否则也就不属于犯罪停止形态的范畴。所以，犯罪预备、犯罪未遂和犯罪中止无疑也是符合基础的犯罪构成要件的，只是完备的犯罪构成要件之全部要素不齐备，因而不成立犯罪既遂这一犯罪完成形态。

综上，犯罪既遂应是指实行直接故意犯罪之后具备了完备犯罪构成要件之全部要素的故意犯罪形态。

二、犯罪既遂形态的类型

根据我国刑法分则对具体犯罪构成要件的规定，我国刑法理论上认为犯罪既遂的形态一般分为以下类型：

1. 结果犯。一般而言，成立结果犯的既遂形态不仅要实施符合具体构成要件的行为，而且必须发生法定的犯罪结果。换言之，结果犯是以法定的犯罪结果的发生与否作为既遂与未遂区别标志的犯罪。所谓法定的犯罪结果，是指刑法分则所规定的、犯罪行为通过对犯罪对象的作用而给犯罪客体造成的物质性的、可以具体测量确定的损害结果。例如，《刑法》第232条被认为是典型的结果犯的立法例，该条所规定的故意杀人罪的法定危害结果是物质性并可以具体测量确定的使他人死亡，因此，只有实际发生这种剥夺他人生命的结果才能成立故意杀人罪的既遂。

2. 行为犯。刑法理论通说认为行为犯是以法定的犯罪行为的完成作为既遂标志的犯罪。如《刑法》第 108 条规定的投敌叛变罪，只要行为人完成了投敌叛变行为，就成立本罪的既遂。但是虽然称作行为犯，却并不意味着该行为一经实施就成立既遂，还必须出现一定的事实状态才能认定为完成了犯罪。例如，投敌叛变行为从着手到完成实施有一个过程，对在实施过程中的投敌叛变行为还不能认定为既遂，而只有行为达到了完成状态的，才能成立投敌叛变罪既遂。再如，《刑法》第 321 条所规定的运送他人偷越国（边）境罪，并不是只要实施了运送行为就可以构成该罪的既遂，而是要求当运送他人非法出入国（边）境这个事实状态出现时，才能成立犯罪既遂。

3. 危险犯。一般认为，以行为人实施的行为造成法律规定的发生某种危害结果的危险状态作为既遂标志的犯罪，是危险犯。如《刑法》第 114 条规定的放火罪、决水罪、爆炸罪、投放危险物质罪和以危险方法危害公共安全罪，第 116 条、第 117 条规定的破坏交通工具罪和破坏交通设施罪等，只要危害到了公共安全或者足以使火车、汽车、电车、船只、航空器发生倾覆、毁坏危险的，即使尚未造成严重后果，也成立犯罪既遂。

4. 举动犯。举动犯是按照法律规定，行为人一经着手实行即成立既遂的犯罪。举动犯一般包括两种情况：一种是有组织犯罪的组织形成行为，主要包括组织、领导和参加犯罪组织的行为，例如《刑法》第 120 条规定的组织、领导、参加恐怖组织罪和第 294 条规定的组织、领导、参加黑社会性质组织罪就属于这种情况。另一种情况是指煽动类犯罪，例如《刑法》第 103 条第 2 款规定的煽动分裂国家罪、第 105 条第 2 款规定的煽动颠覆国家政权罪和第 278 条规定的煽动暴力抗拒法律实施罪。举动犯因其构造的特殊性而没有犯罪未遂形态，但是这种类型存在犯罪预备形态和预备阶段的中止形态，所以在理论上一般认为准确描述其既遂形态也是有意义的。

三、既遂犯的处罚原则

对于犯罪既遂，我国刑法总则没有专门规定其处罚原则。刑法理论上一般认为，这是因为我国刑法分则条文对具体犯罪法定刑的设置，所针对的都是具备了完备犯罪构成要件的犯罪。而从故意犯罪停止形态的意义上讲，具备了完备犯罪构成要件的犯罪即既遂犯形态。换句话说，在存在犯罪停止形态的故意犯罪中，犯罪既遂形态是刑法分则配置法定刑时对应的标准，或者说相关分则条文中的法定刑就是以犯罪既遂为基准设置的。因此，对既遂犯的处罚，可结合刑法总则的有关规定，直接按照刑法分则具体条文规定的法定刑幅度进行裁量。

第三节　犯罪预备形态

一、犯罪预备形态的概念与特征

犯罪预备形态，是一种存在于犯罪预备阶段的故意犯罪停止形态。我国《刑法》第22条第1款对犯罪预备阶段的行为即犯罪预备行为进行了规定。根据这一规定，犯罪预备形态，是指为了实行犯罪而准备工具、制造条件，但基于行为人意志以外的原因而停止在犯罪预备阶段的形态。犯罪预备形态具备以下特征：

（一）行为人主观上是为了实行犯罪

要成立犯罪预备形态，首先行为人主观上必须具有犯罪意图，主观犯罪意图是犯罪预备形态与一般日常生活行为的根本区别，是其要害之处，也是刑法处罚预备犯的主要根据。需要指出的是，《刑法》第22条第1款用"为了犯罪"来界定犯罪预备行为人的主观意图，但我国刑法理论界一般认为在理解时应将这里的"为了犯罪"解释为"为了实行犯罪"。因此，对于为了预备犯罪而进行准备活动的行为，例如对为购买抢劫银行时使用的头盔及交通工具而借钱或打工筹款的行为，尚不能认定为犯罪预备形态。只有为了"实行犯罪"而进行准备活动的，才能认定为犯罪预备形态。例如为抢劫银行而事先前去"踩点"，观察作案现场地形等。

（二）客观上实施了犯罪预备行为

根据我国刑法规定，成立犯罪预备形态在客观上必须实施犯罪预备行为，对于没有实施这一行为，而只是单纯地向他人表示想要犯罪的意思的，不能认定为预备犯。犯罪预备行为分为以下两类：

1. 为犯罪准备工具。这种情况具体是指为了实施犯罪而制造、改装、购买、租借或者通过其他方式获取犯罪工具的行为。现实中为了犯罪准备工具的情况多种多样，举不胜举。但应注意的是，对将携带的随身物品临时充当作案工具的，不能认定其携带该物品的行为是犯罪预备行为。例如，不能因为有行为人在临时起意抢夺少量财物遭遇抓捕时抽出腰间的金属头裤带准备反抗，而将其基于日常生活习惯而选用金属头裤带的行为认定为"为了犯罪准备工具"。

2. 为犯罪制造条件。这里的制造条件是指除了准备犯罪工具外，为实行犯罪所进行的其他准备活动。一般而言，制造犯罪条件包括制造客观条件与制造主观条件两类。前者如打探被害人行踪、引诱被害人前往犯罪现场等；后者如共谋犯罪实施计划等。

（三）行为停止在犯罪的预备阶段

犯罪预备形态只能发生在着手实行犯罪之前的犯罪预备阶段，这是犯罪预备和犯罪未遂的主要区别。犯罪预备如果没有在预备阶段停止下来而是继续向下一阶段发展，即着手实施了犯罪的实行行为，那么就不可能再发生认定犯罪预备形态的问题。行为停止在犯罪预备阶段而未能着手实行犯罪包括两种情况：一是预备行为没有实施终了就停止下来；二是预备行为实施终了但基于某种原因而停止在犯罪的预备阶段。

（四）行为系出于行为人意志以外的原因而停止下来

犯罪预备行为人在主观方面是积极希望预备行为能发展成实行行为的，但基于行为人意志以外的原因，使得其预备行为没有实施终了就停止下来，或者是预备行为虽然实施终了但未能着手实行犯罪。根据我国刑法规定，在犯罪过程中自动放弃犯罪的，属于犯罪中止。可见，行为是否基于意志以外的原因而停止在预备阶段，是犯罪预备形态和预备阶段犯罪中止形态的主要区别。因此，行为人在犯罪预备过程中基于自己的意志主动放弃预备行为的，或者在预备行为终了后出于自觉自愿停止下来而不再着手实行犯罪的，都不是犯罪预备，只有对基于行为人意志以外的原因而停顿在预备阶段的才能认定为预备犯。

二、预备犯的处罚原则

对于预备犯，我国刑法的立场是原则上应予以处罚。但是，如果从当时的实际情况看属于情节显著轻微危害不大的，也可以例外地不认为是犯罪。关于预备犯的刑事责任，《刑法》第 22 条第 2 款规定为"可以比照既遂犯从轻、减轻处罚或者免除处罚"。具体适用这一规定应注意以下三点：

1. 在对预备犯裁量刑罚时，"可以"从轻、减轻处罚或者免除处罚。这里的"可以"是授权人民法院得以根据案件具体情况予以自由裁量的规范表达方式，但同时也表明了刑事立法的一种倾向性态度，即对预备犯在处罚时通常要从宽考虑，只有对准备实行性质特别严重的犯罪且手段特别恶劣的预备犯，才不予从宽处罚。因此，既不能因为预备犯与实行并完成犯罪的犯罪人主观恶性相同而予以同等处罚，也不能将此处的"可以"视为"应当"，从而错误地将犯罪预备形态当成无条件一律从宽量刑的情节。

2. 对于预备犯的刑罚处罚应当"比照既遂犯"来裁量。换言之，既遂犯的刑事责任是追究预备犯刑事责任的比照标准。但需要注意的是，由于我国刑法对一些既遂犯根据情节的不同规定了不止一个量刑幅度，因而在处罚预备犯时究竟应与处于何种量刑幅度的既遂犯比照就成为一个问题。本书认为，这里所应比照的只能是同类型的既遂犯，即在性质、情节、危害程度等方面与预备犯向前发展可能形成的既遂犯相同或大体相同的既遂犯。例如，对于情节较轻的故意杀人罪的预备犯，应当比照情节较轻的故意杀人罪的既遂犯来裁量刑罚；对于准备抢劫银行或其他金融机构的预备犯，则应当比照实施并完成抢劫银行或者其他金融机构的既遂犯来裁量刑罚。

3. 对于预备犯，比照既遂犯"从轻、减轻处罚或者免除处罚"。这表明，刑法要求人民法院对预备犯在从宽裁量刑罚时应依次考虑从轻处罚、减轻处罚或者是免除处罚。至于实际上到底是选择从轻处罚，还是减轻处罚或者免除处罚，则应当综合考察犯罪预备行为的社会危害性程度以及行为人主观恶性大小等因素。

第四节　犯罪未遂形态

一、犯罪未遂形态的概念与特征

近现代世界各国刑法对于犯罪未遂的规定，大体上分别体现了以下两种观点：一种认为，犯罪未遂是指行为人已经着手实行犯罪，但基于其意志以外的原因而犯罪未得逞的情况。这种见解主张区分犯罪未遂形态与犯罪中止形态。第二种认为，犯罪未遂是指行为人已经着手实施犯罪而未达犯罪既遂的情况。其特点是认为应将犯罪中止也包括在犯罪未遂形态中。我国所采纳的是区分犯罪未遂形态与犯罪中止形态的主张。

我国《刑法》第23条第1款规定："已经着手实行犯罪，由于犯罪分子意志以外的原因而未得逞的，是犯罪未遂。"由此可见，犯罪未遂是指行为人已经着手实行犯罪，基于其意志以外的原因而未能完成犯罪的故意犯罪停止形态。犯罪未遂形态具有以下特征：

（一）行为人已经着手实行犯罪

在刑法理论上，是否着手实行犯罪，是区别犯罪预备阶段与犯罪实行阶段界限的标志，也是区分预备犯与未遂犯的界限。着手是指行为人决意开始实施刑法分则规范有关具体犯罪构成所规定具有实现犯罪构成所要求的结果可能性的行为。简言之，着手实行犯罪就是着手实施实行行为。具体表现为：在主观层面，行为人决意实施犯罪实行行为；在客观层面，行为人所实施的行为是具备实现构成要件所要求的结果可能性的行为；在后果层面，行为人着手实行犯罪后，其行为对刑法所保护的客体具有现实的危害和威胁。

（二）犯罪未得逞

犯罪未遂形态的"未得逞"在我国刑法学界是一个争议较大的复杂问题。实际上前面在讨论犯罪既遂形态时已经提到，我国刑法理论界在判断犯罪是否得逞或者说区别犯罪既遂形态与未遂形态的标准上主要存在着三种学说："法定结果说"主张犯罪未得逞是指没有发生法律规定的犯罪结果，即认为应将犯罪结果是否发生作为区别犯罪未遂与犯罪既遂的标志。"目的说"认为，犯罪未得逞是没有达到犯罪人主观上的犯罪目的，即将犯罪未遂的这一特征概括为犯罪人主观上所追求的具体危害结果没有发生。"构成要件齐备说"主张犯罪未得逞是犯罪行为没有完整具备刑法分则规定的某一犯罪构成的要件，即认为犯罪未遂是指犯罪行为没有齐备具体犯罪构成的全部要件。

对上面三种观点的优劣前面已经进行了分析。在此需要强调指出的是，"法定结果说"的问题在于实践中并非所有的犯罪都会发生具体的危害结果。例如行为犯既遂就不要求具体危害结果发生，故认定行为犯的未遂也只是基于行为实施后的特定状态没有出现而不是着眼于没有发生所谓的"法定危害结果"。而按照"目的说"认定未得逞显得过于主观化而欠缺确切客观标准。"构成要件齐备说"得到我国刑法学界广泛认同而成为刑法理论通说。多数人之所以赞成这一观点，是因为犯罪未得逞是我国刑法所规定的犯罪未遂区别于犯罪既遂的基本特征，因此对犯罪未得逞的理解必须能够贯彻到我国刑法中一切存在既遂与未遂之分的犯罪里，从而把犯罪既遂与未遂明确地、毫无例外地区别开来。而综合考虑我国刑法中存在既遂与未遂之分的各类故意犯罪的情况，只有这种观点能使得犯罪未遂的未得逞特征体现刑法总则规定所赋予的意义。

（三）犯罪未得逞是基于犯罪人意志以外的原因

犯罪人意志以外的原因，是指违背犯罪人本意的客观情况阻止犯罪行为达到既遂，或者使犯罪人认为不能既遂从而停止犯罪的原因。这一特征表明，犯罪未得逞不是出于犯罪人的本意，而是由其意志以外的其他因素造成的。这是犯罪未遂和犯罪中止的主要区别。在现实中，对犯罪未得逞的原因大致可以归纳为以下三种类型：

1. 行为人自身以外的原因。如因被害人的反抗或躲避、第三人的制止、侦查机关等职能部门的抓捕以及自然力或物理障碍等而使行为人未能得逞。

2. 行为人本身能力的原因。如犯罪人因体能低下、作案手段拙劣、犯罪技巧欠缺而使犯罪难以得逞。

3. 行为人主观认识错误的原因。例如由于对犯罪对象情况、犯罪工具性能以及犯罪结果是否已经发生之认识与实际情况不一致而导致犯罪不能得逞等。

二、犯罪未遂形态的种类

从不同角度对犯罪未遂进行分类是深入研究这种犯罪停止形态的一个重要途径。我国刑法理论界一般依据两个标准将犯罪未遂区分为实行终了的未遂和未实行终了的未遂、能犯未遂和不能犯未遂。

（一）实行终了的未遂和未实行终了的未遂

以实行行为是否实行终了为标准，可以把犯罪未遂分为实行终了的未遂和未实行终了的未遂。我国刑法学界通说认为，实行终了的未遂是行为人已将自认为达到既遂所必需的全部行为实行终了，但基于意志以外的原因未得逞；未实行终了的未遂则是基于意志以外的原因，使得行为人未能将他认为达到既遂所必需的全部行为实行终了，因而未得逞。

必须指出的是，这种分类只有在以危害结果为犯罪既遂要件的犯罪中才有意义。在不以危害结果为既遂形态构成要件的犯罪中，实行行为实行终了即成立犯罪既遂，因此这种场合不具有实行终了未遂存在的空间。

一般而言，与未实行终了的未遂相比，实行终了的未遂与犯罪既遂的距离更近，其主观恶性的客观化程度更高，因此它的社会危害性也更大一些，故对实行终了的未遂在裁量刑罚时应重于未实行终了的未遂。

（二）能犯未遂和不能犯未遂

以行为本身能否既遂为标准，可以将犯罪未遂分为能犯未遂和不能犯未遂。能犯未遂是指犯罪行为有可能达到既遂，但基于行为人意志以外的原因未能达到既遂而停止下来的情况。不能犯未遂是指根据案件的具体事实，行为人所实施的行为本身就不可能达到既遂的情况。不能犯未遂又可以分为对象不能犯未遂和工具不能犯未遂。对象不能犯未遂是指由于行为所指向的对象不在行为的有效作用范围之内，或者不具有特定犯罪对象的属性，从而使得犯罪不能既遂。例如，夜间误将一条狗当成自己要杀的人而开枪射击，误认为男性是女性而实施强奸行为等。工具不能犯未遂，是指行为人所使用的犯罪工具没有效果而使得犯罪不能既遂。例如，误将食用碱当成有毒化学物品而投放到他人食物中，使用已严重损坏而不可能射出子弹的枪支开枪杀人等。一般认为，工具不能犯未遂与迷信犯的性质不同。迷信犯是行为人出于愚昧无知的迷信思想，采用实际上根本不可能发生危害结果的方法加害他人的情况。由于迷信犯在任何情况下都不会导致危害结果的发生，没有侵害合法权益的危险性，故不能当成犯罪来处理；而工具不能犯未遂如果不是由于行为人对犯罪工具的性能认识错误，完全有可能导致危害结果的发生，所以成立犯罪未遂。以上是我国刑法理论界的通说，我国司法解释和司法判例也支持这一观点。

近年我国一些学者开始质疑上述观点。有学者认为，行为有无危险即有无社会危害性，是判断该行为是否构成犯罪的前提。而某一行为是否具有危险，应当以事后查明的行为时所存在的各种事实为基础，以行为时为标准，从一般人的立场出发来判断。如果就事后所查明的行为时存在的事实来看，发生结果的可能性极大，就可以说该行为具有危险或者说具有社会危害性，应当成立未遂犯；如果就事后所查明的行为时存在的各种事实来看，该行为完全没有发生危害结果的可能或者可能性极小，就可以说该行为没有危险或者说没有社会危害性，因而属于不构成犯罪的不能犯。①

另有学者认为，未遂都是基于某种原因而不能既遂，故没有必要将犯罪未遂分为能犯未遂和不能犯未遂。而且该学者进一步指出，不宜将不能犯作为犯罪未遂的一种类型来使用。②

但是我国刑法学通说中并没有单独的不能犯概念，而仅存在与能犯未遂相对应的不能犯未遂的概念。必须注意到，不能犯是日本刑法学中讨论的一种样态。日本刑法理论认为应将不能犯和未遂犯加以区分：要成立未遂犯，仅仅在形式上符合构成要件还不够，还必须要求未实施完毕的行为具有引起构成要件结果发生的现实危险，没有这种危险的行为便是不能犯。日本刑法学界区分不能犯和未遂犯的标准有客观危险说、主观说、抽象危险说和具体危险说四种观点。

客观危险说将不能犯分为绝对不能和相对不能，认为如果存在绝对不可能实现犯罪的场合，是不能犯；若由于某种特别情形的存在而不能实现犯罪的，则属于相对不能，是未遂犯。

---

① 参见黎宏：《刑法中的危险及其判断——从未遂犯和不能犯的区别出发》，《法商研究》2004年第4期。
② 参见张明楷：《刑法学》（上），法律出版社2016年版，第359页。

主观说则主张，除了迷信犯外，只要将实现犯罪的意图表现为行为，无论该行为是否具有危险，都成立未遂犯。主观说认为，迷信犯情形由于没有真正的犯罪意思，只是单纯地表明希望而已，或者由于行为人性格懦弱不具有性格的危险性等，所以属于不能犯。

抽象危险说认为，区分未遂犯与不能犯应该以行为人犯罪意思的危险性为出发点，以行为人在行为时所认识的事实为基础，从客观的角度来判断危险。如果一般人认为，按照行为人的计划向前发展，就会有发生结果的危险的话，则是未遂犯；如果没有危险，则属于不能犯。抽象危险说以行为人的犯罪意思中所认识的事实为依据来判断行为对法秩序是否具有抽象危险，所以又被称为行为人危险说。

具体危险说则以行为时一般人所认识到的事实以及行为人所特别认识到的事实为基础，以行为时为标准，从一般人的立场出发进行判断，认为能实现构成要件结果的，属于未遂犯；而不能实现构成要件结果的，则属于不能犯。

上述客观危险说从逻辑上讲或许是成立的，但是该学说所预设的绝对不能和相对不能的标准在实践中无法具体操作。主观说则早已被抛弃，因为仅仅从主观恶性角度来认定犯罪违背了客观主义原则。再则，按照主观说的逻辑，迷信犯也应该是未遂犯，应当被处罚。但主观说则强行将迷信犯排除在未遂犯之外，存在自相矛盾之虞。而抽象危险说和具体危险说的区别仅仅在于判断是否存在实现构成要件结果的危险的标准：前者以一般人的事后判断为标准；后者以一般人或行为人行为时的立场为标准。然而这些标准是否科学都值得进一步探讨。

第一，以一般人立场作为判断是否存在实现构成要件危险的标准值得商榷。行为人的认识水平毕竟千差万别，而对所有的行为者都按照抽象的一般人的立场作为标准，难免不够公允。

第二，即使具体危险说中增加行为人的立场作为标准，能在一定程度上弥补抽象危险说的缺陷，但由于行为人的认识水平同样存在个体化差异，因此，具体危险说的行为人标准实际上仍等于没有具体标准。

第三，抽象危险说和具体危险说都以行为存在实现构成要件的危险为成立未遂犯的基础。这种实现构成要件的危险，指的是行为导致构成要件结果的可能性，而实际上这种可能性还存在大小之分，因此不能仅仅考虑危险性的有无而不去关注危险性的程度。然而无论是抽象危险说还是具体危险说都没有涉及行为实现构成要件结果的可能性大小问题。

因此我们不能照搬日本刑法理论关于不能犯和未遂犯区别的观点，而应该按照我国刑法的社会危害性理论进行判断。如果不能犯行为具有严重的社会危害性，则应该成立犯罪未遂；倘若这种行为不具有严重的社会危害性，则不能成立犯罪。具体判断标准如下：

第一，不能犯未遂行为应当具有实现构成要件结果的可能性即现实危险性。如果行为不存在实现构成要件结果的现实危险性，则不成立未遂犯，不能处罚。例如，迷信犯不存在实现构成要件结果的现实危险，而不被认为是未遂犯，因此不应该处罚。

第二，不能犯未遂行为应当具有实现构成要件结果的高度盖然性。如果行为不存在实现构成要件结果的高度盖然性，也不应该对该行为按犯罪未遂进行处罚。例如，使用发射塑胶子弹的游艺类枪支对人射击，但其致人死亡结果出现的可能性比较小，因此不能认定为故意杀人罪；而使用射击竞技体育运动枪支向他人射击，但因金属弹丸打偏而没有射杀被害人，该射击行为就具有杀死被害人的高度盖然性，应该认定为故意杀人罪之未遂犯。

第三，行为所实现的构成要件结果应该是严重的结果。虽然我国刑法总则中规定了已经着手实行犯罪而基于其意志以外的原因未得逞的是犯罪未遂，但实际上并不是所有故意犯罪的未得逞行为都成立犯罪。按照我国《刑法》第13条"但书"的规定，只有那些具有严重社会危害性的行为才能成立犯罪。同理，只有严重犯罪的不能犯未遂行为，才能成立未遂犯。

第四，是否存在实现严重犯罪构成要件结果的危险，由法官按照与行为人同一类型的人行为时的一般立场进行事后判断，如果结论是在行为时已经认识到行为有造成构成要件的结果的高度盖然性，则成立未遂犯；反之，则不能处罚。

三、未遂犯的处罚原则

我国《刑法》第23条第2款规定："对于未遂犯，可以比照既遂犯从轻或者减轻处罚。"在适用这一规定时应注意以下几点：

1. 在其他情节相同的情况下，犯罪未遂的社会危害性较犯罪既遂要轻一些，因而在处罚时要充分考虑两者的区别，对未遂犯适当从宽掌握。司法实践中，一般都很注意将未遂犯与既遂犯加以区别，所采用的方式是在司法文书确定的具体罪名后以括弧形式注明系未遂犯，如故意杀人罪（未遂）、强奸罪（未遂）等。如此显著提示的用意是强调量刑时不能忽视这一从宽情节。

2. 对犯罪未遂在处罚时是"可以"从宽而不是必须从宽。对于未遂犯的处罚，在学说上有必减主义（必须比照既遂犯从宽）、不减主义（与既遂犯同等处罚）和得减主义（可以但不是必须比照既遂犯从宽）三种主张，我国刑法所采用的是得减主义的立场。对"可以"的具体含义，请参照前述对预备犯的处罚原则的相关解读来理解。

3. 未遂犯的从宽幅度为"从轻或者减轻处罚"。由于未遂犯已经着手实行犯罪，其社会危害性比预备犯严重，所以只能对其从轻或者减轻处罚，而不能像对预备犯那样还可以免除处罚。至于裁判时对具体的未遂犯究竟是从轻处罚还是减轻处罚，以及从轻或者减轻处罚的幅度，应当综合考察案件全部事实与情节，尤其应当考虑如下因素：（1）犯罪性质的严重程度；（2）未遂的具体种类；（3）行为所反映出的行为人犯罪意志的坚决程度。相关司法解释明确规定：对于未遂犯，综合考虑犯罪行为的实行程度、造成损害的大小、犯罪未得逞的原因等情况，可以比照既遂犯减少基准刑的50%以下。①

4. 对未遂犯，在把握从宽的尺度时应比预备犯严。一方面，法律明确规定，对未遂犯的从宽幅度小于预备犯（预备犯比未遂犯多一个免除处罚的从宽量刑幅度）；另一方面，未遂犯已经着手实施实行行为，其社会危害性明显大于预备犯，所以在对未遂犯裁量刑罚时不仅要考虑到既遂犯的场合，还要考虑到预备犯的场合，并在从宽的尺度把握上比预备犯要严一些。

第五节　犯罪中止形态

一、犯罪中止形态的概念与特征

根据《刑法》第24条第1款的规定，犯罪中止形态是指在犯罪过程中，行为人自动放弃犯罪或者自动有效地防止危害结果发生，而未完成犯罪的一种故意犯罪停止形态。

这里需要特别强调的是，应该注意把握作为犯罪形态的犯罪中止和犯罪中止行为的区别。所谓中止行为，是指行为人在犯罪过程中自动放弃犯罪或自动有效防止危害结果发生的一种行为。中止行为是法律所鼓励的行为，其本身不是犯罪行为，而是对中止犯免除或者减轻处罚的依据；在不同的犯罪中止类型中，中止

---

① 参见最高人民法院2013年12月23日发布的《关于常见犯罪的量刑指导意见》。

行为的表现形式是不同的，对此后面将予以具体描述。而犯罪中止系故意犯罪的停止形态，是应当承担刑事责任的犯罪行为。

根据我国刑法关于犯罪中止形态的定义，可以将犯罪中止形态分为自动停止犯罪的犯罪中止形态和自动有效防止犯罪结果发生的犯罪中止形态两种类型，每一种中止类型都具有其具体的特征。

（一）自动停止犯罪的犯罪中止形态的特征

1. 犯罪中止必须发生在"犯罪过程中"。所谓"犯罪过程中"，即从犯罪预备行为发生开始，到犯罪既遂状态以前这段时间内，且犯罪又处于运动中而尚未停止下来呈现出预备或未遂形态。详言之，这一时间概念包含两个方面的意思：一方面，犯罪中止既可以发生在犯罪预备阶段，也可以发生在犯罪实行阶段；另一方面，犯罪行为在中止前尚未停止下来呈现结局性的形态。如果此前行为已经在犯罪预备阶段呈现犯罪预备的形态，或者在犯罪实行阶段呈现犯罪未遂或犯罪既遂的形态，都不能成立犯罪中止。特别要强调的是，在犯罪既遂之后的悔罪行为——如盗窃后将窃取的财物归还失主的行为，不能被认定为犯罪中止行为，对其犯罪形态也不能认定为犯罪中止形态。

2. 客观上存在放弃犯罪的中止行为。所谓放弃犯罪，是指在犯罪过程中停止实施犯罪，因而犯罪构成所规定的危害结果不会发生的情形。放弃犯罪既包括在预备阶段停止犯罪预备行为，使犯罪构成所规定的危害结果不会发生；也包括在实行阶段，行为人在危害结果发生之前停止犯罪行为，而使危害结果不会发生。需要指出的是，这里的危害结果不会发生，仅仅是指属于犯罪构成的特定危害结果不会发生，而不是说其他的损害结果（非构成要件结果）都没有发生。实际上，放弃犯罪的中止犯罪形态可能会出现其他不属于构成要件的危害结果。例如，故意杀人罪的行为人在挥刀砍杀他人过程中中止了故意杀人行为，故意杀人罪的犯罪构成要求的死亡结果没有发生，而仅仅发生了不属于本罪构成要件的轻伤害结果，而此时只要行为人停止杀害行为，作为构成要件的死亡结果就不会再出现。因此，这种停止杀人的情况即属于放弃犯罪的中止行为。

3. 行为人放弃犯罪是出于自动的原因。必须具备自动性，这是犯罪中止形态的本质特征。所谓中止的自动性，应被理解为行为人主动放弃犯罪，即在没有任何外界因素阻止下，行为人出于自己的意志而停止犯罪。详言之，自动是指行为人认识到或认为自己可以继续实施犯罪或者可能既遂，但自愿放弃原来的犯罪行为，不再继续犯罪。至于客观上他能否继续实施犯罪或完成犯罪，并不影响行为人这种停止犯罪之自动性的成立。当然，如果有证据表明行为人不是出于自己的意志，而是认识到外界原因导致犯罪不能继续实施或不能完成，而被迫放弃犯罪的，则不能成立犯罪中止，而只能被认定为犯罪未遂。例如，行为人发觉所欲盗窃的小区加强了保安巡逻，因担心被抓获而被迫停止盗窃犯罪的，就不属于犯罪中止。

4. 中止行为具有彻底性。所谓中止行为的彻底性，是指行为人主观上彻底放弃犯罪，而不是暂时停下来等待犯罪时机成熟之后再继续犯罪。中止行为的彻底性表明了行为人的人身危险性已经消除。当然，这种行为人的人身危险性消除并不是指行为人以后终身不会再犯罪，而是指就其所放弃的具体犯罪而言，行为人已经完全地从主观上决意停止继续实施该犯罪。

（二）自动有效地防止犯罪结果发生的犯罪中止形态的特征

所谓自动有效地防止犯罪结果发生的犯罪中止形态，是指在着手实行犯罪之后，行为人已实施的犯罪行为可能造成但尚未造成构成要件所规定结果的情况下，行为人采取措施有效地阻止该危害结果发生的一种故意犯罪停止形态。其特征在于：

1. 行为发生在实行阶段并有发生既遂之危害结果的可能性。这是自动有效地防止犯罪结果发生的犯罪中止和自动停止犯罪的犯罪中止的区别之一。自动有效地防止犯罪结果发生的犯罪中止只能发生在犯罪实行阶段，而且行为人已实施的行为有可能导致既遂之危害结果的发生，如故意杀人案件中已经致人重伤并有可能造成死亡结果发生的情形；而自动放弃犯罪的犯罪中止则既可以发生在犯罪实行阶段，也可以发生在犯罪预备阶段。这是因为，只有在着手实行犯罪之后，属于犯罪既遂所要求的危害结果才有可能出现，从而也才需要采取积极措施予以防止。但在自动停止犯罪的犯罪中止场合，只要行为人放弃实施行为，属于构成要件的危害结果便不会发生，因而也就不存在采取措施有效阻止危害结果发生的情形。

2. 实施了防止犯罪结果发生的中止行为。自动有效地防止犯罪结果发生的犯罪中止，不仅表现为放弃犯罪活动，还应该包括采取措施防止危害结果发生的行为。例如，某人决意以分别投毒的方式杀害情敌及其子女，在将剧毒农药投入情敌的食物中后，因为于心不忍而放弃了毒杀其在学校住读的子女，他这种消极地放弃后续投毒活动的情形还不能成立犯罪中止行为，因为在这种情况下还不足以阻止其情敌被毒死的危害结果的发生。必须是行为人在放弃犯罪追求之后，再实施防止危害结果发生的积极行为的，才能被认定为犯罪中止。

3. 中止行为的自动性。犯罪中止的最大特点就是行为人自动中止犯罪，因而自动有效地防止犯罪结果发生的犯罪中止也必须具备中止的自动性特征。所谓自动性，是指行为人基于自己的意志中止犯罪的情形。即行为人主动决定中止犯罪，而不是基于外界原因被迫采取措施防止危害结果的发生。只有具备了这种自动性，才能表明行为人主观恶性降低以及其人身危险性得到消除或降低。

4. 中止行为的有效性。中止的有效性是指没有发生行为人之前所追求的、行为性质所决定的危害结果，而不是说只有未发生任何结果的场合才具有这种有效性。这种有效性是行为人犯罪行为社会危害程度降低的客观标志，因而也是成立自动有效地防止犯罪结果发生的犯罪中止的必备特征。故如果行为人虽然自动放弃犯罪，或者自动采取措施防止危害结果的发生，但是最后仍然发生了行为人之前所追求的、行为性质所决定的危害结果，那么不能认为是犯罪中止。

需要讨论的问题是，行为人虽然采取了防止危害结果发生的措施，但是危害结果没有发生并非因为行为人的防止措施，而是由其他原因造成的，这时能否认为其行为成立犯罪中止？否定说认为，在这样的情况下不能成立犯罪中止，而应认定为犯罪未遂；肯定说认为，中止行为与结果没有发生之间不存在因果关系时，也成立犯罪中止，否则会造成刑罚的不均衡。

本书认为前述否定说的见解是恰当的。因为只有有效地阻止了犯罪结果产生，才能表明行为社会危害程度的降低达到犯罪中止的程度；倘若中止行为与结果没有发生之间没有因果关系，根本不具备这种有效性，那么也就不符合犯罪中止的特征，而只能成立悔罪行为，在量刑时作为从宽情节考虑。

另外存在争议的问题是，自动放弃可能重复的侵害行为属于犯罪中止还是犯罪未遂？所谓自动放弃可能重复的侵害行为，是指行为人在着手实行犯罪行为一次或多次之后，未造成构成要件所规定的危害结果，行为人认识到可以继续实施侵害行为，而此时行为人自动放弃实施该侵害行为的情形。苏联和我国刑法理论中的传统观点认为，自动放弃可能重复的侵害行为属于犯罪未遂。其理由是，行为人在着手实行犯罪之后，一次或多次实施侵害行为，说明行为人是积极追求危害结果发生的，只是因为客观因素而不得已停止侵害行为，所以最终未能发生危害结果，故应该属于行为实行终了的犯罪未遂。近年来我国刑法学界逐渐成为主流的观点认为，自动放弃可能重复的侵害行为应该被认定为犯罪中止。因为行为人在放弃继续侵害行为之前，主观上认为其能完成犯罪，只是出于自己意志的原因，而自动放弃了可能重复的侵害行为，属于自动放弃犯罪。自动放弃犯罪之后，危害结果没有产生的,当然属于犯罪中止。①

在本书看来,我国刑法关于犯罪中止规定的政策取向,是鼓励更多的犯罪人及时地悬崖勒马,以避免与减少给被害人和社会造成的侵害。从这个意义上讲,社会应该在法律允许的限度内更多地为中止犯罪的行为人重新顺利回归社会搭建起座座金桥,而将自动放弃可能重复的侵害行为认定为犯罪中止,就是给希望改过自新的犯罪行为实施者搭建的这样一座金桥,并且这样理解并不违背刑法关于犯罪中止的规定。因为从行为上看,行为人在能继续实施犯罪的情况下自动放弃犯罪,具有自动性;放弃可能重复的侵害行为之后,危害结果没有发生,具有中止的有效性;放弃犯罪之后,没有继续实施犯罪,具有中止的彻底性。

综上,本书认为应当将自动放弃可能重复的侵害行为认定为犯罪中止。

二、中止犯的处罚原则

《刑法》第 24 条第 2 款规定:"对于中止犯,没有造成损害的,应当免除处罚;造成损害的,应当减轻处罚。"在理解和适用中止犯的这一处罚原则时,应当注意以下几点:

1. 对于中止犯,在处罚时必须从宽。因为无论从主观因素来看,还是从客观因素来讲,犯罪中止的社会危害性都轻于性质相同的其他故意犯罪停止形态,所以刑法规定对中止犯"应当"免除处罚或者减轻处罚,而不是像对犯罪预备或者犯罪未遂那样规定"可以"从宽。这就意味着,人民法院在追究中止犯刑事责任时应一律从宽,而不能在从宽与否的问题上自由选择。

2. 中止犯的法定从宽标准为免除处罚和减轻处罚两种,而不包括从轻处罚。这也进一步体现了刑法根据罪责刑相适应原则要求对中止犯比对未遂犯和预备犯处理更轻的精神。

3. 对具体中止犯究竟是免除处罚还是减轻处罚,应以犯罪中止形态是否造成损害为根据。没有造成损害的,应当免除处罚;造成损害的,应当减轻处罚。这里的没有造成损害,是指没有造成任何危害结果;这里的造成损害,是指造成了一定的危害结果,但没有造成行为人原来所追求的、行为性质所决定的作为犯罪既遂形态要件之危害结果。如故意杀人的行为人犯罪中止后没有发生被害人死亡的结果,但发生了损害其身体健康的伤害结果的,就应该对其适

---

① 参见高铭暄主编:《刑法专论》,高等教育出版社 2006 年版,第 319—320 页。

用减轻处罚的规则。

思考题

1. 故意犯罪停止形态与故意犯罪阶段有何联系与区别？
2. 结果犯与行为犯在既遂形态上有何不同？
3. 怎样区分犯罪预备形态与单纯犯意表示？如何理解预备犯的处罚原则？
4. 如何认定实行行为的"着手"？
5. 什么是不能犯未遂？对不能犯未遂应如何处理？
6. 自动停止犯罪之后采取措施阻止危害结果出现，但是危害结果系基于其他原因而未发生的，应当认定为犯罪中止还是犯罪未遂？

第十一章 共同犯罪

第一节 共同犯罪概述

一、共同犯罪的概念

犯罪是一种复杂的社会现象，就实施的人数而言，有一人单独实施的犯罪，也有二人以上共同实施的犯罪。前者称为单独犯罪，后者称为共同犯罪。刑法上之所以要对共同犯罪作特别规定，是因为共同犯罪相对于单个人犯罪而言，是一种特殊的、复杂的故意犯罪现象，具有单个人故意犯罪所不具有的特点。从形式上看，共同犯罪是二人以上共同实施的犯罪，具有两个以上的共同犯罪人。从实质上看，共同犯罪的特殊性表现在它比单独犯罪具有更为严重的社会危害性。从法律规定上看，刑法分则除少数情况（必要共犯）外，对犯罪形态的规定，都是以单个人犯罪为标准的，亦即单个人犯罪形态为标准形态，因而共同犯罪这种特殊犯罪形态就有必要在刑法总则中加以规定。①

那么，究竟何谓共同犯罪？这实际上是刑法理论上争论已久的问题。在大陆法系刑法理论中，不同的学派对共同犯罪的概念有不同的解释，其中最具代表性的观点有犯罪共同说和行为共同说。犯罪共同说是一种客观主义的共犯理论，也是传统的共犯理论，为德国刑法学家比克迈尔、日本刑法学家小野清一郎等所倡导。该学说认为，共同犯罪是指二人以上共同实行一个特定的犯罪，以某一犯罪的构成要件为内容。不同的犯罪事实及不同的构成要件之间不存在共同犯罪。犯罪共同说以犯罪构成为内容，有其特定的法律标准，严格限制了共同犯罪的范围。按照犯罪共同说，共同犯罪的主观要件是共同实行的意思，而且这种意思是在特定的犯罪上的意思，只包括犯罪故意；共同犯罪的客观要件是共同实行事实，而且每个行为人的行为都需要符合一个特定的犯罪构成要件。行为共同说是主观主义学派提出的共犯理论，是犯罪征表主义的反映，认为共同犯罪的成立不以犯罪构成为前提，而以犯罪事实为根据，只要行为人以共同行为完成犯罪，就属于共同犯罪。行为共同说认为共同故意不是共同犯罪的必要条件。根据行为共同说的观点，共同犯罪在主观上也需要行为人的意思联络，但不一定是犯罪故意，过失也被视为共犯的意思；在客观上，只要行为人的危害行为与某种危害结果之间具

---

① 参见高铭暄主编：《刑法专论》，高等教育出版社 2006 年版，第 329 页。

有因果关系，就是共同行为。① 本书认为，犯罪共同说过于强调共同故意，行为共同说过于强调共同行为，似都有偏颇之嫌。

我国刑法理论中对共同犯罪的概念的探讨，是以刑事立法对共同犯罪的规定为基础和依托的，一般不存在争论。1979年《刑法》第22条第1款规定："共同犯罪是指二人以上共同故意犯罪。"同条第2款规定："二人以上共同过失犯罪，不以共同犯罪论处；应当负刑事责任的，按照他们所犯的罪分别处罚。"该条第1款科学地提出了共同犯罪的定义。1997年修订后的《刑法》第25条第1款继续沿用这一定义；第2款也沿袭了1979年《刑法》第22条第2款的全部内容，以对共同犯罪的概念作进一步说明和补充。与外国刑法学者和外国刑事立法对共同犯罪所下的定义相比，我国刑法中关于共同犯罪的定义具有严密的科学性和高度的概括性。这一定义科学地概括了共同犯罪的内在属性，体现了主观与客观相统一的原则，为有效地惩治共同犯罪提供了法律武器，为理论上研究共同犯罪指明了方向。它既不扩大共同犯罪的范围，也不缩小共同犯罪的范围，是符合社会生活中共同犯罪的实际情况的。

二、共同犯罪的成立条件

根据《刑法》第25条的规定，共同犯罪的成立条件包括：

（一）共同犯罪的主体要件

《刑法》第25条第1款规定，共同犯罪的主体必须是"二人以上"。二人以上，包括二人，但并无上限限制。这里的"人"，应作广义的理解，既包括自然人，也包括拟制的人——单位。就自然人而言，"人"一定是符合犯罪主体要件的人，即必须是达到刑事责任年龄、具有刑事责任能力的人。具体而言，共同犯罪的主体结构有以下三种情形：

1. 两个以上的自然人构成的共同犯罪

在这种共同犯罪中，要求各犯罪人都必须达到刑事责任年龄、具有刑事责任能力。如果两个以上的行为人中，只有一个人符合犯罪主体的条件，其他人均未达到刑事责任年龄或不具有刑事责任能力，则不是共同犯罪。如果是一个达到刑事责任年龄、具有刑事责任能力的人教唆或帮助没有达到刑事责任年龄或者不具有刑事责任能力的人去实行犯罪，则前者属于间接实行犯或间接正犯，不与后者构成共同犯罪。如果是没有达到刑事责任年龄或不具有刑事责任能力的人教唆或

---

① 参见陈兴良：《共同犯罪论》，中国社会科学出版社1992年版，第66—68页。

帮助一个达到了刑事责任年龄并具有刑事责任能力的人或主动与后者合谋，前者同样也不构成犯罪，只有后者构成单个人的犯罪。应当注意，根据我国《刑法》的规定，已满16周岁的人属于完全负刑事责任年龄阶段，因此，已满16周岁具有刑事责任能力的人，可以成为任何犯罪的共同犯罪主体。已满14周岁不满16周岁的人只对故意杀人、故意伤害致人重伤或者死亡、强奸、抢劫、贩卖毒品、放火、爆炸、投放危险物质等八种犯罪负刑事责任。因此，这一年龄阶段的人只能成为前述八种犯罪的共同犯罪主体。例如，15周岁的某甲与已满16周岁的某乙共同盗窃他人数额较大的财物，只能追究某乙单独犯罪的刑事责任，甲与乙并不构成盗窃罪的共同犯罪。

有必要指出，在自然人共同犯罪中，二个以上具有不同身份的人可以构成共同犯罪。我国刑法中有些犯罪的主体为特殊主体，即要求行为人具有特殊身份。这种特殊主体的规定，是就单个人犯罪而言的；就共同犯罪来讲，不具备特殊身份的人也可能成为特殊主体犯罪的共同犯罪主体。例如，非国家工作人员教唆国家工作人员收受贿赂，就与国家工作人员构成受贿罪的共同犯罪。

2. 两个以上的单位构成的共同犯罪

我国刑法规定的单位犯罪有160余种，无论从理论上看还是从实践来考察，单位共同犯罪都是存在的。例如，单位共同生产、销售假药，共同走私，共同集资诈骗，共同侵犯著作权，共同非法经营，共同走私、贩卖、运输、制造毒品等，都可以构成共同犯罪。

3. 自然人与单位构成的共同犯罪

例如，公司、企业、事业单位与走私的犯罪分子通谋，为其提供贷款、资金、账号、发票、证明，或者为其提供运输、保管、邮寄或者其他方便的，根据《刑法》第156条的规定，就构成走私犯罪的共同犯罪。

（二）共同犯罪的主观条件

《刑法》第25条第1款明确规定，共同犯罪必须是二人以上"共同故意"犯罪。因此，共同故意是共同犯罪在主观上的必备要件。"共同"的故意，并不能简单地视为行为人仅有"相同"的故意，关键还在于各共同犯罪人之间有意思联络，或称"合意"。概括地说，所谓共同犯罪故意，是指各行为人通过意思的传递、反馈而形成的，明知自己是和他人配合共同实施犯罪，并且明知共同的犯罪行为会发生某种危害社会的结果，而希望或者放任这种危害结果发生的心理态度。

具体而言，共同犯罪故意包括以下几项内容：第一，必须有意思联络。换言之，共同犯罪故意要求各共同犯罪人认识到自己不是在单独地实施犯罪，而是在和其他人相互配合共同实施犯罪。对于二人以上相互配合共同实施犯罪，数行为人在主观上相互沟通，彼此联络。第二，必须有共同认识。这要求各共同犯罪人都明知自己与他人共同犯罪行为的性质，即会发生危害社会的结果。第三，必须有共同意志，即对某种危害社会的结果的发生，各共同犯罪人采取希望或者放任的态度。

至于共同犯罪故意的意志形式，本书认为，既可以表现为各行为人都有犯罪的直接故意，也可以表现为各行为人都有犯罪的间接故意，还可以表现为直接故意与间接故意的结合。因为，在共同认识的基础上，每个共同犯罪人对共同犯罪结果的态度有其相对的独立性，有的犯罪人持希望态度，有的则持放任态度。①

（三）共同犯罪的客观要件

共同犯罪的客观要件，是指各犯罪人必须具有共同行为。"共同行为"不仅指各共犯人都实施了同一犯罪构成的行为，而且要求各共犯人的行为在共同故意支配下相互配合、相互协调、相互补充，形成一个整体。"共同行为"意味着各共犯人的行为都是共同犯罪行为这一整体的有机组成部分，在发生了危害结果的情况下，各共犯人的行为作为一个整体与危害结果之间具有因果关系。因此，共同犯罪行为不是单独犯罪行为的简单相加，而是二人以上的犯罪行为在共同犯罪故意基础上的有机结合。

共同犯罪中共同行为的表现形式，可以存在三种情形：（1）共同作为，即各共犯人的行为均为作为。如共同以暴力方法抢劫他人财物。（2）共同不作为，即各共犯人的行为均为不作为。例如，甲乙二人均为锅炉工，在一起值班时合谋以爆炸锅炉的方式破坏工厂，于是都不给锅炉加水，致使锅炉因无水空烧而爆炸，给工厂造成重大人员伤亡和财产损失，甲乙二人便属于不作为的共同犯罪。（3）作为与不作为相结合。如仓库保管员与盗窃犯事前通谋，盗窃犯入室盗窃时，保管员借故离开，即由作为与不作为构成的共同盗窃罪。

从共犯人的分工情况或行为与分则条文的联系来看，共同犯罪行为可以分为实行行为与非实行行为。实行行为是刑法分则规定的具体犯罪客观构成要件的行为，也就是说是由具体罪刑规范所规定的行为，也可以称为构成要件的行为。实施实行行为的人可以称为实行犯。例如，贪污罪（第382条）的实行行为，即利用职务上的便利，侵吞、窃取、骗取或者以其他手段非法占有公共财物的行为。非实行行为包括组织行为、教唆行为和帮助行为。所谓组织行为，是指在犯罪集

---

① 参见高铭暄主编：《刑法专论》，高等教育出版社2006年版，第332页。

团当中组织、策划、指挥的行为；教唆行为，即引起他人实行犯罪决意的行为；帮助行为，即在共同犯罪中起辅助作用的行为。

共同犯罪行为既可以是同时实施的，也可以不是同时实施的。例如，甲、乙共谋杀丙，既可能表现为由甲、乙二人同时实行杀人行为，也可能表现为甲率先提供凶器，然后由乙一人去实施杀人的实行行为。

三、共同犯罪的认定

在司法实践中，认定共同犯罪应该注意如下问题：

（一）共谋而未实行是否构成共同犯罪

在共同犯罪过程中，共同犯罪人往往是先共同谋议实行犯罪，然后再具体实施。这样便可能出现有人只参加谋划而未实施具体犯罪实行行为的情形。在这种情形下，未实施具体犯罪实行行为者与实施了犯罪实行行为者是否构成共同犯罪呢？对此我国刑法理论界有肯定与否定两种不同观点。我们同意肯定说，即共谋而未参与实行的，仍构成共同犯罪。因为共同犯罪行为不仅指共同实行行为，也包括共同预备行为。参与共谋即共同预备行为，即使数人共谋犯罪而均未实行，亦可成立共同犯罪，更何况数人中一部分人实施了犯罪实行行为。因此，共谋而未参与实行犯罪的，行为人仍具有共同犯罪行为，因而构成共同犯罪。

具体而言，在对共谋而未实行者进行处罚时，应根据其他共谋者的行为状况以及共谋而未实行者的主客观表现予以区别对待：（1）如果共谋而未实行者是基于意志以外的原因而没有参与实行行为，或者虽然是主动改变主意而没有参与实行行为，但没有采取有效措施以防止危害结果的发生，而其他共谋者则将实行行为实施完毕，达到犯罪既遂，那么对共谋而未实行者应当按犯罪既遂论处。当然，在量刑时，对基于意志以外的原因而没有参与实行行为和主动改变主意而没有参与实行行为两种情形还是应当区别对待的，后者应当承担的刑事责任应相对轻于前者。（2）如果共谋而未实行者是基于意志以外的原因而没有参与实行行为，其他共谋者则将犯罪活动发展到已经着手实施犯罪实行行为的阶段，但基于意志以外的原因而没有得逞，那么对共谋而未实行者应当按犯罪未遂处理。（3）如果共谋而未实行者主动改变主意而没有参与实行行为，其他共谋者则将犯罪活动发展到已经着手实施犯罪实行行为的阶段，但基于意志以外的原因而没有得逞，对共谋而未实行者应当按犯罪中止处理。原因是在这种情况下，共谋而未实行者是在犯罪过程中自动放弃犯罪，而危害结果又没有发生，因而符合我国刑法规定的犯罪中止的要件，理应按犯罪中止处理。（4）如果共谋而未实行者是基于意志以外的原因而没有参与实行行为,而其他共谋者则在犯罪过程中自动放弃了犯罪或者有效防止了危害结果的发生,那么对共谋而未实行者则应当按犯罪预备处理。

(二) 共同过失犯罪

所谓共同过失犯罪,是指二人以上的过失行为共同导致一定的危害结果,因而分别构成犯罪的情况。关于共同过失犯罪,刑法理论与实务界颇多争议,其焦点便在于共同过失犯罪是否成立共同犯罪,是否为一种独立而实在的犯罪形态? 对此,学者之间肯定与否定态度可谓泾渭分明。日本刑法学家大场茂马(ぉぉば しげま)、藤木勘三郎(かつもと かんざぶろう)、冈田朝太郎(おかだ あさたろう)以及苏联刑法学家特拉伊宁等都是持肯定态度的。尽管有众多学者趋于接受肯定说,但否认共同过失犯罪之存在目前仍是中外刑法理论中传统而通行的观点。在我国,早在民国初年的《暂行新刑律》中就曾规定:"于过失罪,有共同过失者,以共犯论。"但中华人民共和国成立以来的刑事立法是不承认共同过失犯罪,至少是不把它纳入共同犯罪之范畴的。国内学者大多基于各行为人之间欠缺主观联系,也否认共同过失犯罪成立共同犯罪,甚而否认共同过失犯罪之存在。

本书认为,共同过失犯罪是否成立共同犯罪,与共同过失犯罪是否存在,应该是两个不同层面的问题。现实生活中的犯罪现象是纷繁复杂的。实践中,因二人以上的共同过失而导致发生一定危害结果从而分别构成刑法分则所规定的犯罪的情况,并非不可能存在。例如,甲乙二人在山顶共同将巨石推落,因疏忽大意而将行人丙砸死,即是适例。

事实上,共同过失犯罪同共同(故意)犯罪一样,也是一种客观存在的犯罪现象。但刑事立法上之所以确立共同(故意)犯罪,主要是因为行为人之间通过意思联络形成了互相协调的危害社会的合力,这一合力无疑要比分散的孤立的个人犯罪的总和要大得多,其社会危害性也要严重得多,从而也决定了它会成为刑法所打击的重点乃至为刑事立法所详细规定。而共同过失犯罪则不然,由于各行为人之间缺乏主观联络,从总体而言,其社会危害性并不是特别严重。社会危害性的相对轻微,决定了其欠缺为刑法所特别规定之必要。不过,我们显然不能因为刑法没有特别规定而否认其存在。事实上,我国 1997 年《刑法》第 25 条第 2 款"二人以上共同过失犯罪,不以共同犯罪论处"之规定,正是建立在承认共同过失犯罪客观存在的基础之上的。

那么,共同过失犯罪是否成立共同犯罪呢? 要想正确回答这个问题,就必须首先界定清楚共同犯罪这个概念是在何种层面上被使用的。本书认为,共同犯罪应该有事实上的共同犯罪与法律上的共同犯罪之分。事实上的共同犯罪应该包括共同故意犯罪与共同过失犯罪，这就如同犯罪分为故意犯罪和过失犯罪一样。而法律上的共同犯罪则是对事实上的共同犯罪的一种法律确认，其范围应当取决于客观存在的共同犯罪现象以及惩治共同犯罪的司法实务之需要。根据我国的实际状况，目前刑事立法把法律上的共同犯罪限定为共同故意犯罪是恰当的。但我们不能够一方面把事实上的共同犯罪中的共同故意犯罪以刑事立法予以确认，从而升格为法律上的共同犯罪；另一方面又用升格为法律上的共同犯罪的共同故意犯罪的特征、构成要件来衡量共同过失犯罪，从而得出其不成立共同犯罪之结论，进而否认其存在。其实，这只能说明共同过失犯罪不成立法律上的共同犯罪（即共同故意犯罪），并不能据此否认共同过失犯罪属于事实上的共同犯罪之客观属性。因此，本书认为，理论中通常所谓之共同犯罪是在法律层面上使用的一个概念，我们不能将其与事实层面上的共同犯罪混为一谈。

其实，尽管共同过失犯罪与共同故意犯罪同披着"共同"的外衣，同属客观存在的共同犯罪现象，但它们之间的区别是很明显的。这主要体现在以下方面：首先，就主观方面而言，共同故意犯罪以各共同犯罪人具有相同的犯罪故意并有意思联络为要件，各个犯罪人的行动是在共同故意的支配指挥下实施的，故其行为具有共同性；而共同过失犯罪的各行为人之间主观上并没有联系，他们的罪过是以各自独立的单个人的心理活动表现出来的。其次，从客观方面来说，共同故意犯罪人之间的行为是相互联系、相互配合的，各自实施的行为在定罪中没有独立的意义，而共同过失犯罪的各个行为之间的联系则缺乏自觉性，是纯客观的，它们对于危害结果的发生都具有相当的原因力，因而在定罪中有一定的独立意义。再次，从犯罪所蕴含的社会危害程度而言，共同故意犯罪显较共同过失犯罪严重。最后，两者承担刑事责任的原则也大相径庭。

根据《刑法》第25条第2款的规定，过失共同犯罪应当负刑事责任的，按照他们所犯的罪分别处罚。

（三）片面共犯

片面共犯是从外国刑法理论中引入的一个概念，是指两个以上的行为人共同针对同一犯罪对象实施犯罪行为，但只有一方存在共同犯罪故意，另一方则无此犯意的情形。例如，甲与乙有仇，手持凶器追杀乙。丙对乙早已怀恨在心，恰好碰见此情景，立即在暗中于乙逃跑必经之路上设置障碍，致使乙逃跑受阻，被甲追上杀死。此案中便存在片面共犯的情形。

本书认为，片面共犯的情形是客观存在的，这一点无论是国外大陆法系学者还是英美法系学者，也无论国内持肯定说还是持否定说的学者，均无异议。问题在于对这类情形是否应冠以片面共犯之名,我国刑法理论界存在较大分歧。① 本书认为,如果所谓片面共犯就是片面共同犯罪,则片面共犯的提法本身就是自相矛盾的。因为,从整体上看,在所谓的片面共犯中,行为人无论是在认识因素上还是在意志因素上均不具有共同犯罪的一般特征。既然连普遍性都不存在,又从何谈起特殊性?这时再称之为共同犯罪,未免名不符实。而且,在所谓片面共犯的场合,明明起主要作用的实行犯和起次要帮助作用的帮助犯都存在,却不能分别定为主犯和从犯进行处罚,显然与共同犯罪的处罚原则也是相矛盾的。例如,甲和乙均与丙有仇,一天甲和丙发生冲突,甲对丙进行追打,这时乙悄悄在丙逃跑所经过的路上放置一把尖刀,甲在经过时发现了尖刀,立即拾起继续追赶,见丙逃得较远难以追上,便将尖刀朝丙奋力掷去,将丙扎成重伤。对这种情形,司法实务中并不将甲作为主犯处理,而是以单独犯罪论处,原因是甲并不存在与他人共同犯罪的故意,而是认为自己是一个人在实施犯罪,这时如果将其按主犯论处,显然不符合主客观相统一的定罪量刑原则。因此,从司法实务上来看,称此种情形为共同犯罪是牵强的。承认片面共犯这种共同犯罪类型的存在不但不能解决司法实务中的问题,反而会引发出新的问题。

但是,如果不在立法上解决被称为片面共犯的这种情形,确实会给司法实务带来困难,比如,会使追究帮助犯的刑事责任失去法律依据。因为在这种情况下,帮助行为和被帮助者的实行行为是造成危害结果发生的共同原因,可是,被帮助者的实行行为是刑法分则所规定的犯罪构成要件行为,有追究其刑事责任的法律依据,而帮助行为并不是刑法分则所规定的犯罪构成要件行为,如果不将帮助行为与被帮助人的实行行为结合在一起考察,就找不到追究帮助犯刑事责任的法律依据。因此,比较可行的解决方法应当是在刑法当中直接对片面共犯这类情形作出专门规定,即规定在实行犯不知情的情况下帮助实行犯完成犯罪的,比照共同犯罪中的从犯定罪处罚。这样既解决了追究片面帮助犯的刑事责任的法律依据问题,又将其与共同犯罪情形区别开来,从而名正言顺地只以单独犯罪追究实行犯的刑事责任,避免了一方面将片面共犯视为共同犯罪,另一方面却又只能以单独犯罪追究起主要作用的实行犯的刑事责任这种矛盾局面。

(四) 共同犯罪中的实行过限问题

实行过限,是指实行犯实施了超出共同犯罪故意的行为。我国刑法理论通说认为,超出共同犯罪故意的犯罪,不构成共同犯罪。这无疑是正确的,理由是,

---

① 参见高铭暄主编:《新中国刑法学研究综述》,河南人民出版社1986年版,第356页。

根据我国主客观相统一的犯罪构成刑法理论，行为人只有在对其行为可能或必然造成的危害结果主观上具有罪过的情况下才构成犯罪。要构成共同犯罪，行为人必须存在共同犯罪故意。而对于过限的实行行为及其可能造成的危害结果，除了行为实施者本人在主观上存在故意心态外，其他共同犯罪人或者一无所知，或者不存在与过限者共同实施的故意心态，因而缺乏共同犯罪故意，当然不能按共同犯罪论处。但对实行过限问题如何处理，则较为复杂，值得认真研究。总的来说，对于共同犯罪中的实行过限，应当按不同情况不同处理。

1. 共同实行犯实行过限的处理

共同实行犯中的实行过限，是指数人在共同实施符合刑法分则规定的构成要件行为时，其中的某个人所实施的行为超过了他们事先计划实施行为的范围。例如，甲乙丙3人商量好于某天夜里入室抢劫。入夜后3人如约而至，然后共同破门入室抢劫。入室后发现只有女主人一人在家，于是由丙用刀逼住女主人，甲和乙翻箱倒柜搜掠财物。丙在控制女主人的过程中，见色起意，将女主人强奸。甲乙两人忙于搜掠财物，对丙所实施的强奸行为一无所知。在此案中，丙所实施的强奸行为便属于典型的实行过限。对丙除了以抢劫罪的共犯论处外，还应当追究其强奸罪的刑事责任，应当以抢劫罪和强奸罪对其进行数罪并罚。对甲和乙而言，由于丙所实施的强奸罪不属于共同犯罪的范围，两人对女主人被强奸这一危害结果的发生在主观上也不存在罪过，因而甲和乙不应当对丙所实施的强奸罪承担刑事责任，而只能以抢劫罪追究他们的刑事责任。

2. 实行过限时组织犯的责任

组织犯由于只是组织、指挥、策划犯罪活动，没有参与实行行为，因而对实行犯的实行过限不可能知道，主观上也就不存在罪过。因此，组织犯只应对其组织、指挥、策划范围内的犯罪行为承担刑事责任，对实行过限行为不应当承担刑事责任。例如，组织犯甲组织了一伙人专门从事扒窃活动，扒窃犯乙在扒窃过程中被失主发现，乙于是从盗窃变成抢劫，用尖刀逼住失主，将失主钱包抢走。在这种情况下，甲只需承担其组织实施的盗窃罪的刑事责任，对乙的抢劫犯罪无须承担刑事责任，乙只能单独负抢劫罪的刑事责任。但是，如果甲在组织他人扒窃时，告诉扒窃人员如果偷不到，也可以抢，则甲对乙的抢劫犯罪也必须承担刑事责任。原因是在这种情况下，甲组织他人实施抢劫犯罪的意图虽然不很明显，但扒窃犯如果实施了抢劫犯罪显然也不违背甲的本意，因此，抢劫犯罪也属于甲组织实施的犯罪活动之一，他当然要对自己组织实施的犯罪行为承担刑事责任。

3. 实行过限时教唆犯的责任

教唆犯由于实施的是教唆行为，没有参与实行行为（对既教唆又参与实行行为的情形应当按共同实行犯论处，其教唆行为可以作为一个量刑情节考虑），因而对实行犯的实行过限一般也不可能知道，主观上也不存在罪过。因此，教唆犯一般无须对实行犯的实行过限行为承担刑事责任。需要注意的是，在某些情况下，教唆犯对实行犯的实行过限行为已经认识到或应当认识到，即在被教唆人实施犯罪前，教唆犯就已经认识到或者应当认识到被教唆人有可能实行过限。在这种情况下，教唆犯是否应当对实行过限承担刑事责任呢？例如，教唆犯甲唆使乙去伤害丙，他只想让乙将丙打成轻伤，但知道乙在情绪激动的状态下很可能将丙打成重伤甚至伤害致死，于是叮嘱乙一定要注意下手的轻重，不要将丙打成残疾或打死，但乙最终还是将丙伤害致死。甲在本案中究竟应当承担什么责任呢？是只需承担故意伤害罪的刑事责任，还是要承担故意伤害致死的刑事责任呢？本书认为，在教唆犯对实行犯的实行过限已经认识到或应当认识到的情况下，应当分两种不同情况来处理。第一种情况是实行过限的内容属于结果加重犯中的加重结果，如故意伤害致死中的致被害人死亡的结果。对于这种实行过限，教唆犯应当承担刑事责任，原因是在这种情况下，实行犯的共同犯罪行为与过限行为是密不可分的，过限的危害结果并不是由过限行为单独造成的，而是由共同犯罪行为和过限行为共同造成的，因此，教唆犯对过限的危害结果也必须承担责任。第二种情况是实行过限的内容与教唆犯所教唆的犯罪没有联系。例如，教唆犯刘某唆使李某实施深夜入室盗窃犯罪，刘知道李是好色之徒，且李前往行窃的房屋住的是一名单身女主人，于是叮嘱李某只能盗窃财物，务必不要惊动房主，李某允诺而去，但在盗窃过程中还是将女主人强奸了。对于这种实行过限，教唆犯不应当承担刑事责任。理由是，在这种情况下，过限行为和过限危害结果与教唆犯的教唆行为没有任何因果关系，对于过限危害结果，教唆犯没有实施任何加功行为，因此，不具备要求教唆犯对过限的危害结果承担刑事责任的条件，当然不能就实行过限追究教唆犯的刑事责任。

4. 实行过限时帮助犯的责任

帮助犯一般是在知道实行犯要实施某种危害行为的情况下才对实行犯予以帮助的，如果实行犯超出帮助犯的犯意实施了其他犯罪，则出现对帮助犯而言的实行过限的问题。这时应当如何处理呢？本书认为，无论被帮助人是否利用了帮助犯的帮助，只要其行为超出了帮助犯帮助故意的范围，都属于实行过限，帮助犯对于被帮助人的过限行为不负刑事责任。当然，如果实行过限的内容属于结果加重犯中的加重结果,比如故意伤害致死中的致被害人死亡的结果,那么对于这种实行过限,帮助犯应当承担刑事责任。

(五)不构成共同犯罪的情况

1. 二人共同实施危害行为,但一人是故意,一人是过失的,不构成共同犯罪。如故意教唆或帮助他人实施过失行为,或者过失帮助他人实施故意犯罪,虽然二人的行为彼此存在联系,但由于缺乏共同犯罪故意,因而不能构成共同犯罪。

2. 故意犯罪行为与无罪过行为不可能成立共同犯罪。例如,甲医生与病人乙有仇,意图用毒药毒死乙。甲将毒药交给护士丙,并欺骗丙说,这是给乙开的药,你交给乙回家服用,丙信以为真,将药交给乙,乙服药而死。此案中只能追究甲的单独犯罪罪责。

3. 二人以上同时或者先后实施某种故意犯罪,但主观上缺乏联络的,不构成共同犯罪。二人以上同时以各自行为侵害同一对象,但彼此之间无意思联络的情况,属于同时犯。例如,甲、乙各以盗窃的故意偶然地同时潜入某仓库行窃,分别窃得价值2 000元和3 000元的财物。在此,甲、乙既无共同盗窃的故意,又无共同犯罪行为。虽先后实施某种故意犯罪,但主观上缺乏联络,其不成立共同犯罪的理由与上相同。例如,某一深夜,甲挟持一女青年乙至僻静处,对乙强奸。丙冒充公安人员,将甲吓跑,也强奸了乙。甲、丙二人并无共同故意,不构成共同犯罪。

4. 二人以上共同实施没有重合内容的不同犯罪的,不成立共同犯罪。例如,甲、乙两人共同前往某派出所库房,甲盗窃枪支,乙只窃取钱财。由于二人的故意内容及行为性质不属于同一犯罪构成,应认定分别构成盗窃枪支罪和盗窃罪,所以不可能成立共同犯罪。但是,如果甲、乙二人分别为对方的盗窃行为实施了帮助行为,则构成上述两罪的共犯。

5. 事前无通谋的窝藏、包庇、窝赃、销赃等行为与其窝藏等行为指向的犯罪,不构成共同犯罪。事前无通谋的窝藏等行为总是与他人的犯罪行为相联系的,但是二者与共同犯罪行为具有不同性质的特征,具有原则上的区别。

第二节 共同犯罪的形式

共同犯罪的形式,是共同犯罪的形成、结构和共同犯罪人的结合形式的总称。共同犯罪的形成形式,是指共同犯罪是如何形成的;共同犯罪的结构形式,是指共同犯罪内部有无分工；共同犯罪人的结合形式，是指共同犯罪是否具有组织形式。在研究共同犯罪的形式时，应注意把共同犯罪的形式与共同犯罪人的分类相区别。共同犯罪人的分类是对共同犯罪中犯罪主体的分类，其目的在于解决刑事责任的个别化问题；共同犯罪的形式则是对共同犯罪人所实施的共同犯罪的分类，其目的在于认识各种不同形式的共同犯罪的性质、特点及其社会危害程度，从而更有效地与共同犯罪作斗争。

共同犯罪的形式不同，其所具有的特点和社会危害性也有所不同。我国刑法理论界通常采取"四类八种"分类法，即根据不同的标准，从不同角度出发，可以对共同犯罪的形式作如下划分：一是根据共同犯罪能否任意形成，分为任意的共同犯罪与必要的共同犯罪。二是根据共同故意形成的时间，分为事前通谋的共同犯罪与事中通谋的共同犯罪。三是根据共犯者之间有无分工，分为简单的共同犯罪与复杂的共同犯罪。四是根据共同犯罪有无组织形式，分为一般的共同犯罪与特殊的共同犯罪。①

一、任意的共同犯罪与必要的共同犯罪

这是以共同犯罪能否依照法律的规定任意形成为标准对共同犯罪所作的分类。

任意的共同犯罪，是指刑法分则中规定的一人能够单独实施的犯罪，当二人以上共同实施时所构成的共同犯罪的情形。这种共同犯罪的特点是：刑法对犯罪主体的人数没有限制。如果两个人共同实施，就成立共同犯罪，因此，在对这种共同犯罪案件定罪量刑时，不仅要引用刑法分则的有关具体条款，而且要引用刑法总则中有关共同犯罪的规定。我国刑法分则规定的绝大多数故意犯罪，都可以形成任意的共同犯罪，即既可以单独犯罪的形式来完成，也可以共同犯罪的形式来完成，如放火、爆炸、故意杀人、故意伤害、抢劫、强奸等犯罪。

必要的共同犯罪，是指刑法分则规定的只能由二人以上的共同行为才能构成的共同犯罪。这种共同犯罪的特点是：犯罪主体必须是二人以上，而且具有共同的犯罪故意和行为，一个人不可能单独构成此种犯罪。在大陆法系刑法理论中，一般又将必要共同犯罪分为对向犯与多众犯。② 我国刑法理论界有人将之分为对合犯（对行犯）与众合犯（共行犯）③，其含义和对向犯与多众犯的分类相同。也有

---

① 参见高铭暄：《刑法问题研究》，法律出版社1994年版，第180页。
② 参见［日］木村龟二主编：《刑法学词典》，顾肖荣等译，上海翻译出版公司1991年版，第344—347页。
③ 参见陈兴良：《共同犯罪论》，中国社会科学出版社1992年版，第146页。

人将必要共同犯罪进一步细分为聚合性共同犯罪、对向性共同犯罪和集团性共同犯罪。① 本书认为，所谓的"对向性共同犯罪"（或曰对合犯、对行犯）并不能作为必要共同犯罪的一种。何谓对向犯？它是指以行为人双方的对向性行为作为犯罪构成要件的犯罪。对向犯的适例，在我国刑法理论界通常列举的有受贿与行贿、重婚与相婚。本书认为，受贿与行贿在大多数情况下是存在对合性的，但受贿行为与行贿行为在主观故意和客观行为方面均有本质的区别，罪名也各自独立，根本谈不上共同犯罪。何况，根据我国刑法的规定，行贿罪的成立主观上须以"为谋取不正当利益"为要件，而受贿罪除第 388 条规定的斡旋受贿外，其他受贿行为构成犯罪并不以为请托人谋取不正当利益为限。由此可见，受贿罪成立时行贿罪并不一定同时成立，两者不是在任何情况下都具有对合性。重婚与相婚固然在成立犯罪时罪名相同，但事实上，重婚罪也不一定是共同犯罪。例如，甲已婚且婚姻系在存续期间，其欺骗未婚独身的乙说自己未婚，与乙登记结婚，在此只有甲一人构成重婚罪。

本书认为，根据我国刑法的规定，将必要共同犯罪分为聚众共同犯罪与集团共同犯罪是合理、可取的，且具有理论和实践意义。

聚众共同犯罪，是指由首要分子组织、策划、指挥众人所实施的共同犯罪。聚众共同犯罪具有如下特点：一是参与犯罪的人数较多，至少是 3 人；二是有首要分子进行组织、策划、指挥；三是骨干分子积极参加实施犯罪；四是参加犯罪者的目标基本一致。聚众共同犯罪与聚众犯罪并非完全等同的两个概念。我国刑法中的聚众犯罪，是指法律规定以聚众作为犯罪构成必要条件的犯罪。从性质上看，它可以分为两种，有的聚众犯罪属于共同犯罪的聚众犯罪，但也有的聚众犯罪未必是共同犯罪。属于共同犯罪的聚众犯罪的，如《刑法》第 242 条第 2 款规定的聚众阻碍解救被收买的妇女、儿童罪，第 290 条规定的聚众扰乱社会秩序罪、聚众冲击国家机关罪，第 292 条规定的聚众斗殴罪，以及第 317 条第 2 款规定的聚众持械劫狱罪，其首要分子和积极参加者或其他参与者，都具有共同犯罪故意与共同犯罪行为，刑法规定他们均应承担刑事责任，并规定了专门的法定刑，因而符合共同犯罪的成立条件。属于未必都构成共同犯罪的聚众犯罪的，如《刑法》第 291 条规定的聚众扰乱公共场所秩序、交通秩序罪，刑法规定只处罚首要分子，或者说，这一犯罪的构成是以首要分子为主体条件的。这种聚众犯罪，当首要分子为一人时是单独犯罪，是二人以上时才是共同犯罪。

---

① 参见李光灿、马克昌、罗平：《论共同犯罪》，中国政法大学出版社 1987 年版，第 99 页。

集团共同犯罪，是指三人以上有组织地实施的共同犯罪，简称集团犯罪。集团犯罪与犯罪集团是密切关联又有区别的一对范畴：集团犯罪是犯罪集团实施的共同犯罪，犯罪集团是实施犯罪的集体。集团犯罪在我国刑法中的规定最为典型的有《刑法》第120条规定的组织、领导、参加恐怖组织罪，第294条第1款规定的组织、领导、参加黑社会性质组织罪。刑法对于这些犯罪的组织者、领导者、积极参加者和其他参加者都规定了专门的法定刑。对于集团犯罪的认定，关键在于如何认定犯罪集团，对犯罪集团本章将在下文专门作详细探讨。

对于必要共同犯罪即聚众共同犯罪和集团共同犯罪，由于刑法对其中地位和作用不同的各种犯罪分子分别作了专门的处罚规定，因而不必适用刑法总则中关于共同犯罪的规定，而只需径直适用相关刑法分则条文即可。

二、事前通谋的共同犯罪与事前无通谋的共同犯罪

这是按照共同故意形成的时间而划分的共同犯罪形式。

事前通谋的共同犯罪，是指各共同犯罪人在着手实行犯罪以前，进行了不同程度的商议和策划，从而形成共同犯罪故意的共同犯罪。此种形式的共同犯罪在司法实践中较为常见。它通常表现为教唆犯与被教唆者在实行犯罪前沟通犯意，帮助犯在犯罪之前提供工具等。就大多数犯罪而言，并不以事前通谋为成立共同犯罪的要件。但是，应当注意的是，刑法分则规定的有些犯罪，以事前是否有通谋作为划分该罪的共同犯罪与他罪（既可以是单独犯罪也可以是共同犯罪）界限的标准。如《刑法》第310条规定，明知是犯罪的人而为其提供隐藏处所、财物，帮助其逃匿或者作假证明包庇，事前通谋的，构成本犯的共同犯罪；如果事前无通谋，则构成窝藏、包庇罪。又如《刑法》第349条规定，事前通谋，包庇走私、贩卖、运输、制造毒品的犯罪分子，为犯罪分子窝藏、转移、隐瞒毒品或者犯罪所得的财物的，以走私、贩卖、运输、制造毒品罪的共犯论处；如果事前无通谋，则构成包庇毒品犯罪分子罪。

事前无通谋的共同犯罪，是指各共同犯罪人在刚着手实行犯罪时或在实行犯罪过程中形成共同犯罪故意的共同犯罪。例如，甲正在殴打乙，适逢丙路过，于是，甲请丙帮忙，丙应邀与甲共同将乙打成重伤。本案中甲、丙的共同犯罪就是事前无通谋的共同犯罪。"事前无通谋的共同犯罪"之提法严格来说不科学，因为"事前无通谋"包括了事后通谋，而事后通谋根本不可能构成共同犯罪，因而改称为"事中通谋"较为合适。但"事前无通谋"与"事前通谋"相提并论，已成为

我国刑法理论界的通说。

对于事前通谋的共同犯罪，由于各共同犯罪人在事前有谋划，因而犯罪更容易得逞，犯罪人的人身危险性和行为的社会危害性都较大。事前无通谋的共同犯罪，一般来讲，较事前有通谋的共同犯罪的社会危害性小。

三、简单的共同犯罪与复杂的共同犯罪

这是根据共同犯罪人之间有无分工而划分的共同犯罪形式。

简单的共同犯罪，是指各共同犯罪人都直接实行某一具体犯罪构成客观要件行为的共同犯罪。换言之，每个共同犯罪人都是实行犯。例如甲、乙两人都实施抢劫丙的财物的行为。

复杂的共同犯罪，是指各共同犯罪人之间存在着分工的共同犯罪。在司法实践中，复杂的共同犯罪具体有以下几种主要表现形式：一是不同的共同犯罪人分别实施教唆行为和实行行为；二是不同的共同犯罪人分别实施帮助行为和实行行为；三是不同的共同犯罪人分别实施教唆行为、帮助行为和实行行为；四是不同的共同犯罪人分别实施组织行为、实行行为；五是不同的共同犯罪人分别实施组织行为、帮助行为和实行行为。这种分工具体表现为：组织犯负责对整个犯罪活动的策划、指挥和领导；教唆犯负责唆使他人产生犯罪决意，并实施犯罪行为；实行犯直接实施具体犯罪构成要件的行为，直接造成危害结果；帮助犯为犯罪的实行、完成和保持犯罪后的不法状态，提供物质和精神上的帮助。

简单的共同犯罪中，各共同犯罪人都是实行犯，因而处理起来较为容易。复杂的共同犯罪中，行为人之间的分工不同，所起的作用不尽相同，因而各自应承担的刑事责任也不同，在处罚时应区别对待。

四、一般共同犯罪与有组织的共同犯罪

这是根据共同犯罪有无组织形式而划分的共同犯罪形式。

一般共同犯罪，是指二人以上为实施特定犯罪而事前或临时结合的无特殊组织形式的共同犯罪。此种形式的共同犯罪人一旦完成特定的犯罪，其犯罪联盟就不复存在。一般共同犯罪，可以是简单的共同犯罪，也可以是复杂的共同犯罪；可以是事前通谋的共同犯罪，也可以是事前无通谋的共同犯罪。

有组织的共同犯罪即犯罪集团。犯罪集团是一种破坏力很大、危害极其严重的犯罪现象，历来是各国刑法打击的重点。《刑法》第26条第2款明确规定了犯

罪集团的定义，即"三人以上为共同实施犯罪而组成的较为固定的犯罪组织，是犯罪集团"。根据该定义，犯罪集团具有如下几个基本特征：

第一，成员的多数性。这是犯罪集团在组成人员的量上的特征，即成员必须在三人以上。三人为众，刑法把三人作为构成犯罪集团的底数，这也是犯罪集团不同于一般共同犯罪的特点。司法实践中，犯罪集团在成员人数上多数都不止三人，有的达到数十、数百甚至上千人。二人共同犯罪的，即使在其他特征上与犯罪集团相似，也不能称为犯罪集团。

第二，具有共同实施犯罪的目的性。这是犯罪集团在主观方面的重要特征，也是它与基于低级趣味或封建习俗而形成的落后组织，以及其他非法组织相区别的重要标志。犯罪集团在主观上是为了共同实施某种犯罪或某几种犯罪而组织起来的，具有鲜明的犯罪目的性。犯罪集团在主观上所具有的犯罪目的性，可以通过集团成员之间口头或者书面约定，也可以通过共同犯罪活动而逐渐形成，并不要求必须有书面的犯罪纲领，也不要求在实际上反复多次实施了某种或某几种犯罪。

第三，具有较强的组织性。这是犯罪集团的组织特征。它表现为，犯罪集团成员相对固定，内部之间具有领导与被领导的关系，其中有首要分子，有骨干分子，有一般成员，首要分子组织、领导、指挥其他成员进行集团犯罪活动。当然，不同的犯罪集团在组织严密程度上各有不同，有的组织性很强，甚至有铁的"纪律""帮规"来维系和约束集团成员的活动，而有的组织性则相对要弱一些。但总体来说，犯罪集团内部都具有较强的组织性，这是构成犯罪集团的组织性条件，缺少它就不能构成犯罪集团。

第四，具有相当的稳固性。犯罪集团是三人以上为实施某种或者某几种犯罪而联合或组织起来的，其组织机构和活动计划都是出于长远的考虑，而不是为了实施一次犯罪而临时结伙，在实施一次犯罪之后，该组织或联合体仍继续存在。正如有的学者所指出的，所谓稳固性，就是指以实施多次犯罪为目的而联合，联合体准备长期存在，而不以事实上实施了多次犯罪为必要。所以，只要各共同犯罪人是为了实施多次或者不定次数犯罪而联合起来的，即使他们只实施了一次犯罪或根本没有来得及实施任何犯罪，也不影响犯罪集团的成立。犯罪集团之所以成为刑法打击的重点，也就在于它是一种犯罪组织，是以经常性、专门性地从事犯罪活动为前提的。如果三人以上只是为了实施某种具体的犯罪而结合在一起，该种犯罪一旦实施完毕，其犯罪的联合即行解体，则这种犯罪的联合只是普通的共同犯罪，而不能认定为犯罪集团。即使这次犯罪情节十分恶劣、后果十分严重，也只能作为一次临时纠合的共同犯罪予以处理。

第三节 共同犯罪人的刑事责任

相对于单独犯罪而言，共同犯罪是一种形式较为复杂，性质更为恶劣，社会危害也更大的犯罪形式。单独犯罪，根据罪责自负的原则，行为人对于其危害社会的犯罪行为，承担全部的刑事责任。然而，共同犯罪人在共同犯罪中实施的行为不可能完全相同，所起的作用也就有大小之分。因此，有必要依据一定的标准，对于共同犯罪人进行科学的分类，在此基础上确立共同犯罪人的定罪与处罚原则。共同犯罪人的分类，历来就是各国刑事立法的重点，也是刑法学理论研究的热点问题之一。从各国刑法关于共同犯罪的立法例来看，共同犯罪人的分类主要有分工分类法与作用分类法两种方法。前者以共同犯罪人在共同犯罪中的分工为标准，将共同犯罪人区分为实行犯（正犯）、组织犯、帮助犯、教唆犯；后者以共同犯罪人对于犯罪结果产生的原因力的大小即各犯罪人在整个犯罪中作用的大小为标准，将共同犯罪人区分为主犯、从犯和胁从犯。其中，分工分类法是大多数国家所采用的方法。

对我国刑法关于共同犯罪人的分类，通说认为是在按共同犯罪人在共同犯罪中的作用将其分为主犯、从犯、胁从犯的同时，又根据共同犯罪的分工标准，划分出教唆犯。教唆犯与前三种共同犯罪人虽然在逻辑上不是并列关系，但其具有特殊性和复杂性，需要独立地加以研究。

一、主犯及其刑事责任

（一）主犯的种类

《刑法》第 26 条第 1 款规定："组织、领导犯罪集团进行犯罪活动的或者在共同犯罪中起主要作用的，是主犯。"据此，主犯包括两种犯罪分子：

1. 组织、领导犯罪集团进行犯罪活动的犯罪分子，亦即犯罪集团的首要分子。这种主犯具有以下两个特征：一是以犯罪集团的存在为前提条件；二是必须是组织、领导犯罪集团进行犯罪活动的犯罪分子。组织、领导犯罪集团进行犯罪活动通常表现为：负责组建犯罪集团，网罗犯罪集团成员，制订犯罪行动计划，召集犯罪会议，布置犯罪任务，指挥集团成员进行具体的犯罪活动等。

2. 在共同犯罪中起主要作用的犯罪分子。这种主犯是指犯罪集团首要分子以外的在共同犯罪中起主要作用的犯罪分子。包括：（1）在犯罪集团中虽不起组织、指挥作用，但是积极参与犯罪集团的犯罪活动的人，即犯罪集团的骨干分子。（2）聚众共同犯罪中的首要分子或其他在聚众共同犯罪中起主要作用的犯罪分子。（3）在聚众共同犯罪以外的一般共同犯罪中起主要作用的犯罪分子。

对于主犯的认定，除认定犯罪集团和聚众共同犯罪的首要分子时应着眼于犯罪人是否在犯罪集团或聚众犯罪中起组织、指挥作用外，对于其他主犯的认定，应综合考察以下几个方面的情况：（1）实行犯罪前犯罪人的表现，如是否主动邀约他人犯罪，是否出谋划策等。（2）实行犯罪过程中犯罪人的表现，如是积极主动地实施犯罪活动还是消极被动地参与实行犯罪，其行为是犯罪结果发生的主要原因还是次要原因等。（3）犯罪完成后犯罪人的表现，如是否控制、支配赃款、赃物，是否组织、指挥逃跑，是否布置反侦查活动等。共同犯罪中的主犯可能是一个，也可能是几个，有时全部共犯人均是主犯。

（二）主犯定罪范围的规定与适用

我国1979年《刑法》第23条第2款规定："对于主犯，除本法分则已有规定的以外，应当从重处罚。"由此可见，我国1979年《刑法》对主犯仅规定了"从重处罚"的原则。然而，这个原则实际上只解决了共同犯罪人中主犯的量刑问题，而未涉及定罪问题，即各共同犯罪人依照何种原则对共同犯罪承担刑事责任的问题，这就导致刑法学界和实务界对共同犯罪人的定罪范围产生诸多疑惑。例如，关于犯罪集团首要分子刑事责任的范围问题，理论上曾有三种观点：一为自身罪行负责说，认为首要分子的刑事责任仅限于自己本身的行为，而不能对整个犯罪集团的犯罪负责；二为全部罪行负责说，认为犯罪集团的首要分子应毫无例外地对集团成员实施的一切犯罪活动负责；三为预谋罪行负责说，认为首要分子必须对集团预谋实施的全部罪行，包括引起的严重后果负责。与此相近，对犯罪集团中一般参与者的刑事责任范围，理论界也有三种不同的观点：一为参与罪行负责说；二为全部罪行负责说；三为折衷说（即主张犯罪集团的一般成员既要对具体实施的罪行负责，又要对所参与的犯罪集团的罪行负责）。这些学说无不表明，刑法理论界对共同犯罪人的定罪范围存在很大的争议，这种争议在经济共同犯罪中体现得尤为突出。在经济共同犯罪中，围绕着共同犯罪人应当根据哪种数额定罪，理论界存在着五种观点：（1）分赃数额说，即各共同犯罪人只对自己实际分得赃物的数额承担刑事责任；（2）参与数额说，即各共同犯罪人应对本人实际参与的经济犯罪数额承担刑事责任；（3）犯罪总额说，即以共同犯罪的财物总额作为确定各共同犯罪人的刑事责任的标准；（4）分担数额说，即各共同犯罪人应对本人

"应当分担的数额"负责;(5)综合数额说,主张综合考虑全案因素,确定各共同犯罪行为的大小,然后据此定罪量刑。① 尽管在共同犯罪人的定罪范围方面观点众多,分歧纷呈,但较多被认可的只有全部罪行负责说、预谋罪行负责说和参与罪行负责说三种,而自身罪行负责说的支持者相当鲜见。

刑事立法总是与刑法理论相辅相成的。与刑法理论界众说纷纭的局面一样,我国刑事立法对共同犯罪人——特别是首要分子和其他主犯——的定罪范围,也有一个变化、发展的过程:(1)一律采自身罪行负责说。如1952年4月21日中央人民政府公布的《中华人民共和国惩治贪污条例》规定:"集体贪污,按各人所得数额及其情节,分别惩治。"②(2)首要分子采全部罪行负责说或预谋罪行负责说,主犯采自身罪行负责说,但对主犯规定从重处罚。如1985年7月18日最高人民法院、最高人民检察院《关于当前办理经济犯罪案件中具体应用法律的若干问题的解答(试行)》及1984年11月2日最高人民法院、最高人民检察院《关于当前办理盗窃案件中具体应用法律的若干问题的解答》。(3)首要分子采全部罪行负责说,其他主犯凡符合"情节严重"条件的,亦采全部罪行负责说。如1988年1月21日全国人大常委会《关于惩治贪污罪贿赂罪的补充规定》第2条第4项的规定。(4)首要分子采全部罪行负责说,其他主犯采参与罪行负责说。如1991年4月12日最高人民法院《关于办理共同盗窃犯罪案件如何适用法律问题的意见》③,而这一司法解释恰恰为1997年《刑法》关于主犯定罪范围的规定奠定了基础。

现行《刑法》第26条第3款规定:"对组织、领导犯罪集团的首要分子,按照集团所犯的全部罪行处罚。"该条第4款规定:"对于第三款规定以外的主犯,应当按照其所参与的或者组织、指挥的全部犯罪处罚。"这里的"处罚",本书认为实为定罪范围之义,也就是说,对犯罪集团所犯的全部罪行,首要分子无论是否直接参与实施、策划某一次或某几次犯罪,均应对这些犯罪承担刑事责任。而其他主犯只对自己亲自参与实施、组织或指挥的全部犯罪承担刑事责任,对自己未参与实施、组织或指挥而由其他共犯成员实施的犯罪不承担刑事责任。

我国现行刑法为什么对主犯的定罪范围作如此规定呢?我们先来看犯罪集团

---

① 参见陈兴良:《共同犯罪论》,中国社会科学出版社1992年版,第312—313页。
② 参见最高人民法院研究室编:《司法手册》第3辑,人民法院出版社1987年版,第142、185页。
③ 参见全国人大常委会法制工作委员会审定:《中华人民共和国法律分类总览·刑法卷》,法律出版社1994年版,第204页。

的首要分子。《刑法》第 26 条第 1 款规定："组织、领导犯罪集团进行犯罪活动的或者在共同犯罪中起主要作用的，是主犯。"该法第 97 条规定："本法所称首要分子，是指在犯罪集团或者聚众犯罪中起组织、策划、指挥作用的犯罪分子。"基于以上规定，可以说，犯罪集团的首要分子对集团所犯全部罪行承担责任是理所当然的。因为他们虽然可能做不到"事必躬亲"，但犯罪集团所有的罪行均在其计划之内，完全可以为首要分子的犯罪故意所包容，而犯罪集团的全部罪行在预备和实施的过程中更是离不开首要分子的组织、策划甚至亲自实施。可以说，首要分子是整个犯罪集团的核心和灵魂，无论从主观上还是从客观上，他们对犯罪集团的全部罪行都难逃其咎。

其他主犯的情况则不尽相同。根据《刑法》第 26 条第 1 款的规定，其他主犯系指"在共同犯罪中起主要作用的"人。也就是说，其他主犯既包括犯罪集团中除首要分子之外的主犯，也包括一般共同犯罪中的主犯及聚众犯罪中包括首要分子在内的主犯。从地位上看，这类主犯不一定是组织、领导、指挥、策划者，但他们在共同犯罪活动中可能是积极的实行犯，也可能造成了严重的危害结果；当然，他们也有可能参与了聚众犯罪的组织、领导、指挥、策划行动，但这不属于犯罪集团的组织领导活动。因此，对于这类犯罪分子，只令其对参与的和其组织、指挥的全部犯罪承担刑事责任是符合罪责自负原则的。

本书认为，现行刑法对主犯如何定罪的规定是在总结以往刑事立法的基础上，吸收了其合理成分而作出的。这一规定化解了以往刑事立法、刑法理论在共同犯罪人定罪范围方面的纷争，使以前只出现于少数单行刑法和司法解释并针对某些具体犯罪的个别规定，上升为刑法总则规范中对各罪均具有普遍效力的条文，无疑使我国的共同犯罪立法更趋科学，更鲜明地体现了罪责刑相适应、罪责自负的刑法原则，同时也在司法实践中具有更强的可操作性。

值得注意的是，对《刑法》第 26 条第 3 款规定的"集团所犯的全部罪行"应如何理解？本书认为，"集团所犯的全部罪行"并不等同于"集团成员所犯的全部罪行"。否则，在某些情况下，将会导致集团罪行扩大的结果。有些人在理解此款时，容易把眼光只放在"全部"上，而忽视了"集团"，从而错误地认为我国刑法对犯罪集团首要分子的定罪采全部罪行负责说。事实上，我国刑法采用的是经过修正的预谋罪行负责说，即集团首要分子刑事责任的范围不应仅限于预谋实施的犯罪，而应扩大至在首要分子的组织、领导、指挥下实施的，首要分子的故意范围内的犯罪集团的一切罪行。本书认为，无论是首要分子事先预谋实施的犯罪，还是事中指挥、领导的犯罪，其共同特征是均体现了整个犯罪集团的意志，整个犯罪集团均对这种犯罪行为具有共同犯罪故意,因而如果将"预谋罪行负责说"称为"集团故意负责说",也许更为贴切。

反观"集团成员所犯的罪行",在多数情况下,它可能与"集团所犯的罪行"外延一致,但是,在少数情况下,也可能出现犯罪集团成员实行过限即超出集团犯罪故意之范围的情况,这时,"集团成员所犯的罪行"就具有了更大的外延。由于过限行为已超出了犯罪集团共同故意的范围,因此不应令首要分子对其承担刑事责任,而只能令实行犯本人负责。

那么,如何判断集团成员的行为是否实行过限呢?本书认为,可以结合犯罪集团的性质进行判断,因为犯罪集团的性质在很大程度上体现了犯罪集团的共同故意。以某一种或某几种确定性质的犯罪为目的的集团,如果个别成员实施了确定性质的犯罪之外的犯罪,则可认定为实行过限,如走私集团的某个成员实施了抢劫行为。以不确定的犯罪为目的的犯罪集团,其共同故意也是不确定的,只要集团成员实施的犯罪行为未超出这种故意范围,均不构成实行过限,犯罪集团的首要分子对成员的犯罪行为均应承担刑事责任,如黑社会集团的首要分子应当对相当大范围内的犯罪行为承担刑事责任。

二、从犯及其刑事责任

根据我国《刑法》第 27 条的规定,从犯是指在共同犯罪中起次要作用或者辅助作用的犯罪分子。据此,从犯具体包括两种:

第一,在共同犯罪中起次要作用的犯罪分子,即次要的实行犯。这种从犯直接实施了具体犯罪构成客观要件的行为,但在整个犯罪活动过程中较之主犯所起的作用小。

第二,在共同犯罪中起辅助作用的犯罪分子,即帮助犯。这种从犯不直接实施具体犯罪构成客观要件的行为,而是为共同犯罪的实施创造条件,辅助实行犯罪。

关于从犯的刑事责任,《刑法》第 27 条第 2 款明确规定:"对于从犯,应当从轻、减轻处罚或者免除处罚。"在具体案件中,对从犯是从轻处罚,还是减轻处罚,抑或是免除处罚,应综合考察共同犯罪的性质、从犯行为对犯罪结果产生的作用的大小等方面的情况。

与对主犯的处罚一样,刑法典分则的有关条文明确规定了某些共同犯罪中从犯的法定刑。例如,《刑法》第 120 条组织、领导、参加恐怖活动组织罪规定:"……其他参加的,处三年以下有期徒刑、拘役、管制或者剥夺政治权利,可以并处罚金。"这里所说的"其他参加的",显然是指共同犯罪中的从犯,对于这些从犯,按分则规定的法定刑处罚即可,无需适用总则关于处罚从犯的原则规定。

三、胁从犯及其刑事责任

根据《刑法》第28条的规定,胁从犯是指被胁迫参加犯罪的人。胁从犯具有以下特征:(1)行为人在客观上实施了犯罪行为。(2)行为人在主观上明知自己实施的行为是犯罪行为,在可以选择不实施犯罪的情况下,虽不愿意但仍实施了犯罪行为。如果行为人不知自己所实施的行为是犯罪行为,或者虽然知道自己实施的是犯罪行为,但丧失了选择行为的可能性,那就不能成立胁从犯。(3)行为人是因为受他人胁迫而参加犯罪的。胁迫,是指以剥夺生命、损害健康、揭发隐私、毁损财物等对行为人进行精神上的强制。同时具备上述特征的,成立胁从犯。

司法实务中认定胁从犯应当注意以下几个问题:

1. 新旧刑法对胁从犯的规定有所不同

根据1979年《刑法》第25条的规定,胁从犯包括两类人:一是被胁迫参加犯罪的人;二是被诱骗参加犯罪的人。《刑法》修订过程中,许多学者和实务部门提出,被诱骗参加犯罪的人,由于行为人对其被诱骗参加的犯罪不明真相,谈不上是犯罪,而且将被诱骗参加犯罪归入胁从犯也名实不符。对于这种意见,国家立法机关予以采纳,在1997年《刑法》第28条关于胁从犯及其处罚规定中,将"被诱骗参加犯罪的人"排除在胁从犯之外。但这一排除,并不意味着今后对被诱骗者参与共同犯罪进行处罚于法无据,而只是将被诱骗者参与共同犯罪分为几种情况予以区别对待:其一,行为人对主犯的犯罪行为根本没有认识,则行为人完全丧失了意志自由,与其他共同犯罪人无法形成共同犯罪故意,不应认为是犯罪。其二,行为人对自己行为的危害性质与危害后果有所认识而故意为之的,在实施共同犯罪的过程中可以转化为主犯或从犯。其三,行为人被诱惑,特别是被利诱参与共同犯罪且完全是主动参与的,其意志完全自由,应按其在共同犯罪中的作用分别认定为主犯或从犯。

2. 胁从犯与紧急避险的界限

当行为人所受到的胁迫是一种正在发生的直接威胁到国家、公共利益,本人或者他人人身权利、财产权利安全的危险时,如果行为人为了保护较大的利益而被迫实施损害较小的利益的行为,应认定为紧急避险,而不能按胁从犯处理。

3. 胁从犯可能转化为从犯或主犯

有些行为人起初是被他人胁迫参与共同犯罪的,但参加犯罪后,思想发生变化，由消极变积极，在共同犯罪中起到从犯甚至主犯的作用。对于这一类犯罪分子，不能因为其第一次犯罪是被胁迫实施的，就将其按胁从犯处理，而应依其转化后的情况按从犯或主犯处理。

对于胁从犯的刑事责任，《刑法》第 28 条作了明确规定，即对于胁从犯，应当按照他的犯罪情节减轻处罚或者免除处罚。《刑法》之所以规定对胁从犯减轻或者免除处罚，是因为胁从犯是被胁迫参加犯罪的，主观上并不愿意或不大愿意实施犯罪，在共同犯罪中的作用小于从犯的作用，因此，对胁从犯的处罚宽于对从犯的处罚。至于对具体案件中的胁从犯适用减轻处罚还是免除处罚，应根据犯罪人受胁迫的程度、被胁迫实施的犯罪的性质以及其行为对危害结果所起的作用的大小等情况确定。

四、教唆犯及其刑事责任

关于教唆犯的刑事责任，我国《刑法》第 29 条作了规定。但对何谓教唆犯，法律未作具体明确的规定。刑法理论一般认为，教唆犯就是故意唆使他人犯罪的犯罪分子。教唆犯的特点是：本人不亲自实行犯罪，而故意唆使他人产生犯罪决意并实行犯罪。成立教唆犯必须具备以下条件：（1）客观上具有教唆他人犯罪的行为。即用授意、劝说、请求、命令、挑拨、刺激、收买、引诱等方法，唆使他人去实行某一具体犯罪。教唆的对象是本无犯罪意图的人，或者虽有犯罪意图，但犯罪意志尚不坚决的人。关于教唆行为的形式，可以是口头的，也可以是书面的；可以是一人单独教唆，也可以是数人共同教唆。无论采用哪种形式，都只能以作为方式出现，不作为行为不可能成立教唆犯。（2）主观上具有教唆他人犯罪的故意。故意的内容包括：认识到他人尚无犯罪决意，预见到自己的教唆行为将引起被教唆者产生犯罪决意，而希望或者放任教唆行为所产生的结果。因此，教唆犯的主观方面，可以是直接故意，也可以是间接故意。①

根据《刑法》第 29 条的规定，对教唆犯应按如下原则处罚：

1. 教唆他人犯罪的，应当按照他在共同犯罪中所起的作用处罚。这是指被教唆者已经犯了所教唆的罪的情况。所谓已犯了所教唆的罪，是指被教唆者在教唆人的教唆下，实施了所教唆的罪的预备行为或者已经着手实行所教唆的犯罪而未遂，或者已经完成所教唆的犯罪而既遂。按照在共同犯罪中所起的作用处罚，是指根据教唆犯在共同犯罪中实际所起的不同作用分别处罚：起主要作用的，按主

---

① 参见李光灿、马克昌、罗平：《论共同犯罪》，中国政法大学出版社 1987 年版，第 83 页。

犯处罚；起次要作用的，按从犯处罚。由于教唆犯是犯罪意图的发起者，是引起他人实施犯罪的原因，没有教唆犯的教唆，他人就不可能实施犯罪，因而教唆犯在共同犯罪中通常起主要作用，特别是以胁迫方法教唆他人犯罪的教唆犯，更是如此，因此，对教唆犯一般按主犯处罚。但在少数共同犯罪中，教唆犯也可能是起次要作用的，如教唆他人帮助别人犯罪，或者因受第三者威胁而教唆他人犯罪等，对这类教唆犯应按从犯处理。

2. 教唆不满 18 周岁的人犯罪的，应当从重处罚。这是因为，不满 18 周岁的人属于未成年人，他们辨别是非的能力较弱，容易被犯罪分子唆使、利用，因此教唆不满 18 周岁的人犯罪这种行为本身就具有严重的社会危害性。需要指出，如教唆不满 14 周岁的人实施犯罪或教唆已满 14 周岁不满 16 周岁的人实施《刑法》第 17 条规定的 8 种犯罪以外的犯罪，对教唆人应以间接正犯论处。

3. 如果被教唆的人没有犯被教唆的罪，对于教唆犯可以从轻或者减轻处罚。这种情况在刑法理论上叫做未成功的教唆，或曰教唆未遂。在教唆未遂的情况下，教唆者与被教唆者之间不存在共同犯罪关系，通常表现为以下几种情况：（1）被教唆人拒绝了教唆人的教唆；（2）被教唆人虽然当时接受了教唆犯的教唆，但实际上并没有进行任何犯罪活动；（3）被教唆人当时允诺实施教唆犯所教唆的罪，但实际上实施的是其他犯罪；（4）教唆犯对被教唆人进行教唆时，被教唆人已有实施所教唆罪的决意，即教唆犯的教唆行为与被教唆人实施的犯罪之间没有因果关系。

教唆未遂与未遂的教唆犯是两个不同的概念。未遂的教唆犯，是指被教唆的人已经着手实行犯罪，但基于意志以外的原因而未完成犯罪这种情况下的教唆犯。未遂的教唆犯与被教唆者有共同犯罪关系，他应该对实行犯的犯罪未遂负刑事责任。①

▶ 拓展学习

知识点阐释　　　典型案例思考

---

① 参见高铭暄：《刑法问题研究》，法律出版社 1994 年版，第 203 页。

思考题

1. 试述共同犯罪的概念和成立条件。
2. 犯罪集团成立的条件如何?
3. 试述主犯的概念、种类和刑事责任。
4. 简述从犯的概念、种类和刑事责任。
5. 试述教唆犯的概念、特征、成立条件和刑事责任。

第十二章 罪　　数

第一节　罪数概述

一、罪数形态研究的意义

一罪与数罪形态，亦称罪数形态。研究罪数形态的理论，称为罪数形态论。罪数形态论的基本任务在于，从罪数之单复的角度描述行为人实施的危害行为构成犯罪的形态特征，阐明各种罪数形态的构成要件，揭示有关罪数形态的本质属性即实际罪数，剖析不同罪数形态的共有特征并科学界定其界限，进而确定对各种罪数形态应当适用的处断原则。

罪数形态研究的意义主要表现为：

（一）罪数形态研究有助于准确定罪

准确定罪是刑事审判活动最基本的质量标志。在刑事审判活动中，要想做到定罪准确，不仅需要认定行为人的行为是否构成犯罪，以及构成何种具体犯罪，而且必须判明行为人实施的危害行为所构成的犯罪形态。犯罪形态除犯罪的完成形态和未完成形态，以及共同犯罪形态之外，还包括罪数形态。因而，离开了对罪数形态的认定，在许多情形下，刑事审判活动便难以完成准确定罪的任务。

（二）罪数形态研究是合理适用刑罚的必要前提

对犯罪分子裁量适当的刑罚，是罪责刑相适应原则的最终体现。然而，要达到此目的，必须以判明行为人所构成的犯罪个数，准确评价不同罪数形态所体现的社会危害性程度和人身危险性程度作为基本的前提。由此可见，一旦罪数认定有误，便不可避免地会导致适用处断原则不当，并进而造成量刑畸重畸轻的结局。

（三）罪数形态研究与刑法某些重要制度的适用相关

在我国刑法中，某些罪数形态，如继续犯、连续犯、牵连犯、吸收犯的认定，与刑法的空间效力、时间效力、追诉时效等规定或制度的适用存在着密切的关系。若不能从理论上对这些罪数形态的构成特征、本质属性和处罚原则作出合理的解释，便会在刑事管辖权、刑法溯及力和追究犯罪人刑事责任等方面，造成实际适用法律不当的结果。

（四）罪数形态研究有助于保障刑事诉讼的顺利进行

受某些罪数形态的构成特征、罪数性质、处断原则的制约，涉及此类罪数形态的刑事诉讼，在诉讼管辖、起诉范围和审判范围的确定等方面，具有区别于一般刑事案件诉讼的特殊性和复杂性。因而只有在深刻理解、严格把握某些罪数形态的构成特征、罪数性质、处断原则的条件下，才能使具有一定特殊性和复杂程度的刑事诉讼得以顺利进行。

二、罪数的判断标准

在国外刑法学中，历来存在着许多有关罪数判断标准的学说。其中主要有行为标准说（具体又分为自然行为说和法律行为说等）、法益标准说（又称结果标准说）、因果关系标准说、犯意标准说、目的标准说、法规标准说、构成要件标准说、广义法律要件说、折中主义标准说、混合标准说等。[①] 所有这些判断罪数的观点，存在着一个共同的缺陷，即仅以犯罪构成要件的某一要素或某一方面为标准区分罪数，故其实际均未超出客观主义或主观主义的局限。运用这些以偏概全的标准，无法对罪数问题作出合理的解释。

我国的刑法学以马克思辩证唯物主义为指导思想，在全面剖析国外学者关于罪数标准学说的优劣利弊，吸收某些学说的合理成分的基础上，公认以犯罪构成标准说（主客观统一说）作为区分一罪与数罪的基本理论。我国刑法学中的犯罪构成标准说，与前述构成要件标准说、混合标准说、折中主义标准说具有本质的差别。因为，后者或者属于客观主义的罪数判断标准理论，或者是将客观主义和主观主义的罪数判断理论杂乱、无序地堆砌在一起，仍然无助于科学地区分一罪与数罪。

根据犯罪构成标准说的主张，确定或区分罪数之单复的标准，应是犯罪构成的个数，即行为人的犯罪事实具备一个犯罪构成的为一罪，具备数个犯罪构成的为数罪。

行为人的犯罪事实具备犯罪构成的数量，应以其犯罪事实的最终形态（而不是某一犯罪行为尚在进行之中的过程形态）为基础，并结合犯罪构成的类型，经具体分析而确定。因为，犯罪构成依不同标准可作多种分类。其中，以单独犯的既遂状态为标准，可将犯罪构成分为基本的犯罪构成和修正的犯罪构成；以犯罪的危害程度为标准，可将犯罪构成分为普通的犯罪构成和加重的犯罪构成或减轻的犯罪构成；以分则性刑法规范所规定的犯罪之结构为标准，可将犯罪构成分为单纯的犯罪构成和混合的犯罪构成（其中包括选择的犯罪构成）等。换言之，行

---

① 参见马克昌主编：《犯罪通论》，武汉大学出版社1999年版，第611—615页。

为人的犯罪事实的最终形态，无论与前述何种类型的犯罪构成相符，均应视为具备犯罪构成；至于具备犯罪构成的数量，则应以行为人的犯罪事实具备犯罪构成的个数为准。犯罪构成标准说的科学性，主要表现为以下几方面：

第一，犯罪构成标准说在以我国刑事立法为根据的基础上，贯彻了罪刑法定的刑法基本原则。我国刑事立法的总则性规范和分则性规范，全面、系统地确定了犯罪构成的要件，这是我国刑法所奉行的罪刑法定原则最突出的体现。以犯罪构成作为区分一罪与数罪的标准，可以在刑事诉讼中有效地避免罪数判定的随意性和非一致性，并在确保罪数判定的法定性、统一性和公正性的基础上，体现罪刑法定原则的基本要求。总之，犯罪构成标准说是防止罪数判定过程中的"擅断"现象的有力保障。

第二，犯罪构成标准说以犯罪现象的自身规律为出发点，贯彻了主客观相统一的原则。首先，犯罪的自身规律决定了任何犯罪都是行为人主观要件和客观要件的有机统一。其次，依据我国刑事立法的规定，任何犯罪也都是犯罪主观要件和犯罪客观要件的有机统一。最后，由犯罪的自身规律和刑法对犯罪构成的规定所决定，任何认定犯罪（包括认定罪数）的活动，都必须以主客观相统一的犯罪构成作为基准，除此之外的其他任何标准都是片面的和非科学的。因此，坚持以犯罪构成标准说作为判断罪数的基本理论，不仅克服了各种主观主义和客观主义罪数判断标准理论的片面性，摒弃了任意割裂犯罪的主观方面与客观方面联系的弊端，而且在罪数形态论中和罪数判定的司法实践中，全面、彻底地贯彻了主客观相统一的原则。此外，正是基于犯罪构成标准说的科学性和全面性，这种判断标准也便于司法人员在司法实务工作中予以操作。

第三，犯罪构成标准说不仅在罪数形态论领域贯彻了犯罪构成理论，而且为犯罪形态论的深入研究和健康发展提供了必要的保障。一方面，犯罪构成理论是我国刑法学的核心理论，它贯穿于整个刑法学的始终，从这种意义上讲，犯罪构成标准说既是犯罪构成理论在罪数形态论领域的自然延伸或必然体现，也是我国刑法学全面构建犯罪构成理论所不可忽视的重要组成部分。另一方面，坚持犯罪构成标准说，有助于我们自觉地依据犯罪构成理论，完善、发展罪数形态论的研究。

如上所述，罪数形态论的基本任务在于说明各种罪数形态的构成特征、本质属性、共有规律和区别界限以及应有的处断原则。所有这些任务的完成，除犯罪构成理论之外，任何其他理论均难以胜任。若依据主观主义或客观主义的罪数判断理论，便很难全面、科学地解释各种罪数形态的构成要件，势必在各种具体的罪数形态领域，造成受主观主义或客观主义束缚而难以自圆其说的理论困境。相反，只有自觉地坚持犯罪构成理论，才能有效而顺利地解决诸如继续犯的构成特征、想象竞合犯的本质属性、连续犯连续关系的判断标准、牵连犯的处断原则、牵连犯与吸收犯的区别界限等理论难题，从而确保我国刑法学的罪数形态研究朝着更加深入、全面、科学的方向发展。

第二节 一罪的类型

一、实质的一罪

实质的一罪包括继续犯、想象竞合犯和结果加重犯。

（一）继续犯

1. 继续犯的概念

所谓继续犯，亦称持续犯，是指犯罪行为及其所引起的不法状态同时处于持续过程中的犯罪形态。其中，行为人所实施的犯罪行为自着手实行之时直至其构成既遂的一定时间，是该行为构成犯罪所必需的时间条件，可称为基本构成时间；犯罪构成既遂之后直至犯罪行为终了的一定时间，则是作为量刑情节予以考虑的时间因素，可称为从重处罚或加重构成时间。我国《刑法》第 238 条规定的非法拘禁罪，就是颇为典型的具有继续犯特征的犯罪。在我国刑法所规定的犯罪当中，除非法拘禁罪外，窝藏罪，以窝藏赃物等行为构成的掩饰、隐瞒犯罪所得、犯罪所得收益罪，遗弃罪等也是典型的继续犯。

2. 继续犯的构成特征

（1）继续犯必须是基于一个犯罪故意实施一个危害行为的犯罪。所谓一个危害行为，是指主观上出于一个犯罪故意（无论是单一的犯罪故意，还是概括的犯罪故意），为了完成同一犯罪意图所实施的一个犯罪行为。如果行为人并非实施一个危害行为，而是实施了数个危害行为，则不构成继续犯。必须明确的是，在继续犯的危害行为处于不间断的过程之中时，行为人为实现其犯罪意图而采用的具体作案手段的数量和所利用的具体作案地点（环境）发生变更后使用的不同作案方式，只是其所实施的一个危害行为的组成部分或构成因素。也就是说，它们都属于一个危害行为的多种表现形式，不能认定为数个危害行为，并进而否定一行为持续进行的属性。此外，应当注意的是，我国刑法所规定的多数继续犯通常由作为形式构成，少数继续犯（如遗弃罪）只能由不作为形式构成。

在某些情况下，继续犯持续实施的一个危害行为，可以始于作为并在行为继续过程中转为不作为。

（2）继续犯是持续地侵犯同一或相同直接客体的犯罪。所谓"持续地侵犯同一直接客体"，是就特定犯罪的直接客体为复杂客体而言的。因而若行为人持续实施的危害行为侵犯了作为某一犯罪必要要件之外的他种犯罪的直接客体，则不仅成立以继续犯为特征的具体犯罪，而且同时构成了另一犯罪。若行为人在持续犯罪的过程中，又以其他危害行为侵犯了另外的直接客体，则应当对其所构成的数罪实行并罚。

（3）继续犯是犯罪行为及其所引起的不法状态同时处于持续过程中的犯罪。继续犯的这一最为显著的特征，是它与即成犯、状态犯、连续犯等犯罪形态相区别的主要标志。对于继续犯的这一特征，可从以下几方面加以认识：首先，继续犯的犯罪行为必须具有持续性。它的典型表现是，自犯罪行为着手实行至犯罪行为实施终了的过程中，犯罪行为一直处于正在实施、不断进行的状态。其次，继续犯的犯罪行为及其所引起的不法状态必须同时处于持续状态。也就是说，继续犯不仅必须具有犯罪行为持续性的特征，而且由犯罪所引起的不法状态也必须呈现为一种持续存在的状态；继续犯的犯罪行为与其所引起的不法状态的发生、延续（即行为的持续实施和不法状态的持续存在）和完结，必须是同步的或基本同步的。最后，继续犯的犯罪行为及其所引起的不法状态必须同时处于持续过程之中。也就是说，如果犯罪行为及其所造成的不法状态的同步持续过程因犯罪行为一度或数次停顿而呈非持续状态，即在时间上有间断性，则不属于继续犯，而构成连续犯或其他犯罪形态。

（4）继续犯必须以持续一定时间或一定时间的持续性为成立条件。这是继续犯最显著的特征之一，也是它区别于其他犯罪形态的重要标志之一。

以上四个方面的基本构成特征是相互联系、彼此制约的，必须同时具备，才能构成继续犯。

3. 继续犯与即成犯、状态犯的区别

（1）继续犯与即成犯的区别。继续犯是与即成犯相对而言的犯罪形态，二者的基本特征有所区别。所谓即成犯，亦称即时犯，是指侵犯一定客体或者引发一定危害结果的危害行为，一经实施终了，即齐备某种犯罪的构成要件，构成既遂的犯罪形态。换言之，即成犯的危害行为不具有时间持续性的特征，只要该危害行为实施终了或者危害行为实施终了并造成法定的危害结果，就具备某种犯罪的全部构成要件，如诬告陷害罪、伪证罪、故意伤害罪等。此类犯罪并非不能引起不法状态（仅指犯罪行为终止之后，客体仍然继续遭受侵犯的状态，下同）或实际危害结果，而是不以产生一定的不法状态或实际危害结果为犯罪构成要件。由此可见，即成犯与继续犯的主要区别在于：

第一，继续犯必须是在一定的时间内，犯罪行为及其所引起的不法状态同时处于持续状态的犯罪形态；即成犯的构成，并不要求危害行为必须具有一定时间的持续性。

第二，继续犯构成既遂之后，其危害行为及其所引起的不法状态仍可能在一定时间内同时处于持续状态之中；即成犯达到犯罪既遂之后，其危害行为不再继续，只是危害行为可能引起的不法状态有可能继续存在。

第三，继续犯成立既遂之后，其危害行为可能仍然尚未实施终了；即成犯必须是危害行为实施终了在前，犯罪构成既遂在后，危害行为实施终了是犯罪构成既遂的必备前提。

（2）继续犯与状态犯的区别。所谓状态犯，是指这样一种犯罪形态：犯罪行为一经实施，当即发生危害结果，犯罪就已既遂，犯罪行为也随之结束或终了，但基于该犯罪行为所产生的不法状态仍继续存在。因此，继续犯与状态犯是完全不同的两种犯罪形态。其区别主要表现于：

第一，继续犯是犯罪行为一旦着手实施，必然随即引起相应的不法状态；状态犯只是在犯罪行为实行终了以后，才有可能导致不法状态的产生。

第二，继续犯是在犯罪行为继续存在的同时，由犯罪行为所引起的不法状态也处于继续之中；状态犯则是在犯罪行为结束之后，仅仅是犯罪行为所引起的不法状态有可能继续存在。

概言之，继续犯的犯罪行为与其所引起的不法状态的产生、持续和终止，必然是同步的或基本同步的；状态犯的犯罪行为与其所引起的不法状态的产生、持续和终止，则为非同步的。

4. 继续犯的处断原则

由于我国刑法分则对属于继续犯的犯罪及其法定刑设置专条予以规定，即对属于继续犯形态的犯罪设置了独立的罪刑单位，故对于继续犯应按刑法相关规定以一罪论处，不实行数罪并罚。

（二）想象竞合犯

1. 想象竞合犯的概念

想象竞合犯，亦称想象数罪，是指行为人基于数个不同的具体罪过，实施一个危害行为，而触犯两个以上异种罪名的犯罪形态。

2. 想象竞合犯的构成特征

想象竞合犯作为一种在司法实践中时常发生的犯罪形态，具有以下基本构成特征或必备条件：

（1）行为人必须基于数个不同的具体罪过实施犯罪行为。这是想象竞合犯的主观特征。所谓数个不同的具体罪过，既包括数个内容不同的犯罪故意，也包括数个内容有别的犯罪过失，还包括一个犯罪故意和一个犯罪过失。从一定程度上讲，数个不同的具体罪过，是受具体犯罪故意或犯罪过失制约的犯罪行为构成想象竞合犯的根本原因或基本前提，也是想象竞合犯其他构成特征的基础。

（2）行为人只实施一个危害行为。这是想象竞合犯的客观特征之一。如果行为人实施数个危害社会行为，便不可能构成想象竞合犯，只可能构成其他犯罪形态。也就是说，数个不同的具体罪过必须体现于一个危害社会行为之中，并借助于一个危害社会行为方能达到主观见之于客观即危害社会的结果。

（3）行为人所实施的一个危害社会行为必须侵犯数个不同的直接客体。这是想象竞合犯的另一客观特征，也是此种犯罪形态触犯数个不同罪名的原因所在。需要强调的是，一般而言，想象竞合犯的这一构成特征突出表现为行为人所实施的一个危害社会行为同时直接作用于体现不同直接客体的数个犯罪对象。

（4）行为人实施的一个危害社会行为必须同时触犯数个罪名。这是想象竞合犯的法律特征。所谓数个罪名，是指刑法分则规定的不同种的罪名。一个危害社会行为触犯数个同种罪名，不能构成想象竞合犯。

3. 想象竞合犯与法规竞合的区别

法规竞合又称法条竞合，通常是指一种犯罪行为因刑事立法对法条的错综规定，导致数个法条规定的犯罪构成要件在内容上发生重合或交叉的情形。法规竞合的基本特征在于：行为人以一个犯罪行为触犯的数个法条所规定的数个罪名之间存在重合或交叉关系。

想象竞合犯与法规竞合具有四个共同的特征：第一，两者都是行为人实施了一个犯罪行为；第二，行为人所实施的一个犯罪行为都触犯了规定不同罪名的数个法条；第三，两者的法律本质相同，法规竞合是单纯一罪，想象竞合犯是实质上的一罪，即两者的法律本质都是一罪，而非数罪；第四，想象竞合犯和法规竞合最终都适用一个法条并且按照一罪予以处罚。

但是，想象竞合犯与法规竞合之间也有根本的差别，即：当一个犯罪行为同时触犯的数个法条之间存在重合或交叉关系时，是法规竞合而非想象竞合犯；当一个犯罪行为同时触犯的数个法条之间不存在重合或交叉关系时，是想象竞合犯而非法规竞合。

在明确了想象竞合犯与法规竞合根本区别的基础上，我们可以将两者的具体差别进一步归纳为以下几点：第一，想象竞合犯是犯罪行为或犯罪行为所触犯的不同罪名的竞合，属于罪数形态；法规竞合是法律条文的竞合，属于法条形态。第二，想象竞合犯所触犯的规定不同种罪名的数个法条之间，不存在重合或交叉关系；法规竞合所涉及的规定不同种罪名的数个法条之间，必然存在重合或交叉关系。第三，想象竞合犯中规定不同种罪名的数个法条发生关联，以行为人实施特定的犯罪行为为前提或中介；法规竞合所涉及的规定不同种罪名的数个法条之间的重合或交叉关系，并不以犯罪行为的实际发生为转移。第四，想象竞合犯是由于行为人实施了犯罪行为而触犯规定不同种罪名的数个法条，所以，数个法条均应适用于导致不同罪名竞合的犯罪行为，且应在比较数个罪名法定刑的轻重后择一重者处断之（但所触犯的轻罪仍然成立，其法条仍应引用）；法规竞合所涉及的规定不同种罪名的数个法条之间存在复合或交叉关系并不以犯罪行为的发生为前提，故在数个法条中只能选择适用一个法条而排斥其他相竞合的法条的适用。第五，想象竞合犯是在数个不同的具体罪过支配下实施一个危害行为；法规竞合是在一个具体罪过的支配下实施一个危害行为。第六，一般而言，想象竞合犯所实施的犯罪行为，同时直接作用于体现不同直接客体的数个犯罪对象；法规竞合的犯罪行为，仅直接作用于体现一个直接客体的单一犯罪对象。

4. 想象竞合犯的处断原则

目前，我国刑法学界和司法机关一般认为，对于想象竞合犯应采用"从一重处断"的原则予以论处。即对想象竞合犯无须实施数罪并罚，而应按照其犯罪行为所触犯的数罪中最重的犯罪论处。

（三）结果加重犯

1. 结果加重犯的概念

所谓结果加重犯，亦称加重结果犯，是指实施基本犯罪构成要件的行为，由于发生了刑法规定的基本犯罪构成要件以外的重结果，刑法对其规定加重法定刑的犯罪形态。

2. 结果加重犯的构成特征

（1）行为人所实施的基本犯罪构成要件的行为必须客观地引发了基本犯罪构成要件以外的重结果，即符合基本犯罪构成要件的行为与加重结果之间具有因果联系。至于基本犯是否必须为结果犯，在理论上存在争论。有的学者认为，只有基本犯是结果犯，才能成立结果加重犯；还有的学者认为，在基本犯不是结果犯的场合，也可以成立结果加重犯。我们同意后一种意见。

（2）基本犯罪构成要件以外的重结果或者加重结果，必须通过刑法明文规定的方式，成为依附于基本犯罪构成要件而存在的特定犯罪的有机组成部分，即基本犯罪构成要件是成立结果加重犯的前提和基础，加重结果不能离开基本犯罪构成要件而独立存在。加重结果的这种法定性和非独立性的特征，是认定结果加重犯并将它与其他罪数形态相区别的重要标准。

（3）行为人对所实施的基本犯罪构成要件的行为及其所引起的加重结果均有犯意。至于犯意的表现形式，在理论上颇有争议。首先，关于基本犯罪行为的罪过形式，有的学者认为只能是故意，有的学者则认为也可以是过失。而从中外刑事立法上来看，两种立法例均存在。其次，关于对加重结果所持的主观罪过形式，在理论上也有不同主张。有的学者认为，只能出于过失；有的学者则认为，既可以基于过失，也可以基于故意。本书认为，结果加重犯的罪过形式可以划分为三种类型：一是基本犯基于故意，对加重结果也基于故意；二是基本犯基于故意，对加重结果则基于过失；三是基本犯基于过失，对加重结果也基于过失。

3. 结果加重犯的处断原则

由于结果加重犯是以刑法的明文规定为前提并通过刑法的明确规定加重其法定刑的犯罪形态，所以，对于结果加重犯，应当按照刑法分则条款所规定的加重法定刑处罚。

二、法定的一罪

法定的一罪，包括结合犯和集合犯。

（一）结合犯

1. 结合犯的概念

所谓结合犯，是指基于刑法明文规定的具有独立构成要件且性质各异的数个犯罪（即原罪或被结合之罪）之间的客观联系，并依据刑事法律的明文规定，将其结合成为另一个包含与原罪相对应的且彼此相对独立的数个构成要件的犯罪（即新罪或结合之罪），而行为人以数个性质不同且能单独成罪的危害行为触犯这一新罪名的犯罪形态。

2. 结合犯的构成特征

（1）被结合之罪必须是刑法明文规定的具有独立构成要件且性质各异的数罪。也就是说，现行刑法明文规定的独立犯罪的整体，是构成结合犯的基本要素。刑法明文规定的特定犯罪的构成要素之一，不能作为结合犯的基本构成因素之一而存在。并且，这种独立的犯罪，在客观方面既可由单一行为构成，也可由复合行为（包含方法行为和目的行为）构成。此为原罪或被结合之罪的特征，也是结合犯构成的基本前提。

（2）由数个原罪结合而成的新罪，必须含有与原罪相对应的且彼此相对独立的数个犯罪的构成要件。在此基础上，数个原罪的构成要件又依刑法之规定，被融合为一个统一的独立于数个原罪的构成要素。此为新罪或结合之罪的特征，也是结合犯的内部结构特征和基本形态。

（3）数个原罪必须基于一定程度的客观联系，并根据刑事法律的明文规定而被结合为一个新罪。此为由被结合之罪转为结合之罪所必须具备的条件，也是结合犯形成的必由途径和基本形式。结合犯的这一特征表现为关联性和法定性两个具体特征，即要求数个犯罪之间必须存在一定程度的客观联系，同时，数个原罪结合为新罪必须由刑事法律明文规定。

（4）必须以数个性质各异且足以单独构成犯罪的危害行为触犯由原罪结合而成的新罪。此为结合犯动态的实际构成特征，也是结合犯成立不可缺少的重要条件之一。

3. 结合犯的处断原则

对触犯结合犯条款的数个性质有别、可独立成罪的犯罪行为，应按照刑法对结合犯所规定的相对较重的法定刑以一罪（即结合之罪）判处刑罚，不应实行数罪并罚或采用其他处断原则。

（二）集合犯

1. 集合犯的概念

集合犯，是指行为人基于实施多次同种犯罪行为的意图而实际实施的数个同种犯罪行为，被刑法规定为一罪的犯罪形态。对于集合犯所具体包含的种类，有主张分为常习犯与营业犯的观点，也有主张分为常习犯、职业犯与营业犯的观点。

2. 集合犯的构成特征

（1）行为人以实施多次或者不定次数的同种犯罪行为为目的。即行为人不是意图实施一次犯罪行为即行结束，而是意图实施多次或者不定次数的同种犯罪行为。这是集合犯的主观特征。

（2）行为人通常实施了数个同种犯罪行为。这是集合犯的客观特征。其中，依具体的犯罪构成的规定，有的集合犯的成立，要求行为人必须已经实际实施数个同种犯罪行为，例如《刑法》第303条规定的"以赌博为业的"构成的赌博罪；有的集合犯的成立，并不要求行为人已经实际实施数个同种犯罪行为，例如《刑法》第 336 条规定的非法行医罪，即使行为人仅实际实施一次非法行医行为，属于情节严重的，也构成非法行医罪，但行为人如果多次实施非法行医行为，也仅构成非法行医罪一罪。

（3）刑法分则将行为人可能实际实施的数个同种犯罪行为规定为一罪。这是集合犯的法律特征，即集合犯的犯罪构成实际涵括数个同种犯罪行为。

3. 集合犯的处断原则

集合犯属于法定的一罪。所以，对于集合犯，应当依据刑法分则的具体规定，以一罪论处，不实行数罪并罚。

三、处断的一罪

处断的一罪，包括连续犯、牵连犯和吸收犯。

（一）连续犯

1. 连续犯的概念

所谓连续犯，是指行为人基于数个同一的犯罪故意，连续多次实施数个性质相同的犯罪行为，触犯同一罪名的犯罪形态。

2. 连续犯的构成特征

（1）连续犯必须基于连续意图支配下的数个同一犯罪故意。这是构成连续犯的主观要件，其含义如下：

第一，行为人的数个犯罪故意必须同一。即行为人的数个呈连续状态的犯罪行为，是在数量对等的具体犯罪故意支配下实施的；这些支配数个危害社会行为的数个具体犯罪故意在性质上完全一致，属于同一种故意，即同属于刑法所规定的某种犯罪的故意。必须注意的是，构成连续犯的数个犯罪行为是否针对同一犯罪对象实施，对于行为人的数个犯罪故意必须性质同一的特征并无任何影响。绝不能以行为人的数个危害行为的加害对象是否同一作为标准，去划分行为人具体犯罪故意的个数。

第二，行为人数个性质同一的犯罪故意，必须源于其连续实施某种犯罪的主观意图（简称连续意图）。这是构成连续犯的决定性要素之一。所谓连续意图，是指行为人在着手实施一系列犯罪行为之前，对于即将实行的数个性质相同的犯罪行为的连续性的认识，并基于此种认识决意追求数个相对独立的犯罪行为连续进行状态实际发生的心理态度。

第三，由于连续意图必须在一系列呈连续状态的犯罪行为开始实行之前形成，因而特定连续意图所制约的各个具体犯罪故意实际都属于预谋故意。过失犯罪不能成立连续犯。

(2) 连续犯必须实施数个足以单独构成犯罪的危害行为。这是连续犯成立的客观要件之一。也就是说，行为人实施的数个危害行为必须能够构成数个相对独立的犯罪，这是成立连续犯的前提条件；如果数个危害行为在刑法上不能构成独立的犯罪，就不能成立连续犯；构成连续犯的数个危害行为既不是指数个一般违法行为或者数个自然举动，也不是指在法律上无独立意义的事实上的数个举动，而是指在刑法上能够单独构成犯罪的数个危害行为；相对独立的犯罪行为的数量，只取决于行为人实施的危害行为完全符合特定犯罪构成要件的个数。

(3) 连续犯所构成的数个犯罪之间必须具有连续性。这是成立连续犯的主观要件与客观要件相互统一而形成的综合性构成标准。关于判断犯罪之间是否存在连续性的标准，刑法理论上存在着主观说和客观说两种截然不同的观点。主观说以行为人的主观意思为基准判断犯罪有无连续性；客观说以行为人所实施的危害行为的性质或特征为基准判断犯罪有无连续性。本书认为，认定数个犯罪之间是否具有连续性，应当坚持主观与客观相统一的刑法基本原则，以反映犯罪故意与犯罪行为对立统一特性的连续意图及其所支配的犯罪行为的连续性作为标准，即基于连续意图支配下的数个同一犯罪故意，在一定时期之内连续实施了性质相同的数个足以单独构成犯罪的危害行为，数个犯罪之间就存在连续性，否则，就无连续性可言。

(4) 连续犯所实施的数个犯罪行为必须触犯同一罪名。这是连续犯的法律特征。该特征是由连续犯在主观上须基于连续意图制约下的数个同一故意，在客观上须实施数个性质相同的犯罪行为的构成要件所决定的。所谓同一罪名，是指犯罪性质完全相同的罪名即同质之罪。而决定犯罪性质的唯一根据是法律规定的犯罪构成，所以判断行为人连续实施的数个犯罪行为是否触犯同一罪名，只能以其是否符合相同的特定犯罪构成要件为标准。

3. 连续犯与相关罪数形态的异同

(1) 连续犯与继续犯的异同。连续犯与继续犯的相同或相近之处表现为：第一，连续犯的犯罪行为和继续犯的犯罪行为均在一段时间之内处于相当程度的进行状态。第二，连续犯的行为侵犯的必须是同一或相同的直接客体，继续犯的行为也必须持续侵犯同一或相同的直接客体。第三，虽然连续犯属于处断上的一罪，而继续犯属于实质的一罪，但对两者都不实行数罪并罚。

连续犯与继续犯的主要区别表现为：第一，连续犯是连续实施数个性质相同的犯罪行为，其特点是数个行为；继续犯是以一个行为持续地侵犯同一或相同客体，其特点是一个行为。第二，连续犯的主观特征必须是基于连续意图所支配的数个同一的犯罪故意，即每一具体的犯罪行为都是在一个具体的犯罪故意支配下实施的，连续犯所实施的数个性质相同的犯罪行为在主观上有等量的具体犯罪故意与之相对应；继续犯的犯罪行为是基于一个犯罪故意。第三，连续犯多次实施的数个性质相同的犯罪行为虽然在一定时间之内具有连续进行的特征，但数个犯罪行为之间具有时间间隔性或以时间为标准的可分离性；继续犯所实施的一个犯罪行为在一定时间之内处于不间断存在的状态，无时间间隔性的特征。第四，连续犯所实施的具体犯罪行为必须终了之后，才可能使该行为单独构成的犯罪达到既遂，即每一具体犯罪行为实施终了在前，由每一具体犯罪行为独立构成的犯罪达到既遂在后；继续犯则是犯罪构成既遂之后，犯罪行为及其所引起的不法状态，仍可能在一定时间内呈持续状态。第五，连续犯的犯罪行为与其可能造成的不法状态的产生、持续、终止是不同步的；继续犯的犯罪行为与其必然引起的不法状态的产生、持续、终止是同步的或基本同步的。

（2）连续犯与同种数罪的异同。同种数罪，是指触犯同一罪名的数罪即性质相同的数罪，它是数罪的表现形式之一。连续犯与同种数罪的共同特征主要为：两者都是行为人实施数个犯罪行为并触犯同种罪名的犯罪形态。连续犯实际是广义同种数罪的表现形式之一，属于广义同种数罪的范畴。我们在此探讨的问题主要是，连续犯与狭义同种数罪（不包括连续犯的同种数罪）之间的界限。具体包括如下几点：第一，连续犯必须是基于连续意图支配下的数个同一的犯罪故意，即构成连续犯的数个相对独立的犯罪的罪过形式只能是故意；构成同种数罪的各个具体犯罪的罪过形式虽必须一致，但既可以是同一的故意，也可以是同一的过失，并且不受连续意图所支配。第二，构成连续犯的数个相对独立的犯罪之间必须有特定的连续性；构成同种数罪的各个犯罪之间并不存在特定的连续性。第三，构成连续犯的数个相对独立的犯罪，必须是未经宣判的或在判决宣告之前实施的；构成同种数罪的数个犯罪，则并非都是未经宣判的。第四，连续犯属于处断上的一罪或无须并罚的数罪；对同种数罪的处罚则有所不同，按照目前我国司法实践的通常做法，对于判决宣告以前一人所犯同种数罪原则上无须并罚，对于判决宣告以后刑罚执行完毕以前发现的同种漏罪和再犯的同种新罪应当实行并罚。

4. 连续犯的处断原则

目前我国刑法学界和司法机关普遍接受或遵循的处断原则是，对连续犯一般按照一罪从重处罚。但是，对于是可以从重处罚还是应当从重处罚，以及除在法定的幅度内从重处罚之外，是否可以按照更重的法定刑幅度酌情量刑（即法定刑的升格）等问题，存在着不同的观点和做法。本书认为，对于连续犯应当适用按一罪从重处罚或按一罪的加重构成情节处罚的处断原则，即在对连续犯按一罪论处、不实行数罪并罚的前提下，应当按照行为人所触犯的罪名从重处罚或者作为加重构成情节酌情判处刑罚。

（二）牵连犯

1. 牵连犯的概念

所谓牵连犯，是指行为人实施某种犯罪（即本罪），而方法行为或结果行为又触犯其他罪名（即他罪）的犯罪形态。

2. 牵连犯的构成特征

（1）牵连犯必须基于一个最终犯罪目的。这就是说，行为人是为了达到某一犯罪目的而实施犯罪行为（目的行为），在实施犯罪行为的过程中，其所采取的方法行为（或手段行为）或结果行为又构成另一个独立的犯罪；正是在这一犯罪目的的制约下形成了与牵连犯罪的目的行为、方法行为、结果行为相对应的数个犯罪故意，而在具体内容不同的数个犯罪故意支配下的目的行为、方法行为、结果行为，都是围绕着这一犯罪目的实施的。

（2）牵连犯必须具有两个以上相对独立的危害社会行为。也就是说，行为人只有实施了数个相对独立并完全具备犯罪构成要件的危害社会行为，才可能构成牵连犯；若只实施了一个危害社会行为，则因行为之间的牵连关系无从谈起而根本不能构成牵连犯，这也是牵连与想象竞合犯相区别的重要标志之一；若行为人实施的数个危害社会行为中只有一个构成犯罪，则因不存在数个犯罪之间的牵连关系而不能构成牵连犯。

（3）牵连犯所包含的数个危害社会行为之间必须具有牵连关系。所谓牵连关系，是指行为人实施的数个危害社会行为之间具有手段与目的或原因与结果的内在联系，亦即行为人数个危害社会行为分别表现为目的的行为（或原因行为）、方法行为或结果行为，并相互依存形成一个有机整体。进言之，以辩证唯物主义为哲学基础，以主客观相统一的刑法基本原则为指导，牵连关系就是以牵连意图为主观形式，以因果关系为客观内容所构成的数个相对独立的犯罪的有机统一体。

（4）牵连犯的数个行为必须触犯不同的罪名。如果行为人实行的危害行为只触犯一个罪名，就不能构成牵连犯。行为人的行为只有达到了某种犯罪构成的基本要求，才可谓触犯了该种罪名。若行为人的行为虽然具有某种犯罪的形式特征，但并不符合该罪构成的全部要件，就不能视为触犯了该项罪名。

3. 牵连犯与继续犯的区别

两者的区别在于：第一，继续犯只能由一个犯罪行为构成；牵连犯必须实施两个以上独立的犯罪行为。第二，继续犯只持续地侵犯同一或相同直接客体，因而只触犯一个罪名，构成一罪；牵连犯触犯两个罪名，目的行为与方法行为或结果行为都各自具备犯罪构成的全部要件，独立构成犯罪。第三，继续犯属于实质的一罪，对其应按刑法分则规定的相应罪名的法定刑处罚；牵连犯一般属于处断上的一罪，对其应按数罪中最重的一罪定罪，并在其法定刑以内酌情从重处罚；在法律有特别规定的情况下，对牵连犯所触犯的数罪则实施并罚。

4. 牵连犯的处断原则

本书认为，在我国现行刑法规定的背景下，对于牵连犯的处断原则应当是：凡刑法分则条款对特定犯罪的牵连犯明确规定了相应处断原则的，均应严格依照刑法分则条款的规定，对特定犯罪的牵连犯予以处断；凡刑法分则条款未明确规定处断原则的牵连犯，应当适用从一重处断原则定罪处刑，不实行数罪并罚。

（三）吸收犯

1. 吸收犯的概念

所谓吸收犯，是指行为人实施数个犯罪行为，因其所符合的犯罪构成之间具有特定的依附关系，从而导致其中一个不具有独立性的犯罪，被另一个具有独立性的犯罪所吸收，对行为人仅以吸收之罪论处，而对被吸收之罪则置之不论的犯罪形态。

2. 吸收犯的构成特征

（1）行为人必须实施数个均符合犯罪构成要件且基本性质一致的危害行为。这是构成吸收犯的前提性条件。该前提性条件具体表现为犯罪行为的复数性、危害行为的构成符合性、犯罪行为基本性质的一致性三个具体特征。第一，吸收犯必须由数个犯罪行为构成，即犯罪行为的复数性，这是成立吸收犯的事实前提。第二，具有复数性的犯罪行为，必须是均符合犯罪构成要件的危害行为。此为吸收犯危害行为的构成符合性特征，也是成立吸收犯的事实基础。第三，数个犯罪行为基本性质的一致性。依据刑法的规定，犯罪构成可分为不同的类型，如基本的犯罪构成和修正的犯罪构成。无论符合何种类型犯罪构成的危害行为，都是犯罪行为。对于某一特定犯罪来说，分别符合不同类型犯罪构成的数个犯罪行为，因为不同类型的犯罪构成具有共同的基本属性，所以这数个犯罪行为的基本性质是一致的。由于吸收犯中的数个犯罪行为属于某一特定犯罪中的符合不同类型犯罪构成的犯罪行为，因而构成吸收犯的数个犯罪行为的基本性质应当是一致的。

（2）行为人实施的数个犯罪行为，必须基于其内在的独立性与非独立性的对立统一特性，而彼此形成一种吸收关系。这是吸收犯作为一种罪数形态存在的基本原因，也是吸收犯区别于其他罪数形态的重要构成特征之一。

（3）行为人实施的数个犯罪行为必须侵犯同一或相同的直接客体，并且指向同一的具体犯罪对象。这是吸收犯的基本构成特征之一。换言之，侵犯客体的同一性和作用对象的同一性，是构成吸收犯所必须具备的条件。此外，数个犯罪行为侵犯客体和作用对象的同一性，也是判断数个犯罪行为是否具有吸收关系的客观标准之一。

（4）行为人必须基于一个犯意，为了实现一个具体的犯罪目的而实施数个犯罪行为。这是数个犯罪行为构成吸收犯必须具备的主观特征。

3. 吸收犯的形式

吸收犯的形式，即吸收犯吸收关系的种类，是与吸收犯的构成特征密切相关的问题之一。在一定程度上，吸收犯的形式是吸收犯基本构成特征的具体化和表现形式。

依据以上关于吸收犯构成特征的分析，本书认为，吸收犯的形式主要可概括为以下几种：

（1）既遂犯吸收预备犯或未遂犯。

（2）未遂犯吸收预备犯。

（3）实行阶段的中止犯吸收预备犯。但受重罪吸收轻罪的原则所制约，当实际发生的实行阶段的中止犯轻于预备犯，造成吸收不能的状态时，应将预备犯吸收实行阶段的中止犯，作为实行阶段的中止犯吸收预备犯的一种例外。

（4）符合主犯条件的实行犯构成之罪，吸收教唆犯、帮助犯、次要实行犯构成之罪。

（5）主犯构成之罪吸收从犯、胁从犯构成之罪。

（6）符合加重犯罪构成之罪吸收符合普通犯罪构成之罪，或者符合普通犯罪构成之罪吸收符合减轻犯罪构成之罪。

在了解上述吸收犯的主要形式之后，必须明确以下几点：

（1）吸收犯的形式必须以吸收之罪重于被吸收之罪为必要条件。

（2）吸收关系的认定必须以数个犯罪行为的主客观方面完全符合前述吸收犯的基本构成特征为必要前提。

（3）成立吸收犯所必需的吸收关系只能是罪的吸收关系，即行为人的数个危害行为已经分别构成犯罪，才能成立吸收关系。

4. 吸收犯与相关犯罪形态的区别

（1）吸收犯与想象竞合犯的区别。这两种犯罪形态的区别主要表现为：第一，吸收犯以犯罪行为的复数性为必备构成特征；想象竞合犯在客观上只是实施了一个犯罪行为。第二，构成吸收犯的数个犯罪行为，必须触犯数个基本性质相同的具体罪名；构成想象竞合犯的一个犯罪行为，必须触犯两个以上的不同种罪名。第三，吸收犯在主观方面必须基于一个确定的犯罪故意；想象竞合犯的主观特征表现为数个不同的具体罪过，而且具体的罪过既可以是故意，也可以是过失。第四，吸收犯的犯罪行为必须侵犯同一或相同的直接客体，并且直接作用于同一的具体犯罪对象；想象竞合犯的犯罪行为必须侵犯数个不同的直接客体，并且一般而言，同时直接作用于体现不同直接客体的数个犯罪对象。第五，吸收犯的罪数本质为实质上的数罪、处断上的一罪，对行为人仅以吸收之罪论处，对被吸收之罪则置之不论；想象竞合犯的罪数本质上是实质上的一罪，对想象竞合犯应适用从一重处断的原则。

（2）吸收犯与牵连犯的区别。二者的主要区别如下：第一，主观方面的差别。吸收犯必须基于一个犯意，为了实现一个具体的犯罪目的而实施数个犯罪行为。犯意的同一性和单一性是吸收犯的显著特征之一。牵连犯虽然也必须基于一个犯罪目的实施数个犯罪行为，但行为人在一个犯罪目的的制约下，形成了与牵连犯罪的目的行为、方法行为、结果行为相对应的数个犯罪故意。故意的异质性和复数性是牵连犯的构成特征之一。第二，数个犯罪行为的特定联系的形成机制不同。成立吸收犯所必需的吸收关系，以非独立性之罪依附于独立性之罪为表象，以数个犯罪行为所符合的种类不同、基本性质一致的犯罪构成之间固有的特定联系（即依附与被依附关系）为基本成因，其形成机制以刑事法律规定的犯罪构成之间的特定关联性为条件。而成立牵连犯所必需的牵连关系，则是以牵连意图为主观形式、以因果关系为客观内容所构成的数个相对独立的犯罪的有机统一作为形成根据的。其形成机制并不以刑事法律规定的犯罪构成之间的特定关联性为条件。第三，触犯罪名的性质不同。构成吸收犯的数个犯罪行为所触犯的罪名必须是一致的；构成牵连犯的数个犯罪行为所触犯的罪名必须是不同的。第四，侵犯的客体和作用的对象不同。构成吸收犯的数个犯罪行为必须侵犯同一或相同的直接客体，并且指向同一的具体犯罪对象；构成牵连犯的数个犯罪行为侵犯的直接客体必然是不同的，也不必作用于同一的具体犯罪对象。第五，处断原则的差别。吸收犯与牵连犯的罪数本质虽然均为实质上的数罪，但所适用的处断原则却有所不同。吸收犯的处断原则是仅以吸收之罪论处，对被吸收之罪则置之不论；牵连犯的处断原则一般为从一重处断,即按重的罪从重处罚。

(3)吸收犯与连续犯的区别。第一,主观方面的区别。吸收犯必须基于一个犯意,其主观罪过以同一性和单一性为特征;连续犯在主观方面必须是基于连续意图支配下的数个同一犯罪故意。其区别在于,前者无连续意图,后者必须受连续意图的支配;前者只是一个犯罪故意,后者必须是数个相同的犯罪故意。第二,加害对象的区别。吸收犯的数个犯罪行为必须作用于同一的具体犯罪对象;连续犯的成立并不以数个犯罪行为必须作用于同一的具体犯罪对象为必备条件。第三,数个犯罪行为之间的关系属性有所不同。吸收犯的吸收关系,如前所述,根本取决于数个犯罪行为所符合的种类不同、基本性质一致的犯罪构成之间的依附与被依附的关系,其形成机制以刑事法律规定的犯罪构成之间的特定关联性为条件;连续犯的连续关系,取决于行为人犯罪的连续意图及其所制约的犯罪故意与犯罪行为的连续状态的有机统一,其形成机制并不以刑事法律规定的犯罪构成之间的特定关联性为条件。第四,处断原则的差别。吸收犯与连续犯的罪数本质虽然均为实质的数罪,但处断原则却有所区别。吸收犯的处断原则是仅以吸收之罪论处,对被吸收之罪则置之不论;连续犯的处断原则是按一罪的从重处罚情节或加重构成情节处罚。

5. 吸收犯的处断原则

对于吸收犯,应当仅按吸收之罪处断,不实行数罪并罚。

第三节 数罪的类型

以科学的罪数判断标准界定数罪的范畴,是适用数罪并罚的前提。但是,对于数罪的认识,不能局限于对数罪的概念和基本特征的了解。要想使法律规定的数罪并罚制度转化为具体的正确适用数罪并罚的操作过程及相应结果,还必须对数罪的类型有一定程度的认识。因为,在一定程度上,对数罪进行必要的分类,不仅有助于深化对数罪的概念、属性、特征的理解,而且便于在类型化的数罪概念的基础上,加深对数罪并罚适用对象的认识,有利于数罪并罚的实际操作。依据不同的标准,可对数罪进行多种分类,其中有助于适用数罪并罚的分类,主要有以下几种。

一、异种数罪和同种数罪

异种数罪和同种数罪,是以行为人的犯罪事实符合的数个犯罪构成的性质是否一致为标准,对数罪所进行的分类。其中,异种数罪是指行为人的犯罪事实符合数个性质不同的犯罪构成的犯罪形态。同种数罪是指行为人的犯罪事实符合数个性质相同的犯罪构成的犯罪形态。行为人的犯罪事实所符合的数个犯罪构成的性质是否一致,表现在法律特征上,就是行为人实施的数个犯罪行为所触犯的罪名是否相同。数个犯罪行为触犯数个不同罪名,就是异种数罪;数个犯罪行为触犯相同罪名,就是同种数罪。

将数罪分为异种数罪与同种数罪的意义在于:首先,异种数罪和同种数罪都是实质数罪的基本形式,不能因数罪的性质有别,而否认其中任何一种数罪作为实质数罪的法律地位。其次,无论是异种数罪还是同种数罪,均可被分为并罚的数罪和非并罚的数罪。最后,尽管作为实质数罪的部分异种数罪和同种数罪会引起对其予以并罚的法律后果,但是,在相同的法律条件下,异种数罪和同种数罪被纳入并罚范围的机会不是均等的。换言之,在一定的法律条件下,对于异种数罪必须予以并罚,而对于同种数罪则无须实行并罚。

二、并罚的数罪和非并罚的数罪

并罚的数罪和非并罚的数罪,是以对行为人的犯罪事实已构成的实质数罪是否实行数罪并罚为标准,对数罪所进行的分类。其中,并罚的数罪是指依照法律规定应当予以并罚的实质数罪;非并罚的数罪是指无须予以并罚,而应对其适用相应处断原则的实质数罪。

数罪的此种分类的意义在于:明辨实质数罪中应予并罚的数罪范围,并在此基础上,针对非并罚的实质数罪,包括其中的异种数罪和同种数罪,如牵连犯、连续犯等犯罪形态,确定与之相应的处断原则。

三、判决宣告以前的数罪和刑罚执行期间的数罪

判决宣告以前的数罪和刑罚执行期间的数罪,是以实质数罪发生的时间条件为标准,对数罪所进行的分类。其中,判决宣告以前的数罪,是指行为人在判决宣告以前实施并被发现的数罪。刑罚执行期间的数罪,是指在刑罚执行期间因发现漏罪或再犯新罪而构成的数罪。

数罪的此种分类的意义在于:明确应予并罚的数罪实际发生的时间条件,并以此为基础,对发生于不同阶段或法律条件下的数罪,依法适用相应的法定并罚规则(包括并罚的数罪性质和并罚的具体方法),决定应予执行的刑罚。由于我国刑法对发生于不同时间条件下的数罪规定了不同的并罚规则,所以,将数罪区分

为判决宣告以前的数罪和刑罚执行期间的数罪，是正确适用不同法定并罚规则的必要前提。

▶ 拓展学习

典型案例思考

思考题

1. 罪数的区分标准是什么？
2. 如何区分想象竞合犯与法条竞合？
3. 结果加重犯的成立条件是什么？
4. 如何区分牵连犯与吸收犯？

第十三章 刑事责任

第一节 刑事责任概述

一、刑事责任的概念

"刑事责任"是现代刑事法中的一个重要术语，在我国刑事法律中使用尤其广泛。例如，《刑法》总则第二章第一节即以"犯罪和刑事责任"作为其标题；此外在我国刑法中，"刑事责任"在10余个条文中出现20多次；我国附属刑法条款中更是经常出现这一词汇。由此可见，"刑事责任"在我国刑法中具有基本范畴的价值。

基于体系上的原因，中外刑法理论对"刑事责任"的意义存在不同的理解。国外刑法学界主要从犯罪成立条件的角度看待"刑事责任"，例如在德、日刑法理论中，责任或者有责性被视为犯罪成立的主观评价要件，即通过有无责任能力、故意或过失抑或无罪过以及有无期待可能性等判断决定是否对实施了符合构成要件的违法行为的人进行非难（谴责）。① 如果评价行为人有责任，则其构成犯罪，否则不构成犯罪。英美刑法学者对刑事责任的研究内容也主要限于犯罪成立条件方面。在他们看来，犯罪行为和犯罪心理既是犯罪成立的条件也是刑事责任成立的条件。因此，他们将刑事责任定义为因触犯刑法而应受刑事处罚的责任。② 在我国刑法理论中，尽管对刑事责任的具体含义还存在着各式各样的解读，但我国学者在使用这一概念时，通常都不是从犯罪成立条件的意义上论述的。这是因为如前所述，我国的犯罪构成理论采用的是四要件犯罪论体系，没有必要在犯罪成立条件中使用"责任"或"刑事责任"的表述；而我国刑法在使用"刑事责任"一语时也都是就犯罪以后的责任追究而言的。因此，我国刑法理论对刑事责任的研究通常着眼于犯罪成立之后如何对犯罪人进行追究的问题。本书对刑事责任的考察也主要是从这一角度即刑事责任的法律效应方面展开的。

如前所述，我国刑法理论界对于如何定义刑事责任，仍然存在不同见解。概括起来，主要有以下几种观点：（1）法律责任说。认为刑事责任是实施刑事法律

---

① ［日］大塚仁：《犯罪论的基本问题》，冯军译，中国政法大学出版社1993年版，第169页。
② ［英］戴维·M. 沃克：《牛津法律大辞典》，北京社会与科技发展研究所组织翻译，光明日报出版社1988年版，第228页。

禁止的行为所必须承担的刑事法律规定的责任。（2）法律后果说。认为刑事责任是依照刑事法律规定，行为人实施刑事法律禁止的行为所必须承担的法律后果。（3）否定评价（谴责、责难）说。认为刑事责任是犯罪人因实施犯罪行为而应承担的国家司法机关依照刑事法律对其犯罪行为以及本人所作的否定性评价和谴责。（4）刑罚处罚（制裁）说。认为刑事责任就是国家对犯罪人的刑罚处罚或制裁。（5）刑事义务说。认为刑事责任是犯罪人因其犯罪行为而负有的承受国家依法给予的刑事处罚的义务。①

上述五种见解分别从各自角度对刑事责任的基本属性或主要内涵进行了一定程度的揭示，因而都不乏可取之处，当然也都还存在一些值得商榷的地方。详言之，法律责任说确切地指出刑事责任是源于刑事法律规定的一种责任，但是这一观点将刑事责任笼统归结为法律责任，未能揭示刑事责任的本质和特定内容。法律后果说正确显现了司法层面上犯罪行为与刑事责任之间的因果联系，但没有体现刑事责任的特殊性，也没有回答刑事责任与同样是犯罪法律后果的刑罚之间有何区别。否定评价（谴责、责难）说充分表明了刑事责任在政治、道义方面的价值，但没有准确展现出刑事责任的法律特征，而且容易导致刑事责任的客观实在性受到损害。刑罚处罚（制裁）说展示了刑事责任与刑罚之间的密切联系，但容易抹杀刑事责任范畴的重要理论价值，而且这种将刑事责任简单地等同于刑罚的观点会导致刑事责任的其他实现方式受到忽视。刑事义务说正确揭示了刑事责任所反映的国家与犯罪人之间的权利义务关系，但这种观点既容易混淆刑法中不同类型的义务（例如消极义务与积极义务），也忽略了国家在刑事责任问题上的角色和作用，同时还不适当地抹杀了义务与责任的区别，没有体现一般而言违反了义务之后才会产生责任这样的逻辑关系。

综上所述，定义刑事责任应当遵循刑法解释学的规则，即以我国刑法的具体规定为基础，并在借鉴刑事责任各种理论见解的情况下，按照概念应当力求准确、全面地揭示所反映事物的本质属性和其他重要特征的要求进行考量。据此，本书认为，刑事责任在我国是指，依据刑事法律规定和实际发生的犯罪事实而产生的，由代表国家的司法机关依法确认的，犯罪人因实施犯罪行为而应当承担的以刑罚处罚、非刑罚的处罚措施或者单纯有罪宣告等否定评价为具体内容的法律责任。

二、刑事责任的基本特征

科学的定义为准确理解刑事责任这一范畴指明了方向，但是要深入全面地把

---

① 高铭暄主编：《刑法专论》（上编），高等教育出版社2002年版，第471—474页。

握其理论价值，还必须认真梳理刑事责任的特征。根据我国刑法的相关规定以及上述定义，我们认为，刑事责任在我国具有如下基本特征：

（一）规范形式上的法定性

一般而言，法定性有广义与狭义之分，这里的法定性是指狭义上的法定性。详言之，刑事责任的法定性是罪刑法定原则的必然要求，即行为人对其行为是否应负刑事责任、负何种程度的刑事责任以及如何负刑事责任，都必须由刑法事先明确具体地加以规定，代表国家的司法机关追究犯罪人刑事责任，必须严格依照刑法的规定以及刑事诉讼程序进行。这种规范形式上的法定性是其他具体法律责任所无法比拟的，例如不成文的习惯法、公序良俗以及还未上升到狭义法律高度的部门规章有可能成为其他法律责任比如民事责任或者行政责任的规范形式或法律渊源，但不能成为刑事责任的规范形式或法律渊源。所以，虽然广义而言所有法律责任都必须有法律上的依据，但刑事责任的法定性是最狭义的，是最严格意义上的法定性。因此，我们认为应当将法定性视为刑事责任的第一位特征。

（二）规范内容上的特定性

刑事责任是以刑法规定的刑罚处罚、非刑罚处罚措施或者单纯有罪宣告之否定评价为具体内容的责任。这是刑事责任与其他法律责任的根本区别之点，在这一意义上可以说内容的特定性是刑事责任的本质特征。关于刑罚处罚和非刑罚处罚措施的种类以及单纯有罪宣告的具体含义，后面将会具体介绍。这里要指出的是，就承受者而言，它们都表明了对其犯罪行为的否定评价和谴责，因此都意味着刑事责任的承担，只不过非刑罚处罚措施或单纯有罪宣告的评价在刑事责任的程度上与刑罚处罚不同而已。

（三）承担方式上的严厉性

这是指刑事责任属于法律责任中最严厉的一种责任。由于作为刑事责任前提的犯罪行为是所有违法行为中危害最严重的，因此立法机关依据法律责任与违法行为的危害程度相适应的原则，将刑事责任确定为最严厉的法律责任。刑事责任的严厉性主要体现在其实现方式上，作为刑事责任的主要实现方式的刑罚不仅可以剥夺犯罪人的财产或政治权利，而且可以限制乃至剥夺犯罪人的自由，甚至可以剥夺最严重犯罪者的生命。其他法律责任虽然也可能涉及剥夺资格、财产或自由，但相比刑罚要轻缓很多。所以说严厉性也是刑事责任的一个重要特征。

（四）责任追究上的强制性

刑事责任追究上的强制性主要是指这种责任是不以个人的意志为转移的，不仅犯罪人愿不愿意承担不影响对这种责任的追究，而且通常情况下（极少数告诉的才处理的犯罪除外）被害人愿不愿意追究犯罪者的刑事责任也不影响对这种责任的追究。这是因为刑事责任是犯罪人因其所实施的犯罪行为而向国家承担的责任，它主要表现为犯罪人和国家之间的关系，而国家则由司法机关代表其强制犯罪人承担刑事责任。刑事责任的这种强制性是其他法律责任例如民事责任所不能比拟的。

（五）承担主体上的专属性

刑事责任承担主体上的专属性是指这种责任是一种严格的个人责任，只能由实施违反刑事法律行为的人即犯罪者本人承担。如前所述，犯罪与刑事责任之间是一种因果联系，没有原因也就没有结果，所以没犯罪的人根本不具备承担刑事责任的前提，因而也就不应当负刑事责任。犯罪夷族[①]、株连无辜在奴隶制和封建制刑法中曾被视为天经地义，但其随着旧制度的灭亡而被抛弃。近代以来，个人责任原则在刑法中得以普遍确立，据此只要求行为人对自己的罪行负责。如果本人没有实施犯罪，即使与犯罪人存在亲属或其他密切关系，也不会产生刑事责任问题。罪责自负、反对株连也是我国刑法一直坚持的原则，因此专属性也应该被视为刑事责任的一项基本特征。易言之，刑事责任不能转嫁给他人，也不得由他人代为承担。即使犯罪者本人基于某种原因无法承担刑事责任，例如在犯罪人死亡或者刑事责任能力完全丧失时，由其犯罪行为引起的刑事责任归于消灭，司法机关决不能要求他人代为承担，其他无罪者也不能主动代替犯罪人承担刑事责任或分担其刑事责任。但是其他法律责任如民事责任则可以全部或者部分转移给他人承担。例如，民事侵权行为所引起的赔偿责任，就可以在侵权人死亡或者无责任能力时转移给他人，即便由犯罪行为所引起的民事赔偿责任，也可以由他人代为承担或者予以分担。

（六）观念范畴上的中介性

刑事责任在观念范畴上的中介性指刑事责任是犯罪与刑罚处罚以及与非刑罚处罚措施和单纯有罪宣告的中介或者说纽带。犯罪与刑罚是刑事古典学派中直接关联的两大核心概念，但随着注重犯罪人的刑事近代学派的兴起以及社会关系的巨大变迁，现代国家刑法一方面在惩罚犯罪时除了评价犯罪行为所造成的危害之外，还要考量犯罪人的人身危险性或者说再犯罪的可能性；另一方面，在刑罚之

[①] 《唐律释文》卷二十四对"夷族"的解释为"谓反逆罪及宗族"。见［唐］长孙无忌等撰：《唐律疏议》，中华书局1983年版，第644页。

外还规定了对犯罪的其他处置方式。换言之，刑罚所对应的不只是犯罪行为，它也不再是犯罪之后唯一的、必然的法律后果。因此，需要有新的概念与范畴来说明与解释这种变化，而刑事责任的概念既可以处理犯罪之后法律责任的变化调整问题，也可以处理法律责任的承担方式或实现与消灭方式等多样化选择的评价依据问题，具有广泛的涵盖性或者说张力，所以成为连接犯罪与刑罚两大核心概念的观念中介。这一方面是因为犯罪产生刑事责任，而刑事责任为刑罚处罚、非刑罚处罚措施以及单纯有罪宣告的适用提供了根据；另一方面则是因为刑事责任集中反映了犯罪行为的社会危害性和犯罪人的人身危险性程度，并通过这种综合评价来调节刑罚处罚、非刑罚处罚措施以及单纯有罪宣告的具体适用。就刑罚处罚的方式而言，首先必须以刑事责任为前提，没有刑事责任，就不能适用刑罚。其次，刑事责任程度决定具体刑罚处罚的轻重，或者说刑罚处罚的轻重应当与刑事责任的大小相协调。对刑事责任这一特征的内容，将在下面刑事责任与犯罪、刑罚的关系等内容中进一步展开。

（七）评价内容上的统一性

这一特征是指刑事责任既体现了对犯罪人所实施犯罪社会危害性的回顾性判断，也反映了对犯罪人未来再次实施犯罪危险的展望性预判，是一种综合了回顾与展望的评价。易言之，刑事责任的评价首先是对犯罪行为的否定性评价和谴责，评价和谴责的核心要素是行为的社会危害性，具体表现为对社会造成的实际损害或损害的危险；然后再进入对犯罪人的否定性评价和谴责，评价和谴责的核心要素是犯罪人的人身危险性，即犯罪人再次实施犯罪的可能性。[1] 借用"因为有犯罪而科处刑罚"的报应刑观与"为了没有犯罪而科处刑罚"的目的刑观的经典表达，回顾性责任评价可表述为"因为过去有犯罪而确定刑事责任"，展望性责任评价则可表述为"为了将来没有犯罪而确定刑事责任"。刑事责任的概念在这两者内容上的有机统一，则可表述为"因为过去有犯罪，且为了将来没有犯罪而确定刑事责任（的有无、大小和方式）"。为避免重复，这里不对该特征内容论述过多，本书后面的部分将会对刑事责任这种回顾和展望评价的有机统一性作出更具体的展示。

三、刑事责任与犯罪、刑罚的关系

如前所述，刑事责任是与犯罪和刑罚相互并列、彼此联系但意义有所不同的

---

[1] 曲新久：《刑法的精神与范畴》，中国政法大学出版社2003年版，第255、267页。

一个范畴。要充分发挥刑事责任的效能，必须进一步深入探讨这一范畴与犯罪和刑罚之间的关系。这里主要从刑事立法和刑事司法两个角度分别对刑事责任与犯罪和刑罚的关系作一梳理。

从刑事立法角度讲，显然应当是刑事责任观念形成在前，然后立法者在此观念指导下制定刑法，规定犯罪与刑罚。详言之，立法者要设定犯罪与刑罚，首先要形成一定的刑事责任观，诸如刑事责任的价值目标、规制范围、适用模式等，进而在此观念指导下确立其犯罪观和刑罚观，然后通过制定刑法对那些其认为严重危害社会需要追究刑事责任的行为，按照确定刑事责任的要求宣布为犯罪，并规定具体的犯罪构成要件；而对于那些其认为危害性尚未达到追究刑事责任程度的危害行为，则不规定为犯罪。同样，立法者也是在其刑事责任观指导下，按照犯罪情况规定是否需要适用刑罚，以及应适用刑罚的种类与轻重程度、刑罚执行中的调节制度（如减刑、假释等）和影响刑罚轻重程度及执行调节制度的各种情节或条件。由此可见，在刑事立法层面，刑事责任是第一位的，它影响着刑法的制度设计，决定着犯罪的构成和刑罚的适用。

但是从刑事司法角度即以刑法规定为基础来分析刑事责任同犯罪与刑罚的关系，则应该得出犯罪引起刑事责任而刑事责任直接决定刑罚处罚的结论。前面提到，从刑法解释学的意义上讲，犯罪行为是刑事责任产生的原因，行为是否构成犯罪，决定了行为人是否应承担刑事责任，没有犯罪就没有刑事责任。从司法实践来看，一个人只有实施了刑法所规定的犯罪，且其行为具备了刑法中某个犯罪的构成要件，他才成为应承担刑事责任之人，故没有犯罪人就没有刑事责任的承担者。可见，离开了犯罪这一前提讨论刑事责任，无异于谈论无源之水、无本之木。进一步而言，作为犯罪的必然法律后果，刑事责任的程度也主要取决于犯罪的危害程度，严重犯罪的刑事责任毫无疑问要重于危害不那么严重的犯罪的刑事责任。可见，就这一角度而言，犯罪具有刑事责任前提的意义，犯罪的存在与否决定着刑事责任的存在与否，犯罪的危害程度决定着刑事责任的轻重程度。至于刑事责任与刑罚的关系，从刑事司法角度看则更为密切。具体而言，主要表现在：刑事责任是刑罚适用的内在根据，刑事责任的存在决定着行为人负有接受刑罚惩罚的义务；刑事责任程度直接决定着刑罚的分量，具体刑罚处罚的轻重必须与犯罪人所承担的刑事责任的轻重相适应：刑事责任重则刑罚重，刑事责任轻则刑罚轻，对刑事责任很轻的，则可以免予刑罚处罚。如果犯罪成立后刑事责任程度发生变化的，刑罚也应当随之调整，如犯罪后自首、立功的，从轻、减轻处罚；刑罚执行期间有悔改、立功表现，可以或应当减刑；对不致再危害社会的，可以假释；等等。正是在这一意义上，本书前面将中介性确定为刑事责任的基本特征之一。总之，就刑事司法层面而言，刑事责任绝非毫无意义的叠床架屋，而是犯罪和刑罚之间的一个不可或缺的调节器，它使罪刑关系由静态关系变成了能够适应千差万别现实情况的动态关系。

四、刑事责任的地位

刑事责任的地位问题包括刑事责任在刑法中的地位和其在刑法理论中的地位两个方面。虽然前面已经多少涉及了这一问题，但为了进一步揭示刑事责任概念的要义，仍需对刑事责任的地位问题进行专门论述。下面拟从刑事责任在我国刑法中的地位和在我国刑法理论上的地位两个层面具体展开。

讨论刑事责任在我国刑法中的地位主要是为了指出刑事责任在我国刑事立法上的地位有待进一步提高的问题。如前所述，刑事责任是我国刑法中的一个基本范畴。我国刑法中关于犯罪与刑罚的具体规范，都是围绕"要不要追究刑事责任""追究什么样的刑事责任"以及"如何追究刑事责任"展开的，因此可以说刑事责任是刑法的一个核心问题。[①] 但从我国刑事立法的规定来看，刑事责任的这种重要价值还没有得到充分的体现。这主要表现在：尽管《刑法》总则有12个条文提到了刑事责任，特别是《刑法》第5条在关于罪责刑相适应原则的表述中将刑事责任与犯罪分子所犯罪行和刑罚相并列，而且总则第二章第一节还将"犯罪和刑事责任"作为其节标题，然而对刑事责任本身，我国刑法中却没有像对刑罚那样作出专门的规定，因而容易使人产生刑事责任的重要程度不及刑罚的印象。此外，从总则前4章的标题排列来分析，主要还是按照"刑法—犯罪—刑罚"这样一个框架展开的。由此可见，在刑法文本中进一步提升刑事责任的地位，仍是我国刑事立法的一项重要使命。

至于刑事责任在我国刑法理论上的地位则是随着我国刑法学的蓬勃发展而引起热烈讨论的一个话题。在20世纪80年代出版的我国刑法教科书中，刑事责任还很少被提及。20世纪80年代末问世的刑法教科书仍将刑法学定位为研究刑法及其所规定的犯罪与刑罚的科学。进入90年代后，刑事责任问题逐渐引起我国刑法学界的关注，一些教科书开始设立专门论述刑事责任的章节，也出版了不少研究刑事责任的专著。至此，刑事责任的重要性在我国刑法理论中得到了充分肯定。但是，对于刑事责任在刑法理论体系中的地位问题，我国刑法学界还存在认识上的

[①] 高铭暄主编：《刑法学原理》第1卷，中国人民大学出版社1994年版，第410页。

分歧，进而形成了不同的理论体系。其中，"责—罪—刑"说认为，刑事责任是刑法中一个具有根本性的概念，是刑法的内在生命。从整个刑法特别是刑事立法的角度看，总是刑事责任在前，犯罪在后，没有刑事责任就不存在犯罪，也就不应当受刑罚处罚，因此应当按照"刑事责任—犯罪—刑罚"的逻辑顺序来构建刑法学体系。"罪—责—刑"说认为，犯罪、刑事责任、刑罚是各自独立又彼此联系的三个刑法学范畴，刑事责任是介于犯罪与刑罚之间的联结犯罪与刑罚的纽带：犯罪是产生刑事责任的原因，刑事责任是犯罪的法律后果；刑事责任是刑罚的前提，刑罚是解决刑事责任问题的基本方式，因而刑法学理论体系应当按照"犯罪论—刑事责任论—刑罚论"的模式来建立。"罪—责"说认为，刑事责任与刑罚的位阶不同，因此从体系上讲只有刑事责任才能够与犯罪相提并论。作为下位概念的刑罚只是刑事责任的实现方式之一，而不是唯一的方式，非刑罚处罚措施等也是实现刑事责任的方式，故应将传统的"犯罪论—刑罚论"体系调整为"犯罪论—刑事责任论"体系。

本书认为，上述"责—罪—刑"说从刑事立法学的意义上讲有一定道理，但从刑法解释学的角度即刑事责任的现实层面看则存在倒果为因的问题。首先，从文本分析，我国刑法条文使用"刑事责任"一语时，基本上都是在提到行为成立犯罪或者描述其具体表现之后，因此将刑事责任看成先于犯罪的存在，与我国刑法的规定不相吻合。其次，从刑事审判实践来看，同样是先认定是否成立犯罪，然后在成立犯罪的结论基础上再讨论刑事责任追究问题。将刑事责任置于犯罪之前讨论，可能导致将刑事责任认为是犯罪的成立条件的误解，甚至造成在犯罪之外考量刑事责任从而导致追究刑事责任扩大化的问题。"罪—责"说以刑罚只是刑事责任的下位概念为理由，主张只有刑事责任论才能与犯罪论相提并论，这从逻辑上讲是没有矛盾的，但是在建构刑法理论体系时则不能只考虑逻辑上说得通而忽略刑法的规定。如前所述，从我国《刑法》总则章的编排方式来看，主要采用"刑法—犯罪—刑罚"的结构。具体而言，刑罚是总则第三、四两章的主题，而刑事责任在章的层面则并未被提及。另外，刑事责任的实现方式虽然还包括非刑罚处罚措施以及单纯有罪宣告而不限于刑罚处罚，但是刑罚毕竟是刑事责任实现方式中的主要方式，非刑罚处罚措施及单纯有罪宣告的适用则不是很普遍，它们在刑法理论上所处的地位也远远不及刑罚，所以仅仅依据逻辑上的理由而以刑事责任论取代刑罚论，从理论上讲未必妥当。相比较而言，"罪—责—刑"说既体现了我国《刑法》总则的体系结构，也兼顾到了犯罪、刑事责任与刑罚三者之间的具体逻辑关系，因而是最为可取的。故本书赞同按照"罪—责—刑"的框架结构来理解刑事责任理论的体系地位。

第二节　刑事责任的根据

刑事责任的根据，从国家角度讲，是指追究刑事责任的根据，回答的是国家究竟基于何种理由要追究犯罪人的刑事责任；从犯罪人角度讲，是指承担刑事责任的根据，即回答犯罪人基于何种理由承担刑事责任的问题。国家是刑事责任的追究者，犯罪人是刑事责任的承担者，是被追究的对象，因此这两种角度只是从不同侧面反映了在刑事责任问题上国家与犯罪人的法律关系。实际上，国家追究刑事责任的根据就是犯罪人承担刑事责任的根据，二者是完全一致的。

我国刑法学界对刑事责任根据的探讨一般是从哲学层面、法律层面和事实层面分别展开的，因此，本书下面对刑事责任根据的论述也分为刑事责任的哲学根据、刑事责任的法律根据和刑事责任的事实根据三个部分。

一、刑事责任的哲学根据

考察国家为什么要追究犯罪人的刑事责任或者犯罪人为什么要对自己的犯罪行为承担刑事责任，不能不涉及人的意志自由问题。正如恩格斯所指出的那样："如果不谈所谓自由意志、人的责任能力、必然和自由的关系等问题，就不能很好地议论道德和法的问题。"[①] 所以，探讨刑事责任的根据首先必须从哲学层面来着手。

围绕着人的意志是否自由的问题，西方学者对刑事责任根据进行过长期的争论，并因此形成了两大阵营。具体而言，关于刑事责任的哲学根据，资产阶级的刑事古典学派和刑事实证学派之间存在着道义责任论和社会责任论的对立。道义责任论以唯心主义的"非决定论"为其哲学基础，认为人都具有自由意志，凡是达到一定年龄的人，除了精神方面不健全者外，都具有根据理性对行为作出选择的自由。由于绝对理性要求人们趋善避恶，因而一旦一个人基于自由意志决定实施违反道德义务的犯罪行为，就应当受到道义的非难并承担刑事责任。例如黑格尔认为，犯罪作为具有理性的人的行为，也是基于意志自由而实施的，这便意味着犯罪人在选择犯罪时也选择了作为犯罪结果的刑事处罚。"所以处罚他，正是尊

[①]《马克思恩格斯文集》第9卷，人民出版社2009年版，第119页。

敬他是理性的存在。"① 由此可见，道义责任论是以绝对的、不受任何制约的自由意志作为刑事责任的哲学根据的。与道义责任论不同，社会责任论则以实证主义的"决定论"作为刑事责任的哲学基础，他们认为人的意志并不是自由的，而是由人的自然本性和社会环境等因素决定的。例如意大利人菲利指出："古典派犯罪学和一般公民均认为犯罪含有道德上的罪过，因为犯罪者背弃道德正轨而走上犯罪企图均为个人自由意志所选择，因而应该以相应的刑罚对其进行制裁，这是迄今为止最流行的犯罪概念。人的自由意志观念（因果关系是其中唯一不可思议的因素）引出一个假定，即一个人可以在善恶之间自由选择。但是，当用现代实证研究方法武装起来的近代心理学否认了意志自由的存在，并证明了人的任何行为均系人格与人所处的环境相互作用的结果时，你还怎样相信自由意志的存在呢？"② 所以，按照社会责任论的立场，对刑事责任的哲学根据不应当从所谓的自由意志中去寻找，而只能从社会的角度来把握。人既然属于组成社会的一员，对其危害社会的行为自应承担相应的责任。

我国刑法理论认为，探讨刑事责任的哲学根据应该坚持辩证唯物主义的立场。辩证唯物主义认为，物质决定精神，精神反作用于物质。详言之，物质条件或者说人的社会存在制约着人的行为，包括犯罪行为，犯罪的发生总有其社会存在方面的原因，但也不是说一个人在具体的环境里绝对地只能实施某种行为而不能实施其他的行为。实际上，在究竟实施何种性质的行为方面，人在一定限度内具有选择的自由即相对的意志自由。这种相对的意志自由使得国家能够要求人们按照一定的社会标准选择和决定自己的行动，并且依据人们所选择实施的行为是否符合该社会标准来给予肯定或者否定的评价。而国家立法机关通过立法将那些应受否定评价的严重危害社会的行为规定为需要承担刑事责任的犯罪，这便意味着社会成员不得选择实施此类行为。于是，行为人本应选择也能够选择不实施危害国家、社会和人民利益的行为，却选择了实施这样的行为，或者说其本应避免也能够避免给国家、社会或者他人造成严重损害的结果或危险，却没有避免，司法机关基于此即可对其追究刑事责任即作出否定性评价和谴责；而假如行为人确系在无法选择的情况下实施了刑法禁止的行为，以致对国家和人民利益造成损害的，如前面提到的不可抗力，司法机关就不能追究其刑事责任。综上可以断言，犯罪

---

① ［德］黑格尔：《法哲学原理》，范扬、张企泰译，商务印书馆1961年版，第103页。
② ［意］恩里科·菲利：《实证派犯罪学》，郭建安译，中国人民公安大学出版社2004年版，第183—184页。

人实施犯罪时所具有的相对意志自由是刑事责任的哲学根据。

二、刑事责任的法律根据

刑事责任的法律根据，是指从法律规定层面讲行为人承担刑事责任或国家追究刑事责任的具体根据或者具体标准是什么的问题。对此，以往苏联学者们曾依据 1958 年《苏联和各加盟共和国刑事立法纲要》第 3 条"刑事责任的根据"的规定进行过热烈讨论，有的认为罪过是刑事责任的根据，有的主张犯罪行为是刑事责任的根据，但通行的观点认为犯罪构成才是刑事责任的根据。① 在我国刑法学界，在刑事责任的法律根据问题上同样存在罪过说、犯罪行为说和犯罪构成说等不同主张。

本书认为，罪过即犯罪的主观心理状态只是从主观方面影响到刑事责任，但不能将其视为刑事责任完整的根据，否则会导致主观归罪。至于犯罪行为，从完全符合犯罪构成的意义上将其视为刑事责任的基础本没有问题，所以前面多次出现犯罪是刑事责任产生的原因而刑事责任是犯罪的结果的论述，但是由于"犯罪行为"一语有时候又被用作犯罪构成客观方面行为的简称，因而如果采用"犯罪行为是刑事责任根据"的表述，有可能造成只将犯罪客观方面的危害行为看成刑事责任根据而忽略犯罪构成其他要件意义的误解，从而导致客观归罪的问题。所以相比较之下，将刑法规定的犯罪构成视为刑事责任根据的提法更可取一些。

那么能不能认为只有刑法规定的犯罪构成才是刑事责任的根据，除此之外刑事责任再无其他法律依据了呢？我们认为也不能这样理解。如前所述，刑事责任是质与量的统一。确定刑事责任，一要解决质的问题，即是否存在刑事责任的问题；二要解决量的问题及刑事责任程度的大小问题。虽然其在决定刑事责任程度问题上也具有重要意义，但犯罪构成在刑事责任根据方面的主要作用在于解决刑事责任存在与否的问题，它并不能包办刑事责任的所有问题。决定刑事责任程度的，除了犯罪构成外，还包括其他反映犯罪行为社会危害性和犯罪人人身危险性的刑法规定，如《刑法》总则第四章中的许多规定。因此，那种认为犯罪构成是刑事责任的唯一或全部法律根据的表述是不准确的。当然也必须看到，由于作为犯罪构成要件的都是因决定行为的社会危害性质及程度而为该行为成立犯罪所必需的事实特征，所以犯罪构成在决定刑事责任程度方面具有不可替代的基础性作用。故准确的表述应当是，刑法规定的犯罪构成既是决定刑事责任存在与否的唯一法律根据，也是决定刑事责任程度的主要法律根据，但刑法于犯罪构成之外规

---

① 《苏联刑法科学史》，曹子丹等译，法律出版社 1984 年版，第 48—49 页。

定的刑罚裁量情节与刑罚执行制度也是决定刑事责任程度的重要法律根据。

三、刑事责任的事实根据

如前所述，关于刑事责任法律根据的探讨只是一种立足于刑法规定的抽象分析，但仅有法律的规定并不会产生现实的刑事责任。要实际追究某人的刑事责任，还必须存在一定的事实。而根据前面的论述，这种事实只能是符合犯罪构成的事实，因为只有这样的事实才能够成立犯罪。详言之，是否追究刑事责任只能以现实存在的、符合刑法规定的犯罪构成的具体情形为其事实根据。当然，这只是刑事责任事实根据的部分内容。要彻底解决刑事责任的事实根据问题，不能仅仅只探讨追究刑事责任的事实根据，还必须在弄清楚什么是决定追究刑事责任的事实根据的基础上进一步分析决定刑事责任程度的事实根据。

如同前面分析刑事责任法律根据时所得出的结论一样，决定刑事责任程度的事实根据，主要还是符合犯罪构成的事实。这是因为，立法机关是以质与量相统一的刑事责任观为指导来选择和规定犯罪构成类型的，因此符合具体犯罪构成的事实不但能表明刑事责任的存在，也能在很大程度上反映刑事责任的程度，从而使刑事责任程度不同的此罪与彼罪得以区分，并通过各自的法定刑具体显示相互之间刑事责任程度的差异。例如，甲的行为符合故意杀人罪的犯罪构成，而乙的行为符合遗弃罪的犯罪构成，这种符合不同犯罪构成的事实本身就决定了二人刑事责任程度上的差异。实际上正因为甲、乙二人的犯罪事实在刑事责任程度上存在着显著的不同，所以才应当对他们分别适用故意杀人罪和遗弃罪的法定刑。再如，行为符合的是故意犯罪的构成还是过失犯罪的构成，是既遂犯的构成还是未遂犯或者预备犯的构成，犯罪主体是年满18周岁的人还是未成年人以及是否年满75周岁等，都从犯罪构成事实的层面决定着犯罪人的刑事责任程度，并进而成为决定处罚轻重的重要根据。由此可见，符合犯罪构成的事实对刑事责任程度的基础性作用是不可否认的。

当然，无论从法律规定还是从司法实践来看，决定刑事责任程度的事实根据都远远超出符合犯罪构成的事实这一范围。具体而言，在符合犯罪构成事实之外的犯罪的客观方面、主观方面、犯罪主体以及其他方面，都还存在着反映犯罪行为的社会危害性和犯罪人人身危险性从而影响刑事责任程度的事实，例如犯罪客观方面的犯罪手段和工具、作案过程、时间与空间、犯罪对象情况、犯罪所造成的具体损失情况等，犯罪主观方面的犯罪动机、犯罪意志的坚决程度以及实施犯罪行为的道德情感等，犯罪主体方面的犯罪人一贯表现、有无犯罪前科、其生理心理状况、是否存在依法应当从重处罚的身份职权等，以及犯罪以后犯罪人是否逃逸或拒捕、是否坦白与自首及归案后是否认罪认罚和有无立功表现等情况。

可见，这里所说的符合犯罪构成之事实以外的其他影响刑事责任程度的事实包括各种"法定量刑情节"和刑法要求量刑时适当考虑的"酌定量刑情节"。这些情节之所以能影响量刑，其根本原因就在于它们是影响刑事责任程度的情节。换言之，它们是通过对刑事责任程度的影响进而对量刑起作用的。需要指出的是，根据我国《刑法》的规定，这些情节在影响力方面只能起到从轻、减轻或免除处罚以及从重处罚的作用，而不能像某些外国刑法如《俄罗斯联邦刑法典》《西班牙刑法典》所规定的那样，还可以起到加重刑事处罚的作用。

总之，就刑事责任的事实根据而言，符合犯罪构成的事实是决定刑事责任存在与否的唯一事实根据，同时它也是决定刑事责任程度的事实基础，但犯罪构成事实以外的反映行为社会危害性程度以及犯罪人人身危险性程度的事实对于决定刑事责任程度也具有重要的作用。

第三节 刑事责任的发展阶段

如前所述，刑事责任和犯罪是相伴相生的，只要行为构成了犯罪，行为人也就有了刑事责任或者说应当承担刑事责任。但是，应当承担刑事责任只是法律上规定的一种应然状态，并不等于行为人实际上承担了刑事责任。刑事责任的追究是一项事关重大的司法活动，从法律规定的应然状态发展到实际追究的实然状态，需要经历一个从刑事责任的产生到确认再到落实的过程。相应地，这一过程一般而言可以被划分为刑事责任的产生阶段、刑事责任的确认阶段和刑事责任的实现阶段。

一、刑事责任的产生阶段

刑事责任的产生阶段始于行为成立犯罪之日，终于监察机关对公职人员职务犯罪开始调查或者司法机关对刑事犯罪予以立案之时。如前所述，实际的危害行为与刑法规定的犯罪构成相符合是应当追究刑事责任的唯一事实根据，因此，行为人的行为符合犯罪构成或者说成立犯罪之日，就是其刑事责任产生之时。这一阶段与下一阶段的区别在于：由于犯罪尚未被发现，或者属于告诉才处理的犯罪而有告诉权利者还没有告诉等，因此监察机关、司法机关还没有启动刑事追诉的活动。需要指出的是，如果犯罪在法定的追诉期限内没有被追诉，则行为人的刑事责任就可能消灭，从而也就不会再进入刑事责任的下一阶段。另外，此时可能出现行为人自首或者立功等情形，这些会影响以后监察机关、司法机关对其刑事责任程度的认定，但只要发生在监察机关对公职人员职务犯罪进行调查和司法机关刑事立案之前，就属于刑事责任的产生阶段。

具体讨论刑事责任的产生阶段，不能不涉及这一阶段的开始时间点问题。对此刑法理论上有不同看法。如苏联学者就有实施犯罪行为说、提起诉讼说、适用强制方法说、有罪判决作出说和执行刑罚说等见解。① 我国学者一般持实施犯罪行为说，理由是刑事责任系伴随犯罪产生的，有犯罪必有刑事责任。犯罪行为实施后无论是否被发现，行为人的刑事责任就业已存在。司法机关追究刑事责任，只是使这种客观存在的刑事责任现实化的过程。但是也有人主张将人民法院最终作出有罪判决的时间视为刑事责任的开始时间。理由是，没有依法确认行为人的行为构成犯罪，就不能将行为人认定为犯罪人，从而也就不能要求其承担刑事责任。如果认为犯罪人的刑事责任从其犯罪行为实施之日就已经开始，那么等于在人民法院作出审判之前就将行为人认定为犯罪人。这显然不符合刑事诉讼法上的无罪推定原则。

本书认为，这里需要将应然层面的刑事责任开始时间（即行为人应负刑事责任的开始时间），监察机关、司法机关实际追究行为人刑事责任的开始时间，以及犯罪人实际负担刑事责任的开始时间区别开来。首先，行为人实施了犯罪行为，就应承担刑事责任，否则就不会发生司法机关代表国家追究行为人刑事责任的问题，因而尽管监察机关和司法机关此时还没有实际启动追究行为人刑事责任的程序，但其刑事责任客观上已经存在，故应将行为人的行为构成犯罪之时作为刑事责任开始的时间点。《刑法》第 17 条第 1、2 款关于未成年人犯罪应当负刑事责任的规定，第 18 条第 2—4 款关于精神病人在完全或部分具备辨认或者控制自己行为能力的情况下犯罪应当负刑事责任的规定，以及醉酒的人犯罪应当负刑事责任的规定等，都可以佐证这一点。特别是《刑法》第 89 条关于追诉期限从犯罪之日起开始计算的规定，更是直接印证了刑事责任开始于犯罪成立之时。其次，我国监察法规定的对公职人员职务犯罪调查之时或刑事诉讼法中规定的立案之时，是追诉犯罪即追究行为人刑事责任的开始，这实际上是对行为人实施犯罪之时就已客观存在的刑事责任予以确认的开始。此时监察机关、司法机关之所以能够对行为人追究刑事责任，正是因为在客观上其刑事责任业已产生；假如此时

---

① ［苏］Л. В. 巴格里—沙赫马托夫：《刑事责任与刑罚》，韦政强等译，法律出版社 1984 年版，第 57—67 页。

不存在刑事责任,监察机关、司法机关也就不可能对行为人进行追究。最后,人民法院的有罪判决(包括判处刑罚处罚的判决和免予刑罚处罚或免除处罚的判决)发生法律效力之时,是犯罪人实际负担刑事责任的开始时间。这同样是在其应负刑事责任即刑事责任已经客观存在的基础上作出的。如果认为刑事责任到此时才产生,那么就无法回答人民法院在作出有罪判决之前是根据什么对被告人进行追究的。而且,以人民法院有罪判决发生法律效力之时作为刑事责任产生的时间,还会推导出被人民法院追究的犯罪人才有刑事责任,而未被人民法院追究的犯罪人则没有刑事责任的错误结论。综上所述,刑事责任产生阶段刑事责任的开始时间,应当是指行为人行为构成犯罪之时,即刑事责任在客观上开始的时间。

二、刑事责任的确认阶段

刑事责任的确认阶段从监察机关对公职人员的职务犯罪开始调查或司法机关对犯罪予以刑事立案时起,到人民法院作出的有罪判决发生法律效力时止。这一阶段的任务是:按照法定的程序确认行为人是否实施了犯罪行为、应否承担刑事责任、应负何种程度的刑事责任以及如何承担刑事责任。由此可见,这一阶段意味着刑事责任从应然层面向实然层面的转化,或者说这一阶段是对刑事责任具体评价的阶段。在刑事责任的确认阶段,涉及留置、逮捕羁押等措施的适用问题。尽管根据《刑法》第41、44、47条的规定,判决执行之前先行羁押的可以折抵刑期,但是留置或者逮捕等是监察法、刑事诉讼法为保障确认刑事责任的活动正常进行,在确定行为人应承担刑事责任之前采取的措施,因而不属于追究刑事责任,故不能将其等同于刑事责任的实现。

根据我国《刑事诉讼法》的规定,刑事案件分为公诉案件和自诉案件两种类型。公诉案件刑事责任的确认通常包括立案、侦查(对部分由公职人员实施的职务犯罪案件按照监察法规定由监察机关调查)、起诉、审判四个环节。为了保证被告人的人权,对刑事责任的确认必须严格依据法律规定的程序来办理。对于自诉案件,对刑事责任的确认工作可以相对简化一些,但是也必须严格遵循法定的程序来进行。

三、刑事责任的实现阶段

刑事责任的实现阶段始于人民法院作出的有罪判决发生法律效力之时,止于判决所确定的内容被执行完毕或者赦免之日。刑事责任的实现阶段是刑事责任的最后阶段，是整个刑事责任问题的结局或者归宿，所以这一阶段具有特别重要的意义。如前所述，刑事责任的实现具体表现为以下三种情形：(1) 判处刑罚的，刑罚执行完毕或者执行一段时间后罪犯被赦免。(2) 判决免予刑罚处罚而对犯罪人适用非刑罚处罚措施的，具体的非刑罚处罚措施执行完毕。(3) 判决免除处罚的，将生效的免除处罚判决公开予以宣告。这里需要指出的是，在后两种情况下，刑事责任的确认与刑事责任的实现在时间上往往是重合的。

在刑事责任的实现阶段，可能出现刑事责任变更的情况。刑事责任的变更，是指因出现法定事由，对已经通过生效判决确定的刑事责任在不改变其性质的情况下作出一定的调整。所以，刑事责任变更实质上是指刑事责任程度的变更，因为已经发生法律效力的有罪判决确有错误而适用审判监督程序被改判无罪的，不属于这里所说的刑事责任变更问题。根据我国刑法的规定，刑事责任的变更具体是指：(1) 死刑缓期执行期满减刑；(2) 管制、拘役、有期徒刑、无期徒刑执行中的减刑；(3) 根据全国人大常务委员会决定和国家主席特赦令对某一类或某几类正在服刑的罪犯予以特赦；(4) 对因为遭遇不能抗拒的灾祸致使缴纳罚金确有困难的予以减免；等等。

刑事责任的实现与刑事责任的终结概念密切相关。对于刑事责任终结的含义，我国刑法理论上主要有两种见解：一种见解认为刑事责任的终结包括因刑事责任实现而终结和因其消灭而终结两种情形；而另一种见解则认为，刑事责任的终结只能指刑事责任的实现，而刑事责任的消灭是没有追究犯罪人刑事责任，二者性质和效果不同，不能混为一谈。① 本书认为，尽管二者意义不完全相同，但刑事责任实现和刑事责任消灭在效果上并无什么区别。换言之，刑事责任既可以因其实现而终结，也可以因其消灭而终结。例如，如果犯罪行为已过追诉期限，则行为人的刑事责任归于消灭，司法机关便不能再对其予以追究，这与刑事责任实现后司法机关不能重复追究刑事责任具有同样效果。区别仅仅在于：刑事责任实现是实然层面的刑事责任终结，而刑事责任消灭则是应然层面的刑事责任终结。

需要指出的是，根据我国刑事法律规定，刑事责任终结的时间因刑事责任实现或消灭的方式不同而有所不同：(1) 通过判处并执行刑罚实现刑事责任的，刑罚（包括主刑和附加刑）执行完毕之时或执行一段时间后赦免之时为刑事责任终结之时。但如果对犯罪人判处的刑罚被宣告缓刑，那么被缓刑者缓刑期满考验合格、被公开宣告不再执行原判刑罚时，为刑事责任终结之时。此外，对于战时被

---

① 高铭暄、马克昌主编：《刑法学》，北京大学出版社、高等教育出版社 2017 年版，第 213 页。

判缓刑允许戴罪立功的犯罪军人，则从军事法院因其确有立功表现而作出撤销其原判刑罚、不以犯罪论处的裁定时起，刑事责任终结。还应注意的是，行为人在刑罚执行完毕或者赦免之后一定时间内又犯新罪的，属于依法应当从重处罚的累犯，但这并不意味着前罪刑事责任尚未终结，而是由于先行的定罪处罚事实表明又犯新罪的犯罪人人身危险性较大，导致其新罪刑事责任程度的加重。实际上，如前所述，其前罪的刑事责任已经因刑罚执行完毕或者赦免而告终结，所以不能将构成累犯的前后罪间隔时间视为刑事责任的存续期间。（2）对于虽然认定有罪但没有判处刑罚（包括免予刑罚处罚而仅适用非刑罚处罚措施和免除处罚同时也不适用非刑罚处罚措施）的，则应以判决中的非刑罚处罚措施实施完毕之时或者生效的免除处罚判决公开宣告之时作为刑事责任的终结之时。（3）对于未依据刑事诉讼程序追究刑事责任的犯罪（这里主要是指没有被发现的犯罪以及告诉才处理的犯罪但有告诉权者没有告诉或撤回告诉的），刑法所规定的追诉时效期满之时，即标志着刑事责任的终结。（4）犯罪人在其刑事责任实现前或者尚未被追究刑事责任但在追诉期限内死亡的，一般在其死亡之时刑事责任即告终结（但被附加剥夺政治权利终身的情形除外）。（5）对本已构成犯罪但被人民检察院根据《刑事诉讼法》的相关规定最终决定不起诉的，人民检察院的这类不起诉决定作出之时即为刑事责任终结之时。刑事责任一旦终结，除死亡者之外，犯罪人就重新成为享有正常权利和自由的公民。

第四节　刑事责任的解决方式

刑事责任的解决方式，是指对业已产生的刑事责任予以处理，使刑事责任得以终结。根据我国刑法的规定，我国刑法学界一般将刑事责任的解决方式概括为定罪判刑、定罪免刑、消灭处理和转移处理四种。在充分肯定这一归纳的合理性的同时，本书认为，为了凸显各种刑事责任解决途径的差异性，还可进一步将这四种刑事责任解决方式归纳为两类：刑事责任的实现方式和刑事责任的其他解决方式。前一类型指已经依法追究了犯罪人的刑事责任，具体实现了刑事责任的内容，包括定罪判刑和定罪免刑两种方式；后一类型则指基于法定的原因而不允许或不能追究行为人的刑事责任，因而实际上我国刑法规定的刑事责任在没有得到完全实现的情况下就被宣告终结，刑事责任的消灭处理和转移处理就属此类情况。本书下面即按照这一思路来具体探讨刑事责任的各种解决方式。

一、刑事责任的实现方式

（一）定罪判刑

这种方式是指由人民法院对犯罪人在有罪宣告的基础上作出给予某种刑罚处罚的判决。定罪判刑是人民法院的职能，只有人民法院才有权适用这种方式解决犯罪人的刑事责任问题。而刑事责任通常是以刑罚处罚来具体体现的，所以定罪判刑方式是刑事司法实践中最基本、最常见的刑事责任解决方式。这种方式通过刑罚处罚的施加使抽象刑事责任具体化、客观化，从而更易于理解和把握。

我国刑法根据犯罪人所实施的犯罪行为及其情节设置了不同的主刑和附加刑。主刑包括限制或剥夺自由的刑罚以及剥夺生命的刑罚，附加刑主要表现为剥夺财产或者资格的刑罚。在适用这些刑罚解决犯罪人的刑事责任时必须注意，刑事责任的程度是决定具体刑罚轻重的标准，尤其是我国刑法往往针对同一罪名的不同犯罪情况设置了几种主刑或者对剥夺自由的刑期规定了一定幅度供审判机关具体裁量，因此在对犯罪人适用刑罚时应当力求所适用的刑罚与犯罪人刑事责任程度相协调。这也是罪责刑相适应原则的应有之义。

（二）定罪免刑

这种方式是指人民法院在审判文书中确定行为人的行为构成了犯罪但决定不对犯罪人判处刑罚处罚。定罪免刑方式具体包括两种情况：一是根据《刑法》第37条规定，对于犯罪情节轻微不需要判处刑罚的，免予刑罚处罚，但是依据案件的不同情况分别予以训诫或者责令具结悔过、赔礼道歉、赔偿损失，或者由主管部门予以行政处罚或行政处分，即在宣告有罪的基础上判决免除刑罚处罚，但给予非刑罚的处罚。二是作出有罪的宣告但决定免除刑罚处罚，且不给予上述非刑罚的处罚。这主要是指根据《刑法》第10、19、20、21、22、24、28条等的规定，对具备法定条件或情节的犯罪人免除处罚。据此，人民法院有权在判决书中对符合免除处罚要求的犯罪人给予单纯的有罪宣告并明确表示对其免除处罚。

在定罪免刑的场合，虽然犯罪人没有被判处刑罚，但是如前所述，这种有罪认定本身宣告了对犯罪人刑事责任的追究，它体现了国家对犯罪人的否定评价，也确认了该人因其犯罪行为而应受刑罚处罚。但由于其刑事责任程度比较轻微，不需要以刑罚作为刑事责任的载体，因而对其免予刑罚处罚或者免除处罚。可见，犯罪人被免除刑罚处罚并不意味着其刑事责任不存在或未受追究。实际上，由于免除刑罚处罚是建立在行为人行为构成犯罪而存在刑事责任、具备应受刑罚处罚性基础之上的，所以采取定罪免刑的方式仍然可以达到刑事责任实现的目的。

需要强调指出的是，只有人民法院的免予刑罚处罚或免除处罚判决才属于这里的定罪免刑方式，其他部门对犯罪嫌疑人的不予追究决定则不具有这样的意义。例如，根据《刑事诉讼法》第177条第2款的规定，对于犯罪情节轻微，依照刑法规定不需要判处刑罚或者免除刑罚的，人民检察院可以作出不起诉决定。这里的不起诉是一种作无罪处理的决定，而不是为了解决行为人的刑事责任问题。因此，不能将人民检察院的这种程序性的酌定不起诉与人民法院的实体性的定罪免刑判决混为一谈，将酌定不起诉也视为刑事责任的实现方式之一。同样，也不能将人民检察院对未成年犯罪嫌疑人的附条件不起诉视为刑事责任的实现方式。根据我国刑事诉讼法的规定，附条件不起诉最终可能出现两种结果：一种是被附条件不起诉的未成年犯罪嫌疑人在考验期内没有出现违反规定的情况，考验期满，人民检察院最终作出不起诉的决定；另一种是被附条件不起诉的未成年犯罪嫌疑人在考验期内有违反规定的情形，被人民检察院撤销附条件不起诉而起诉至人民法院。前者与酌定不起诉一样属于作无罪处理的方式，后者则可能被人民法院定罪判刑或者定罪免刑。可见，附条件的不起诉也不属于定罪免刑的方式。

此外，对于我国刑法所规定的非刑罚处罚措施之外的强制措施，也不能理解为刑事责任的实现方式。例如，对于《刑法》第17条第4款规定的对因不满16周岁而不予刑事处罚的未成年人所采取的收容教养措施以及《刑法》第64条所规定的对犯罪物品的追缴、责令退赔、没收违禁品和供犯罪所用的本人财物等的处理措施，均不能认为是刑事责任的实现方式。

二、刑事责任的其他解决方式

刑事责任的其他解决方式是指刑事责任实现方式之外的其他使刑事责任终结的方式。根据我国法律的规定，刑事责任的其他解决方式包括消灭处理和转移处理两种。

（一）消灭处理

刑事责任的消灭处理，是指行为人的行为本已构成犯罪，应承担刑事责任，但由于存在法律规定的阻却刑事责任追究的事实，因而使刑事责任消灭。例如，犯罪已过追诉时效期限的犯罪人、战时被宣告缓刑而确有立功表现的犯罪军人以及已经死亡的犯罪人等，根据刑法或刑事诉讼法规定，其刑事责任都已归于消灭，国家司法机关不能再对其提起刑事追究，行为人也不应再承担刑事责任。此外，如前所述被人民检察院作出酌定不起诉的犯罪人或者附条件不起诉的未成年犯罪嫌疑人在考验期内因没有出现违反规定的情形而最终被不起诉的，也属于这种方式。

（二）转移处理

这种方式的含义是指对享有外交特权和豁免权的外国人的刑事责任不由我国司法机关适用我国刑法来追究，而是根据《刑法》第 11 条的规定通过外交途径予以解决。刑事责任的这种解决方式，是按照国际惯例和国家之间相互对等的原则确立的，是一种解决特定行为人刑事责任的特殊方式。

▶ 拓展学习

知识点阐释

思考题

1. 刑事责任有哪些特征？
2. 如何理解刑事责任与犯罪、刑罚之间的关系？
3. 如何理解刑事责任的根据？
4. 刑事责任的解决方式有哪些？

第十四章　刑罚及其种类

第一节　刑罚与刑罚权

一、刑罚的概念与特征

刑罚，是刑法所规定的由国家审判机关对犯罪人所适用的限制或剥夺其某种权益的强制性制裁方法。通常认为，其具有以下特征：

1. 由国家最高权力机关在刑法中制定。由于刑法直接涉及公民的生杀予夺的大事，因此，多数国家均规定只能由该国的最高权力机关制定刑罚。我国也不例外。在我国，宪法规定，只有全国人民代表大会及其常委会才有权制定或补充、修改刑法和其中的刑罚，其他国家机关如国务院及其各部委、地方人民代表大会及其常委会等，均不能制定、修改刑法及其中的刑罚。

2. 刑罚性质严厉。因为刑罚是用以惩罚犯罪的，而犯罪行为的社会危害程度重于其他违法行为，所以刑罚是最严厉的强制方法。其不仅可以剥夺受刑人的财产、政治权利，甚至可以剥夺其生命，这是其他强制措施所不具备的。正因如此，尽管我国刑法关于犯罪的法律后果，在刑罚之外，还规定有判处赔偿经济损失、予以训诫、责令具结悔过、退赔损失等强制方法，但它们都没有被称作"刑罚"，只有那些被称为"刑罚"的强制方法即《刑法》第33—35条规定的主刑和附加刑才是刑罚。

3. 仅对犯罪人适用。刑罚因犯罪而生，以犯罪为前提，所以受刑罚处罚的只能是实施了犯罪行为的人，对于无罪的人绝对不能适用刑罚。刑罚的这种特性表明，刑事诉讼过程中采取的拘留、逮捕等剥夺人身自由的强制方法不是刑罚。因为被拘留、逮捕的人只是犯罪嫌疑人，不一定都是犯罪人；对他们采取这类强制措施是为了保证诉讼程序的正常进行，而不是对犯罪人处罚。

4. 由人民法院依法科处。刑罚只能由人民法院适用，其他任何机关都无权适用；刑罚只能由人民法院依据刑法和刑事诉讼法适用，对于刑法未规定的强制方法，法院无权作为刑罚来适用，同时不经过法定的刑事诉讼程序也谈不上适用刑罚的问题；法院只能通过裁判的形式实现适用刑罚的权力。

5. 由特定机关执行。根据刑法和刑事诉讼法的规定，死刑、罚金和没收财产由人民法院执行，无期徒刑和有期徒刑由监狱或其他劳改场所执行，管制由负责社区矫正的司法行政机关执行，拘役和剥夺政治权利由公安机关执行。这也是刑罚与其他强制方法相区别的标志。

二、刑罚权的根据与内容

在讨论刑罚的时候，必须要解决刑罚权的问题。离开刑罚权，刑罚则变为无源之水、无本之木。

国家根据所发生的犯罪而对犯罪人进行处罚的权限，就是刑罚权。它既包括在犯罪发生时，国家能够对犯罪人进行处罚的抽象意义，也包括在某个犯罪人实施了犯罪的场合，国家能够对该犯罪人科处刑罚的具体意义。因此，刑罚权的现实行使，体现在刑事制裁当中，即能够对犯罪人进行有罪判决，并使该判决发生效力。

关于刑罚权的根据，即国家为什么具有科处刑罚的权力，历史上曾经有过神权说、契约说、命令说、功利说、正义说、社会防卫说等诸多学说。马克思主义对其作出了科学回答。按照马克思主义的观点，"刑罚不外是社会对付违犯它的生存条件——不管其性质如何——的行为的一种自卫手段"①。由此可见：（1）刑罚是社会用来对付违反它的生存条件的行为的手段，违反社会生存条件的行为即犯罪，其是先于刑罚而存在的；（2）刑罚是社会的一种自卫手段，是为了制止犯罪的侵犯而出现和使用的；（3）由于社会是被划分成阶级的，所以刑罚总是社会上居于统治地位的阶级用来维护自己统治的生存条件的。据此，一般认为，统治阶级为了对付违反它的生存条件的行为而进行自卫，这才是刑罚权的根据。但仅此还是不够的，因为还需要对"它的生存条件"作出应有的解释。所谓"它的生存条件"，一般来说，是指该社会（即该社会的统治阶级）所存在的经济基础。作为法律现象的刑罚权，也必须由它所存在的经济基础来说明。马克思说："法律应该是社会共同的、由一定物质生产方式所产生的利益和需要的表现，而不是单个的个人恣意横行。"② 所以刑罚权的根据，归根到底，还在于一定的物质生产方式所产生的利益和需要。一定的生产方式本身发生变化，或者一定的生产方式产生的利益和需要发生变化，刑罚权（其主体和内容）也会跟着发生变化。所以刑罚权也不由统治者恣意横行，谁违反这一规律，谁就会受到历史的惩罚。③

刑罚权由刑罚创制权、刑罚裁量权和刑罚执行权三部分构成。刑罚创制权，

---

① 《马克思恩格斯全集》第 11 卷，人民出版社 1995 年版，第 618 页。
② 《马克思恩格斯全集》第 6 卷，人民出版社 1961 年版，第 292 页。
③ 参见马克昌主编：《刑罚通论》，武汉大学出版社 1995 年版，第 26—27 页。

是指国家立法机关在刑事立法过程中创制刑罚的权力,是在动态的立法过程中事先设定静态内容的权力。事先设定的静态内容,主要是指刑罚的体系和具体种类、刑罚的具体运用等。刑罚裁量权,是指国家刑事司法机关在认定有罪的基础上对犯罪人是否判处刑罚和判处什么刑罚的权力,包括对犯罪人是否予以刑罚处罚的求刑权、决定对犯罪人是否判处刑罚以及判处何种刑罚的量刑权。刑罚执行权,是指刑罚执行机关依据法院的判决将对犯罪分子判处的刑罚付诸现实执行的权力。上述三个权力当中,刑罚创制权是刑罚权的基础,是国家一般刑罚权的表现;刑罚裁量权是国家一般刑罚权向具体刑罚权转化的关键,是整个刑罚权的核心;刑罚执行权是刑罚裁量权的必要延伸,是实现国家刑罚权的一个重要环节。这三个方面彼此联系、相互依存,共同构成刑罚权的整体。

需要说明的是,国家尽管具有创制、裁量和执行刑罚的权力,但是,也不得随意行使或者滥用这些权力。为了防止国家不当行使刑罚权,有必要将刑罚权的行使看作国家和犯人之间的权利、义务关系,必须受权利、义务对等原则的制约。具体来说,一旦出现犯罪,国家就取得了对该犯罪人科处刑罚的权利,犯罪人则由于违反刑法、实施犯罪而具有了接受刑罚处罚的义务。这里就出现了国家和犯罪人之间的个别的权利、义务关系,这种关系就是刑罚法律关系。根据这种关系,国家取得行使刑罚权所必要的、展开审判程序的权利;同时,犯罪人被赋予犯罪嫌疑人、被告人的地位,获得法律上的保障。审判机关的判决确定了对犯罪人判处的刑罚,犯罪人就有了接受行刑的义务,国家和受刑人之间就有了行刑上的法律关系。国家取得对犯人的行刑权;同时,犯人作为受刑人,其法律地位也受到保障。

第二节 刑罚的目的与功能

一、刑罚的目的

刑罚论的基本问题千头万绪,但归纳起来,无非是为什么要对犯罪的人科处刑罚?即刑罚的目的是什么?这个问题涉及刑罚正当化的根据问题,即作为痛苦或者恶害的刑罚本身,为什么能够对人实施?其在什么条件下可以实施?如何判断所科处的刑罚是否合理妥当?对此,在国外的刑法学说中,曾存在报应刑论和目的刑论的对立。

报应刑论最原始的内容是"因为犯了罪,所以要处刑"。具体来说,这种见解认为，刑罚是对犯罪的公平报应，体现的是人与生俱来的公平正义之心；科处刑罚的根据，仅仅在于犯罪行为造成了客观损害。在对犯罪科处刑罚的时候，不应当抱有防止犯罪等目的性考虑。也就是说，即便没有防止犯罪的效果，也必须基于伦理上的正义的要求而对犯罪人科处刑罚；相反地，不得将对犯罪人科处刑罚作为"防止犯罪的手段"。这种主张，通俗地说，就是"以牙还牙、以眼还眼、以血还血"，科处刑罚仅仅就是因为犯罪人犯了罪，再也没有任何其他理由。但是，仅仅将满足伦理上的正义要求作为刑罚干预公民个人生活的根据，明显地和责任原理相冲突，同时，这种见解还会导致严刑峻罚，因而将报应作为说明刑罚存在的理由是不合适的。当然，报应刑论主张刑罚是"同态复仇"，即只能在客观造成的侵害的范围内科处的观点，对于划定刑罚处罚的上限，具有重要借鉴意义。[①]

相反地，目的刑论的最原始内容是"因为让人不要或者不再犯罪，所以要处刑"。具体来说，这种见解认为，为报应而报应不是刑罚的存在理由，刑罚只有在对预防犯罪或者教育罪犯具有特定效果的时候，才具有正当性。刑罚在广义上，是为了预防犯罪而科处的一种教育手段，科处刑罚的根据是犯罪行为当中所体现出来的行为人的"主观恶性"或者说是"人身危险性"，而不是行为所造成的客观侵害。

迄今为止，目的刑论大体上分为两大类，即一般预防论和特别预防论。

一般预防论认为，刑罚具有防止犯罪人以外的一般人陷入犯罪深渊的效果，而且，也正是因为具有这种效果，其才能合法存在。这种一般预防效果，通过事先在刑法当中规定什么样的行为是犯罪、应当予以什么样的处罚的刑罚预告，以及在犯罪之后对该罪犯宣告刑罚、执行刑罚的方式加以实现。传统的一般预防论认为，刑罚的一般预防效果是通过刑罚的威吓作用实现的。但是，现在的学说认为，其是通过对一般人的规范意识即遵守规范的意识进行确认和强化，从而使其不致踏上犯罪覆辙的形式实现的。一般预防论在将刑罚的内容视为痛苦这一点上，与报应刑论具有相通之处。

特别预防论认为，刑罚具有使已经犯罪的人不再犯罪的效果，而且，也正是因为有这种效果，其才被赋予了合法存在的理由。刑罚的特别预防效果，是通过对已经犯罪的人进行威慑，确认、强化其规范意识，教育、改造犯人，使其重返社会的方式实现的。特别是在后一种实现方式上，特别预防论被称为"改造刑论""教育刑论""重返社会刑论"。特别预防论，在强调通过对犯罪人的反社会性进行

---

① 参见［日］曾根威彦：《刑法学基础》，黎宏译，法律出版社2005年版，第49页。

教育、改造，消除其犯罪的原因，使其顺利地重返社会这一点上，具有特色。

从现在的情况来看，完全不考虑刑罚所具有的预防犯罪目的，以绝对的报应刑论为内容，将刑罚作为对过去犯罪的报应的观点已经不存在。同样地，认为刑罚是为了防止将来的犯罪而科处的，只有在对防止犯罪来说必要且有效的范围之内才是合理的绝对目的刑论也不占主流。多数人提倡折中主义或者说并合主义的刑罚观，认为作为恶害的刑罚只有在一方面能满足善有善报、恶有恶报的正义要求，另一方面能为防止犯罪所必需（即为了保护公民安全而不得不使用刑罚）且有效（刑罚在防止犯罪方面具有效果），即在报应刑的范围内能实现一般预防和特别预防的目的的场合，才能够被正当化。① 其经典表述是："因为有了犯罪且为了不要或者不再犯罪，所以要处刑。"

我国学者对于"为什么要对犯罪的人科处刑罚"这一问题的回答也是众说纷纭。惩罚说认为，刑罚的目的在于限制和剥夺犯罪人的自由和权利，使其感到压力和痛苦，以制止犯罪。改造说认为，刑罚是通过惩罚犯罪，达到改造罪犯，使其重新做人的目的。预防说认为，刑罚的目的是预防犯罪，包括一般预防和特殊预防两个方面。双重目的说认为，刑罚既有惩罚犯罪分子的目的又有改造他们的目的。多目的说认为，刑罚的目的，一是惩罚和改造犯罪分子，预防他们重新犯罪；二是教育和警诫社会上的不稳定分子，使其不致走上犯罪道路；三是教育广大群众增强法制观念，积极同犯罪作斗争。预防和消灭犯罪说认为，刑罚的目的是要把受惩罚的犯罪分子中的绝大多数人教育改造成新人，从而达到预防犯罪并最终消灭犯罪，以保护国家和人民利益的目的。根本目的与直接目的说认为，刑罚的根本目的是预防犯罪，保卫社会。其直接目的为惩罚犯罪，伸张正义；威慑犯罪者和社会上的不稳定分子，抑制其犯罪意念；改造罪犯，使其成为遵纪守法的公民。如此等等，不一而足。

我国通说为预防说。该说认为，讨论刑罚目的的时候，应当将刑法的任务与刑罚的目的区别开来，刑法的任务包括刑罚的目的，刑罚的目的是实现刑法任务的一项具体内容。因此，刑罚的目的是指人民法院代表国家对犯罪分子适用刑罚所要达到的目标或结果，即预防犯罪。刑罚目的所预防的"犯罪"，包括已然之罪和未然之罪。由于预防的对象有所不同，故将刑罚的目的划分为特殊预防和一般预防两个方面。以下分别叙述：

---

① 参见［日］大谷实：《刑法讲义总论》，黎宏译，中国人民大学出版社2008年版，第36—37页。

1. 特殊预防

（1）特殊预防概说。所谓特殊预防，是指通过对犯罪分子适用刑罚进行教育改造，预防他们重新犯罪。对犯罪分子适用刑罚，除对极少数罪行特别严重的适用死刑外，主要是利用刑罚的剥夺、惩罚和教育改造功能，限制或剥夺犯罪分子的再犯能力，使其认罪服法，悔过自新，重新做人。对犯罪分子的特殊预防作用，主要是通过两个方面的内容来实现的。

第一，剥夺犯罪分子再次犯罪的能力，使之不再危害社会。具体包括：一是对极少数罪行极其严重的犯罪人，通过适用死刑立即执行的方式，永远剥夺其重新犯罪的能力。这是一种最简单、最有效的特殊预防方式，但有一定的负面作用，应当尽量限制使用。二是对绝大多数犯罪人通过采取适用不同期限自由刑的方式，使犯罪人在一定时期内与社会隔离，同时在其服刑期间对其进行教育改造，使之成为遵纪守法的公民，不致再危害社会。这是特殊预防的最基本和最主要的方式。三是对经济犯罪、财产犯罪和其他贪财图利犯罪的犯罪人适用财产刑，剥夺其重新犯罪的物质基础，使其得不偿失，从而不能、不敢或不愿再次犯罪。这一方式特别适用于罪行较轻、主观恶性较浅、人身危险性不太大的罪犯。四是通过对某些犯罪人独立或附加适用资格刑，剥夺其一定的权利或资格，从而防止他们利用这些权利或资格重新进行犯罪。这也是特殊预防的一种重要方式。

第二，改造和教育犯罪分子，使其弃恶扬善，不敢或者不愿再进行犯罪活动。对犯罪分子适用刑罚，不仅是剥夺其权利或者自由，更主要的是针对犯罪分子的心理状态、人格特征和犯罪的具体原因，对其进行思想改造和采取个别化的矫正措施，使其消除犯罪心理，提高重新做人的觉悟，不再触碰法律的底线。同时，通过劳动改造，使其掌握一定的劳动机能，形成自食其力的习惯，在刑罚执行完毕之后，能够自食其力、改恶从善，成为遵纪守法的合格公民，从而实现刑罚特殊预防的目的。

（2）特殊预防的实现。实现特殊预防的关键在于妥善处理剥夺、惩罚与教育改造三者的辩证关系。既要反对不要惩罚的教育万能论，也要反对忽视教育的单纯惩办主义，必须寓教育改造于剥夺、惩罚之中，把剥夺、惩罚和教育改造有机地结合起来。这就要求我们在整个刑事法律活动过程中都要贯彻特殊预防的思想：在刑罚创制方面，应充分体现罪责刑相适应原则，使罪刑关系建立在公正和科学的基础之上；在刑罚裁量方面，应坚持刑罚个别化原则，充分考虑犯罪人的人身危险性，使量刑具有针对性和适用性；在刑罚执行方面，应全面贯彻惩罚与教育相结合、劳动与改造相结合的方针，将防止重新犯罪作为整个刑罚执行工作的中心。

2. 一般预防

（1）一般预防概说。一般预防，是指通过对犯罪分子适用刑罚，威慑、警诫潜在的犯罪者，防止他们走上犯罪道路。我国刑罚一般预防的对象只限于潜在的犯罪人。具体而言，是指如下三种人：一是危险分子，即具有犯罪危险的人。如尚未得到有效改造的刑满释放人员、多次实施违法行为的人员、多次受到刑罚处罚的人员等。这些人的主观恶性较深，人身危险性较大，是一般预防的重点。二是不稳定分子，即具有某种犯罪倾向的人。这类人法治观念淡薄，自制力低，容易受犯罪诱惑、被犯罪人教唆拉拢，可能走上犯罪的道路，所以是一般预防的基本对象。三是具有私人复仇倾向的被害人及其家属。这类人是犯罪的直接或间接的受害者，往往具有报复的念头，如果不及时加以防范和疏导，可能酿成新的犯罪，因而也是一般预防的对象。

预防对象的不同，决定了实现一般预防与实现特殊预防在方式上的差异。由于特殊预防的对象是已经确定的犯罪分子，因此特殊预防的方式侧重于刑罚的物理性强制和由此而产生的心理强制；而一般预防的对象不是犯罪分子，因此，只能通过在刑法上对各种犯罪配置轻重不同的法定刑和对具体犯罪人依法适用刑罚的方式，来对意图实施犯罪的人产生心理上的影响。换言之，一般预防是通过刑罚的威慑、警诫功能表现出来的，主要表现为如下三种方式：一是通过制定、适用和执行刑罚，威慑社会上的危险分子和不稳定分子，抑制他们的犯罪意念，使他们不敢以身试法；二是通过制定、适用和执行刑罚，表明国家对犯罪的不能容忍，安抚被害人及其家属，以防止报复性犯罪活动的发生；三是通过制定、适用和执行刑罚，提高广大公民的法制观念，鼓励他们积极地同犯罪作斗争。

（2）一般预防的实现。从刑罚学的角度讲，要达到一般预防的目的，一般认为，应当特别注意以下三个方面：

第一，刑罚的适当性。这是指刑罚的轻重应当与罪行的轻重、刑事责任的大小相适应。这既体现在刑事立法上，也体现在刑事审判中。在实践中，我们要防止两种倾向：一是把重刑化作为实现一般预防的手段，认为处刑愈重，威慑效果愈强。因为如果刑罚过重，会在公民中树立刑罚严酷的不人道的形象，使人们转而同情犯罪人。二是将轻刑化作为实现一般预防的手段，主张在刑事立法上应尽量降低个罪的法定刑，在刑事审判中应少用自由刑而多用财产刑和资格刑。因为刑罚过轻，则很难产生应有的威慑和教育作用。所以，只有做到罪责刑相适应，使罪责重者遭重判，罪责轻者受轻罚，才能收到一般预防的效果。

第二，刑罚的公开性。这是指国家应将刑罚公之于众，使全体社会成员均能知晓。刑罚的公开包括立法上的公开和审判上的公开两部分。刑罚只有公开，方能使人们感受到其威力，也才能使人们不敢轻易触犯刑律。因此，在刑事立法上明文规定各种犯罪的具体法律后果，能够使人们预测自己的行为后果，促使人们约束自己的行为，不致走上犯罪的道路；在刑事审判中公开判决结果，可以使人们受到生动形象的法制教育，而这种教育作用正是一般预防所必需的。

第三，刑罚的及时性。这是指犯罪案件发生后，司法机关应当在尽可能短的时间内，将犯罪人缉拿归案，交付审判，执行刑罚。刑罚及时与否，产生的效果大不相同。常言道："迟到的正义非正义。"刑事案件发生之后，若久拖不决，或者使犯罪人长期逍遥法外，则会使人们失去对司法机关乃至法律的信任。即使犯罪人最终受到了刑罚处罚，刑罚的威慑和教育作用也会大大降低。因此，为了实现一般预防，对犯罪必须及时侦查、起诉、判决和执行刑罚。

3. 特殊预防与一般预防的关系

刑罚的特殊预防和一般预防是紧密结合、相辅相成的。人民法院对任何犯罪分子所适用的刑罚，都包含特殊预防和一般预防的内容。对犯罪分子适用以惩罚和改造为内容的刑罚，一方面可以预防犯罪分子本人重新犯罪，另一方面这种惩罚和改造所产生的威慑效应，又能使那些具有犯罪意念的人有所畏惧，不敢以身试法。因此，人民法院在对犯罪分子适用刑罚时，既要考虑特殊预防的需要，使裁量的刑罚满足惩罚和改造罪犯的要求；又要考虑一般预防的需要，使裁量的刑罚能够威慑、警诫那些潜在的犯罪人，绝不能片面强调某一方面而忽视另一方面。

当然，说特殊预防和一般预防之间紧密结合、相辅相成，绝不是说对二者不分先后，同时考虑，或者不分主次，等量齐观。一般认为，人民法院对犯罪分子适用刑罚的根据是犯罪分子已经实施的犯罪行为，裁量刑罚的标准是犯罪行为的社会危害性和犯罪分子的再犯可能性。因此，人民法院对犯罪分子适用刑罚时，应在罪责刑相适应原则制约下，首先主要考虑特殊预防的需要，然后再适当考虑一般预防的需要，绝不能过分强调一般预防的需要，为了一时的威慑效应而任意判处重刑，甚至背离罪责刑相适应的原则而实行严刑峻罚。

二、刑罚的功能

刑罚的功能，是指国家正确制定、裁量和执行刑罚对社会个体以及整体所产生和可能产生的积极作用。国家创制、适用和执行刑罚的活动，对不同的对象会产生不同的功效与作用。根据功效、作用和对象范围的不同，刑罚的功能可从三个方面加以论述。

(一) 对犯罪人的功能

刑罚是人民法院代表国家依法对犯罪分子适用的强制方法。犯罪分子是刑罚的承担者，刑罚首先对犯罪人发生作用。一般认为，刑罚对犯罪人有如下功能：

1. 惩罚功能

惩罚是刑罚的本质，也是刑罚的基本功能。刑罚的惩罚功能，是指刑罚的适用不仅使犯罪分子因为丧失某种权益而感受到生理上的痛苦，还会使其因受到政治上、道义上的否定评价和严厉谴责而在心理上感受到莫大的耻辱。适用刑罚如果没有使犯罪人感受到任何痛苦和耻辱，那么，刑罚就失去了遏制犯罪的威力，就不能称为"刑罚"。

任何刑罚都有惩罚功能，这是各种刑罚的共性。但不同的刑罚具有不同的惩罚功能，如死刑剥夺的是生命，有期徒刑和无期徒刑剥夺的是人身自由，财产刑剥夺的是钱财，剥夺政治权利剥夺的是资格和权利。任何一种刑罚，无论其轻重程度如何，都不可避免地具有使犯罪分子产生痛苦和精神强制的功效。惩罚就是对一定权益的剥夺，离开了剥夺，惩罚也就失去了意义，因此，刑罚的剥夺功能包含在惩罚功能当中，没有必要单独提出来。

2. 改造功能

刑罚对犯罪人的惩罚功能是与刑罚同时产生的，而刑罚的改造功能则是近代西方启蒙思想和刑罚思想的产物。所谓改造功能，是指在刑罚执行过程中，注重对犯罪人进行感化教育，使其洗心革面，痛改前非，成为遵纪守法、自食其力的公民。在我国，刑罚不仅是对犯罪分子的惩罚，也是对犯罪分子的教育改造。这在刑罚的适用和执行中具有明确的体现。如在刑罚的具体适用中，我国刑法贯彻了宽严相济的基本刑事政策，规定了诸如自首、缓刑、减刑、假释制度和从宽处罚情节等一系列宽大措施，对符合条件的犯罪人依法从宽处罚，无疑会对他们产生强烈的感召力和悔过自新的心理影响；在刑罚的执行过程中，我国监狱法对犯罪人规定了一系列的人道主义待遇，在膳食、住宿、医疗、卫生和教育等方面，充分体现了"把罪犯当人看待"的政策，使犯罪人切身感受到国家和社会对他们的关心和帮助，从而促使其洗心革面，自觉地进行改造。

(二) 对被害人的功能——安抚功能

被害人是被犯罪行为直接侵害的人。刑罚除了可以缓和社会一般人对具体犯罪的愤慨之情之外，更具有抚慰、缓和被害人的心理上的痛苦的机能。犯罪行为的实施，不仅侵害了被害人的人身、财产等，造成其身体和物质上的损害，更使被害人陷入痛苦、恐惧、愤怒和仇恨的情绪体验之中，造成了被害人精神和心理上的创伤。此时，如果不及时对犯罪分子施以应有的处罚，就难以平息被害人因为受到犯罪侵害而产生的愤怒情绪，无法抚慰其遭受的精神创伤，甚至导致被害人及其亲属的自力报复，酿成更大的危害后果。因此，及时地对犯罪人施以应有的惩罚，不仅能够抚慰被害人受伤的心灵，还能满足被害人及其亲属本能的复仇需要，平息其愤怒和仇恨，避免私力报复，增进其安全感，恢复其心理平衡。这就是刑罚对被害人的安抚功能。

（三）对社会的功能

刑罚虽是对犯罪人适用的，但它同时也是社会的防卫手段，因而它不仅对犯罪人和被害人发生作用，对其他社会成员也会产生积极作用。刑罚对社会的功能主要表现在以下两个方面：

1. 威慑功能

刑罚不仅能够使受惩罚的犯罪分子感到痛苦，而且能够震慑、威吓意图实施犯罪的人，使他们不敢以身试法。刑罚的威慑功能表现为立法威慑和司法威慑两个方面。所谓立法威慑，是指国家在立法中确定罪刑关系，规定什么样的行为是应受刑罚惩罚的犯罪行为，列举各种具体犯罪可能适用的刑罚种类和处罚幅度，使潜在的犯罪人望而生畏；所谓司法威慑，是指国家司法机关对犯罪分子具体适用和执行刑罚，使意图实施犯罪的人认识到犯罪的结果，感受到刑罚的强大威力，从而悬崖勒马，打消犯罪念头。立法威慑和司法威慑紧密联系，不可分割。立法威慑是司法威慑的前提。但在立法威慑阶段，刑罚仅仅规定在刑法条文中，难免抽象、空洞，对意图实施犯罪的人的威慑作用尚不现实、具体，只有通过司法威慑将立法威慑具体化，使抽象的刑罚威慑变成对犯罪分子现实的刑罚惩罚，才能加强刑罚的威慑效应。充分发挥刑罚的威慑功能，是消除意图实施犯罪的人的冒险侥幸心理，迫使其遵纪守法，实现刑罚一般预防目的的重要条件。

2. 教育鼓励功能

刑罚的教育鼓励功能，是指对犯罪分子适用刑罚，具有提高公民的法律意识和法制观念，教育公民自觉遵纪守法，积极维护法制，鼓励公民坚决同犯罪进行斗争的作用。目前在我国，因法制观念淡薄、法制意识不强而走上犯罪道路的人不少，要改变这种状况，就必须加强法制教育。而刑罚的制定、裁量和执行本身，就是法制宣传教育的一种方式。人民法院通过对犯罪分子适用刑罚，深刻揭露了犯罪的社会危害性，表明国家对犯罪的否定评价和严厉谴责，显示国家有罪必罚、除恶务尽的决心。这可以使公民认识到什么是法律允许的，什么是法律禁止的，加深公民对法律权利和法律义务一致性的认识，增强公民依法办事的自觉性，避免出于对法律的无知而误触刑律。同时，对犯罪行为适用刑罚，惩罚了犯罪，伸张了正义，可以消除公民同违法犯罪行为作斗争的后顾之忧，鼓励公民大胆揭发、检举违法犯罪行为，勇敢地同一切违法行为作斗争，以维护法律的尊严。

第三节 刑罚的体系与种类

一、刑罚的体系

刑罚体系，是指刑事立法者从有利于发挥刑罚的功能和实现刑罚的目的出发，选择一定的惩罚方法作为刑罚方法并加以归类，由刑法依照一定的标准对各种刑罚方法进行排列而形成的刑罚序列。

我国刑罚体系由主刑和附加刑两类九种刑罚方法组成。主刑由轻到重依次包括管制、拘役、有期徒刑、无期徒刑、死刑五种刑罚，附加刑包括罚金、剥夺政治权利、没收财产、驱逐出境四种刑罚。

我国刑罚体系具有以下特点：

1. 要素齐备，结构合理。我国刑罚体系中既有开放型的不剥夺犯罪人的人身自由的刑种（如管制），也有短期剥夺犯罪人的人身自由且就近执行的刑种（如拘役）；既有剥夺犯罪人一定期限的人身自由的有期徒刑和剥夺犯罪人终身人身自由的无期徒刑，也有剥夺犯罪人生命的死刑；既有强制向国家缴纳一定数额金钱的罚金刑，也有剥夺犯罪人一定权利和资格的剥夺政治权利；既有没收财产刑，也有专门适用于犯罪的外国人的驱逐出境。上述不同的刑种，对受刑人所造成的剥夺性痛苦不同，可以适用于不同的犯罪和不同的犯罪人，这就使刑罚体系的构成要素臻于全面。

我国刑罚体系不仅构成要素齐备，而且结构合理。首先，主刑与附加刑的结构合理，主刑在先，附加刑在后，体现了主刑是对犯罪适用的主要刑罚方法，附加刑是对主刑的补充适用的刑罚方法的特点，主次关系分明。其次，各个刑种的结构合理。主刑根据各自的严厉程度从轻到重依次排列，即：管制、拘役、有期徒刑、无期徒刑和死刑。附加刑也是根据各自的严厉程度由轻到重依次排列。

2. 宽严相济、衔接紧凑。构成我国刑罚体系的刑种，无论主刑还是附加刑，都有轻有重。如主刑既有属于轻刑的管制和拘役，也有较重的有期徒刑和无期徒刑，更有最重的死刑。附加刑的各个刑种也是轻重有别。这表明我国刑罚体系具有宽严相济的特点。

构成我国刑罚体系的要素不仅有轻有重、宽严相济，而且轻重衔接。如拘役的最长期限是 6 个月，与有期徒刑的最短期限 6 个月相互衔接；有期徒刑的最长期限是 15 年，这与无期徒刑的衔接也是比较紧凑的。

3. 内容合理、方法人道。我国刑罚体系的内容立足于我国的实际情况，反映了我国长期以来同犯罪作斗争的成功经验，各种刑罚既有惩罚的一面，也有教育的一面。总之，我国刑罚体系以自由刑为中心，同时包括我国所独有的开放性刑种——管制和各国越来越广泛适用的罚金刑，既符合我国国情，也符合世界各国刑罚发展的趋势，因而是合理的。

我国刑罚体系中的各种刑罚方法，虽具有造成犯罪人一定痛苦的属性，但不具有残虐性。除死刑立即执行外，其他的刑种都强调对犯罪人的教育与改造。因此，我国刑罚方法又具有人道性。

二、刑罚的种类

对于刑罚，可以依据不同的标准进行不同的分类。首先，依其所剥夺犯罪人利益的种类的不同，可以分为生命刑、身体刑、自由刑、财产刑、名誉刑等。所谓生命刑，是剥夺犯罪人生命的刑罚即死刑；所谓身体刑，是损害人身体的刑罚，如古代的墨刑、宫刑、杖刑等就是其典型；所谓自由刑，是剥夺犯罪人人身自由的刑罚，以流放、限制居住、监禁等为主要内容；所谓财产刑，是剥夺犯罪人财产的刑罚，以罚金、没收财产等为主要内容；所谓名誉刑，是剥夺犯罪人名誉的刑罚，以剥夺公权为主要内容。在古代，刑罚以生命刑、身体刑为中心。但随着文明的发展，对死刑的适用有限制的倾向，废除死刑的国家在增加，身体刑更是为各文明国家所禁止，取而代之的是自由刑和财产刑。其次，以刑罚在适用中的地位为标准，可将其分为主刑和附加刑。所谓主刑，是对犯罪人适用的主要刑罚种类，如死刑、无期徒刑、有期徒刑等。其特点为：一是只能独立适用，不能作为其他刑罚的补充而附加适用；二是对一个犯罪只能适用一个主刑，而不能同时适用两个或者两个以上的主刑。所谓附加刑，也称从刑，是补充主刑适用的刑罚方法，如罚金、没收财产、剥夺公权就是其典型。其特点为：一是既可以附加于主刑而适用，也可以独立适用；二是既可以单独适用也可以几个同时适用。最后，以刑罚的轻重为标准，可以将其分为重刑、轻刑和违警刑。这种分类存在于国外的刑法中，在我国不存在。

我国《刑法》总则第三章第一节将刑罚分为两类：一是主刑，包括管制、拘役、有期徒刑、无期徒刑和死刑；二是附加刑，包括罚金、剥夺政治权利、没收财产和驱逐出境。

（一）主刑

主刑是对犯罪分子独立适用、不能附加于其他刑罚的刑罚方法。对于一种犯罪行为或同一犯罪人，只能判处一个主刑，而不能判处两个或两个以上主刑。我国《刑法》第 33 条规定的主刑包括管制、拘役、有期徒刑、无期徒刑和死刑五种。

1. 管制

管制是对罪犯不予关押，但限制其一定自由的刑罚方法。它是我国独有的一种轻刑。

管制的最大特点是不剥夺但限制犯罪分子的人身自由。依照有关规定①，对被判处管制的犯罪分子，人民法院根据犯罪情况，认为从促进犯罪分子教育矫正、有效维护社会秩序的需要出发，确有必要禁止其在管制执行期间从事特定活动，进入特定区域、场所，接触特定人的，可以根据《刑法》第 38 条第 2 款的规定，同时宣告禁止令。但是，对犯罪人的劳动报酬不得进行限制，即对于被判处管制的犯罪分子，在劳动中应当同工同酬。管制的期限为 3 个月以上 2 年以下，数罪并罚时不得超过 3 年。管制的刑期从判决执行之日起计算；判决执行以前先行羁押的，羁押 1 日折抵刑期 2 日。

根据《刑法》第 38 条的规定，对判处管制的犯罪分子，依法实行社区矫正。因而，对犯罪分子的管制的执行由司法行政机关的社区矫正机构负责。

社区矫正机构在管制期限内负责对被判处管制的犯罪分子进行监督考察，主要涉及以下内容：第一，被判处管制的犯罪分子遵守《刑法》第 39 条规定的情况。《刑法》第 39 条规定，被判处管制的犯罪分子在执行期间应当遵守下列规定：（1）遵守法律、行政法规，服从监督；（2）未经执行机关批准，不得行使言论、出版、集会、结社、游行、示威自由的权利；（3）按照执行机关规定报告自己的活动情况；（4）遵守执行机关关于会客的规定；（5）离开所居住的市、县或者迁居，应当报经执行机关批准。第二，被判处管制的犯罪分子遵守人民法院对其发布的禁止令的情况。第三，被判处管制的犯罪分子遵守社区矫正机构依法要求其遵守的有关规定的情况。

---

① 参见最高人民法院、最高人民检察院、公安部、司法部 2011 年《关于对判处管制、宣告缓刑的犯罪分子适用禁止令有关问题的规定（试行）》第 1 条。

在管制期内，人民检察院对其中各执法环节依法实行监督，公安机关协助社区矫正机构对违反治安管理规定和重新犯罪的管制人员依法及时处理。

被判处管制的犯罪分子，管制期满的，执行机关应向本人和其所在单位或者居住地的群众宣布解除管制。

2. 拘役

拘役，是短期剥夺犯罪人人身自由，就近实行劳动改造的刑罚方法。

拘役的特点是在较短的期限内剥夺犯罪分子的人身自由，就近进行劳动改造。在剥夺犯罪分子人身自由这一点上，其与管制不同，而和徒刑接近；但在就近的拘役所执行，每月可以回家，参加劳动并有报酬这一点上，又和徒刑有别。刑法未明确规定徒刑犯参加劳动的可以给予报酬，同时在服刑地点的选择上，也没有就近的要求。

拘役的适用对象是一些罪行比较轻微的罪犯。拘役的期限为1个月以上6个月以下，数罪并罚时不得超过1年。所以，拘役属于短期自由刑。拘役的刑期从判决执行之日起计算；判决执行以前先行羁押的，羁押1日折抵刑期1日。拘役由公安机关在就近的拘役所、看守所或其他监管场所执行；在执行期间，受刑人每月可以回家1—2天；参加劳动的，可以酌量发给报酬。

3. 有期徒刑

有期徒刑，是剥夺犯罪人一定期限的人身自由的刑罚方法。有期徒刑是我国适用面最广的刑罚方法，是名副其实的主刑。其特点与内容如下：

第一，有期徒刑剥夺犯罪人的人身自由，主要表现为将犯罪人羁押于监狱或其他执行场所。这是有期徒刑区别于生命刑、财产刑、资格刑以及管制刑的基本特征。

第二，有期徒刑具有一定期限。根据《刑法》第45条的规定，有期徒刑的最短期限为6个月，与拘役相衔接；最长期限为15年。同时，根据《刑法》第69条的规定，数罪并罚时，有期徒刑总和刑期不满35年的，最高不能超过20年；总和刑期在35年以上的，最高不能超过25年。根据《刑法》第50条的规定，死缓减为有期徒刑时，有期徒刑的期限为25年。刑期从判决执行之日即罪犯被送交监狱或者其他执行机关执行刑罚之日——而非判决生效之日开始计算，判决以前先行羁押的，羁押1日折抵刑期1日。刑满释放日期，应为判决书确定的刑期的终止之日。正是由于有期徒刑具有伸缩幅度大、适用范围广的特点，其在我国刑法中广泛适用于各种轻重不同的犯罪，处于刑罚体系的中心。

第三，有期徒刑在监狱或者其他执行场所执行。所谓"其他执行场所"，是指根据《监狱法》的规定，罪犯在被交付执行前，剩余刑期在3个月以下的，由看守所代为执行；未成年犯在未成年管教所执行刑罚。凡有劳动能力的，都应当参加劳动，接受教育和改造。其中，所谓"有劳动能力"，是指根据罪犯的身体健康状况，可以参加劳动。所谓"教育"，是指对罪犯进行思想教育、文化教育和职业技术教育。

4. 无期徒刑

无期徒刑是剥夺犯罪人终身自由的刑罚方法，是自由刑中最严厉的刑罚方法。其特点与内容如下：

第一，终身剥夺犯罪分子的人身自由。正因如此，无期徒刑的适用对象只能是虽然达不到判处死刑的程度，但罪行极其严重，需要与社会永久隔离的罪犯。不过，由于法律同时规定了减刑、假释、赦免等制度，因此，被判处无期徒刑的犯罪人实际上很少有终身服刑的。同时要注意，对已满14周岁不满16周岁的未成年人，一般不判处无期徒刑。①

第二，判决确定前的羁押时间不能折抵刑期。这是因为无期徒刑本身无期限可言，这一点和其他自由刑完全不同。同时，由于判决确定以前的先行羁押并不是"实际执行"，因此，其也不能计算在作为减刑、假释前提条件的实际执行刑期之内。按照《刑法》第78条的规定，被判处无期徒刑的犯罪分子，减刑以后实际执行的刑期不能少于13年；按照《刑法》第81条的规定，被判处无期徒刑的犯罪分子，实际执行13年以上的，才有可能被假释。

第三，无期徒刑的基本内容是对犯罪人实行劳动教育和改造。根据《刑法》第46条的规定，被判处无期徒刑的犯罪分子，在监狱或者其他执行场所执行；凡具有劳动能力的，应当参加劳动，接受教育和改造。

第四，无期徒刑不能孤立适用，即对于被判处无期徒刑的犯罪分子，应当附加剥夺政治权利终身，而对于被判处管制、拘役、有期徒刑的犯罪分子，则没有这一要求。这也从一个侧面说明了无期徒刑的严厉性。

5. 死刑

（1）死刑的概念及其存废之争。我国刑法中的死刑，是指剥夺犯罪人生命的刑罚方法，包括立即执行与缓期二年执行两种。由于死刑的内容是剥夺犯罪分子的生命，因而又被称为"生命刑"；由于生命具有最宝贵的、剥夺之后不能恢复的

---

① 参见最高人民法院2006年《关于审理未成年人刑事案件具体应用法律若干问题的解释》第13条。

价值,因此,死刑是刑法体系中最为严厉的刑罚方法,也被称为"极刑"。

关于死刑,在西方,自近代以来,一直就有以死刑残酷、死刑没有什么威慑力、死刑一旦误判就没有挽回的余地等为由,主张废除死刑的呼声。在这种呼声的影响之下,第二次世界大战之后,尤其晚近几十年来,废除死刑的国家不断增加。但是,认为为维持社会秩序,对于穷凶极恶的罪犯只能依靠死刑的威慑力量,从而主张保留死刑的观点也还有相当的市场。我国刑法学界主流观点认为,现阶段我国应在保留死刑的基础上严格控制和慎重适用死刑,并且应当逐步减少死刑,直至最终彻底废除死刑。一些论者强调,死刑的存废不应当抽象地论证,有关死刑的讨论绝对不能脱离该国的国情,特别是不能脱离该国的严重犯罪的发案状况和国民对于死刑的感情和观念。①

纵观西方社会,二百多年来,有关死刑存废之争均集中在死刑是否具有威慑力、是否违宪、是否能够避免错判、是否人道等抽象问题上,交锋双方势均力敌、互不相让,无奈之下,达成了一个将裁决标准交付给生活在该社会当中的一般人判断的抽象结论,就是说,当该社会中的多数人同意废除死刑的时候,死刑就没有存在的必要。② 这种结果似乎表明,是否废除死刑已经不是问题,问题是该如何废除。换言之,死刑废除论已经占据上风。但是,情况并非如此简单。如果政府从道义上优待罪犯,对其废除死刑,但未能对守法公民提供其基本生活所需要的最低限度的安全保障,在危害人们生命、财产的暴力犯罪日益增加的形势下拿不出有效的应对措施,在被害人遭受暴力犯罪侵害之后不能有足够的措施抚平其肉体与心灵上所遭受的严重创伤的话,一般人除了基于天然的报复和自卫心理主张保留死刑之外,恐怕难以奢望他们有更崇高的道义选择。因此,死刑的存与废,不是什么理念之争,而是现实生活的具体选择。正如马克思所言:"的确,想找出一个原则,可以用来论证在以文明自负的社会里死刑是公正的或适宜的,那是很困难的,也许是根本不可能的。"③

我国对死刑的一贯政策是毛泽东所主张的"保留死刑、少杀慎杀"思想,即一不废除,二在适用时十分慎重。不废除,主要是考虑到我国目前正处于全面建设小康社会、加快推进社会主义现代化建设的重要战略机遇期,同时又是人民内部矛盾凸显、刑事犯罪高发的复杂时期,在现阶段,手段极为残忍、方法极为野

---

① 参见胡云腾:《存与废——死刑基本理论研究》,中国检察出版社2000年版,第239页以下;马克昌:《比较刑法原理——外国刑法学总论》,武汉大学出版社2002年版,第844页。
② 参见[日]大谷实:《刑法讲义总论》,黎宏译,中国人民大学出版社2008年版,第461页。
③ 《马克思恩格斯全集》第8卷,人民出版社1995年版,第578页。

蛮、后果极为严重的犯罪还大量存在，维护社会和谐稳定的任务相当繁重，必须继续正确运用死刑这一刑罚手段同严重刑事犯罪作斗争，有效遏制犯罪活动猖獗和蔓延的势头。但是，保留死刑绝不意味着可以多杀、错杀。正确的理解应当是，在保留死刑的基础上，坚持少杀，反对多杀、错杀。毕竟，我国对已经触犯刑法的罪犯一贯采用惩罚与教育相结合的刑事政策，死刑从肉体到精神上对犯罪人进行彻底剥夺，绝不可能是教育，大量适用死刑和上述政策不符。同时，死刑一旦错判，就没有挽回的余地，大量地适用死刑，难免会造成错杀、误杀。因此，在保留死刑的前提下，必须十分慎重地适用死刑。

（2）我国刑法中有关死刑规定的变迁。我国 1979 年《刑法》中的死刑罪名为 27 种。其中，属于反革命罪的有 14 种，包括背叛祖国阴谋罪、颠覆政府罪、阴谋分裂国家罪、策动叛乱罪、间谍罪、资敌罪、组织越狱罪等；属于普通刑事犯罪的有 13 种，包括放火罪、决水罪、投毒罪、破坏交通工具罪、破坏交通设备罪、强奸罪、抢劫罪、贪污罪等。1981 年全国人大常委会通过的《惩治军人违反职责罪暂行条例》中设置了 11 种死刑罪名。后来经过 1982—1995 年多个单行刑法修改，增加了 33 种死刑罪名。到 1997 年，死刑罪名多达 71 个。1997 年修改刑法时，虽然取消了部分死刑罪名，但刑法中的死刑罪名仍达 68 种。随着 2004 年我国把"国家尊重和保障人权"写入《宪法》，我国现阶段的死刑改革也逐渐迈开步伐。先是在国家修改有关法律的背景支持下，最高人民法院于 2007 年起全面、彻底地收回死刑案件的核准权，启动了我国死刑制度的司法改革，继而全国人大常委会又于 2011 年通过《刑法修正案（八）》，谱写了死刑立法改革的崭新篇章，一次性取消了 13 种经济性非暴力犯罪的死刑罪名。这 13 种罪名的死刑总体上可以归纳为两类：一是长期不用的，典型的当属传授犯罪方法罪，类似死刑虚置的罪名还包括盗掘古文化遗址、古墓葬罪以及盗掘古人类化石、古脊椎动物化石罪等；二是经济、金融领域内的非暴力性犯罪行为，例如伪造、出售伪造的增值税专用发票罪、票据诈骗罪、走私文物罪等。在 2013 年中国共产党十八届三中全会《中共中央关于全面深化改革若干重大问题的决定》"逐步减少适用死刑罪名"政策导向的指引下，全国人大常委会于 2015 年通过的《刑法修正案（九）》中继续推进死刑改革，再减少 9 个适用死刑的罪名，包括走私武器、弹药罪，走私核材料罪，走私假币罪，伪造货币罪，集资诈骗罪，组织卖淫罪，强迫卖淫罪，阻碍执行军事职务罪，战时造谣惑众罪，使得我国刑法中的死刑罪名进一步减至 46 种。

（3）死刑的适用。我国刑事立法与司法实践严格贯彻了保留死刑、坚持少杀、防止错杀的死刑政策，这主要体现在以下几个方面：

第一,从适用对象上进行严格限制。这点体现在以下两个方面:一是依照《刑法》第48条的规定,死刑只适用于罪行极其严重的犯罪分子。所谓"罪行极其严重",通说认为,是指犯罪的性质极其严重、犯罪的情节极其严重以及犯罪分子的人身危险性极其严重。二是依照《刑法》第49条的规定,犯罪的时候不满18周岁的人和审判的时候怀孕的妇女,不适用死刑。审判的时候,已满75周岁的人,只要不是以特别残忍的手段致人死亡的,也不适用死刑。这些都是基于人道主义的考虑而作的特殊规定。其中,所谓"不适用死刑",是指不能判处死刑,包括不能判处死刑缓期2年执行;所谓"审判的时候怀孕",既包括人民法院审理时被告人正在怀孕,也包括案件被起诉到人民法院之前被告人怀孕但自然流产或者被做了人工流产的情况;① 所谓"以特别残忍的手段致人死亡",是指采取在社会一般观念上所难以容忍的如放火、泼硫酸、灭门、肢解等残酷折磨人的手段。

第二,从适用程序上进行严格限制,即不得违反法定程序和证据认定原则适用死刑。首先,在死刑案件的管辖上,《刑事诉讼法》第21条规定,死刑案件只能由中级以上人民法院进行一审,基层人民法院不得审理死刑案件。其次,在死刑核准程序上,根据《刑法》第48条以及《刑事诉讼法》第246—248条的规定,死刑除依法由最高人民法院判处的以外,都应当报请最高人民法院核准。中级人民法院判处死刑的第一审案件,被告人不上诉的,应当由高级人民法院复核之后,报请最高人民法院核准;高级人民法院判处死刑的第一审案件,被告人不上诉的,以及判处死刑的第二审案件,都应当报请最高人民法院核准。死刑缓期执行的,可以由高级人民法院判决或者核准。违反上述法定程序适用死刑的,应当认为是非法适用死刑。最后,人民法院在办理死刑案件时,要坚持重证据、不轻信口供的原则。只有被告人供述,没有其他证据的,不能认定被告人有罪;没有被告人供述,其他证据确实充分的,可以认定被告人有罪。通过刑讯逼供取得的犯罪嫌疑人供述、被告人供述和以暴力、威胁等非法方法收集的被害人陈述、证人证言,不能作为定案的根据。对被告人作出有罪判决的案件,必须严格按照《刑事诉讼法》第200条的规定,做到"事实清楚,证据确实、充分"。证据不足,不能认定被告人有罪的,应当作出证据不足、指控的犯罪不能成立的无罪判决。特别是办理死刑案件,对于以下事实的证明必须达到证据确实、充分:被指控的犯罪事实的发生;被告人实施了犯罪行为与被告人实施犯罪行为的时间、地点、手段、后

---

① 参见最高人民法院研究室1990年《关于如何理解"审判的时候怀孕的妇女不适用死刑"问题的电话答复》。

果以及其他情节；影响被告人定罪的身份情况；被告人有刑事责任能力；被告人的罪过；是否共同犯罪及被告人在共同犯罪中的地位、作用；对被告人从重处罚的事实。①

第三，实行死刑缓期执行制度。死刑缓期执行制度简称为"死缓"，是指对犯罪分子判处死刑的同时宣告缓期 2 年执行，强迫劳动，以观后效的一种死刑执行方法。死缓不是独立的刑种，而是我国独创的一种死刑执行方式。它对于贯彻少杀政策、缩小死刑立即执行的适用范围具有重要意义。

我国刑法中的死刑缓期执行制度，包括三种类型：一是《刑法》第 48 条所规定的普通死缓；二是《刑法》第 50 条第 2 款所规定的"限制减刑"的死缓；三是《刑法》第 383 条第 4 款所规定的附带"终身监禁"的死缓。这三种制度尽管都是死缓的执行方式，但在适用对象、法律效果上有不同之处。

第一，死刑缓期执行的适用条件。根据《刑法》第 48 条的规定，宣告死缓必须具备两个条件：一是"应当判处死刑"，这是宣告死缓的前提条件。结合《刑法》第 48 条前段的规定来看，所谓"应当判处死刑"，应当是指"所犯罪行极其严重"，即所犯罪行客观上对国家和人民利益的危害特别严重、情节特别恶劣，罪该处死。二是"不是必须立即执行"，即虽然造成了极其严重的危害结果，但从行为人的主观恶性和人身危险性的角度来看，尚有可改造的余地，可以不立即执行死刑。简单地说，就是"罪大恶不极"。刑法对于判处死刑的犯罪有明文规定，但对于哪些属于"不是必须立即执行的"情况则没有明文规定。根据刑事审判经验，应当判处死刑，但具有下列情形之一的，可以作为判断是否"不是必须立即执行"的考量因素：犯罪后有自首、立功或者有其他法定从轻情节的；在共同犯罪中罪行不是最严重的或者其他在同一或同类案件中罪行不是最严重的；被害人的过错导致被告人激愤犯罪或者有其他表明罪犯容易改造的情节的；有令人怜悯的情节的；有其他应当留有余地的情况的。

但是，就"限制减刑"的死缓而言，根据《刑法》第 50 条第 2 款的规定，其适用对象，除了上述一般要求之外，还必须是被判处死刑缓期执行的累犯以及因故意杀人、强奸、抢劫、绑架、放火、爆炸、投放危险物质或者有组织的暴力性犯罪判处死刑缓期执行的犯罪分子；就附带"终身监禁"的死缓而言，根据《刑法》第 383 条第 4 款的规定，其适用对象是犯贪污罪、受贿罪，数额特别巨大，并

---

① 参见最高人民法院、最高人民检察院、公安部、国家安全部、司法部 2010 年《关于办理死刑案件审查判断证据若干问题的规定》。

使国家和人民利益遭受特别重大损失，本应判处死刑立即执行，但因有从宽情节而被宽大判处死刑缓期执行的犯罪分子。

第二，死刑缓期执行的法律效果。由于死缓不是独立刑种，所以判处死缓之后会出现不同结局。根据《刑法》第50条第1款的规定，一是在死刑缓期执行期间，没有故意犯罪的，2年期满之后，减为无期徒刑。二是在死刑缓期执行期间，如果确有重大立功表现，2年期满之后，减为25年有期徒刑。其中的重大立功表现，应根据《刑法》第78条予以确定。三是在死刑缓期执行期间，如果故意犯罪，情节恶劣的，报请最高人民法院核准后执行死刑。四是对于故意犯罪未执行死刑的，死刑缓期执行的期间重新计算，并报最高人民法院备案。

第三，死刑缓期执行期间的计算。按照《刑法》第51条的规定，死刑缓期执行期间，从判决确定之日起计算。死刑缓期执行减为有期徒刑的刑期，从死刑缓期执行期满之日起计算。据此，死刑缓期执行判决确定之前的羁押时间，不能计算在缓期2年的期限之内，因为规定2年的考验期是为了观察犯罪人在这样一段时间内有无悔改表现，如果将先前的羁押时间计算在内，就会使考察难以充分进行，缓期2年执行的规定也就失去了意义。至于死刑缓期执行减为有期徒刑的，则无论何时予以裁定（当然应在2年期满之后作出裁决），有期徒刑的刑期均从死缓执行期满之日起计算。

第四，死缓期间故意犯罪未执行死刑的，死刑缓期执行的处理。对此，《刑法》第50条第1款明文规定，死刑缓期执行的期间重新计算，并报最高人民法院备案。所谓重新计算，意味着之前已经经过的死刑缓期执行期限作废，死缓执行期限重新起算，死缓罪犯最终被实际执行的死缓考验期限要超过2年。这也不难理解，在死缓考验期限之内还故意犯罪，意味着该罪犯远未改造好。但是，重新计算，应当从何时开始？是从故意犯罪之日起开始，还是从被发现或查证属实之日起开始，抑或从最高人民法院不予核准执行死刑之日起开始？本书认为，应从最高人民法院不予核准执行死刑之日起重新计算；如果不需要报请最高人民法院核准的，应从查实之日起重新计算。如果从故意犯罪之日起重新计算，似乎有悖设置2年考验期和重新计算考验期的本意。如某人在死缓考验期内的第一个月就故意犯罪，但直到1年10个月后才被发现。如果"重新计算"从犯罪之日起的话，则其再次经过的考验期只有2个多月，这显然不符合《刑法》第50条第1款的宗旨。

需要注意的是《刑法》第50条第2款的规定。根据该款规定，对一些罪行严重的犯罪分子，人民法院根据犯罪情节等情况，可以同时决定对其限制减刑。其中,"罪行严重的犯罪分子"是指被判处死刑缓期执行的累犯以及因故意杀人、强奸、抢劫、绑架、放火、爆炸、投放危险物质或者有组织的暴力性犯罪被判处死刑缓期执行的犯罪分子;"同时"是指判处死刑缓期执行的同时,而不是在死刑缓期执行2年期满以后减刑的同时;"限制减刑"是指对犯罪分子虽然可以适用减刑,但其实际执行刑期比其他死缓犯减刑之后的实际执行刑期更长。根据《刑法》第78条的规定,人民法院依据《刑法》第50条第2款规定限制减刑的死刑缓期执行的犯罪分子,缓期执行期满后依法减为25年有期徒刑的,其实际执行刑期不能少于20年。

(二) 附加刑

附加刑是补充主刑适用的刑罚类型。其既可以附加于主刑适用,也可以独立适用;对同一犯罪人,可以同时适用多个附加刑。根据《刑法》第34条和第35条的规定,我国刑法中的附加刑有四种:罚金、剥夺政治权利、没收财产、驱逐出境。

1. 罚金

(1) 罚金的概念和适用对象。所谓罚金,是强制犯罪分子向国家缴纳一定数额金钱的刑罚方法。罚金属于财产刑的一种,与行政罚款有些相似,但二者在处罚性质、适用机关、适用对象、适用依据等方面都有明显区别。

就刑法的规定来看,罚金的适用对象主要是破坏社会主义市场经济秩序罪、侵犯财产罪、妨害社会管理秩序罪和贪污贿赂罪的犯罪分子。此外,危害公共安全罪,侵犯公民人身权利、民主权利罪和危害国防利益罪中也有一些犯罪配置了罚金刑。

(2) 罚金的适用方式。刑法总则和分则规定了罚金的以下四种适用方式:

第一,单处罚金。即规定对犯罪人只能判处罚金,而不能适用其他刑罚方法。如《刑法》第31条规定,对单位犯罪的,只能判处罚金。另外,根据有关司法解释的规定,犯罪情节较轻,适用单处罚金不致再危害社会,并具有偶犯或者初犯,自首或者有立功表现,犯罪时不满18周岁,犯罪预备、中止或者未遂,被胁迫参加犯罪,全部退赃并有悔罪表现等情形之一的,可以依法单处罚金。[①]

第二,选处罚金。即将罚金作为一种与主刑并列的刑罚方法,由人民法院酌情选择适用。如《刑法》第313条规定,拒不执行判决、裁定,情节严重的,处3年以下有期徒刑、拘役或者罚金。这里,罚金就是一种与有期徒刑、拘役并列选

---

① 参见最高人民法院2000年《关于适用财产刑若干问题的规定》第4条。

择适用的刑罚方法。

第三，并处罚金。即对犯罪人判处主刑的同时附加适用罚金，包括必须附加适用和可以附加适用两种情形。前者如《刑法》第322条规定，违反国（边）境管理法规，偷越国（边）境，情节严重的，处1年以下有期徒刑、拘役或者管制，并处罚金；后者如《刑法》第325条规定，非法向外国人出售、赠送珍贵文物的，处5年以下有期徒刑或者拘役，可以并处罚金。二者的不同之处在于，刑法规定"并处"罚金的犯罪，人民法院在对犯罪分子判处主刑的同时，必须依法判处罚金刑；刑法规定"可以并处"罚金的犯罪，人民法院应当根据案件具体情况及犯罪分子的财产状况，决定是否适用罚金刑。①

第四，并处或单处罚金。即罚金既可以附加于主刑适用，也可以作为与主刑并列的刑罚方法选择适用。如《刑法》第352条规定，非法买卖、运输、携带、持有毒品原植物种子或者幼苗，数量较大的，处3年以下有期徒刑、拘役或者管制，并处或者单处罚金。

（3）罚金数额的确定。关于罚金数额，《刑法》总则当中没有具体规定，只是在第52条中概括地规定，判处罚金，应当根据犯罪情节决定罚金数额。所谓"根据犯罪情节决定罚金数额"，就是根据违法所得数额、造成损失的大小等，并综合考虑犯罪分子缴纳罚金的能力，依法判处罚金。从刑法分则的相关内容来看，我国刑法中有关罚金数额的确定，有以下几种形式：

第一，无上限罚金制。即刑法仅规定必须选处、单处或者并处罚金，但不规定上限的具体额度，而是由人民法院依照刑法总则的相关规定确定罚金的数额。刑法没有明确规定罚金数额标准的，罚金的最低数额不能少于1 000元。对未成年人犯罪应当从轻或者减轻判处罚金，但罚金的最低数额不能少于500元。②

第二，限额罚金制。即刑法规定了上限和下限的罚金。如《刑法》第173条规定，变造货币，数额较大的，除科处3年以下有期徒刑或者拘役以外，还必须并处或者单处1万元以上10万元以下罚金；数额巨大的，除科处3年以上10年以下有期徒刑外，还要并处2万元以上20万元以下罚金。

第三，比例罚金制。即按照犯罪金额的百分比决定罚金的数额。如《刑法》第158条规定，虚报注册资本数额巨大、后果严重或者有其他严重情节的，除了科处3年以下有期徒刑或者拘役之外，还要并处或者单处虚报注册资本金额1%以上

---

① 参见最高人民法院2000年《关于适用财产刑若干问题的规定》第1条。
② 参见最高人民法院2000年《关于适用财产刑若干问题的规定》第2条。

5%以下的罚金。

第四，倍数罚金制。即以犯罪金额的倍数决定罚金的数额。如《刑法》第 180 条规定，内幕交易、泄露内幕交易信息，情节严重的，除科处 5 年以下有期徒刑或者拘役之外，还必须并处或者单处违法所得 1 倍以上 5 倍以下罚金；情节特别严重的，除科处 5 年以上 10 年以下有期徒刑之外，还要并处违法所得 1 倍以上 5 倍以下罚金。

第五，倍比罚金制。即同时以犯罪金额的比例和倍数决定罚金的数额。如《刑法》第 148 条规定，生产、销售不符合卫生标准的化妆品，造成严重后果的，除科处 3 年以下有期徒刑或者拘役之外，还要并处或者单处销售金额 50%以上 2 倍以下罚金。

（4）罚金的执行。根据《刑法》第 53 条的规定，罚金的执行有以下几种方式：第一，一次或者分期缴纳。即在判决指定的期限内一次或者分期缴纳罚金。第二，强制缴纳。即判决指定的期限届满之后，受刑人有能力缴纳而不缴纳的，人民法院依法采取查封财产、扣押存款、扣发工资等强制措施，强制受刑人缴纳。第三，随时缴纳。即在受刑人不能全部缴纳罚金的时候，人民法院在任何时候只要发现其有可以执行的财产，就可以随时追缴。所谓"不能全部缴纳罚金"，既包括当时确无缴纳能力而不能缴纳，也包括将财产转移、隐匿而不缴纳。第四，延期、减少或者免除缴纳。即基于遭遇不能抗拒的灾祸等原因缴纳确实有困难的，经人民法院裁定，可以延期缴纳、酌情减少或者免除缴纳。所谓"遭遇不能抗拒的灾祸"，主要是指因遭受火灾、水灾、地震等灾祸而丧失财产；罪犯因重病、伤残等而丧失劳动能力；或者需要罪犯扶养的近亲属患有重病，需支付巨额医药费等，确实没有财产可供执行的情形。[①]

（5）民事赔偿责任优先。根据《刑法》第 36 条的规定，犯罪行为使被害人遭受经济损失的，对犯罪分子除依法给予刑事处罚外，还应根据情况判处其赔偿经济损失。承担民事赔偿责任的犯罪分子，同时被判处罚金，其财产不足以全部支付，或者被判处没收财产的，应当先承担对被害人的民事赔偿责任。其中，所谓"经济损失"，是指被害人因人身权利受到犯罪侵犯而遭受的物质损失或者财物被犯罪分子毁坏而遭受的物质损失，即被害人因犯罪行为已经遭受的实际损失和必然遭受的损失，被害人因犯罪行为遭受的精神损失不包括在内。被告人已经赔偿被害人物质损失的，人民法院可以作为量刑情节予以考虑。

---

① 参见最高人民法院 2000 年《关于适用财产刑若干问题的规定》第 6 条。

2. 剥夺政治权利

（1）剥夺政治权利的概念。剥夺政治权利，是指剥夺犯罪人参加管理国家和政治活动的权利的刑罚方法。根据《刑法》第54条的规定，剥夺政治权利是指同时剥夺下列权利：① 选举权与被选举权；② 言论、出版、集会、结社、游行、示威自由的权利；③ 担任国家机关职务的权利；④ 担任国有公司、企业、事业单位和人民团体领导职务的权利。

（2）剥夺政治权利的适用方式。剥夺政治权利既可以附加适用，也可以独立适用。在附加适用的场合，适用于严重犯罪；在独立适用时，适用于较轻的犯罪。

首先，附加适用的场合。附加适用剥夺政治权利的，包括以下三种情况：第一，对危害国家安全的犯罪分子应当附加剥夺政治权利。第二，对被判处死刑、无期徒刑的犯罪分子，应当剥夺政治权利终身。之所以对被判处死刑和无期徒刑者还要剥夺政治权利，一是为了从政治上对上述犯罪分子进行彻底剥夺；二是为了防止上述犯罪分子被赦免或者假释之后利用这种权利再次犯罪；三是有利于处理与受刑人有关的某些民事权利，如出版权等。第三，对于故意杀人、强奸、放火、爆炸、投放危险物质、抢劫等严重破坏社会秩序的犯罪分子，可以附加剥夺政治权利。对故意伤害、盗窃等其他严重破坏社会秩序的犯罪，犯罪分子主观恶性较深、犯罪情节恶劣、罪行严重的，也可以依法附加剥夺政治权利。① 需要注意的是，除《刑法》规定"应当"附加剥夺政治权利外，对未成年罪犯一般不判处附加剥夺政治权利；对未成年罪犯判处附加剥夺政治权利的，应当依法从轻判处。对实施被指控犯罪时未成年、审判时已成年的罪犯判处附加剥夺政治权利的，也应当同样处理。②

其次，独立适用的场合。在情节较轻、不宜判处主刑的场合，可以独立适用剥夺政治权利。独立适用剥夺政治权利的，由刑法分则加以规定。从我国刑法分则的规定来看，可以独立适用剥夺政治权利的对象主要是危害国家安全，侵害公民人身权利、民主权利，妨害社会管理秩序，危害国防利益等犯罪类型中罪行较轻的罪犯。

（3）剥夺政治权利的期限与执行。根据《刑法》第55条、第57条和第58条的规定，剥夺政治权利的期限与起算方式如下：

---

① 参见最高人民法院1997年《关于对故意伤害、盗窃等严重破坏社会秩序的犯罪分子能否附加剥夺政治权利问题的批复》。
② 参见最高人民法院2006年《关于审理未成年人刑事案件具体应用法律若干问题的解释》第14条。

第一，对于判处死刑、无期徒刑的犯罪分子，应当剥夺政治权利终身，并从主刑执行之日起开始计算。

第二，在死刑缓期执行减为有期徒刑或者无期徒刑减为有期徒刑的时候，应当把附加剥夺政治权利的期限改为 3 年以上 10 年以下，从减刑之后的有期徒刑执行完毕之日或者假释之日起计算并执行。

第三，独立适用或者判处有期徒刑、拘役附加剥夺政治权利的期限，为 1 年以上 5 年以下。独立适用剥夺政治权利的场合，其期限从判决确定之日起计算并执行；判处有期徒刑、拘役附加剥夺政治权利的场合，其期限从主刑执行完毕之日或者从假释之日起计算并执行，剥夺政治权利的效力当然适用于主刑执行期间。被判处拘役、有期徒刑时未附加剥夺政治权利的，在主刑执行期间，享有政治权利。

第四，判处管制附加剥夺政治权利的，剥夺政治权利的期限与管制的期限相等，同时执行。

被剥夺政治权利的犯罪分子，在执行期间，应当遵守法律、行政法规和国务院公安部门有关监督管理的规定，服从监督，不得行使《刑法》第 54 条规定的各项权利。执行期满，应当由执行机关通知本人，并向群众公开宣布。恢复政治权利之后，该人便享有法律赋予的政治权利。但是，有些政治权利因为法律的特别规定却不可能再享有。例如，根据《人民法院组织法》，被剥夺过政治权利的人，无论是否再犯罪，无论经过多长时间，都不能被选举为人民法院院长、人民陪审员，不能被任命为院长、副院长、庭长、副庭长、审判员和助理审判员等职务。

3. 没收财产

（1）没收财产的概念。没收财产，是将犯罪人所有财产的一部或全部强制无偿地收归国有的刑罚方法。没收财产是我国刑法中唯一不能单独适用的附加刑，只能对较严重的犯罪适用。从刑法分则的规定来看，其主要适用于危害国家安全罪、破坏社会主义市场经济秩序罪、侵犯财产罪、贪污贿赂罪。

（2）没收财产的适用方式。从刑法分则的规定来看，没收财产的适用方式主要有以下两种：第一，并处没收财产。即对犯罪分子判处主刑的同时，必须并处或者可以并处没收财产。第二，与罚金并列为并处的选项。即规定并处罚金或者没收财产。

（3）没收财产的范围。根据《刑法》第 59 条的规定，没收财产是没收犯罪分子个人所有财产的一部或者全部。没收全部财产的，应当对犯罪分子个人及其扶养的家属保留必需的生活费用。在判处没收财产的时候，不得没收属于犯罪分子家属所有或者应有的财产。因此，在确定没收财产的范围的时候，必须注意，所没收的只能是犯罪分子个人所有财产的全部或者一部分。所谓"犯罪分子个人所有的财产"，是指属于犯罪分子本人所有的财物及其在共同财产中应得的份额，包括动产和不动产。"犯罪分子家属所有的财产"是指如家属穿用的衣服、家属用自己劳动所得购置的供本人使用的物品等家属本人所有的财产；"犯罪分子家属所应有的财产"，即家庭共有财产中应当属于家属所有的那部分财产。在没收全部财产时，应当为依靠犯罪分子赡养、抚养或者扶养的家属保留维持基本生活所必需的费用。没收财产可以是全部没收，也可以是部分没收，由人民法院根据案件具体情况选择适用。

另外，需要注意的是，根据《刑法》第60条的规定，没收财产以前犯罪人所负的正当债务，需要以没收的财产偿还的，经债权人请求，应当偿还。这意味着，没收财产不能影响正当债务的偿还。根据有关司法解释①，本条所说的"没收财产以前犯罪分子所负的正当债务"，是指犯罪分子在判决生效之前所负他人的合法债务。正当债务清偿的要件是：第一，属于犯罪分子被判处没收财产刑以前所负的债务；第二，属于正当债务，因此，赌债之类的非法债务不在偿还之列；第三，经债权人提出请求；第四，只限于在没收财产的数额之内偿还，超过该数额的，国家不予偿还。

（4）没收财产的执行。根据《刑事诉讼法》第272条的规定，没收财产的判决，无论附加适用还是独立适用，都由人民法院执行；在必要的时候，可以会同公安机关执行。

另外，根据有关司法解释②，没收财产由第一审人民法院负责裁判执行的机构执行，被执行的财产在异地的，第一审人民法院可以委托财产所在地的同级人民法院代为执行；对没收财产的执行，人民法院应当立即执行；人民法院应当依法对被执行人的财产状况进行调查，发现有可供执行的财产，需要查封、扣押、冻结的，应当及时采取查封、扣押、冻结等强制执行措施；被判处没收财产，同时又承担刑事附带民事诉讼赔偿责任的被执行人，应当先履行对被害人的民事赔偿责任。判处财产刑之前被执行人所负正当债务，应当偿还的，经债权人请求，先行予以偿还。执行的财产应当全部上缴国库。委托执行的，受托人民法院应当将执行情况连同上缴国库凭据送达委托人民法院；不能执行到位的，应当及时告知

---

① 参见最高人民法院2000年《关于适用财产刑若干问题的规定》第7条。
② 参见最高人民法院2010年《关于财产刑执行问题的若干规定》。

委托人民法院。在执行标的物系人民法院或者仲裁机构正在审理的案件争议标的物，需等待该案件审理完毕确定权属，或者案外人对执行标的物提出异议确有理由的场合，人民法院应当裁定中止执行；中止执行的原因消除后，恢复执行。在据以执行的刑事判决、裁定被撤销，或者被执行人死亡或者被执行死刑，且无财产可供执行的场合，人民法院应当裁定终结执行。财产刑全部或者部分被撤销的，已经执行的财产应当全部或者部分返还被执行人；无法返还的，应予赔偿。

(5) 没收财产与没收犯罪物品。没收犯罪物品，按照《刑法》第64条的规定，是指追缴或者责令退赔犯罪分子违法所得的财物、没收违禁品和供犯罪分子犯罪所用的本人财物的措施。由于用语上均使用了"没收"一词，因此，实践中常常将"没收财产"与"没收犯罪物品"二者混淆。实际上，"没收财产"不同于"没收犯罪物品"。没收财产，作为刑罚的一种，是没收犯罪人合法所有并且没有用于犯罪的财产，这些财产从民法或者行政法的角度来看，在所有权上并无瑕疵；没收犯罪物品，包括追缴犯罪所得的财物、没收违禁品和供犯罪使用的物品三种类型，其或者属于行政性强制措施，或者是出于刑事诉讼的需要而实施的，并不具有刑罚的性质。其中所没收的物品，只能是违法所得或者用于犯罪的、与犯罪行为有关联的物品，因此，"没收财产"与"没收犯罪物品"之间具有本质上的不同，不得以追缴犯罪所得、没收违禁品与供犯罪所用的本人财物来代替或折抵没收财产。

在适用《刑法》第64条的时候，应当注意以下几点：

第一，追缴犯罪所得的财物，是指犯罪分子违法所得的一切财物。作此规定的宗旨在于，不使犯罪人因犯罪行为而获利，具有对罪犯施加痛苦的性质，是刑罚的一项辅助措施。因此，其适用前提是该财物系犯罪分子的违法所得。被判决无罪或者不起诉的被告人、被撤案的犯罪嫌疑人的其他违法所得，不能列为追缴的对象。违法所得，必须是财物，包括金钱、实物、有价证券等权利凭证在内。非物质性利益，不能转移占有，也不能计价，故不能作为追缴的对象。犯罪分子出售违法所得的对价，可以追缴；不足部分，可责令退赔。犯罪分子将违法所得赠与他人的场合，受害人可以行使物上请求权，要求受赠人返还赠与物。

第二，没收违禁品，是指没收国家禁止个人非法占有的物品，属于行政性强制措施。毒品、武器之类的违禁品之所以要被没收，是因为该物在实质上具有普遍危险性而为国家所绝对禁止个人非法持有，因此，违禁品不论是否属于犯罪分子本人所有的财物，均应没收。

第三，供犯罪分子犯罪所用的本人财物，是指犯罪分子的犯罪工具。实践中，对于犯罪分子专门用作犯罪工具的财物如制作假币的印刷机、传播淫秽物品的电脑中的硬盘等的没收，比较好把握，但对于不是直接或者专门用作犯罪工具的本人财物，则不好认定。对此，一般来说，应当结合该财物与犯罪形成的关联程度以及财物的价值与犯罪情节的轻重比较，作出合乎情理的认定。具体来说，分两种情况进行：一是对与具体案件的发生具有决定性的密切联系的财物，应当予以没收，但不具有这种程度关系的财物，即便被用作了犯罪工具，也不能认定为供犯罪所用的财物而予以没收。如1989年9月16日公安部《关于为赌博提供的交通工具能否予以没收的批复》中明确规定："赌博时所使用的赌具，不论其价值高低，均应没收。为赌博提供交通工具（如小汽车）以及场所（如房屋）等条件的，是违反治安管理的行为，对行为人应给予治安处罚。但交通工具、场所不是赌具，不应没收。"在此，赌具既属于违禁品，又是直接用于犯罪的物品，毫无疑问应一律没收。而为赌博行为提供的交通工具、场所，虽然与犯罪有关，但并不直接用于赌博犯罪，只是为犯罪人实行犯罪活动提供了交通和场所的便利，对犯罪人合法所有的这些财物不宜没收。二是有的财物虽然在犯罪中起到重要作用，但该财物的价值与犯罪情节本身明显不相适应的，一般也不予没收。例如，在驾驶价值20万元的小汽车盗窃他人一棵价值2 000元的苗木的场合，该车是供犯罪所用的财物，在犯罪中起着重要作用，但如果因此而没收该汽车，则是处罚过重，显失公平，因此，不能将该汽车作为供犯罪分子犯罪所用的本人财物而予以没收。

4. 驱逐出境

所谓驱逐出境，是强迫犯罪的外国人离开中国国（边）境的刑罚方法。

《刑法》第35条规定，对于犯罪的外国人，可以独立适用或者附加适用驱逐出境。由于驱逐出境既可以独立适用也可以附加适用，因而符合附加刑的基本特征；由于驱逐出境仅适用于犯罪的外国人（包括具有外国国籍的人与无国籍的人），因而是一种特殊的附加刑。

独立适用驱逐出境的，从判决确定之日起执行；附加适用驱逐出境的，从主刑执行完毕之日起执行。

（三）非刑罚处罚措施

1. 非刑罚处罚措施概述

所谓非刑罚处罚措施，是指人民法院对犯罪分子适用的刑罚以外的处罚措施。

非刑罚处罚措施的特点是：对犯罪分子适用，属于处罚措施，但不是刑罚；其适用的前提是行为人的行为已经构成犯罪；如果行为人的行为不构成犯罪，就不能适用非刑罚处罚措施。从此意义上讲，非刑罚处罚措施，也是犯罪行为的法律后果,是对犯罪分子的处罚。

非刑罚处罚措施的适用对象包括两种人:一是《刑法》第36条规定的"依法给予刑事处罚"的同时还要"承担民事赔偿责任"的犯罪人;二是《刑法》第37条规定的"犯罪情节轻微不需要判处刑罚"而被"免予刑事处罚"的人。特别是对未成年犯,根据其所犯罪行,可能被判处拘役、3年以下有期徒刑,如果悔罪表现好,并具有下列情形之一的,应当依照《刑法》第37条的规定免予刑事处罚:又聋又哑的人或者盲人;防卫过当或者避险过当;犯罪预备、中止或者未遂;共同犯罪中的从犯、胁从犯;犯罪后自首或者有立功表现;其他犯罪情节轻微不需要判处刑罚的。① 如果根据案件的具体情况只需对犯罪分子单纯作有罪宣告而不必给予适当的处理,则不能适用上述非刑罚处罚措施。

在刑法中规定非刑罚处罚措施,表明国家对犯罪的处理不是单纯地依靠刑罚,而是兼采多种方法。对于那些罪行轻微、需要处罚的犯罪分子,给予适当的非刑罚处理,一方面体现了我国宽严相济的刑事政策,另一方面也给予犯罪分子一定的否定评价,使其受到教育、警诫,不致再次犯罪,从而达到预防犯罪的目的。

2. 非刑罚处罚措施的种类

根据《刑法》第36条、第37条的规定,非刑罚处罚措施包括以下几种:(1)赔偿经济损失,是指对犯罪分子判处刑罚的同时,根据被害人遭受的经济损失情况,命令犯罪分子给予被害人一定金钱赔偿的处理方法。(2)责令赔偿损失,是指对犯罪情节轻微不需要判处刑罚的犯罪分子,在免除其刑罚的同时,责令其向被害人支付一定数额的金钱,以赔偿被害人的经济损失的处理方法。(3)训诫,是指对犯罪分子当庭予以口头批评或谴责,并责令其改正。(4)责令具结悔过,是指责令犯罪分子用书面方式保证悔改,以后不再重新犯罪。(5)责令赔礼道歉,是指责令犯罪分子公开向被害人当面承认错误,表示歉意。(6)行政处罚,是指行政执法机关,依照国家行政法规和行政处罚法的规定,给予被免予刑事处罚的犯罪分子以经济制裁或剥夺人身自由的处罚,如罚款、行政拘留等。(7)行政处分,是指犯罪分子的所在单位或基层组织,依照行政规章、纪律、章程等,对被免予刑事处罚的犯罪分子予以行政纪律处分,如开除、记过、警告等。

(四)从业禁止

所谓从业禁止,是指对于实施了与职业相关犯罪的犯罪分子,限制其在特定

---

① 参见最高人民法院2006年《关于审理未成年人刑事案件具体应用法律若干问题的解释》第17条。

时间段内从事相关职业的资格。《刑法》第 37 条之一规定:"因利用职业便利实施犯罪,或者实施违背职业要求的特定义务的犯罪被判处刑罚的,人民法院可以根据犯罪情况和预防再犯罪的需要,禁止其自刑罚执行完毕之日或者假释之日起从事相关职业,期限为三年至五年。被禁止从事相关职业的人违反人民法院依照前款规定作出的决定的,由公安机关依法给予处罚;情节严重的,依照本法第三百一十三条的规定定罪处罚。其他法律、行政法规对其从事相关职业另有禁止或者限制性规定的,从其规定。"

关于从业禁止的法律性质,理论上存在争议。可以肯定的是,它不是一种刑罚,但也不是一种行政处罚,而是由刑法规定并由人民法院裁决的预防性的法律措施,其目的主要是防止犯罪分子再次利用职业之便进行犯罪,与《刑法》第 38 条第 2 款规定的禁止令制度,即"判处管制,可以根据犯罪情况,同时禁止犯罪分子在执行期间从事特定活动,进入特定区域、场所,接触特定的人"的规定有相似之处。因此,学界一般将其归结为"保安处分"措施。

依照《刑法》第 37 条之一的规定,从业禁止制度包含以下内容:

第一,"因利用职业便利实施犯罪,或者实施违背职业要求的特定义务的犯罪被判处刑罚",这是适用该制度的前提。所谓职业,就是个人在社会中所从事的作为主要生活来源的工作,如法官、教师、律师、医生、导游、会计等。现代社会中,由于社会分工不断细化,每一种职业均有其专业知识和技能乃至伦理的要求。所谓"利用职业便利实施犯罪"和"实施违背职业要求的特定义务的犯罪",实际上就是利用从事职业活动的便利条件,违背其职业伦理或者特定义务而进行犯罪。

第二,法院"可以根据犯罪情况和预防再犯罪的需要"而定,这是适用该制度的关键。不是所有因为职业犯罪而被判处刑罚的人都要被裁定"从业禁止"。是不是要予以从业禁止处分,要由法院根据行为人的犯罪情况和预防再犯罪的需要而定。在进行这种裁定的时候,应当充分考虑行为人的人身危险性即再犯可能性,这可以从行为人的个人情况、犯罪的主客观情况以及犯罪后的表现上把握。其中,特别要考虑行为人所从事的特定职业的内在需要,考虑行为人的犯罪行为对于其职业是不是具有典型性、普遍性,从而有针对性地限制与职业不相容的犯罪者的从业。如银行从业者和经纪人的职业中内在地具有欺诈客户的风险,而不太具有实施暴力犯罪的风险;法官职业当中内在地具有贪赃枉法的风险。因此,对于这种利用职业当中所潜在的风险而实施犯罪的行为人,通常应当给予从业禁止的处分。

第三,"禁止其自刑罚执行完毕之日或者假释之日起从事相关职业,期限为三年至五年",这是该制度的主要内容。该规定意味着,法院在确定从业禁止的期限时,必须准确评估行为人的人身危险程度,选择与行为人的人身危险性相匹配的禁止期限。从业禁止的期限,最长为 5 年,而不是终身,保留了行为人再次从事相关职业的机会。

第四,违反从业禁止规定的,必须承担一定的法律后果。即被禁止从事相关职业的人违反人民法院作出的从业禁止决定的,由公安机关依法给予处罚;情节严重的,依照《刑法》第 313 条规定的拒不执行判决、裁定罪定罪处罚。

▶ 拓展学习

知识点阐释　　典型案例思考

思考题

1. 如何认识刑罚的特征?
2. 如何理解刑罚的目的?
3. 如何理解刑罚的功能?
4. 如何认识我国刑罚体系的特点?
5. 如何认识死刑的存废之争?
6. 怎样理解从业禁止的性质?

第十五章 刑罚制度

第一节 刑罚裁量制度

一、刑罚裁量概述

(一) 刑罚裁量的概念与意义

刑罚裁量,又称量刑,是指人民法院在依法认定行为人的行为构成犯罪的基础上,依据行为人的犯罪事实、各种量刑情节与规则,依法决定对行为人是否判处刑罚、判处什么刑罚以及如何执行刑罚的刑事审判活动。刑罚裁量具有如下特点:第一,刑罚裁量的主体只能是人民法院;第二,刑罚裁量的性质是刑事审判活动;第三,刑罚裁量的前提是行为人的行为已被依法认定为犯罪;第四,刑罚裁量的依据是行为人的犯罪事实和案件所具有的各种量刑情节,即刑事责任的轻重或大小[①];第五,刑罚裁量的内容是依法决定对行为人是否判处刑罚、判处什么刑罚以及是否立即执行刑罚。

对于刑罚裁量的概念,本书采纳通说即广义说的观点。此外,理论上还有狭义说和最广义说。狭义说认为,量刑是法院在法定刑范围内,依照刑之加减事由,对犯罪人选择适用刑种并决定其刑度的活动,量刑只能发生于相对法定刑之下;最广义说认为,裁定是否对犯罪人适用某种非刑罚处理方法也是刑罚裁量的内容,因而主张刑罚裁量是指人民法院在定罪的基础上,权衡刑事责任的轻重,依法决定对犯罪分子是否判处刑罚或适用某种非刑罚处理方法,判处何种刑种和刑度以及是否现实执行某种刑罚的审判活动。理论上多认为,狭义说把量刑活动中可能发生的对犯罪人免予刑事处罚或者适用缓刑等情况排除在外,过于偏狭;最广义说把对犯罪人适用非刑罚处理方法亦纳入量刑活动之范畴,实为其本来含义所难容纳,过于宽泛。不过,值得注意的是,我国刑法学界近年基本达成共识:实现刑事责任的形式主要是刑罚,但不限于刑罚,还包括非刑罚处理方法。随着犯罪圈的扩大和刑罚轻缓化的发展,将来在司法实践中可能出现更多其他的刑事责任实现形式,所以对于刑罚裁量的认识应当及时反映法律实践的发展变化。

[①] 根据《刑法》第5条关于罪责刑相适应原则的规定,刑罚的轻重并不直接取决于罪行的轻重,而直接取决于行为人应当承担的刑事责任的轻重或者大小。衡量刑事责任轻重或大小的只能是犯罪的事实和各种量刑情节。

对犯罪者判处刑罚，既是其对所犯之罪承担的应得报应，也是预防其再犯罪的必要措施，因而刑罚裁量合理与否，关系到刑罚功能能否有效发挥、刑罚惩罚和预防犯罪的目的能否顺利实现，意义重大。

(二) 刑罚裁量的原则

刑罚裁量的原则属于罪刑法定等刑法基本原则下位的刑事司法原则，是指由刑法明文规定的、贯穿于全部量刑活动并对量刑工作具有指导意义和制约作用的法律准则，具体规定于我国《刑法》第61条。该条规定："对于犯罪分子决定刑罚的时候，应当根据犯罪的事实、犯罪的性质、情节和对于社会的危害程度，依照本法的有关规定判处。"刑法学界通说据此将刑罚裁量的原则概括为"以犯罪事实为根据，以刑事法律为准绳"，但也有学者将其概括为"以案件事实为依据，以刑法规定为准绳"。鉴于"案件事实"的表述能够很好地涵盖《刑法》第61条所规定的"犯罪的事实、犯罪的性质、情节和对于社会的危害程度"，因而本书赞同将刑罚裁量的原则表述为"以案件事实为依据，以刑法规定为准绳"。此外，还有一些学者不赞同将我国刑罚裁量的原则作上述界定，而主张罪刑相适应和刑罚个别化两项原则，或者主张刑责相适应、刑罚个别化和依照刑事法律政策量刑三项原则，或者主张有罪应罚、论罪量刑、刑罚个别化和依法量刑四项原则，等等。本书认为，这些观点都未能全面、准确地体现《刑法》第61条规定的精神，存在诸多值得商榷之处。

1. 以案件事实为依据

所谓"以案件事实为依据"，就是确定犯罪分子应判处的刑罚，应当根据与案件相关的犯罪的事实、犯罪的性质、情节和对于社会的危害程度。这里的"案件事实"，是指刑事案件中表明犯罪行为的实施、行为的社会危害性及其程度、行为人的主观恶性和人身危险性的一切主客观事实情况；"犯罪的事实"，是指表明行为人的行为具备刑法分则规定的某一犯罪构成要件及其要素的事实情况；"犯罪的性质"，是指行为人的行为属于刑法分则规定的哪一种具体的犯罪；"情节"是指决定行为构成犯罪之外的、能够表明行为危害社会程度和行为人的主观恶性与人身危险性的各种具体事实情况，既包括犯罪实施过程中的情况，也包括犯罪实施前和实施后的情况；"对于社会的危害程度"，是指对于行为人实施犯罪行为之危害社会程度的评价或判断，评价的依据是行为人实施犯罪的事实、犯罪的性质以及案件中具有的各种影响行为危害社会程度的情节。有必要进一步说明的是：第一，由于这里的"对于社会的危害"应指犯罪对于刑法保护的社会关系造成的危害，因而"对于社会的危害程度"的判断不应包括对行为人主观恶性和人身危险性的判断,故不能认为"对于社会的危害程度"是对"犯罪的事实""犯罪的性质""情节"所作的一个综合性判断,也不能认为决定刑罚轻重的只有犯罪"对于社会的危害程度",决定刑罚轻重时还应该考虑行为人的主观恶性和人身危险性。第二,"犯罪的事实""犯罪的性质""情节""对于社会的危害程度"在决定犯罪人的刑罚上发挥的作用不尽相同。"犯罪的事实"是确定"犯罪的性质"的依据,"犯罪的事实"和"犯罪的性质"因确定了对行为人的定罪,而解决了适用刑法分则中哪种犯罪的法定刑的问题。"情节"既包括法定量刑情节,也包括酌定量刑情节,其中法定量刑情节既包括从宽、从严处罚情节,也包括在法定刑中区分不同量刑幅度的情节。在确定应适用哪种犯罪的法定刑后,应依据量刑幅度情节确定对行为人在该法定刑的哪一个量刑幅度内判处刑罚。当然,在案件具有法定或酌定减轻处罚情节的情况下,应该在依据量刑幅度情节确定应适用的量刑幅度的下一个量刑幅度内,决定对行为人判处的刑罚种类及其轻重。在确定对行为人适用的量刑幅度后,再依据案件具有的各种法定或酌定的从宽处罚情节、从严处罚情节以及犯罪行为对于社会的危害程度,确定对行为人应该判处的具体刑罚。

2. 以刑法规定为准绳

所谓"以刑法规定为准绳",就是指在对犯罪分子裁量刑罚时,必须依照刑法的有关规定进行,不得超出或违背刑法的规定。具体来说,应遵循如下四个方面的要求:第一,必须依照刑法分则对具体犯罪规定的法定刑进行量刑,不得判处超出该法定刑的最高刑或低于该法定刑的最低刑的刑罚,也不得判处该法定刑中没有规定的刑种。当然,若案件具备法定或者酌定的减轻处罚情节,则在一定情况下可以对行为人判处低于该法定刑的最低刑的刑罚或该法定刑中没有规定的刑种。第二,必须根据案件中的量刑幅度情节和减轻处罚情节确定对行为人应适用的法定刑中的具体量刑幅度,不得没有法律根据而在较重或者较轻的量刑幅度内决定行为人的刑罚。第三,必须依照刑法总则规定的刑罚裁量规则适用量刑情节和刑罚裁量制度。刑罚裁量规则包括量刑情节的适用规则和数罪并罚等刑罚裁量制度的适用规则。《刑法》中规定了应当或者可以从轻、减轻处罚和从重处罚的量刑情节,并对如何适用"从轻处罚""减轻处罚""从重处罚"作了明确的规定;对如何适用数罪并罚等刑罚裁量制度也有详细的规定。在对行为人裁量刑罚时,涉及量刑情节和刑罚裁量制度的适用时必须遵循这些规定。第四,必须依照刑法的规定决定是否免除刑罚或者立即执行判处的刑罚。对于依法认定有罪的人是否免除刑罚,要看其是否具有免除处罚的情节或者是否符合《刑法》第37条规定的"犯罪情节轻微";对于依法被判处刑罚的人是否立即执行判处的刑罚,要看其是否符合《刑法》规定的死刑缓期二年执行或者缓刑的条件。只有符合刑法规定的免除处罚和缓期执行条件的，才能免除刑罚、暂缓执行其原判刑罚。

(三) 刑罚裁量情节

1. 刑罚裁量情节的概念与分类

刑罚裁量情节，又称量刑情节，是指犯罪构成事实之外的、能够反映犯罪的社会危害程度和行为人的主观恶性与人身危险性的事实情况。刑罚裁量情节对于行为构成犯罪没有影响，但对于对行为人是否判处刑罚、判处什么刑罚、是否立即执行所判处的刑罚则有影响。

为了揭示不同情节的法律意义以及其对量刑轻重的不同作用，从而正确适用量刑情节，对刑罚裁量情节可以从不同的角度、依据不同的标准进行分类。

(1) 以刑法有无明文规定为标准，可将刑罚裁量情节划分为法定量刑情节与酌定量刑情节。法定量刑情节是指刑法明文规定的影响量刑的各种主客观事实情况。法定量刑情节对量刑的影响，通常有从轻处罚、减轻处罚、免除处罚和从重处罚四种情况。此外，也应将量刑幅度情节视为一种法定量刑情节。所谓量刑幅度情节，是指刑法在具体犯罪的法定刑中规定的应适用某一量刑幅度的情节。如《刑法》第266条将诈骗罪的法定刑规定为："数额较大的，处三年以下有期徒刑、拘役或者管制，并处或者单处罚金；数额巨大或者有其他严重情节的，处三年以上十年以下有期徒刑，并处罚金；数额特别巨大或者有其他特别严重情节的，处十年以上有期徒刑或者无期徒刑，并处罚金或者没收财产。"这里的"数额较大""数额巨大或者有其他严重情节""数额特别巨大或者有其他特别严重情节"就是量刑幅度情节，它们分别是适用诈骗罪三个量刑幅度的情节。由于量刑幅度情节系刑法明文规定，对量刑的轻重发挥作用，因而应该将其视为一种法定量刑情节，只不过其发挥作用的方式相对于从轻处罚等四种情况而言比较特殊而已。酌定量刑情节，是指刑法没有明确规定、能够反映犯罪行为的社会危害程度和行为人的主观恶性与人身危险性的事实情况。根据司法实践经验的总结，酌定量刑情节主要有犯罪的手段、犯罪的时间、犯罪的地点、犯罪侵害的对象、犯罪造成的危害后果、犯罪的动机、犯罪后的态度与表现、犯罪人的一贯表现、前科。这些事实都在一定程度上反映了犯罪的社会危害程度或者行为人的主观恶性和人身危险性。例如，同是故意杀人，使用残忍的手段就比使用一般手段具有更为严重的社会危害性，也反映出行为人具有更大的主观恶性和人身危险性，因而对前者判处的刑罚应重于后者；犯同样的罪，有的人犯罪后坦白认罪，积极退赃，主动赔偿损失，有的人犯罪后却百般抵赖，嫁祸于人，隐藏、转移赃物，威胁被害人，显然前者人身危险性小，容易改造，后者人身危险性大，难以改造，因而对前者判处的刑罚应轻于后者。

（2）以量刑时是否必须考虑为标准，可将刑罚裁量情节划分为应当型情节和可以型情节（又称命令型情节和授权型情节）。应当型情节是指量刑时必须适用的情节，《刑法》第 24 条第 2 款规定的"对于中止犯，没有造成损害的……应当减轻处罚"即是。可以型情节是指量刑时可以适用也可以不适用的情节，《刑法》第 19 条规定的"又聋又哑的人或者盲人犯罪，可以从轻、减轻或者免除处罚"即是。

（3）以对量刑起作用的结果性质为标准，可将刑罚裁量情节划分为从宽情节和从严情节。从宽情节是指适用后可以对行为人处罚较轻或者不处罚的情节，包括从轻处罚情节、减轻处罚情节和免除处罚情节三种情况。从严情节是指适用后可以对行为人处罚较重的情节，其只有从重处罚情节一种类型。

（4）以情节所具有的功能多少为标准，可以将刑罚裁量情节分为单功能情节和多功能情节（又称功能确定情节和功能选择情节）。单功能情节是指对量刑只具有一种作用的情节。如《刑法》第 67 条第 3 款规定的"犯罪嫌疑人虽不具有前两款规定的自首情节，但是如实供述自己罪行的，可以从轻处罚"即对行为人只可以从轻处罚，而不可以减轻或者免除处罚。多功能情节是指对量刑具有多种作用，由法官根据具体情况从中选择的情节。如《刑法》第 22 条第 2 款规定的"对于预备犯，可以比照既遂犯从轻、减轻处罚或者免除处罚"即对行为人既可以选择从轻处罚，也可以选择减轻处罚，还可以选择免除处罚。

此外，对于刑罚裁量情节还可以作如下划分：反映行为社会危害性的情节与反映行为人人身危险性的情节，罪前情节、罪中情节与罪后情节，同向情节与逆向情节，等等。

2. 刑罚裁量情节的适用

在对行为人裁量刑罚时，如何适用刑罚裁量情节以保障量刑的公正合理，确保刑罚目的的实现，需要遵循一定的规则。对于刑罚裁量情节的适用规则，《刑法》有的作了明确规定，有的则没有规定，需要在理论上研讨和在司法实务中总结经验。

（1）从轻处罚、从重处罚、减轻处罚、免除处罚的适用。由于免除处罚的含义非常明确，即只对行为人作有罪宣告而不予以刑罚处罚，因而《刑法》对其适用没有专门规定，只对从轻处罚、从重处罚、减轻处罚的适用作了较为明确的规定。《刑法》第 62 条规定："犯罪分子具有本法规定的从重处罚、从轻处罚情节的，应当在法定刑的限度以内判处刑罚。"《刑法》第 63 条第 1 款规定："犯罪分子具有本法规定的减轻处罚情节的,应当在法定刑以下判处刑罚;本法规定有数个量刑幅度的,应当在法定量刑幅度的下一个量刑幅度内判处刑罚。"需要指出的是,对于《刑法》第 62 条中的"法定刑",如果存在数个量刑幅度的话,应该是指与行为人所犯罪行具有的量刑幅度情节相对应的量刑幅度,而不是指包含数个量刑幅度在内的整个法定刑。因为若作后一种理解,就意味着对行为人的从轻处罚,可以在与其所犯罪行具有的量刑幅度情节相对应的量刑幅度之下的一个量刑幅度内处罚,而这正是《刑法》第 63 条对减轻处罚规定的适用规则,显然不妥。《刑法》的上述规定只是确定了在具有上述量刑情节时应对行为人适用的量刑幅度,至于在确定的量刑幅度之内如何最终决定对行为人判处的刑罚,则需要综合考虑犯罪对社会造成危害的程度、行为人主观恶性和人身危险性的大小、案件具有的酌定量刑情节等情况。当然,这只是就案件具有单个上述量刑情节在适用时应如何决定刑罚而言的。在实践中,一个案件往往具有多个量刑情节,刑罚的裁量也变得复杂起来。

(2)多功能量刑情节的适用。《刑法》中规定的多数刑罚裁量情节属于多功能情节。有的情节既可以作为从轻处罚情节适用,也可以作为减轻处罚情节适用;有的情节既可以作为从轻处罚情节适用,也可以作为减轻处罚情节适用,还可以作为免除处罚情节适用。这就需要选择其中一种功能适用于量刑。究竟如何选择,理论上有不同认识。有的主张,要根据以下两种情况作出选择:一是根据不同功能的排列顺序,应首先考虑选择排列在前的功能适用于量刑。二是根据案件的具体情况。如对于犯罪较轻、犯罪动机并不恶劣的预备犯,可以选择免除处罚;对于犯罪较重、犯罪动机较为卑劣的预备犯,可以选择减轻处罚。有的认为,要根据以下三种情况作出选择:一要考虑犯罪性质的严重程度。犯罪性质较轻,可以考虑适用减轻或者免除处罚;犯罪性质较重,则可以考虑从轻处罚。二要考虑量刑情节本身的情况。例如,同样是自首,犯罪后立即自动投案,并如实供述了全部罪行的,可考虑减轻处罚;犯罪后过了较长时间才自动投案,并如实供述了自己的主要罪行的,可考虑从轻处罚。三要考虑不同功能的排序。在选择适用时,应以适用排列在前的功能为原则,适用排列在后的功能为例外。本书认为,对行为人适用刑罚,既要能够满足惩罚犯罪或报应的要求,也要能够体现预防犯罪或功利的需要。不考虑犯罪危害社会的严重程度,对实施不同危害社会程度犯罪的行为人作同样程度的从宽处罚,难以满足惩罚犯罪或报应的要求;不考虑量刑情节本身的情况,对不同情况的行为人做同样程度的从宽处罚,则因没有体现刑罚个别化的要求而不能契合预防犯罪或功利的需要。因而在对多功能情节选择适用时，应考虑行为人犯罪的危害社会程度和量刑情节本身的具体情况。至于不同功能的排列顺序，则不是选择的根据。因为既然是多功能的选择，就意味着每一种功能都有被选择的可能，而无论选择哪一种功能，总要有一个选择的根据。至于这个根据是什么，排列顺序本身不可能给出答案，实际上还是要根据行为人犯罪的危害社会程度和量刑情节本身的具体情况来选择。

（3）多个刑罚裁量情节并存时的适用。在实践中，对一个行为人裁量刑罚时往往存在具有多个刑罚裁量情节的情况。对多个刑罚裁量情节如何在刑罚裁量中适用，刑法没有规定，需要理论研究。对此可以区分如下两种情况：一是多个同向情节并存、多个逆向情节并存的情况。所谓多个同向情节并存，是指多个功能相同的情节并存的情况，或者是多个从轻情节并存，或者是多个从重情节并存，等等。所谓多个逆向情节并存，是指多个情节中既有从宽情节，也有从重情节的情况。对于多个同向情节并存、多个逆向情节并存的情况，理论上通常认为，对于多个同向情节并存的，可以将从宽或者从严的幅度提升，只要注意不能搞"两个从轻就可以减轻，两个从重就可以加重"这种简单相加就可以了；对于多个逆向情节并存的情况，不能搞简单的相互抵消，应该先根据基本犯罪事实与犯罪性质确定一个基本刑，然后考虑从重情节，对于刑罚进行趋严修正，之后再考虑从轻情节，在第一次修正的基础上进行第二次趋宽修正，两次修正后便得出刑罚裁量的结果。应当认为，上述见解是比较合理的。但值得注意的是，最高人民法院发布的《关于常见犯罪的量刑指导意见》以基准刑①为标准，对10种常见的法定、酌定从宽处罚情节规定了减少基准刑的百分比，对4种法定、酌定从重处罚情节规定了增加基准刑的百分比，并规定"具有多个量刑情节的，一般根据各个量刑情节的调节比例，采用同向相加、逆向相减的方法调节基准刑"。该意见以此来解决多个刑罚裁量情节并存的适用问题，不失为一种简便、合理的做法。二是应当型情节与可以型情节并存、法定情节与酌定情节并存的情况。对此，不少人认为应当型情节优先于可以型情节适用，法定情节优先于酌定情节适用，当然也不能绝对，也应适当重视可以型情节、酌定情节的适用。本书认为，决定可以型情节、酌定情节在量刑中是否适用的，应该是适用该情节确定的刑罚是否既能够满足惩罚犯罪或报应的要求，又能够体现预防犯罪或功利的需要。若是，则适用；若否，

---

① 根据最高人民法院2017年3月9日修订的《关于常见犯罪的量刑指导意见》的规定，基准刑的确定按照如下方法：先根据基本犯罪构成事实在相应的法定刑幅度内确定量刑起点，再根据其他影响犯罪构成的犯罪数额、犯罪次数、犯罪后果等犯罪事实，在量刑起点的基础上增加刑罚量来确定基准刑。

则不适用。因为无论是应当型情节、法定情节，还是可以型情节、酌定情节，都是能够反映犯罪行为的社会危害程度和行为人的主观恶性与人身危险性的事实情况，它们之间不存在决定或者影响的关系，所以在应当型情节与可以型情节并存、法定情节与酌定情节并存时，不能简单地采前者优先于后者的适用规则，而应由人民法院根据适用该情节确定的刑罚是否既能够满足惩罚犯罪或报应的要求，又能够体现预防犯罪或功利的需要，来决定是否最终适用可以型情节、酌定情节。

（四）刑罚裁量的方法

长期以来，我国司法实践中对犯罪裁量刑罚几乎不注意方法，只是根据经验综合全案情况对犯罪分子裁量刑罚（俗称"估堆量刑法"）。尽管也曾经有一些学者和司法机关探索过电脑量刑等方法，但因这些方法都具有相当的局限性而未能获得认同。为了切实规范刑罚裁量权，落实宽严相济刑事政策，增强量刑的公开性，实现量刑公正，最高人民法院曾于2010年9月13日发布并自同年10月1日起实施了《人民法院量刑指导意见（试行）》。经过三年多的实践后，最高人民法院在修订完善上述意见基础上制定了《关于常见犯罪的量刑指导意见》，并于2013年12月23日发布，自2014年1月1日起实施，又于2017年3月9日修改发布。该意见明确规定了刑罚裁量的基本方法，即裁量刑罚时，应以定性分析为主，定量分析为辅，依次确定量刑起点、基准刑和宣告刑。具体分为以下三个方面：（1）量刑步骤。首先根据基本犯罪构成事实在相应的法定刑幅度内确定量刑起点；其次根据其他影响犯罪构成的犯罪数额、犯罪次数、犯罪后果等犯罪事实，在量刑起点的基础上增加刑罚量确定基准刑；最后根据量刑情节调节基准刑，并综合考虑全案情况，依法确定宣告刑。（2）调节基准刑的方法。应按照下列方法调节基准刑：一是具有单个量刑情节的，根据量刑情节的调节比例直接调节基准刑。二是具有多个量刑情节的，一般根据各个量刑情节的调节比例，采用同向相加、逆向相减的方法调节基准刑；具有未成年人犯罪、老年人犯罪、限制行为能力的精神病人犯罪、又聋又哑的人或者盲人犯罪，防卫过当、避险过当、犯罪预备、犯罪未遂、犯罪中止，从犯、胁从犯和教唆犯等量刑情节的，先适用该量刑情节对基准刑进行调节，在此基础上，再适用其他量刑情节进行调节。三是被告人犯数罪，同时具有适用于各个罪的立功、累犯等量刑情节的，先适用该量刑情节调节个罪的基准刑，确定个罪所应判处的刑罚，再依法实行数罪并罚，决定执行的刑罚。（3）确定宣告刑的方法。应按照下列方法确定宣告刑：一是量刑情节对基准刑的调节结果在法定刑幅度内，且罪责刑相适应的，可以直接确定为宣告刑；如果具有应当减轻处罚情节的，应依法在法定最低刑以下确定宣告刑。二是量刑情节对基准刑的调节结果在法定最低刑以下，具有法定减轻处罚情节，且罪责刑相适应的，可以直接确定为宣告刑；只有从轻处罚情节的，可以依法确定法定最低刑为宣告刑；但是根据案件的特殊情况，经最高人民法院核准，也可以在法定刑以下判处刑罚。三是量刑情节对基准刑的调节结果在法定最高刑以上的，可以依法确定法定最高刑为宣告刑。四是综合考虑全案情况，独任审判员或合议庭可以在20%的幅度内对调节结果进行调整，确定宣告刑。调节后的结果仍不符合罪责刑相适应原则的，应提交审判委员会讨论，依法确定宣告刑。五是综合全案犯罪事实和量刑情节，依法应当判处无期徒刑以上刑罚、管制或者单处附加刑、缓刑、免刑的，应当依法适用。

二、累犯

（一）累犯的概念和意义

累犯是一种犯罪人类型，是指曾因犯罪而被判处一定的刑罚，在刑罚执行完毕或者赦免后的一定期间内又犯一定之罪的罪犯。也有见解认为，对累犯除作为犯罪人类型理解外，还可以理解为累犯行为，即曾因犯罪行为而被判处一定刑罚，在刑罚执行完毕或赦免后的一定期间内又犯一定之罪的事实。

累犯与惯犯、再犯尽管都是多次犯罪，但存在明显的区别。惯犯是指在较长时间内反复实施同种犯罪，以此为常业或者以犯罪所得作为生活或者挥霍、腐化的主要来源，并养成恶习的犯罪分子。惯犯与累犯虽然都是多次实施犯罪行为，且主观上都是故意犯罪，但存在明显差别：第一，累犯一般只能由受过一定的刑罚处罚且刑罚已执行完毕或者得到赦免的犯罪分子构成；惯犯则无这种限制。第二，累犯必须是在前罪刑罚执行完毕或者赦免以后又犯一定之罪；惯犯则是在一定时间内反复多次实施犯罪行为，且所犯之罪均未经过处理。第三，构成累犯，行为人前后数个犯罪行为不一定是同种犯罪；构成惯犯，行为人实施的数个犯罪则须为同种犯罪。第四，累犯是法定的从重处罚情节，由于累犯所犯的前罪已受过刑罚处罚，故对累犯的从重处罚是针对其所犯后罪而言的；对于惯犯应依照刑法分则对有关犯罪规定的法定刑处罚，由于惯犯的人身危险性相对较大，故可酌情予以从重处罚。

再犯，是指再次犯罪的人，即两次或两次以上实施犯罪的人。再犯对后犯之罪实施的时间并无限制，既可以在前罪刑罚执行期间实施，也可以在前罪刑满释放之后实施。累犯与再犯的相同之处主要是：他们都是两次或两次以上实施犯罪行为。累犯与再犯的差别主要是：第一，累犯前后实施的犯罪必须是故意犯罪；

而再犯前后实施的犯罪并无此方面的限制。第二，累犯一般必须以前后两罪被判处或应判处一定的刑罚为构成条件；而构成再犯并不要求前后两罪必须被判处一定刑罚。第三，累犯所犯后罪，一般必须在前罪刑罚执行完毕或赦免以后的法定期限内实施；而再犯的前后两罪之间并无时间方面的限制。

累犯系曾犯罪被判处一定严厉的刑罚，在刑罚执行完毕或者赦免后的较短时间内又再次实施比较严重犯罪的人，这表明其比初犯者具有更大的主观恶性和人身危险性，从而进一步表明，不仅累犯者所实施的后罪与初犯者在实施同样犯罪的情况下，罪行更为严重，理应受到更重的处罚，而且其再次犯罪的可能性和危险性也较初犯者大，有必要从重处罚以加强对累犯的教育和矫正。因此，我国刑法在坚持罪责刑相适应原则的前提下，充分考虑刑罚个别化原则，设立累犯制度，将累犯规定为从重处罚的情节，以加强对累犯者的处罚力度，提高惩罚犯罪、教育矫正罪犯的实际效果，确保刑罚目的的实现。

（二）累犯的分类和构成条件

我国刑法与世界各国刑法的通行做法一样，将累犯分为一般累犯和特别累犯两种类型。

1. 一般累犯的概念和构成条件

根据《刑法》第65条的规定，一般累犯，是指因故意犯罪被判处有期徒刑以上刑罚，在刑罚执行完毕或者赦免以后5年内，再犯应当判处有期徒刑以上刑罚之故意犯罪的犯罪分子。一般累犯的构成条件为：

（1）行为人所犯前罪与后罪都是故意犯罪。根据《刑法》第65条规定的精神，若行为人实施的前罪与后罪均为过失犯罪，或者前罪与后罪之一是过失犯罪，都不能构成累犯。我国刑法将过失犯罪排除在累犯之外，具有合理性和科学性。故意犯罪人与过失犯罪人相比，不仅主观恶性更深，而且人身危险性也更大。相应地，不仅前者的罪行远严重于后者，而且前者再犯罪的可能性和危险性也要远大于后者。因此，理应将累犯的成立范围限定于故意犯罪，给予严厉的刑罚处罚，以利于实现刑罚的目的。最后，刑法分则规定的绝大多数犯罪只能由故意构成，而且给国家、社会和人民利益造成重大危害的犯罪也大多是故意犯罪。因此，将累犯的成立范围限定于故意犯罪，有利于明确刑法打击的重点在于故意犯罪。

（2）前罪被判处有期徒刑以上刑罚，后罪也应当被判处有期徒刑以上刑罚。若前罪被判处的是拘役等较轻的刑罚，则后罪虽然应当判处有期徒刑以上刑罚，也不构成累犯；反之，虽然前罪被判处有期徒刑以上刑罚，而后罪却只能判处拘役等较轻的刑罚，同样也不能构成累犯。其中，所谓前罪被判处有期徒刑以上刑罚,是指人民法院最后确定的宣告刑是有期徒刑以上刑罚,包括被判处有期徒刑、无期徒刑和死刑缓期执行。所谓后罪应当判处有期徒刑以上刑罚,是指根据行为人所犯后罪的事实和情节,依照刑法的规定,实际上对行为人应当判处有期徒刑以上刑罚,包括实际上应当判处有期徒刑、无期徒刑和死刑,而不是指该罪的法定刑包括有期徒刑。刑法之所以将前罪和后罪判处的刑罚均限定为有期徒刑以上的刑罚,主要理由在于:在我国的刑罚体系中,作为主刑的管制和拘役,都是轻微的刑罚,只适用于较轻的犯罪,对由于犯较轻之罪而被判处管制、拘役的人以累犯论处,使累犯的范围过于扩张,不利于贯彻宽严相济的刑事政策;而有期徒刑是我国刑法中适用最为广泛且相对较重的一个刑种,凡是犯应处有期徒刑以上刑罚之罪特别是故意犯罪的犯罪分子,其罪行的严重性和人身危险性都已经达到了一定的严重程度,按照累犯处理合乎设立累犯制度的精神。

(3)后罪发生在前罪的刑罚执行完毕或者赦免以后5年之内。如果后罪发生在前罪的刑罚执行期间,则不构成累犯,而应适用数罪并罚;如果后罪发生在前罪的刑罚执行完毕或者赦免5年以后,也不构成累犯。所谓刑罚执行完毕,是指主刑执行完毕,不包括附加刑在内。① 主刑执行完毕5年内又犯罪的,即使附加刑未执行完毕,仍构成累犯。假释的犯罪分子在假释期间,仍属于刑罚执行期间,只有在假释期满之日起5年之内再犯应当被判处有期徒刑以上之故意犯罪的,才能构成累犯。此处的赦免,应当是指特赦,不仅仅因为我国现行宪法只规定了特赦,而未规定大赦,关键还在于大赦是免罪性赦免,可致所赦之罪归于消灭,根本不可能再构成累犯。刑法之所以将构成累犯的时间起点设定于刑罚执行完毕或者赦免之后,而不将其设定于刑罚开始执行的时间或者执行过程中,主要是因为前罪所判的刑罚尚未开始执行或者没有执行完毕,难以说明前罪所判处的刑罚对犯罪分子尚不足以发挥惩罚和教育矫正的效果,而需要将犯罪分子作为累犯在后罪的刑罚裁量中作为从重情节予以体现。而且,对于在刑罚执行中又犯新罪的犯罪分子,根据《刑法》第71条的规定,应按先减后并的方法实行数罪并罚,这与按先并后减的方法实行数罪并罚相比,使犯罪分子实际上所受的刑罚要重一些,这当然是犯罪分子在刑罚执行期间又犯新罪所产生的法律后果。如果再将其认定为累

---

① 之所以将"刑罚执行完毕"理解为主刑执行完毕,主要是因为:一是从《刑法》第65条第1款规定的"被判处有期徒刑以上刑罚的犯罪分子"与"刑罚执行完毕"之间的内在逻辑关系上可以得出这种结论;二是基于刑法的规定或者某些原因,附加刑在主刑执行完毕比较长的时间后才能执行完毕,甚至有的时候无法执行,如果将"刑罚执行完毕"理解为主刑和附加刑均执行完毕,会过于限缩累犯的范围。

犯在后罪的刑罚裁量中予以考虑，有对同一事实进行重复评价的嫌疑。刑法之所以将累犯成立的时间期限设定为5年，主要是因为目前刑罚执行完毕后5年之内的重新犯罪率比较高，现行《刑法》将1979年《刑法》对累犯成立设定的3年时间期限提高到5年，扩大了累犯成立的范围，有利于加大对重新犯罪的惩罚与预防力度。①

理解累犯的构成条件，有两个问题值得研究：

第一，前罪已受外国刑罚处罚，再犯新罪能否构成累犯？对此问题，我国刑法没有明确规定，理论界有不同见解。有的学者认为，刑法规定的"刑罚执行完毕"是指在我国的有罪判决和刑罚执行；在外国受过刑罚处罚的人，不等于曾受我国有罪判决和刑罚执行，故即使他们又在我国犯罪的，也不能构成累犯。有的学者认为，虽然我国对外国的刑事判决采取的是消极承认，但上述情况仍应认定为累犯。因为消极承认的前提是，考虑到行为人在外国受到刑事处罚的事实而免除或者减轻处罚；同样，在行为人于我国犯新罪时，我国法院也应该考虑行为人在外国受到刑罚处罚的事实，如果符合我国刑法规定的累犯条件，就应以累犯论处。有的学者认为，对此问题要具体情况具体分析：如果行为人在外国实施的行为并未触犯我国刑法，则即使其受到外国审判并执行了刑罚，也不符合我国刑法上累犯的构成条件；如果行为人在外国实施的行为也触犯了我国刑法，从而依照我国刑法也应负刑事责任，那么行为人的前罪已受外国刑罚处罚的情况，能否作为累犯的构成条件，则取决于该外国判决是否为我国所承认。在后一种情况下，如果其前罪所执行的刑罚为我国所承认，则当该犯罪人在前罪刑罚执行完毕后5年之内，又在我国境内实施应判处有期徒刑以上刑罚之罪的，就应认定其为累犯；如果不为我国所承认，则就不认定其构成累犯。有的学者认为，对于我国没有管辖权的案件，如果行为人实施的行为按照我国刑法也构成犯罪，那么可以作为累犯的前罪对待；对于我国有管辖权的案件，如果我国承认外国的判决，可以作为累犯的前罪对待，如果我国不承认外国的判决，而对该案件重新审判的，则不能作为累犯的前罪对待。本书认为，行为人在我国领域外犯罪并被外国定罪判刑，在刑罚执行完毕或者赦免后的5年内再次在我国犯罪，当然表明其主观恶性和人身危险性均较大，理应作为累犯处理。但我国刑法对这种情况没有规定毕竟是一个不争的事实。若将行为人在外国犯罪并受刑罚处罚的事实作为累犯的前罪进而以

---

① 累犯成立时间期限的设定取决于国家一定历史阶段的犯罪形势与治安状况，以及国家刑事政策对于累犯的态度，因此，它不应当是一成不变的。

累犯从重处罚，确有不教而诛的问题。因此，在刑法作出明确规定之前，本书不主张将因犯罪在外国已受过刑罚处罚又在我国犯罪的人作为累犯对待。

第二，前罪被判处缓刑后，再犯新罪能否构成累犯？对此问题，理论界有两种截然不同的观点。有少数学者认为，刑罚的执行可以理解为对犯罪人所判处刑罚的具体运用。缓刑是运用刑罚的一种方式。因此，可以说适用缓刑的犯罪人是受过刑罚执行的，缓刑期满也可以认为是原判刑罚执行完毕。而且，假释制度和缓刑制度都是刑罚执行的特殊方法，既然假释期满后再犯新罪可以构成累犯，缓刑期满后再犯新罪也可以构成累犯。对于那些缓刑期满后仍不思悔改，又犯新罪的犯罪分子，应认为是有犯罪前科的，符合累犯条件的，只有按照累犯从重处罚，才能有效地发挥刑罚教育改造罪犯的作用，达到预防犯罪的目的。但多数学者认为，缓刑虽然是刑罚的运用方式，但并不是刑罚的执行，而是刑罚附条件地不执行，缓刑期满是"原判刑罚不再执行"，它与假释期满就认为"原判刑罚已经执行完毕"的假释的法律效果完全不同，不能相提并论。而且，规定累犯制度的目的在于严厉打击那些具有较大人身危险性、多次严重危害社会的人，而被判处缓刑的犯罪分子，原判刑罚并未实际执行，尚不属于经过刑罚处罚后再次犯罪的情形，将其排除在累犯范围之外，体现了我国对累犯从严掌握的立法精神。后一种观点是我国理论界目前的通说。本书认为，立足于对现行刑法关于累犯规定的适用，解决这个问题，关键是要正确判断缓刑期满是否就是"刑罚执行完毕"。所谓刑罚执行完毕，是指监狱等刑罚执行机关在人民法院判决确定的期限内对犯罪分子通过监禁、教育、矫正等措施，依法将人民法院对犯罪分子判处的有期徒刑以上的刑罚执行完毕。而根据《刑法》第76条的规定，如果不存在撤销缓刑的事由，缓刑期满的法律效果是原判刑罚就不再执行，即人民法院对犯罪分子判处的刑罚不再执行。由此可见，原判刑罚不再执行与原判刑罚执行完毕是截然不同的法律效果，不可能通过将缓刑期满解释成"刑罚执行完毕"，而认定缓刑期满又犯新罪的犯罪分子可以构成累犯。

2. 特别累犯的构成条件

特别累犯，是前后罪均为特定性质或种类的犯罪而构成的累犯。我国刑法总则规定了危害国家安全罪、恐怖活动犯罪、黑社会性质的组织犯罪特别累犯。一般教科书通常只论述刑法总则中规定的特别累犯。本书认为，刑法分则中也规定有特别累犯，即《刑法》第356条规定的毒品犯罪特别累犯。该条如同《刑法》第66条对危害国家安全罪等犯罪的特别累犯的规定一样，规定"因走私、贩卖、运输、制造、非法持有毒品罪被判过刑，又犯本节规定之罪的，从重处罚"，即如果行为人所犯前、后两罪均为毒品犯罪，则可将其所犯的前罪作为对后罪处罚的一个从重情节。因此，我们在这里分别论述危害国家安全犯罪、恐怖活动犯罪、黑社会性质的组织犯罪累犯和毒品犯罪特别累犯的构成要件。

（1）危害国家安全犯罪、恐怖活动犯罪、黑社会性质的组织犯罪特别累犯的构成要件。根据《刑法》第66条的规定，危害国家安全犯罪、恐怖活动犯罪、黑社会性质的组织犯罪特别累犯，是指因犯危害国家安全犯罪、恐怖活动犯罪、黑社会性质的组织犯罪受过刑罚处罚，刑罚执行完毕或者赦免后，在任何时候再犯该三类犯罪中任一罪的犯罪分子。其构成条件为：

第一，前罪与后罪必须均为危害国家安全犯罪、恐怖活动犯罪、黑社会性质的组织犯罪。如果行为人实施的前后两罪都不是危害国家安全犯罪、恐怖活动犯罪、黑社会性质的组织犯罪，或者其中之一不是危害国家安全犯罪、恐怖活动犯罪、黑社会性质的组织犯罪，就不能构成特别累犯。应注意的是，这里的前罪、后罪并不要求都是危害国家安全犯罪，或者都是恐怖活动犯罪，或者都是黑社会性质的组织犯罪，只要前罪和后罪属于危害国家安全犯罪、恐怖活动犯罪、黑社会性质的组织犯罪这三类犯罪中的任一种犯罪，就可以构成特别累犯。

第二，前罪被判处的刑罚和后罪应判处的刑罚的种类及其轻重不受限制。即使前后两罪或者其中之一被判处或者应当被判处管制、拘役或者单处某种附加刑，也不影响特别累犯的成立。

第三，前罪的刑罚执行完毕或者赦免以后，任何时候再犯危害国家安全犯罪、恐怖活动犯罪、黑社会性质的组织犯罪，都构成特别累犯。

（2）毒品犯罪特别累犯的构成要件。根据《刑法》第356条的规定，毒品犯罪特别累犯，是指因犯走私、贩卖、运输、制造、非法持有毒品罪被判过刑，在任何时候再犯毒品犯罪的犯罪分子。其构成要件为：

第一，前罪与后罪必须均为刑法分则第六章第七节规定的毒品犯罪。需要特别注意的是，前罪只能是毒品犯罪中的走私、贩卖、运输、制造毒品罪（《刑法》第347条）和非法持有毒品罪（《刑法》第348条）两种特定的犯罪，后罪则可以是刑法分则第六章第七节规定的所有毒品犯罪。

第二，前罪被判处的刑罚和后罪应判处的刑罚的种类及其轻重不受限制。

第三，前罪的刑罚执行完毕或者赦免后，在任何时候再犯毒品犯罪，都构成毒品犯罪的特别累犯。虽然《刑法》第356条只是规定因走私、贩卖、运输、制造、非法持有毒品罪被判过刑，又犯毒品犯罪的，从重处罚，对犯后罪的时间没有明确规定，但是，应当把犯后罪的时间起点确定为前罪的刑罚执行完毕或者赦免以后。这主要是因为：一是与刑法总则中关于一般累犯和特别累犯规定的犯后罪的时间起点相协调。二是与刑法总则关于在刑罚执行期间犯新罪时实行数罪并罚的规定相协调。《刑法》第71条规定："判决宣告以后，刑罚执行完毕以前，被判刑的犯罪分子又犯罪的，应当对新犯的罪作出判决，把前罪没有执行的刑罚和后罪所判处的刑罚，依照本法第六十九条的规定，决定执行的刑罚。"这一总则规定应当适用于犯走私、贩卖、运输、制造毒品罪和非法持有毒品罪的犯罪分子在刑罚执行期间又犯任何新罪的情况。相应地，毒品犯罪特别累犯中的行为人所犯后罪的时间起点，就应该是其所犯的走私、贩卖、运输、制造毒品罪或者非法持有毒品罪的刑罚被执行完毕或者赦免之后。

（三）累犯的刑事责任

根据《刑法》第65条、第66条的规定，对于一般累犯和危害国家安全犯罪、恐怖活动犯罪、黑社会性质的组织犯罪特别累犯，应当从重处罚；根据《刑法》第356条的规定，对于毒品犯罪的累犯，应当从重处罚。总体上讲，无论是一般累犯还是特别累犯，均应当在与其罪行相适应的法定刑幅度内从重处罚。至于从重处罚的幅度，则应根据其所实施的犯罪行为的性质、情节和社会危害程度掌握，切忌毫无事实根据地对累犯一律判处法定最高刑。

三、自首

（一）自首的概念和意义

自首，是指犯罪嫌疑人犯罪以后自动投案，如实供述自己的罪行，或者被采取强制措施的犯罪嫌疑人、被告人和正在服刑的罪犯，如实供述司法机关还未掌握的本人其他罪行的行为。

由于自首是犯罪嫌疑人出于自己的意志而主动将自己交付国家追诉，表现出犯罪嫌疑人所具有的接受国家审查和裁判的自觉性，进而体现出一定的认罪或悔罪态度以及其人身危险性已经在一定程度上得到减弱，因此，我国刑法在坚持罪责刑相适应原则的前提下，充分考虑刑罚个别化的原则，设置了自首制度，将其规定为从宽处罚的情节。设立这一制度的意义在于：首先，它对于分化瓦解犯罪势力，感召犯罪分子主动投案，激励犯罪嫌疑人悔过自新，减少因犯罪而造成的社会不安定因素，具有积极的作用。其次，它有利于迅速侦破刑事案件，及时惩治犯罪，提高刑事法律在惩治和预防犯罪中的作用。最后，它是兼顾惩罚犯罪功能和教育矫治罪犯功能的刑罚裁量制度，使刑罚目的的实现过程在一定程度上因犯罪人的自动归案而拓展到犯罪行为实施之后、定罪量刑之前的阶段，促使罪犯的自我改造更早开始。

(二) 自首的分类及其成立条件

目前,理论界对自首的分类问题有两种见解:一种见解立足于《刑法》第67条的规定,将自首分为一般自首和特别自首(有的称为准自首);另一种见解认为,《刑法》第164条第4款、第390条第2款、第392条第2款所作的规定,实质上是对对非国家工作人员行贿罪、行贿罪和介绍贿赂罪中自首的特别规定,因此,自首既包括刑法总则规定的自首,也包括刑法分则规定的自首。相应地,对自首的种类就可以划分为一般自首(《刑法》第67条第1款)、准自首(《刑法》第67条第2款)和特别自首(《刑法》第164条第4款、第390条第2款和第392条第2款)。本书认为,虽然刑法分则中关于行贿犯罪和介绍贿赂犯罪自首的规定,在实践中完全可以根据具体情况确定为一般自首或者准自首,但这毕竟是刑法对特定犯罪设立的自首制度,因此,在这个意义上,我们赞同第二种见解对自首类型的划分。下面依次论述自首的三个种类的成立条件。

1. 一般自首的成立条件

根据《刑法》第67条第1款的规定,一般自首是指犯罪嫌疑人在犯罪以后自动投案,如实供述自己罪行的行为。成立一般自首,须具备如下条件:

(1) 犯罪嫌疑人必须自动投案。自动投案,是指犯罪事实或者犯罪嫌疑人尚未被司法机关发觉,或者虽被发觉,但尚未受到讯问、未被采取强制措施时,犯罪嫌疑人主动、直接向公安机关、人民检察院或者人民法院投案。① 理解这一条件,应当根据刑法设立自首制度的宗旨和自首的规定,结合实践中的具体情况来把握"自动"和"投案"的含义。

首先,"自动"是指犯罪嫌疑人在归案之前,基于其本人的意志而投案。这意味着:其一,投案行为必须实行于犯罪嫌疑人归案之前。这不仅是体现犯罪嫌疑人投案自动性的一个方面,也有助于将一般自首与准自首区别开来。投案行为通常实行于犯罪嫌疑人犯罪之后,犯罪事实被司法机关发觉以前,或者犯罪事实虽然已被司法机关发觉,但犯罪嫌疑人尚未被发觉,或者犯罪事实和犯罪嫌疑人均已被发觉,但司法机关尚未对犯罪嫌疑人进行讯问或者采取强制措施。此外,下列情形也应视为自动投案:犯罪嫌疑人的罪行尚未被司法机关发觉,仅因形迹可疑被有关组织查询、教育后自动投案的;犯罪嫌疑人在犯罪后逃跑,在被通缉、追捕的过程中自动投案的;经查实犯罪嫌疑人确已准备去投案,或者正在去投案

---

① 参见最高人民法院1998年《关于处理自首和立功具体应用法律若干问题的解释》第1条。

的途中，被公安机关逮捕的。至于犯罪后被群众扭送归案的，或被公安机关逮捕归案的，或在追捕过程中走投无路当场被捕的，或经司法机关传讯、采用强制措施后归案的，均不能认为是自动投案。其二，投案必须基于犯罪嫌疑人本人的意志所为。这是体现犯罪嫌疑人认罪、悔罪的重要方面，是刑法对自首犯规定可以从宽处罚的主要根据所在。投案一般应是犯罪嫌疑人主动到有关机关或个人那里交待自己实施的犯罪事实，但出于充分发挥自首制度的积极作用、鼓励犯罪嫌疑人的亲友积极配合国家司法机关的工作的考虑，理论和实务中均将以下情况视为自动投案：并非出于犯罪嫌疑人主动，而是经亲友规劝、陪同投案的；公安机关通知犯罪嫌疑人的亲友，或者亲友主动报案后，将犯罪嫌疑人送去投案的。犯罪嫌疑人投案的动机多种多样，有的出于真诚悔罪，有的慑于法律的威严，有的为了争取宽大处理，有的因潜逃在外生活无着，有的经亲友规劝而醒悟，等等，但不同的动机，并不影响投案行为的自动性。

其次，投案必须是犯罪嫌疑人向有关机关或者个人承认自己实施了特定犯罪，并将自己置于有关机关或者个人的控制之下，等待接受国家司法机关的审查和裁判。这意味着：其一，犯罪嫌疑人必须向有关机关或者个人承认自己实施了特定犯罪。对此须从两方面加以把握：一方面，一般要求犯罪嫌疑人直接向国家司法机关即公安机关、检察机关或者审判机关投案。但考虑到实践中的具体情况，从鼓励犯罪嫌疑人自首和体现自首的本质等方面考虑，对于犯罪嫌疑人向其所在单位、城乡基层组织或者其他有关负责人投案的，犯罪分子因病、伤，或者为了减轻犯罪后果，而委托他人先代为投案的，或者先以信函、电报投案的，也应视为投案。另一方面，犯罪嫌疑人投案之后必须向有关机关或个人承认自己所犯的特定之罪。即不能仅空泛地承认实施了犯罪，而必须承认自己实施了特定犯罪或承认某一特定犯罪系自己所为。具体而言，在犯罪事实未被发觉的情况下，只要承认本人实施何种特定犯罪即可；在犯罪事实虽已被发觉，但犯罪人尚未被发觉的情况下，只要承认某一特定犯罪系自己所为即可；在犯罪事实和犯罪人均已被发觉，但犯罪人尚未归案的情况下，只要承认自己是某一特定犯罪的行为人即可。其二，犯罪嫌疑人必须将自己置于有关机关或个人的控制之下，等待国家司法机关的审查和裁判。这是"投案"的应有之义。"投案"应当既包括犯罪嫌疑人向有关机关或者个人承认自己实施了特定的犯罪，也包括将自己置于有关机关或个人的控制之下，等待国家司法机关的审查和裁判。如果犯罪嫌疑人虽然向有关机关或者个人承认自己实施了特定犯罪，但不愿意将自己置于有关机关或个人的控制之下，从而接受国家司法机关的审查和裁判的，那么，将这种情况认定为自首，就违背了刑法设立自首制度的宗旨。根据有关司法解释的规定，犯罪嫌疑人自动投案后又逃跑的，不能认定为自首。与此相似，犯罪嫌疑人自动投案并供述罪行后又推翻供述，意图逃避制裁的，或委托他人代为自首，而本人拒不到案的，或匿名将赃物送回司法机关或原主处的，或用电话、书信等方式匿名向司法机关报案或指出赃物所在的，等等，也均不能认定为自首。

(2) 犯罪嫌疑人必须如实供述自己的罪行。所谓如实供述自己的罪行，是指犯罪嫌疑人自动投案后，如实交代自己的主要犯罪事实。理解如实供述自己的罪行的含义，应当注意从如下几个方面把握：

第一，犯罪嫌疑人供述的必须是犯罪的事实。即犯罪嫌疑人所供述的是根据刑法的相关规定已经构成犯罪的行为事实。无论行为人主观上是否认为自己供述的是犯罪的事实，只要根据刑法的规定并结合其供述的事实能够认定其行为构成犯罪的，都属于如实供述自己的罪行，在具备自首的其他条件时，就成立自首。①

第二，犯罪嫌疑人对犯罪事实必须如实供述。由于自首是犯罪嫌疑人主动投案并自愿接受国家司法机关的审查和裁判，在相当程度上体现了其认罪、悔罪的态度，因而可将自首作为对犯罪嫌疑人从宽处罚的根据。如果犯罪嫌疑人虽然自动投案，也交代了一些犯罪事实，但出于各种动机，故意在一些重要事实或情节上作虚假交代，如在供述犯罪的过程中推诿罪责，保全自己，意图逃避制裁；或大包大揽，庇护同伙，意图包揽罪责；或歪曲罪质，隐瞒情节，企图蒙混过关；或掩盖真相，避重就轻，试图减轻罪责；等等，则均不能认为是如实供述而成立自首。当然，在司法实践中，如果由于犯罪嫌疑人对犯罪对象、地点、环境等情况不熟悉，或者案件发生时间较长，或者犯罪嫌疑人生理或心理上的一些情形等客观因素的影响，导致犯罪嫌疑人不能对其所实施的犯罪事实作出全面供述或准确供述的，那么只要其对主要犯罪事实作了如实供述，就应当认为是如实供述。此外，有关司法解释还规定，犯罪嫌疑人自动投案并如实供述自己的罪行后又翻供的，不能认定为自首；但在一审判决前又能如实供述的，应当认定为自首。② 值得注意的是，犯罪分子自动投案并如实供述罪行后，为自己进行辩护，或者提出上诉，或者补充或更正某些事实的，这都是法律赋予被告人的权利，应当允许，

---

① 对于行为人误认一般违法或违反道德的行为为犯罪而自动投案，如实供述的，因其行为根本不是犯罪，当然不是自首；对于行为人误认犯罪为一般违法或违反道德的行为而自动投案，如实供述的，如果其在得知其行为根据刑法规定属于犯罪的情况下，能够自愿置于有关机关或者个人的控制之下并等待接受国家司法机关的审查和裁判，就应当认定为自首。

② 参见最高人民法院 1998 年《关于处理自首和立功具体应用法律若干问题的解释》第 1 条。

不能视为翻供。

第三，犯罪嫌疑人供述的必须是自己的犯罪事实，即自己实施并应由本人承担刑事责任的犯罪事实。准确把握"自己的犯罪事实"的范围，在犯罪嫌疑人单独犯罪的情况下不存在问题，在共同犯罪的情况下则具有一定的复杂性。对此，理论上存在不同的观点或表述。有的认为，"自己的罪行"是指犯罪嫌疑人自己实施的犯罪，以及自己确实了解的、与自己的罪行密切相关的其他共同犯罪人的罪行；有的认为，"自己的罪行"是指犯罪嫌疑人所直接参与实施的共同犯罪行为的事实，如果他还如实揭发了其他同案犯的共同犯罪事实或者共同犯罪以外的其他犯罪事实，则应当认定其同时具有立功表现；有的认为，共同犯罪自首时，除了必须如实供述自己所直接参与实施的共同犯罪行为外，还必须如实供述共同犯罪所实施的全部罪行；等等。为此，有关司法解释明确规定，共同犯罪案件中的犯罪嫌疑人，除如实供述自己的罪行外，还应当供述所知的同案犯，主犯则应当供述所知其他同案犯的共同犯罪事实，才能认定为自首。① 本书认为，共同犯罪中，虽然各个共犯人在共同犯罪中的分工和作用可能不同，但他们主观上存在共同的犯罪故意，客观上共同实施同一犯罪行为，因而各个共犯人的行为都是共同犯罪完整而不可分割的一个有机组成部分，所以，所谓共犯人"自己的罪行"，实际上应是自己所参与实施的整个共同犯罪的事实。而且，自首是犯罪嫌疑人出于自己的意志而主动将自己交付国家追诉的行为，如果犯罪嫌疑人只如实交代自己在共同犯罪中所分工实行的行为，不交代和自己一起实施共同犯罪的其他同案犯的行为，就无法认定其在共同犯罪中的作用大小，从而使国家司法机关不能顺利对其追诉，因而从自首的本质考虑，也应该将共犯人"自己的罪行"理解为其所参与实施的整个共同犯罪的事实。当然，在共同犯罪中，有时情况比较复杂，如共同犯罪人数较多、分工较细，有些共犯人分工实施的具体犯罪行为不一定都为其他共犯人所了解，因此，如果要求犯罪嫌疑人必须把他参与实施的整个共同犯罪的事实都如实供述才能成立自首，显然不当缩小了共犯人自首的范围，也是强人所难。因而应当把共犯人"自己的罪行"限定于他所参与实施并了解的整个共同犯罪的事实，具体包括其本人直接实施的在共同犯罪中的分工行为和他所了解的其他共犯人实施的在共同犯罪中的分工行为。具体来说，首要分子必须供述其组织、策划、指挥作用所及或支配下的全部罪行；其他主犯必须供述在首要分子的组织、策划、指挥作用的支配下单独实施的共同犯罪行为，以及与其他共同犯罪人共同

---

① 参见最高人民法院 1998 年《关于处理自首和立功具体应用法律若干问题的解释》第 1 条。

实施的犯罪行为；次要的实行犯应供述自己实施的犯罪，以及与自己共同实施犯罪的主犯和胁从犯的犯罪行为；帮助犯应供述自己实施的犯罪帮助行为，以及自己所帮助的实行犯的行为；胁从犯应供述自己在被胁迫情况下实施的犯罪，以及所知道的胁迫自己犯罪的胁迫人所实施的犯罪行为；教唆犯应供述自己的教唆行为，以及所了解的被教唆人产生犯罪意图之后实施的犯罪行为。

第四，犯罪嫌疑人供述的必须是自己的主要犯罪事实。由于存在犯罪嫌疑人对犯罪对象、地点、环境等情况不熟悉，或者案件发生时间较长等客观因素的影响，犯罪嫌疑人不能对其所实施的犯罪事实作出全面供述或准确供述，因此，从实际情况出发，有关司法解释规定，只要犯罪嫌疑人如实供述了自己的主要犯罪事实，就具备了自首中"如实供述自己的罪行"的成立条件。对于何谓主要犯罪事实，应当从两个方面理解：

一方面，主要犯罪事实包括决定犯罪嫌疑人的行为性质以及影响对其裁量刑罚的事实、情节。首先，它应包括决定犯罪嫌疑人的行为性质的事实、情节。如果犯罪嫌疑人在这些事实、情节上都不能交代清楚，就谈不上如实供述自己的罪行而成立自首。其次，它也应该包括影响对犯罪嫌疑人裁量刑罚的事实、情节。如果不将这些情节包括于"主要犯罪事实"之中，就会在很大程度上削弱甚至歪曲设立自首制度之鼓励犯罪人认罪悔过、为国家节约司法资源的本来意义，并且将产生十分不好的社会效果。[①] 但是，如果认为凡是影响对犯罪嫌疑人裁量刑罚的事实和情节都是"主要犯罪事实"，则又会过于限制自首的成立范围，妨碍刑法设立自首制度之积极作用的充分、有效发挥，而且很多情况下让犯罪嫌疑人把所有的影响刑罚裁量的事实和情节都交代清楚，也是强人所难。因此，应该把影响对犯罪嫌疑人裁量刑罚的事实、情节限定于对刑罚裁量有重要影响的事实和情节。一般来说，应该是那些影响对犯罪嫌疑人是否判处刑罚、适用哪个量刑幅度、是否从重处罚以及具体刑种的选择的事实、情节。

另一方面，在犯罪嫌疑人犯数罪的情况下，应区分情况认定犯罪嫌疑人是否如实供述了自己的主要犯罪事实。首先，在犯罪嫌疑人所犯数罪为异种数罪的情况下，如果犯罪嫌疑人自动投案后如实供述所犯全部数罪的，应认定为全案均成立自首；如果犯罪嫌疑人自动投案后，仅如实供述所犯全部数罪的一部分，而未供述另一部分犯罪的，则只认定其所供述的犯罪成立自首，未交代的犯罪不成立自首。其次，在犯罪嫌疑人所犯数罪为同种数罪的情况下，如果犯罪嫌疑人对所

[①] 参见周加海：《自首制度研究》，中国人民公安大学出版社2004年版，第91页。

犯全部同种数罪均如实供述，或者如实供述了所犯数罪中主要的罪行，而基于某种客观原因确实不能供述其他罪行的，应认定全案成立自首。至于犯罪嫌疑人只如实供述了同种数罪中的部分犯罪，能否认定为自首，理论上曾有不同的见解：有的认为，如果犯罪嫌疑人所供述的犯罪与未供述的犯罪在性质、情节、社会危害程度等方面大致相当，只应认定所供述之罪成立自首，未供述之罪不成立自首。有的认为，同种数罪的自首可以分为两种情况处理：如果是不应并罚的数罪，只交代其中一罪的，不能构成自首；如果是应该并罚的数罪，只交代了其中一罪的，则可以构成自首。有的认为，只自首其中一罪或几罪的，仍应当只对该自首的一罪或几罪认定为自首，而对后来被查处的未交代的其他剩余罪行不能认定为自首，而无论这些同种数罪是并罚数罪还是非并罚数罪；对于实行并罚的，对已交代的认定为自首，将其与未交代的罪行分别定罪量刑，对于不实行并罚的，在量刑时，要对自首罪行的数量予以把握，从而适当从宽。有的认为，在一人犯有同种数罪，而其仅自首其中一罪或几罪的情况下，应当仅对该自首的一罪或几罪以自首论；对其未自首的其他罪行，应当依法不认定为自首。同时，为保证能对犯罪嫌疑人准确量刑、适用刑罚，在此种情况下，对犯罪嫌疑人所犯的同种数罪应当实行并罚。有关司法解释①现已明确规定，犯罪嫌疑人多次实施同种罪行的，应当综合考虑已交代的犯罪事实与未交代的犯罪事实的危害程度，决定是否认定为如实供述主要犯罪事实。虽然投案后没有交代全部犯罪事实，但如实交代的犯罪情节重于未交代的犯罪情节，或者如实交代的犯罪数额多于未交代的犯罪数额的，一般应认定为如实供述自己的主要犯罪事实。无法区分已交代的与未交代的犯罪情节的严重程度，或者已交代的犯罪数额与未交代的犯罪数额相当的，一般不认定为如实供述自己的主要犯罪事实。

2. 准自首的成立条件

根据《刑法》第67条第2款的规定，准自首是指被采取强制措施的犯罪嫌疑人、被告人和正在服刑的罪犯，如实供述司法机关还未掌握的本人其他罪行的行为。成立准自首，必须具备如下条件：

（1）准自首的主体必须是被采取强制措施的犯罪嫌疑人、被告人和正在服刑的罪犯。其中，所谓强制措施，是指我国刑事诉讼法规定的拘传、拘留、取保候审、监视居住和逮捕。所谓犯罪嫌疑人，是指在公诉案件中因涉嫌犯罪而正在被立案侦查和审查起诉的当事人。所谓被告人，是指因涉嫌犯罪而被检察机关提起

---

① 参见最高人民法院2010年《关于处理自首和立功若干具体问题的意见》第2条。

公诉或者被自诉人提起自诉的当事人。所谓正在服刑的罪犯，是指已经人民法院判决、正在执行所判刑罚的罪犯。

（2）必须如实供述司法机关还未掌握的本人其他罪行。理解这一条件，应注意把握以下几个问题：

第一，"司法机关还未掌握"的含义。"司法机关还未掌握"应指司法机关没有证据证实犯罪嫌疑人、被告人或者正在服刑的罪犯还有实行其他犯罪的嫌疑。对此，有两点需要明确：其一，此处所说的司法机关，应是接受犯罪嫌疑人、被告人或者正在服刑的罪犯对于其本人的其他罪行所作供述的司法机关。目前理论界对此处的司法机关的范围的认识存在诸多分歧：有的认为，应当泛指全国所有的司法机关；有的认为，仅指直接办案机关；有的认为，原则上既可以是直接办案机关，也可以是其他司法机关，但对其他司法机关有一些限制性的条件；等等。① 本书认为，既然自首的本质在于犯罪嫌疑人出于自己的意志而主动将自己交付国家追诉，那么在成立准自首的情况下，当然可以认定犯罪嫌疑人是在主观上认为司法机关还未掌握本人的其他罪行的情况下，主动向司法机关如实供述本人的其他罪行。相应地，接受其对于本人的其他罪行所作供述的司法机关就是《刑法》第67条第2款中所说的司法机关。其二，判断司法机关是否还未掌握本人的其他罪行，原则上应以犯罪嫌疑人、被告人和正在服刑的罪犯的认识为标准。只要犯罪嫌疑人、被告人和正在服刑的罪犯认为司法机关还未掌握本人的其他罪行，而主动向司法机关如实供述本人的其他罪行的，就应当认为成立准自首，即使实际上司法机关已经掌握犯罪嫌疑人、被告人和正在服刑的罪犯的其他罪行。这种认定是由自首的本质所决定的。但对于实际上司法机关还未掌握犯罪嫌疑人、被告人和正在服刑的罪犯的其他罪行，而犯罪嫌疑人、被告人和正在服刑的罪犯误认为司法机关已经掌握了本人的其他罪行的，能否认定为准自首？例如，罪犯王某在甲地杀人后逃至乙地，因犯盗窃罪被判刑5年。一日，管教干部因调查与王某同监张某的违反监规情况叫王某到办公室谈话。因事前管教干部并未告诉王某因何事找他，王某误以为甲地案发，所以一见到管教干部即将自己在甲地杀人的罪行如实作了供述。本书认为，虽然犯罪嫌疑人、被告人和正在服刑的罪犯如实供述本人其他罪行的行为，是在其自认为司法机关已经掌握其罪行的情况下进行的，不似典型的自首那样具有明确的主动性，但也并不像坦白那样，犯罪嫌疑人是在明确知道司法机关已经掌握其所犯罪行的情况下对其罪行所作的交代。而且，其

---

① 参见周加海：《自首制度研究》，中国人民公安大学出版社2004年版，第119—120页。

主观上也有接受国家司法机关审查和裁判的意愿,客观上也确为国家节约了司法资源,因而将这种情况认定为准自首比较妥当。值得注意的是,有关司法解释①对于"司法机关还未掌握"规定为:犯罪嫌疑人、被告人在被采取强制措施期间,向司法机关主动如实供述本人的其他罪行的,该罪行能否被认定为司法机关已掌握,应根据不同情形区别对待:如果该罪行已被通缉,一般应依该罪行是否在通缉令发布范围内作出判断,不在通缉令发布范围内的,应认定为还未掌握;在通缉令发布范围内的,应视为已掌握;如果该罪行已被录入全国公安信息网络在逃人员信息数据库,应视为已掌握;如果该罪行未被通缉,也未被录入全国公安信息网络在逃人员信息数据库,应以该司法机关是否已实际掌握该罪行为标准。本书认为,该规定的合理性值得进一步研究。

第二,"本人其他罪行"的范围。所谓"本人其他罪行",是指已被司法机关掌握的罪行之外的罪行。根据有关司法解释的规定,犯罪嫌疑人、被告人和正在服刑的罪犯如实供述司法机关尚未掌握的罪行与司法机关已掌握的或者判决确定的罪行属于不同种罪行的,以自首论。至于其如实供述司法机关尚未掌握的罪行与司法机关已掌握的或者判决确定的罪行属同种罪行的,有关司法解释规定可以酌情从轻处罚;如实供述的同种罪行较重的,一般应当从轻处罚。②

此外,根据刑法设立自首制度的宗旨和《刑法》第 67 条第 2 款与第 1 款规定的逻辑关系,成立准自首除了应当具备上述条件外,当然还要具备成立一般自首所应满足的条件,如如实供述司法机关尚未掌握的本人其他罪行须行为人主动所为等。

3. 特别自首的成立条件

根据《刑法》第 164 条第 4 款、第 390 条第 2 款和第 392 条第 2 款的规定,特别自首是指犯对非国家工作人员行贿罪、行贿罪和介绍贿赂罪的人员,在被追诉前主动交代行贿行为或者介绍贿赂行为的行为。成立特别自首,应当具备如下条件:

(1) 主体必须是犯有对非国家工作人员行贿罪、行贿罪、介绍贿赂罪的人员。特别自首的特殊性正是体现在刑法对其成立主体的特别规定上。除了犯有上述三种特定罪行的人员之外的其他犯罪的人员,在被追诉前主动向司法机关如实供述

---

① 参见最高人民法院 2010 年《关于处理自首和立功若干具体问题的意见》第 3 条。
② 参见最高人民法院 1998 年《关于处理自首和立功具体应用法律若干问题的解释》。需要指出的是,由于 2011 年的《刑法修正案(八)》增设了坦白制度,今后对于这种情况,应认定为坦白情节。

其犯罪行为的，只可能成立一般自首或者准自首，不能成立特别自首。

（2）行为人必须主动如实交代其对非国家工作人员行贿、对国家工作人员行贿、向国家工作人员介绍贿赂的犯罪事实。把握这一条件，应当注意：第一，行为人必须主动交代有关犯罪事实，而不是因有关罪行已被追诉或者因受司法机关的讯问、因被采取强制措施而被迫交代。否则，不能成立特别自首。第二，行为人必须如实交代有关犯罪事实，而不是为了逃避应得的制裁或者代人受过而作不真实的交代。第三，行为人交代的必须是其对非国家工作人员行贿、对国家工作人员行贿、向国家工作人员介绍贿赂的犯罪事实，而不是其他犯罪事实。

（3）行为人交代其行贿、介绍贿赂的犯罪行为必须在该行为被追诉之前，即在有关司法机关对其行贿、介绍贿赂的犯罪行为进行立案侦查之前。因为设立特别自首的主要目的在于为受贿犯罪的查处提供便利。而由行贿、介绍贿赂与受贿的相互关系所决定，一旦犯有对非国家工作人员行贿罪、行贿罪或者介绍贿赂罪的犯罪人已受司法机关追诉，就往往意味着有关受贿罪行已经被司法机关发觉。此时，即便行为人能就其行贿事实或者介绍贿赂的事实主动交代，对受贿案件的查处亦无助益，故没有必要再对行为人作更为宽大的处理。

此外，应注意的是，虽然应当将特别自首看作一个独立的自首类型，但它与一般自首和准自首并非互不相干。如犯有对非国家工作人员行贿罪、行贿罪、介绍贿赂罪的行为人在被追诉前自动投案并如实供述其实施行贿犯罪、介绍贿赂犯罪的事实的，也就因具备一般自首的成立条件而实际上也成立一般自首；被采取强制措施的犯罪嫌疑人、被告人或者正在服刑的罪犯，如实供述司法机关还未掌握其实施的对非国家工作人员行贿罪、行贿罪、介绍贿赂罪的事实的，也就具备准自首的成立条件而实际上也成立准自首。

4. 单位自首

对自首还可以分为个人自首和单位自首两种类型。单位自首，可以分别归属于一般自首、准自首、特别自首。单位自首的成立，除了应具备该三种自首的成立条件外，还有一些特别的要求。对此，有关司法解释明确规定：单位犯罪案件中，单位集体决定或者单位负责人决定自动投案，如实交代单位犯罪事实的，或者单位直接负责的主管人员自动投案，如实交代单位犯罪事实的，应当认定为单位自首。单位自首的，直接负责的主管人员和直接责任人员未自动投案，但如实交代自己知道的犯罪事实的，可以视为自首；拒不交代自己知道的犯罪事实或者逃避法律追究的，不应当认定为自首。单位没有自首，直接责任人员自动投案并如实交代自己知道的犯罪事实的，对该直接责任人员应当认定为自首。①

（三）自首犯的刑事责任

根据《刑法》第 67 条第 1 款的规定，对于成立一般自首、准自首的犯罪分子，可以从轻或者减轻处罚。其中，犯罪较轻的，可以免除处罚。根据《刑法》第 164 条第 4 款、第 392 条第 2 款的规定，对于犯对非国家工作人员行贿罪、介绍贿赂罪成立特别自首的犯罪分子，可以减轻处罚或者免除处罚。根据《刑法》第 390 条第 2 款的规定，对于犯行贿罪成立特别自首的犯罪分子，可以从轻或者减轻处罚。其中，犯罪较轻的，对侦破重大案件起关键作用的，或者有重大立功表现的，可以减轻处罚或者免除处罚。对具有自首情节的被告人是否从宽处罚以及从宽处罚的幅度，应当综合考虑其犯罪事实、犯罪性质、犯罪情节、危害后果、社会影响、被告人的主观恶性和人身危险性以及投案的主动性、供述的及时性和稳定性等情况。

四、坦白

（一）坦白的概念和意义

坦白，是指犯罪嫌疑人在被动归案之后、被依法提起公诉之前，如实供述自己罪行的行为。

"坦白从宽"是我国长期奉行的一项刑事司法政策，尽管实践中在有些地方、有些时期没有得到很好的贯彻，但总体上其在治理犯罪中发挥了重要作用。《刑法修正案（八）》设立坦白制度，将坦白从宽的刑事司法政策上升为立法规定，不仅从立法上体现了宽严相济刑事政策的要求，强化、规范了坦白从宽政策的适用，而且有助于鼓励犯罪嫌疑人尽早交代犯罪事实，协助侦破案件，节约司法资源，提高诉讼效率；同时，通过对犯罪分子的从宽处罚，有助于强化犯罪分子已有的认罪或悔罪态度，从而有助于预防犯罪的刑罚目的的实现。

（二）坦白的成立条件

根据《刑法》第 67 条第 3 款的规定，成立坦白，须具备如下条件：

1. 坦白的主体只能是犯罪嫌疑人

《刑法》将坦白的主体限定为犯罪嫌疑人，而不像自首那样还包括被告人和正在服刑的罪犯，主要是出于将坦白的成立限定在提起公诉之前的诉讼阶段的考虑。

---

① 参见最高人民法院、最高人民检察院 2009 年《关于办理职务犯罪案件认定自首、立功等量刑情节若干问题的意见》第 1 条。

因为坦白的主要功能在于鼓励犯罪嫌疑人尽早交代犯罪事实,协助侦破案件,节约司法资源,提高诉讼效率。案件若已被提起公诉进入审理阶段,就表明案件已经被侦破,证实犯罪的证据已经达到法定的要求,这时被告人再如实供述司法机关已经完全掌握的犯罪事实,对于节约司法资源、提高诉讼效率几乎没意义。对于正在服刑的罪犯而言,如实供述其据以被判刑的犯罪事实更是如此。当然,被告人在案件审理过程中、罪犯在服刑过程中对司法机关已经完全掌握的犯罪事实如实供述,虽然不能成立坦白,但也可以作为影响法院量刑、监狱减刑和假释的情节对待。

2. 坦白的时间是犯罪嫌疑人被动归案以后、被依法提起公诉之前

之所以要将"被动归案"作为坦白的一个成立条件,主要是从区别坦白与自首的角度来考虑的。由于根据《刑法》第 67 条第 1 款的规定,如果犯罪分子是主动归案,如实供述自己的罪行,就应当成立自首。因而结合《刑法》第 67 条第 3 款"不具有前两款规定的自首情节,但是如实供述自己罪行"的规定,坦白应该是被动归案。在实践中,被动归案有三种情况:一是因司法机关采取强制措施而归案;二是被司法机关传唤到案;三是被群众扭送归案。此外,由于被动归案和自动投案是非此即彼的关系,因而在实践中还可以借助于有关司法解释对自动投案的规定来把握被动归案的范围。

3. 犯罪嫌疑人必须如实供述自己的罪行

除坦白中"如实供述自己的罪行"应与自首中的该词语做同样掌握外,还需要强调两点:第一,犯罪嫌疑人对罪行的供述须是主动的。即犯罪嫌疑人在被动归案后主动向司法机关供述其所实施的犯罪。当然,也允许犯罪嫌疑人在被动归案后主动交代犯罪事实前有一个思想斗争和接受教育的过程,并不要求一归案就交代犯罪事实才成立坦白。但是,如果犯罪嫌疑人在归案后拒不交代犯罪事实,而是因在司法机关出示的证实其实施犯罪的证据面前无法抵赖,才交代其犯罪事实的,就不能成立坦白。第二,犯罪嫌疑人供述的罪行,既可以是司法机关已经掌握的罪行,也可以是司法机关尚未掌握的同种罪行。之所以如此,是因为根据有关司法解释规定,被采取强制措施的犯罪嫌疑人如实供述司法机关尚未掌握的罪行与司法机关已掌握的罪行是不同种罪行的,以自首论①。那么相应地,犯罪嫌疑人如实供述司法机关尚未掌握的罪行与司法机关已掌握的罪行是同种罪行的,就应该认定为坦白。

---

① 参见最高人民法院 1998 年《关于处理自首和立功具体应用法律若干问题的解释》第 2 条。

(三) 坦白者的刑事责任

根据《刑法》第 67 条第 3 款规定，对于坦白的犯罪分子，可以从轻处罚；因其如实供述自己罪行，避免特别严重后果发生的，可以减轻处罚。对具有坦白情节的犯罪分子是否从宽处罚及从宽处罚的幅度，应当考虑其犯罪事实、犯罪性质、犯罪情节、危害后果、社会影响、犯罪分子的主观恶性和人身危险性以及供述的及时性和稳定性等情况。特别要注意的是，在是否适用坦白情节对犯罪分子从宽处罚以及从宽处罚的幅度方面，要注意与自首情节的适用拉开距离，避免两者同等适用。因为自首是犯罪分子主动投案或主动交代司法机关未掌握的犯罪事实，坦白是犯罪分子被动归案和在司法机关已基本掌握其犯罪事实的情况下供述的，前者相对于后者，不仅认罪悔罪态度更好，人身危险性也更小，若将两者同等适用，就削弱甚至抹杀了自首制度的价值。

五、立功

(一) 立功的概念和意义

所谓立功，是指犯罪分子在到案后至判决确定前的期间，具有揭发他人犯罪行为并经查证属实，或者提供重要线索，从而使其他案件得以侦破等有利于国家和社会的行为。

由于立功不仅在客观上有利于国家和社会利益，而且是犯罪分子主动实施的，体现出犯罪分子具有一定的认罪或悔罪态度，其人身危险性已经在一定程度上得到减弱，所以，我国刑法在坚持罪责刑相适应原则的前提下，充分考虑刑罚个别化的原则，设置了立功制度，并将其规定为从宽处罚的情节。设立立功制度的重要意义在于：首先，有助于鼓励犯罪分子主动实施有利于国家和社会的行为，将功补罪；其次，对于司法机关迅速侦破和处理刑事案件，提高司法效率有相当重要的作用；最后，通过对犯罪分子的从宽处罚，有助于强化犯罪分子已有的认罪或悔罪态度，从而有助于预防犯罪的刑罚目的实现。

(二) 立功的种类和成立条件

根据《刑法》第 68 条的规定，立功分为一般立功和重大立功两种类型。需要注意的是，刑法中的立功实际上并不限于《刑法》第 68 条规定的立功。第 68 条规定的立功是影响刑罚裁量的重要情节。除此之外，还有犯罪分子在刑罚执行过程中实施的立功行为，如《刑法》第 78 条规定的作为减刑重要条件的立功，这种情况的立功能够影响对犯罪分子的刑罚执行活动。因此，立功还可以分为作为刑罚裁量情节的立功和作为刑罚执行情节的立功。这里仅对《刑法》第 68 条规定的作为刑罚裁量情节的立功的成立条件进行说明。

1. 一般立功的成立条件

根据《刑法》第 68 条和有关司法解释①的规定，一般立功是指犯罪分子到案后具有检举、揭发他人犯罪行为，经查证属实的；或者提供侦破其他案件的重要线索，经查证属实的；或者阻止他人犯罪活动的；或者协助司法机关抓捕其他犯罪嫌疑人；或者具有其他有利于国家和社会的突出表现。成立一般立功，须具备如下条件：

（1）立功者必须是犯罪分子，即只有犯罪分子具有有利于国家和社会的突出表现，才能成立作为刑罚裁量情节的立功。需要说明的是，虽然《刑法》第 68 条将立功的主体规定为"犯罪分子"，但实际上应指犯有某种罪行并已到案的犯罪嫌疑人、被告人，不是已被判决确定有罪的罪犯。因为《刑法》第 68 条规定的立功是作为影响刑罚裁量的情节而规定的，这就意味着立功者被指控的行为尚未被人民法院判决确定有罪，当然也没有确定是否对其判处刑罚以及判处什么样的刑罚，因而在这种情况下，立功者在诉讼过程中的身份就只能是犯罪嫌疑人或者被告人。

（2）立功行为必须在犯罪分子到案后至判决确定前的期间内实行。这主要是基于区分作为刑罚裁量情节的立功和作为刑罚执行情节的立功的考虑。所谓犯罪分子到案，是指犯罪分子及其实施的犯罪行为已被司法机关掌握且犯罪分子已经被司法机关控制。所谓判决确定前，是指犯罪分子实施的行为被人民法院作出的终审判决确定有罪之前。

（3）犯罪分子必须具有有利于国家和社会的突出表现。至于何谓有利于国家和社会的突出表现，有关司法解释根据《刑法》第 68 条的规定并结合司法实践经验，将其规定为犯罪分子到案后检举、揭发他人犯罪行为，包括共同犯罪案件中的犯罪分子揭发同案犯共同犯罪以外的其他犯罪，经查证属实；提供侦破其他案件的重要线索，经查证属实；阻止他人犯罪活动；协助司法机关抓捕其他犯罪嫌疑人（包括同案犯）；具有其他有利于国家和社会的突出表现。② 需要注意的是，实践中曾经出现犯罪分子的亲友将其获悉的他人犯罪线索非法转告犯罪分子，使其据此立功的情况。对此，若认定为立功的话，与刑罚设立立功制度的宗旨显然相悖。因此，有关司法解释明确规定：犯罪分子通过贿买、暴力、胁迫等非法手段，或者被羁押后在与律师、亲友会见过程中违反监管规定，获取他人犯罪线索

---

① 参见最高人民法院 1998 年《关于处理自首和立功具体应用法律若干问题的解释》第 5 条。
② 参见最高人民法院 1998 年《关于处理自首和立功具体应用法律若干问题的解释》第 5 条。

并"检举揭发"的，不能认定为有立功表现。① 犯罪分子将本人以往查办犯罪职务活动中掌握的，或者从负有查办犯罪、监管职责的国家工作人员处获取的他人犯罪线索予以检举揭发的，不能认定为有立功表现。犯罪分子亲友为使犯罪分子"立功"，向司法机关提供他人犯罪线索、协助抓捕犯罪嫌疑人的，不能认定为犯罪分子有立功表现。

2. 重大立功的成立条件

根据《刑法》第 68 条和有关司法解释的规定②，重大立功是指犯罪分子到案后具有检举、揭发他人重大犯罪行为，经查证属实的；或者提供侦破其他重大案件的重要线索，经查证属实的；或者阻止他人重大犯罪活动的；或者协助司法机关抓捕其他重大犯罪嫌疑人；或者具有其他对国家和社会有重大贡献的表现。成立重大立功，须具备如下条件：

（1）立功者必须是犯罪分子。

（2）立功行为必须在犯罪分子到案后至判决确定前的期间内实行。

（3）犯罪分子必须具有对国家和社会有重大贡献的表现。所谓对国家和社会有重大贡献的表现，有关司法解释根据《刑法》第 68 条的规定并结合司法实践经验，将其规定为：犯罪分子到案后具有检举、揭发他人重大犯罪行为，经查证属实的；或者提供侦破其他重大案件的重要线索，经查证属实的；或者阻止他人重大犯罪活动的；或者协助司法机关抓捕其他重大犯罪嫌疑人的；等等。至于"重大犯罪""重大案件""重大犯罪嫌疑人"的标准，一般是指犯罪嫌疑人、被告人可能被判处无期徒刑以上刑罚或者案件在本省、自治区、直辖市或者全国范围内有较大影响等情形。③

（三）立功者的刑事责任

根据《刑法》第 68 条第 1 款的规定，犯罪分子有一般立功表现的，可以从轻或者减轻处罚；犯罪分子有重大立功表现的，可以减轻或者免除处罚。至于对立功的犯罪分子是否从宽处罚以及在确定从宽处罚的情况下如何具体掌握从宽的幅度，应该综合考虑所实施犯罪的事实、性质、情节、危害后果、社会影响、被告人的主观恶性和人身危险性以及检举揭发罪行的轻重、被检举揭发的人可能或者已经被判处的刑罚、提供的线索对侦破案件或者协助抓捕其他犯罪嫌疑人所起作

---

① 参见最高人民法院 2010 年《关于处理自首和立功若干具体问题的意见》第 4 条。
② 参见最高人民法院 1998 年《关于处理自首和立功具体应用法律若干问题的解释》第 7 条第 1 款。
③ 参见最高人民法院 1998 年《关于处理自首和立功具体应用法律若干问题的解释》第 7 条。

用的大小等情况。

六、数罪并罚

（一）数罪并罚的概念和意义

数罪并罚，就是对一人所犯数罪如何判处实际执行的刑罚的制度。就我国刑法中的数罪并罚而言，是指人民法院对一行为人在法定时间界限内所犯数罪分别定罪量刑后，按照法定的并罚原则及刑期计算方法决定其应执行的刑罚的制度。

从罪责刑相适应原则的要求讲，一人犯数罪所受的刑罚当然应重于犯一罪所受的刑罚。但是，如何执行对数罪所判处的刑罚？如果对数罪所判处的各个刑罚都要执行，客观上在不少情况下是不可能的，如一人犯数罪，分别被判处死刑和无期徒刑的情况即是；而且也凸显刑法的严苛，有违人道精神，如一人犯数罪，分别被判处有期徒刑和死刑的情况即是；如果只执行对犯罪分子所判处的最重的刑罚，则与单纯犯一罪的情况没有什么区别，难以体现罪责刑相适应的原则，有违社会公平、正义，而且在一定程度上会变相鼓励犯罪分子在犯一重罪后进一步实施更多的犯罪，从而使刑罚预防犯罪的目的落空。因此，客观上要求建立一种合理的制度来解决一人犯数罪时如何处罚的问题。相应地，设立数罪并罚制度的意义在于：第一，贯彻罪责刑相适应的刑法基本原则，实现社会的公平、正义；第二，避免刑法的苛厉，体现人道精神；第三，保障刑罚预防犯罪的目的得以实现。

（二）数罪并罚的原则

1. 各国刑法中数罪并罚的原则

通观各国刑法对于数罪并罚原则的规定，尽管各有特点，但总体上看，大多数国家的做法是综合采用以下几种并罚原则：

（1）并科原则。即将一人所犯数罪的各个宣告刑绝对相加、合并执行的合并处罚规则。

（2）吸收原则。即对一人所犯数罪，由其中法定刑最重的罪吸收其他较轻的罪，或者由最重宣告刑吸收其他较轻的宣告刑，仅以最重罪的宣告刑或者已宣告的最重刑罚作为执行刑罚的合并处罚规则。

（3）限制加重原则。即采用以一人所犯数罪中法定或已判处的最重刑罚为基础，再在一定限度之内予以加重的方法确定执行刑罚的合并处罚规则。采用该原则的具体限制加重方法主要有两种：第一，依数罪中最重犯罪的法定刑加重处罚。即以法定刑为准，确定数罪中的最重犯罪（法定刑最重的犯罪），再就法定刑最重刑罚予以加重，以此作为执行的刑罚。第二，依数罪中被判决宣告的最重刑罚加重处罚。即在对数罪分别定罪量刑的基础上,以宣告刑为准,确定其中最重的刑罚,再就宣告的最重刑罚予以加重,以此作为执行的刑罚。此种限制加重的通常做法是,在数刑中最高刑期以上、总和刑期以下决定执行的刑罚,同时规定应执行的刑罚不能超过的最高限度。

上述三种原则各有其优缺点。并科原则能够做到一罪一罚、有罪必罚,且在一定程度上体现了罪责刑相适应的要求,但该原则不仅在有些情况中无法贯彻(如一人犯数罪分别被判处死刑和无期徒刑的情况),而且也显得刑法过于苛厉(如一人犯数罪分别被判处有期徒刑和死刑的情况)。吸收原则对于死刑、无期徒刑与其他刑种的并罚较为适宜,但对于犯数罪被判处数个有期徒刑的犯罪分子来说,对其只执行最重的刑罚,与单纯犯一罪的情况没有什么区别,难以体现罪责刑相适应的刑法原则,有违社会公平、正义,而且无疑在一定程度上变相鼓励了犯罪分子在犯一重罪后进一步实施更多的犯罪,导致刑罚预防犯罪的目的落空。限制加重原则克服了并科原则和吸收原则的弊端,也在相当程度上吸收了并科原则和吸收原则的优点,但该原则也具有一定局限性,即它虽然可有效地适用于有期徒刑等刑种的合并处罚,却对于死刑、无期徒刑根本无法适用。因此,目前多数国家通常综合采用上述三种原则,即对一人犯数罪的合并处罚不单纯采用并科原则、吸收原则或限制加重原则,而是根据法定的刑罚性质及特点兼采并科原则、吸收原则或限制加重原则。这种做法被通称为折中原则或者综合原则。

2. 我国刑法中的数罪并罚原则

我国刑法与多数国家一样,也是综合采用并科原则、吸收原则和限制加重原则。这些原则的具体适用规定在《刑法》第69条中。该条第1款规定:"判决宣告以前一人犯数罪的,除判处死刑和无期徒刑的以外,应当在总和刑期以下、数刑中最高刑期以上,酌情决定执行的刑期,但是管制最高不能超过三年,拘役最高不能超过一年,有期徒刑总和刑期不满三十五年的,最高不能超过二十年,总和刑期在三十五年以上的,最高不能超过二十五年。"第2款规定:"数罪中有判处有期徒刑和拘役的,执行有期徒刑。数罪中有判处有期徒刑和管制,或者拘役和管制的,有期徒刑、拘役执行完毕后,管制仍须执行。"第3款规定:"数罪中有判处附加刑的,附加刑仍须执行,其中附加刑种类相同的,合并执行,种类不同的,分别执行。"具体分述如下:

(1)吸收原则。该原则具体包括三种情况:第一,数罪中有的被判处有期徒刑和拘役的,《刑法》第69条第2款明确规定采取吸收原则即只执行有期徒刑。第二,数罪中有的被判处数个相同种类附加刑的,《刑法》第69条第3款虽然规定应"合并执行",但具体究竟怎么合并,则语焉不详。我国《刑法》中规定的附加刑有没收财产、罚金、剥夺政治权利和驱逐出境四种，对于判处数个相同附加刑的，显然不能采取并科原则，否则《刑法》第69条第3款就不会区分附加刑种类相同和不同，而分别规定"合并执行"和"分别执行"，因而该"合并执行"究竟该怎么执行，就应该结合附加刑的性质、特点和立法的宗旨来决定。对于判处数个驱逐出境刑的，显然只能执行一个驱逐出境刑，因而实际上采用了吸收原则；对于判处数个没收财产刑的，若其中有没收全部财产的，显然只能采取吸收原则，若均为没收部分财产的，则在刑法没有明文规定的情况下，采用并科原则与采用限制加重原则相比，采用限制加重原则对行为人有利，自然应采用限制加重原则；对于判处数个罚金刑的，采用吸收原则不能罚当其罪，采用并科原则又显得过重，因而采用限制加重原则较为合理；对于判处数个剥夺政治权利刑的，若其中有终身剥夺政治权利的，显然只能采取吸收原则，若均为有期限的剥夺政治权利的，则在刑法没有明文规定的情况下，采用并科原则与采用限制加重原则相比，采用限制加重原则对行为人有利，自然应采用限制加重原则。① 总之，数罪中有的被判处数个相同种类附加刑的，只有判处数个驱逐出境、数个没收财产刑中有没收全部财产的、数个剥夺政治权利刑中有终身剥夺政治权利的，才能采取吸收原则。第三，数罪中有的被判处数个死刑或无期徒刑，或者其中最重刑罚为死刑或者无期徒刑的，如何并罚？《刑法》则没有规定。但是根据《刑法》第69条第1款在规定限制加重原则时所作的排除性规定，即"除判处死刑和无期徒刑的以外"，应当认为《刑法》实际上对这种情况规定了吸收原则。这里值得思考的问题是：一人犯数罪并被判处数个无期徒刑的，能否合并处罚而判处死刑？理论上曾经存在肯定说、否定说、折中说的争议。本书认为，对于一人犯数罪并被判处数个无期徒刑，尽管从总体上看，行为人的主观恶性与人身危险性及其行为对社会造成的客观危害都相当大，只执行一个无期徒刑确实存在处罚偏轻的问题，但这一问题只可能通过修改刑法加强对无期徒刑的执行（如推迟无期徒刑的减刑时间、严格无期徒刑的假释条件等）来解决，不能单纯为了贯彻罪责刑相适应原则，而将数个无期徒刑升格为执行死刑。因为，虽然《刑法》第69条对于犯数罪被判处数个无期徒刑的情况如何并罚没有明确规定，但从该条规定的逻辑关系和无期徒刑自身的特性看，既然对这种情况不能实行限制加重原则、并科原则，那么自然应该采用吸收原则。而在数个无期徒刑之间不能吸收的情况下，只执行一

---

① 至于如何限制加重，本书认为，依照《刑法》第69条第1款对有期自由刑规定的限制加重原则的精神，并罚后决定执行的刑罚至少要重于其中最重的刑罚，但必须轻于数个刑罚的总和，而不能等于或重于数个刑罚的总和。

个无期徒刑是当然结果。

（2）限制加重原则。该原则具体包括两种情况：第一，数罪有判处数个种类相同的附加刑即数个没收部分财产刑、数个罚金刑、数个有期限的剥夺政治权利刑的，应采用限制加重原则，上文已述。第二，数罪有判处数个相同种类的主刑即有期徒刑、拘役、管制的，《刑法》第 69 条第 1 款规定采用限制加重原则。具体的规则为：其一，判决宣告的数个主刑均为有期徒刑的，应当在总和刑期以下，数刑中最高刑期以上，酌情决定执行的刑期。但决定执行的刑期，总和刑期不满 35 年的，最高不能超过 20 年；总和刑期在 35 年以上的，最高不能超过 25 年。其二，判决宣告的数个主刑均为拘役刑的，应当在总和刑期以下，数刑中最高刑期以上，酌情决定执行的刑期，但决定执行的刑期最高不能超过 1 年。其三，判决宣告的数个主刑均为管制刑的，应当在总和刑期以下，数刑中最高刑期以上，酌情决定执行的刑期，但决定执行的刑期最高不能超过 3 年。适用我国刑法规定的限制加重原则时，值得研究的问题是：如何把握决定执行的刑期的"酌情"？一种观点认为，具体酌定的内容应包括量刑情节、犯罪的社会危害性和行为人的人身危险性，以及判处最高刑之罪以外的其他罪的处刑情况等因素。另一种观点认为，上述观点所说的因素已经在各罪的量刑时考虑过了，如果再在酌情决定执行的刑期时予以考虑，有违禁止重复评价的原则，因而主张决定执行的刑期时的"酌情"，应指考虑总和刑与数刑中最高刑之间的数量关系。如果各罪之刑接近，其总和刑期高，应在总和刑期以下适当下降以决定执行的刑期；如果各罪之刑悬殊，其总和刑期低，应接近总和刑期决定执行的刑期。本书认为，第二种观点从禁止重复评价的立场考虑问题的思路是正确的，但其主张值得推敲。因为该观点实际上把决定执行的刑期的标准变成了一个近似固定的数学计算模式，法官没有什么自由裁量的余地，自然谈不上"酌情"，因而这种观点与刑法规定"酌情"的精神相悖。那么法官究竟根据什么来"酌情"决定执行的刑期呢？当然要遵循裁量刑罚的原则，即依法根据犯罪分子罪行的严重程度，包括犯罪对社会造成的危害和犯罪分子的主观恶性与人身危险性大小，来酌情决定应执行的刑期。但是，为了避免刑法的重复评价，这里应酌情考虑的不是各个犯罪自身的性质、情节、危害社会的程度，以及各个犯罪中体现出来的犯罪分子的主观恶性和人身危险性大小，而只能是因为数罪的存在才具有的、那些反映行为对社会的危害程度和犯罪分子的主观恶性与人身危险性大小的因素和情节，如犯罪的数量、数罪中罪过的类型及其数量比较情况、根据各个犯罪的严重程度所宣告刑罚的轻重比较情况等。

（3）并科原则。该原则具体包括三种情况：第一，数罪中有的被判处有期徒刑和管制，或者拘役和管制的，《刑法》第69条第2款规定应采用并科原则，即有期徒刑、拘役执行完毕后，管制仍须执行。第二，数罪中在判处主刑的同时有的被判处附加刑的，《刑法》第69条第3款规定应采用并科原则，即在执行主刑的同时或者之后，附加刑仍须执行。这里所说的附加刑，既包括在判处主刑的同时附加适用的附加刑，也包括对数罪中的部分犯罪独立判处的附加刑。无论是哪种情况的附加刑，在数罪并罚后执行主刑的同时或之后，均须执行。第三，数罪中有的被判处不同种类附加刑的，《刑法》第69条第3款规定应采用并科原则，即数个不同种类的附加刑应分别执行。

(三) 数罪并罚的适用

由于司法实践中一人犯数罪的情况相当复杂，因而对于一人在何种情况下所犯数罪应该并罚、如何并罚、如何决定对犯罪分子适用的刑罚等问题，我国刑法区分以下三种不同的情况作了较为明确的规定。

1. 判决宣告以前一人犯数罪的并罚

根据《刑法》第69条的规定，对判决宣告前一人犯数罪的，应先对数个犯罪分别确定刑罚即宣告刑，然后对各个罪的宣告刑按照相应的数罪并罚原则，决定对犯罪分子实际执行的刑罚。这里值得研究的是，"一人犯数罪"是否包括数个性质相同的犯罪？一种观点认为，对一人所犯同种数罪无须并罚，只按一罪酌情从重处罚即可；另一种观点认为，刑法关于数罪并罚的规定并未限定只适用于异种数罪，因而对于同种数罪当然应实行并罚；也有观点认为，对于同种数罪是否实行并罚不能一概而论，而应当以能否达到罪责刑相适应为标准，决定对具体的同种数罪是否实行并罚。本书认为，尽管对同种数罪不并罚而按一罪处理，是长期以来司法实践中的通行做法，但从司法与立法的关系看，司法应当受制于立法，而不能超出立法的规定进行司法。根据《刑法》第69条的规定，只要是判决宣告以前一人犯数罪的，就应当实行数罪并罚。这意味着只要承认同种数罪也属于数罪的范畴，就应当对同种数罪实行并罚。因此，不对同种数罪实行并罚，没有法律根据。但客观而言，从切实贯彻罪责刑相适应原则方面考量，对于同种数罪实行并罚能否取得合理的处罚效果，确实值得研究。① 目前实践中对同种数罪按照一

---

① 如行为人犯数个盗窃枪支罪，每个都未达到情节严重的程度，若实行并罚，则决定执行的刑罚最重只能是20年有期徒刑，但如果按一罪处理，则可能因为实行了数个盗窃枪支的行为而达到情节严重的程度，从而可能被判处无期徒刑甚至死刑。如果只有判处无期徒刑才能贯彻罪责刑相适应原则，对数个盗窃枪支行为作为一罪处理就具有可能性。也就是说，对数个同种数罪按照一罪处理，可能因为最重刑和最轻刑之间存在足够的空间而可以更好地贯彻罪责刑相适应原则，进而实现刑罚的目的。

罪处理的做法尽管可能具有较多的合理性，但毕竟缺乏法律规定，今后修改刑法时应对此予以明确规定。

2. 刑罚执行完毕以前发现漏罪的并罚

《刑法》第70条规定："判决宣告以后，刑罚执行完毕以前，发现被判刑的犯罪分子在判决宣告以前还有其他罪没有判决的，应当对新发现的罪作出判决，把前后两个判决所判处的刑罚，依照本法第六十九条的规定，决定执行的刑罚。已经执行的刑期，应当计算在新判决决定的刑期以内。"理解该规定，应当注意如下几个问题：（1）所谓"判决宣告以后"，是指发生法律效力的判决宣告以后。因为若"判决宣告以后"是指未发生法律效力的判决宣告以后，那么由于判决尚未生效以致行为人是否有罪、构成何种犯罪以及判处的刑罚是否适当还没有最终确定，因而若不对两罪并案处理的话，客观上就存在程序上的难题，即对漏罪的判决必须等待前罪的判决生效后才能按照《刑法》第70条的规定，把新发现的罪的判决判处的刑罚与前罪的判决判处的刑罚按《刑法》第69条的规定决定执行的刑罚，而大量的案件在一审判决后都会因上诉或抗诉经过二审程序，这难免会造成对新发现的罪的一审审理期限过长而违背刑事诉讼法关于一审案件审理期限的规定。既然对这种情况须并案处理，就不存在《刑法》第70条规定的"对新发现的罪作出判决，把前后两个判决所判处的刑罚，依照本法第六十九条的规定，决定执行的刑罚"的问题。（2）由于缓刑不是对所判处的有期徒刑、拘役的执行活动，所以在缓刑期满以前发现被判刑的犯罪分子在判决宣告以前还有其他罪没有判决的，应当撤销缓刑，对新发现的罪作出判决，把前罪和后罪所判处的刑罚，直接依照《刑法》第69条的规定决定执行的刑罚。（3）由于假释属于刑罚执行的活动，所以在假释期满以前发现被判刑的犯罪分子在判决宣告以前还有其他罪没有判决的，应当撤销假释，对新发现的罪作出判决，把前罪和后罪所判处的刑罚，依照《刑法》第70条的规定实行数罪并罚。（4）《刑法》第70条规定的并罚方法是先把前后两个判决所判处的刑罚按照《刑法》第69条的规定决定应执行的刑罚，如果应执行的刑罚是有期自由刑，则应该把先前已经执行的刑期从并罚后确定执行的刑期中减去。这种方法理论上通常称为"先并后减"。

对于判决宣告前所犯之罪和刑罚执行期间所发现漏罪，若均为一罪，则适用《刑法》第70条的规定，因问题比较简单，不会出现不同意见。但若前者为数罪或者后者为数罪或者前后均为数罪，适用《刑法》第70条的规定实行并罚就比较复杂。具体有以下几个问题需要研讨：

第一，在数罪并罚后刑罚执行完毕前发现犯罪分子在判决宣告前尚有一罪没有判决的，如何并罚？第一种观点认为，原判决是已经发生法律效力的判决，如果对漏罪所判的刑罚不与原判决决定执行的刑罚实行并罚，而与原判决对数罪分别所决定的刑罚实行并罚，就意味着推翻前一判决或者否定前一判决已发生的法律效力，从而势必影响刑事判决的严肃性，因此，应当将对漏罪所判处的刑罚与原判决对数罪并罚后决定执行的刑罚，依照相应原则决定执行的刑罚。第二种观点认为，判决宣告以前发现数罪的并罚与刑罚执行过程中发现漏罪的并罚，只是并罚的时间不同，所采用的原则和结果都应当是相同的，所实际执行的刑罚也应当相同，因此，只有把原判数罪的刑罚与漏罪的刑罚实行并罚，才更符合立法精神；同时，若将对漏罪所判处的刑罚与原判决对数罪决定执行的刑罚实行并罚，则不仅会出现对有漏罪事实者实施的数罪两次适用限制加重原则进行并罚，进而可能造成轻纵犯罪之弊，而且，将原判数罪的刑罚与漏罪的刑罚实行并罚，并不意味着完全否定前一判决的法律效力，而是弥补其不足，增强其准确程度，强化其稳定性的合理做法。本书赞同第一种观点，同时认为，将判决对漏罪确定的刑罚与前个判决对数罪分别判处的刑罚并罚，和与前个判决对数罪并罚后决定应执行的刑罚并罚，绝不仅仅是并罚时间的不同。由于两种并罚情况下，数刑中的最重刑和总和刑期均会不同，相应地，并罚后决定执行的刑罚也会有所不同，因此，主张第二种观点的学者所谓的"只有把原判数罪的刑罚与漏罪的刑罚实行并罚，才更符合立法精神"的说法值得推敲。如果说采用第一种观点可能会造成轻纵犯罪之弊，那么采用第二种观点可能在比较多的情况下使数罪中的最重刑期降低和总和刑期升高，进而也可能出现重罪轻处或者轻罪重处的现象，因此，仅仅因存在这种极少数甚至个别的情况就要否定已经发生法律效力的判决，是不妥当的。再者，虽然采用第二种观点确实不是完全否定前一判决的法律效力，但也绝不能认为是弥补其不足，增强其准确程度，强化其稳定性的合理做法。因为，如果前一判决确实存在问题，那也是需要启动审判监督程序解决的问题，并非能够在对漏罪的判决中解决；如果前一判决不存在问题，仅仅从与漏罪并罚的角度认为其存在问题，那是不客观的。

第二，在犯一罪并判处刑罚后刑罚执行完毕前发现犯罪分子在判决宣告前尚有数罪没有判决的，如何并罚？第一种观点认为，应当在对数个漏罪分别定罪量刑的基础上，首先对漏判的数罪合并处罚，然后将所决定执行的刑罚即执行刑与原判之罪的刑罚再实行合并处罚，并决定执行的刑罚；第二种观点认为，应当首先对数个漏判之罪分别定罪量刑，然后将判决所宣告的数个刑罚即宣告刑与原判之罪的刑罚合并处罚，并决定执行的刑罚。本书赞同第二种观点。虽然《刑法》

第 70 条没有直接明确"应当对新发现的罪作出判决"是否应按照《刑法》第 69 条规定先行并罚，但从"把前后两个判决所判处的刑罚，依照本法第六十九条的规定，决定执行的刑罚"的规定来看，由于《刑法》第 69 条所谓的数刑均是指宣告刑，因此，应当认定《刑法》第 70 条所规定的后个判决"所判处的刑罚"就是对新发现的数罪分别作出的宣告刑。

第三，在数罪并罚后刑罚执行完毕前发现犯罪分子在判决宣告前尚有数罪没有判决的，如何并罚？本书认为，应当首先对后发现的数个犯罪分别定罪量刑，然后将判决对后发现数罪所判处的数个刑罚与前一个判决对先前已发现的数罪并罚后决定执行的刑罚，按照《刑法》第 69 条的规定，决定应执行的刑罚。

3. 刑罚执行期间又犯新罪的并罚

《刑法》第 71 条规定："判决宣告以后，刑罚执行完毕以前，被判刑的犯罪分子又犯罪的，应当对新犯的罪作出判决，把前罪没有执行的刑罚和后罪所判处的刑罚，依照本法第六十九条的规定，决定执行的刑罚。"该条规定的并罚方法，是把前罪未执行的刑罚与后罪所判处的刑罚按照《刑法》第 69 条的规定决定应执行的刑罚。即先从前罪应执行的刑罚中减去已经执行的刑期，再按照《刑法》第 69 条的规定，将前罪未执行的刑罚与后罪所判处的刑罚实行并罚。这种方法理论上通常称之为"先减后并"。"先减后并"的刑期计算方法较之"先并后减"的刑期计算方法，在一定条件下，可能给予犯罪分子程度更重的惩罚。

此外，还有一种情况值得研究，即在前罪的刑罚执行完毕以前既发现有漏罪又犯新罪的，如何并罚？对此，刑法没有规定，理论上则存在多种不同的观点：有观点认为，应先将漏罪的刑罚与先前所判的刑罚并罚，决定应执行的刑罚，然后再将新罪的刑罚与先前判决决定执行的刑罚中未执行的刑罚并罚，决定应执行的刑罚；也有观点认为，应先将漏罪的刑罚与新罪的刑罚并罚，决定执行的刑罚，然后与先前所判的刑罚按"先并后减"的方法决定执行的刑罚；还有观点认为，对漏罪和新罪分别定罪量刑后，将两者与先前所判的刑罚并罚，决定应执行的刑罚，再从中减去已执行的刑罚，就是还需执行的刑罚；等等。本书认为，对于这种情况，在实行并罚时既要体现对漏罪的并罚，也要体现对新罪的并罚，同时能够使并罚效果在总体上体现刑法对于犯罪分子在刑罚执行过程中再犯新罪须从重处罚的精神。因此，本书主张对于在刑罚执行完毕以前既发现漏罪又有新罪的情况，应区分如下三种情形处理：（1）漏罪和新罪同时发现，并案处理的。对于这种情形，应当先把对漏罪判处的刑罚与前罪判处的刑罚，按照《刑法》第 70 条的规定实行并罚；然后把对新罪判处的刑罚和对漏罪与前罪并罚后确定的应执行的刑罚中还没有执行的刑罚，按照《刑法》第 71 条的规定实行并罚。（2）先发现漏罪，在对漏罪依法并罚后才发现新罪的。对于这种情形，应直接依照《刑法》第 71 条的规定，把对新罪判处的刑罚和漏罪与前罪并罚后确定的应执行的刑罚中没有执行完毕的刑罚，实行并罚。（3）先发现新罪，在对新罪依法并罚后才发现漏罪的。对于这种情形，应直接把对漏罪判处的刑罚和新罪与前罪并罚后确定的应执行的刑罚中没有执行完毕的刑罚，按照《刑法》第 70 条的规定实行并罚。

七、缓刑

（一）缓刑的概念和意义

自缓刑制度创立至今，各国刑法所规定的缓刑主要有刑罚暂缓宣告、刑罚暂缓执行和缓予起诉三种。我国刑法所规定的一般缓刑和战时缓刑，均属于刑罚暂缓执行。所谓一般缓刑，根据《刑法》第 72 条的规定，是指人民法院对于被判处拘役、3 年以下有期徒刑的犯罪分子，在符合法律规定条件的前提下，暂缓其刑罚的执行，并规定一定的考验期，考验期内实行社区矫正，如果被宣告缓刑者在考验期内没有发生法律规定应当撤销缓刑的事由，原判刑罚就不再执行的制度。所谓战时缓刑，根据《刑法》第 449 条的规定，是指在战时，对被判处 3 年以下有期徒刑没有现实危险的犯罪军人，暂缓其刑罚执行，允许其戴罪立功，确有立功表现时，可以撤销原判刑罚，不以犯罪论处的制度。

缓刑不是刑种，而是刑罚具体运用的一种制度。它与免予刑事处罚、监外执行、死刑缓期执行、假释都有所不同。

缓刑与免予刑事处罚的区别在于：免予刑事处罚是人民法院对已经构成犯罪的被告人作出有罪判决，但根据案件的具体情况，认为不需要判处刑罚，因而宣告免予刑事处罚，即只定罪不判刑，所以，被宣告免予刑事处罚的犯罪分子，不存在曾经被判过刑罚和仍有执行刑罚的可能性的问题。缓刑则是在人民法院对犯罪分子作出有罪判决并判处刑罚的基础上，宣告暂缓执行刑罚，但同时保持执行刑罚的可能性。如果犯罪分子在缓刑考验期再犯新罪或者被发现漏罪，或者违反法律、法规或者国务院有关部门关于缓刑的监督管理规定，或者违反人民法院判决中的禁止令，情节严重的，就要撤销缓刑，执行原判刑罚。即使犯罪分子在缓刑考验期内未再犯新罪，或者未被发现漏罪，或者未违反法律、法规等有关规定，也属于被判处过刑罚者。

缓刑与监外执行的区别主要在于：（1）性质不同。缓刑是附条件暂缓执行原判刑罚的制度；监外执行涉及刑罚执行过程中的具体执行场所的问题，它并非不执行原判刑罚,只是对所判刑罚暂时予以监外执行。(2)适用对象不同。缓刑只适用于被判处拘役、3年以下有期徒刑的犯罪分子;监外执行可以适用于被判处拘役、有期徒刑的犯罪分子。(3)适用的条件不同。缓刑的适用,以犯罪分子的犯罪情节较轻、有悔罪表现和没有再犯罪的危险等为基本条件;监外执行的适用,须以犯罪分子患有严重疾病需要保外就医,以及怀孕或者正在哺乳自己的婴儿等不宜收监执行的特殊情形为条件。(4)适用的方法不同。缓刑应在判处刑罚的同时予以宣告,并应依法确定缓刑的考验期;监外执行是在判决确定以后适用的一种变通执行刑罚的方法,在宣告判决和刑罚执行过程中均可适用,且不需要确定考验期。此外,适用监外执行的过程中,一旦影响在监内执行的法定条件不复存在,即便罪犯在监外未再犯新罪等,如果刑期未满,仍应收监执行。(5)适用的依据不同。适用缓刑的依据是刑法中的有关规定;适用监外执行的依据是我国刑事诉讼法的有关规定。

缓刑与死刑缓期执行的主要区别在于:(1)适用前提不同。缓刑的适用,以犯罪分子被判处拘役、3年以下有期徒刑为前提;死刑缓期执行的适用,以犯罪分子被处死刑为前提。(2)执行方法不同。对于被宣告缓刑的犯罪分子不予关押,实行社区矫正;对于被宣告死刑缓期执行的罪犯,必须予以关押,并实行劳动改造。(3)考验期限不同。缓刑的考验期,必须依所判刑种和刑期确定,所判刑种和刑期的差别决定了其具有不同的法定考验期;死刑缓期执行的法定期限为2年。(4)法律后果不同。缓刑的法律后果,依犯罪分子在考验期内是否发生法定情形而分别为原判的刑罚不再执行;或者撤销缓刑,把前罪与后罪所判处的刑罚,按照数罪并罚的原则处理;或者收监执行原判刑罚。死刑缓期执行的法律后果为:在死刑缓期执行期间,如果罪犯故意犯罪且情节恶劣的,报请最高人民法院核准后执行死刑;如果罪犯故意犯罪但不属于情节恶劣的,死刑缓期执行的期间重新计算;如果罪犯没有故意犯罪,则根据情况对罪犯给予不同的减刑。

缓刑与假释的主要区别在于:(1)适用的对象不同。缓刑只能适用于被判处拘役、3年以下有期徒刑的犯罪分子;假释只能适用于被判处有期徒刑、无期徒刑的犯罪分子。(2)适用的实质条件不同。适用缓刑的实质条件是犯罪分子的犯罪情节较轻、有悔罪表现、没有再犯罪的危险、宣告缓刑对所居住的社区没有重大不良影响;适用假释的实质条件是犯罪分子认真遵守监规,接受教育改造,确有悔改表现,没有再犯罪的危险。(3)有关的时间不同。第一,实行的时间不同。缓刑是在判处缓刑的判决生效之后即开始实行,不需要执行原判刑罚;假释只可能在执行了一定时间的刑罚后才能实行。第二,确定考验期限的标准不同。有期徒刑缓刑的考验期为原判刑期以上5年以下，但不能少于1年；拘役缓刑的考验期为原判刑期以上、1年以下，但不能少于2个月。而假释的考验期为剩余的刑期。第三，不执行的刑期不同。缓刑附条件不执行的刑期为原判刑罚的全部刑期；假释附条件不执行的刑期为原判刑罚未执行的刑期。

对犯罪人适用缓刑的根本意义在于预防犯罪分子再次犯罪。具体来说，包括如下几个方面：第一，有助于避免短期自由刑的弊端。被适用缓刑的犯罪分子虽然被判处了短期自由刑，但其罪行较轻，认罪悔罪态度较好，因而再次犯罪的可能性比较小，若将其投入监狱执行自由刑，由于被实际执行短期自由刑具有与社会隔绝、重返社会困难、罪犯间交互感染等诸项弊端，因而可能不但没有使犯罪分子受到教育改造，反而染上犯罪的恶习，且在出狱之后重返社会出现诸多不适应的问题，进而有悖于预防犯罪之刑罚目的的实现。第二，有助于增强犯罪分子的自律性，促使其改恶向善。被适用缓刑的犯罪分子虽然没有在监狱执行刑罚，其工作和生活的环境比较宽松，但其在一个相对较长的时间内，需要履行法定的义务，否则，将会被投入监狱执行刑罚。因此，被适用缓刑的犯罪分子往往会珍惜缓刑的机会，加强自律，重新做人。而且这种主要取决于犯罪人的主观努力，在以自律为主的社会生活中获得的特殊预防效果，较之将犯罪人收押于监禁设施内执行刑罚，在以他律为主的监禁生活中获得的特殊预防效果，相对更为可靠。第三，有助于犯罪分子的再社会化。人既是自然人，又是社会人，人的成长既是自然发育的过程，又是社会化的过程。犯罪分子实施犯罪表明其作为人在成长过程中的社会化失败。因此，为了消除犯罪分子的人身危险性，预防其再次实施犯罪，就应该帮助并促使其社会化获得成功。将所犯罪行较轻、人身危险性较小的被宣告缓刑的犯罪分子继续留在社会上接受一定的教育矫正，比将其投入与社会相隔离的监狱更能在其重新社会化上获得积极的效果。此外，对犯罪分子适用缓刑，也能够解决监狱人满为患的问题，且可以为国家和社会减少不必要的支出，从而使监狱能够集中有限的资源和精力惩治和矫正罪行严重的罪犯。这是实行缓刑制度所衍生出的另外的意义。

(二) 缓刑的种类与适用条件

根据刑法的相关规定，我国刑法中的缓刑具体包括两个类型：一是《刑法》第72—77条规定的一般缓刑；二是《刑法》第449条规定的战时缓刑。下面分别说明其具体的适用条件。

1. 一般缓刑的适用条件

根据《刑法》第72条、第74条的规定，一般缓刑是指人民法院对于被判处拘役、3 年以下有期徒刑的犯罪分子，在其具备犯罪情节较轻、有悔罪表现、没有再犯罪的危险、宣告缓刑对所居住的社区没有重大不良影响的条件时，暂缓其刑罚的执行，在规定的考验期内若没有出现再犯新罪或发现漏罪等法定的事由，原判刑罚就不再执行的制度。适用一般缓刑，必须具备以下条件：

（1）犯罪分子被判处拘役或者 3 年以下有期徒刑的刑罚。缓刑的附条件不执行原判刑罚的特点，决定了缓刑的适用对象只能是罪行较轻的犯罪分子。而罪行的轻重是与犯罪人被判处的刑罚轻重相适应的。我国刑法之所以将缓刑的适用对象规定为被判处拘役或 3 年以下有期徒刑的犯罪分子，就是因为这些犯罪分子的罪行较轻，社会危害性较小。相反，被判处 3 年以上有期徒刑的犯罪分子，因其罪行较重，社会危害性较大，而未被列为适用缓刑的对象。至于罪行相对更轻的被判处管制的犯罪分子，由于管制刑对犯罪人不予关押，仅限制其一定自由，故无适用缓刑之必要。所谓"三年以下有期徒刑"，是指宣告刑而不是指法定刑。犯罪分子所犯之罪的法定刑虽然是 3 年以上有期徒刑，但具有减轻处罚的情节，宣告刑为 3 年以下有期徒刑的，也可以适用缓刑。

（2）犯罪情节较轻、有悔罪表现、没有再犯罪的危险、宣告缓刑对所居住的社区没有重大不良影响。所谓"犯罪情节较轻"，是对影响犯罪行为危害社会程度的情节和说明犯罪分子主观恶性、人身危险性的情节所作的综合评价，主要是指犯罪手段平和、犯罪对象不具有特殊性、犯罪造成的后果相对较轻、犯罪分子的主观恶性与人身危险性很小甚至没有等。所谓"有悔罪表现"，是指行为人对自己的罪行真诚悔悟，能够认识到错误，并有具体真诚悔悟、悔改的意愿和行为，比如积极向被害人道歉、赔偿被害人的损失、获取被害人的谅解等。所谓"没有再犯罪的危险"，是指综合其犯罪情节和悔罪表现以及犯罪分子的品行等个人情况，认为其人身危险性很小甚至没有人身危险性，可以预测其今后不会再次实行犯罪。所谓"对所居住的社区没有重大不良影响"，是指对犯罪人适用缓刑不会对其所居住社区的安全、秩序和稳定等带来重大不良影响。由于缓刑是对犯罪分子不予关押，而将其留在社会上进行监督考察，因此，为了避免社会再次遭受犯罪分子的侵犯，在考虑是否对犯罪分子适用缓刑时，必须准确判断犯罪分子是否具备犯罪情节较轻、有悔罪表现、没有再犯罪的危险、宣告缓刑对所居住的社区没有重大不良影响的条件。其中关键是要判断和预测犯罪分子是否没有再犯罪的危险。进行这种判断和预测除了依据犯罪情节和犯罪分子的悔罪表现外，还必须对犯罪分子的个人情况进行全面、深入、细致的考察。虽然刑法没有将犯罪分子的个人情况作为判定犯罪分子是否没有再犯罪危险的根据来规定，但从理论与实践相结合的角度看，也应当把犯罪分子的个人情况作为决定是否对其适用缓刑时的考虑因素。因为，犯罪人的性格、品行、生活环境等个人情况的不同，体现着犯罪人再犯可能性的大小、改造的难易程度以及缓刑对犯罪分子所可能具有的作用大小的不同，理应在决定对犯罪分子是否适用缓刑时加以考虑。比如，性格宽和的犯罪分子，由于比较容易适应社会，在缓刑期间一般能够较好地配合社区矫正机构的监管，顺利改过自新，重新回归社会；那些性格孤僻的犯罪分子，由于与正常社会格格不入，在正常情况下都难以和社会融为一体，在其自由受到限制、行为受到监管的缓刑状态下，就更难指望他能够配合社区矫正机构对他的教育改造，实现回归社会，而很可能导致其性格和行为更加扭曲，再次犯罪。因此，对具有前一种性格和素行的人，应当倾向于考虑适用缓刑；而对具有后一种性格和素行的人，则不宜首先考虑适用缓刑，而应当考虑予以关押，进行有针对性的人格康复矫正。除了犯罪分子的性格外，以下犯罪分子的个人情况也应当属于适用缓刑时加以考虑的因素：犯罪分子的一贯品行；犯罪分子的生活环境，包括犯罪分子的家庭环境、生活的社区环境、接触的周围人群、个人的生活水平等；对犯罪分子适用缓刑可以期待的效果；犯罪分子的个人经历；影响犯罪分子再犯可能性的身体和精神方面的客观情况。

（3）犯罪分子不是累犯和犯罪集团的首要分子。累犯屡教不改、主观恶性较深，有再犯之虞；犯罪集团的首要分子通常主观恶性较深，人身危险性较大。对这两类犯罪分子适用缓刑难以防止其再犯新罪，所以，即使累犯和犯罪集团的首要分子被判处拘役或 3 年以下有期徒刑，也不能适用缓刑。当然，累犯和犯罪集团的首要分子一般也很难具备没有再犯罪的危险这一缓刑的实质条件，因而刑法作出对这两类犯罪分子不适用缓刑的规定也体现了对其严厉惩治的精神。

2. 战时缓刑的适用条件

根据《刑法》第 449 条的规定，战时缓刑，是指在战时对于被判处 3 年以下有期徒刑、没有现实危险的犯罪军人，暂缓其刑罚执行，允许其戴罪立功，确有立功表现时，可以撤销原判刑罚，不以犯罪论处的制度。适用战时缓刑，必须具备以下条件：

（1）适用的时间必须是在战时。在和平时期或非战时条件下，不能适用此种特殊缓刑。所谓战时，依据《刑法》第 451 条的规定，是指国家宣布进入战争状态、部队受领作战任务或者遭敌突然袭击时。部队执行戒严任务或者处置突发性暴力事件时，以战时论。

（2）适用的对象只能是被判处3年以下有期徒刑的犯罪军人。不是犯罪的军人，或者虽是犯罪的军人，但被判处的刑罚为3年以上有期徒刑的，均不能适用战时缓刑。至于属于累犯和犯罪集团的首要分子的犯罪军人能否适用战时缓刑，尽管《刑法》第451条没有规定，但是，《刑法》第74条"对于累犯和犯罪集团的首要分子，不适用缓刑"的总则规定，应当适用于分则规定的战时缓刑。

（3）适用战时缓刑的基本根据，是在战争条件下宣告缓刑没有现实危险。这是战时缓刑最关键的适用条件。即使是被判处3年以下有期徒刑的犯罪军人，若被判断为适用缓刑具有现实危险，也不能宣告缓刑。因为，战时缓刑的适用，是将犯罪军人继续留在部队，并在战时状态下执行军事任务，若宣告缓刑具有现实的危险，则会在战时状态下危害国家的军事利益，其后果不堪设想。至于宣告缓刑是否有现实危险，则应根据犯罪军人所犯罪行的性质、情节、危害程度，以及犯罪军人的悔罪表现和一贯表现作出综合评判。

3. 一般缓刑与战时缓刑的区别

一般缓刑与战时缓刑的区别，主要表现为：

（1）适用对象不同。一般缓刑适用于除累犯和犯罪集团的首要分子以外的被判处拘役、3年以下有期徒刑的犯罪分子；战时缓刑只适用于除累犯和犯罪集团的首要分子以外的被判处3年以下有期徒刑的犯罪军人。

（2）适用时间不同。一般缓刑的适用无时间方面的限制；战时缓刑只能在战时适用。

（3）适用的关键条件不同。一般缓刑适用的关键条件是"犯罪情节较轻、有悔罪表现、没有再犯罪的危险、宣告缓刑对所居住的社区没有重大不良影响"；战时缓刑适用的关键条件是在战时状态下适用缓刑"没有现实危险"。

（4）适用方法不同。一般缓刑的适用，必须在宣告缓刑的同时依法确定缓刑考验期，考验期内的考察内容为犯罪分子是否具有《刑法》第77条规定的情形；战时缓刑的适用，没有缓刑考验期，缓刑的考验内容为犯罪军人是否具有立功表现。

（5）法律后果不同。一般缓刑的法律后果为：在缓刑考验期限内，被宣告缓刑的犯罪分子如果没有《刑法》第77条规定的情形，缓刑考验期满，原判的刑罚就不再执行；如果再犯新罪或者发现漏罪，应当撤销缓刑，对新罪或者漏罪作出判决，把前罪和后罪所判处的刑罚，依照《刑法》第69条的规定，决定执行的刑罚；如果违反法律、行政法规或者国务院有关部门关于缓刑的监督管理规定，或者违反人民法院判决中的禁止令，情节严重的，应当撤销缓刑，执行原判刑罚。战时缓刑的法律后果为：犯罪军人确有立功表现的，可以撤销原判刑罚，不以犯罪论处。即对于一般缓刑，犯罪分子没有《刑法》第77条规定的情形的，不再执行原判刑罚，而犯罪仍然成立；而对于战时缓刑，犯罪军人确有立功表现的，原判刑罚可予撤销，不以犯罪论处。

（三）缓刑的宣告

根据《刑法》第72条、第73条的规定，在决定是否对犯罪分子宣告缓刑及缓刑的宣告中，主要应当注意以下几个方面的问题：

第一，对符合缓刑条件的犯罪分子是否宣告缓刑。根据《刑法》第72条的规定，并非具备缓刑适用条件的犯罪分子都要宣告缓刑，而要区分犯罪分子是否为不满18周岁的未成年人、怀孕的妇女、已满75周岁的老年人。若是，就必须宣告缓刑；若否，则根据案件具体情况决定究竟是否对犯罪分子宣告缓刑。所谓"案件具体情况"，主要是指有关适用缓刑的环境、条件，如犯罪分子所居住的社区居民是否同意对其缓刑，所居住的社区或附近是否具有社区矫正机构或者较为完善的矫正条件，等等。

第二，对决定缓刑的犯罪分子确定缓刑的考验期。缓刑考验期，是指对被宣告缓刑的犯罪分子进行考察的一定期间。缓刑的考验期是缓刑制度的重要组成部分，设立考验期的目的，在于考察被缓刑人是否接受改造、弃旧图新，以使缓刑制度发挥积极的效用。法院在宣告缓刑的同时，应当确定适当的考验期。《刑法》第73条规定："拘役的缓刑考验期限为原判刑期以上一年以下，但是不能少于二个月。有期徒刑的缓刑考验期限为原判刑期以上五年以下，但是不能少于一年。"根据这一规定，在确定考验期时应注意以下几点：（1）缓刑考验期的长短应以原判刑罚的长短为前提。可以等于或适当长于原判刑期，但以不超过原判刑期一倍为宜，也不能短于原判刑期。过长或过短都不能充分发挥缓刑的作用。（2）在确定具体的缓刑考验期时，应注意原则性与灵活性相结合，根据犯罪情节和犯罪分子个人的具体情况，在法律规定的范围内决定适当的考验期。根据《刑法》第73条第3款的规定，缓刑的考验期限，从判决确定之日起计算。所谓"判决确定之日"，即判决发生法律效力之日。

第三，可以根据情况对确定缓刑的犯罪分子发布禁止令。《刑法》第72条第2款规定，宣告缓刑，可以根据犯罪情况，同时禁止犯罪分子在缓刑考验期限内从事特定活动，进入特定区域、场所，接触特定的人。所谓"犯罪情况"，主要是指犯罪的原因、犯罪的性质、犯罪的手段、犯罪后的表现、个人一贯的表现等情况。通过这些情况判断犯罪分子所犯罪行与某些特定的活动、特定区域和场所、特定人员的关联程度，以决定是否对犯罪分子发布禁止令以及确定禁止令的内容。至于"特定活动""特定区域、场所""特定的人"的范围，最高人民法院等单位联合发布的《关于对判处管制、宣告缓刑的犯罪分子适用禁止令有关问题的规定（试行）》有较为明确的规定，此不赘述。

（四）缓刑的执行

根据《刑法》第76条的规定，对于宣告缓刑的犯罪分子，在缓刑考验期限内依法实行社区矫正。因而对犯罪分子的缓刑的执行由司法行政机关的社区矫正机构负责。

社区矫正机构在缓刑考验期限内负责对被宣告缓刑的犯罪分子进行监督考察，主要涉及以下内容：第一，被宣告缓刑的犯罪分子遵守《刑法》第75条规定的情况。《刑法》第75条规定，被宣告缓刑的犯罪分子应当遵守下列规定：（1）遵守法律、行政法规，服从监督；（2）按照考察机关的规定报告自己的活动情况；（3）遵守考察机关关于会客的规定；（4）离开所居住的市、县或者迁居，应当报经考察机关批准。第二，被宣告缓刑的犯罪分子遵守人民法院对其发布的禁止令的情况。第三，社区矫正机构依法规定的被宣告缓刑的犯罪分子应当遵守的有关规定。

缓刑过程中，人民检察院对其中各执法环节依法实行监督，公安机关协助社区矫正机构对违反治安管理规定和重新犯罪的缓刑人员依法及时处理。

（五）缓刑的法律后果

根据《刑法》第76条、第77条的规定，一般缓刑的法律后果有以下三种：第一，被宣告缓刑的犯罪分子，在缓刑考验期限内，没有《刑法》第77条规定的情形，缓刑考验期满，原判的刑罚就不再执行。第二，被宣告缓刑的犯罪分子，在缓刑考验期限内犯新罪或者发现判决宣告以前还有其他罪没有判决的，应当撤销缓刑，对新犯的罪或者新发现的罪作出判决，把前罪和后罪所判处的刑罚，依照《刑法》第69条的规定，决定执行的刑罚。第三，被宣告缓刑的犯罪分子，在缓刑考验期限内，违反法律、行政法规或者国务院有关部门关于缓刑的监督管理规定，或者违反人民法院判决中的禁止令，情节严重的，应当撤销缓刑，执行原判刑罚。

根据《刑法》第72条第3款的规定，缓刑的效力不及于附加刑，即被宣告缓刑的犯罪分子，如果被判处附加刑的，附加刑仍须执行。因而无论缓刑是否撤销，所判处的附加刑均须执行。

第二节　刑罚执行制度

一、刑罚执行概述

刑罚执行，是指司法机关将已生效判决所宣告的刑罚付诸实施。

刑罚执行权是国家的专有权力，交由法定的机构行使。罚金、没收财产、死刑立即执行由人民法院执行；有期徒刑、无期徒刑、死刑缓期二年执行由监狱执行；拘役、剥夺政治权利由公安机关执行；管制和缓刑、假释由司法行政机关中的社区矫正机构执行；对于没收财产，必要时法院可以会同公安机关执行；对于死刑，人民法院没有条件执行时也可以交付公安机关执行。执行依据是已生效判决对罪犯所宣告的刑罚。

刑罚执行对实现刑罚目的具有重要意义。通过对罪犯执行刑罚，依据判决剥夺其自由、财产、资格甚至生命等权益，表现出刑法的强制性以及违反刑法的严重后果，充分发挥刑法惩罚犯罪、预防犯罪、保护法益、规范公民行为的作用。

我国刑罚体系以自由刑为中心，因而刑罚执行的中心是自由刑的执行。自《刑法修正案（八）》确立社区矫正制度以来，自由刑执行可分为两个方面：一是监狱、看守所等刑罚执行场所的监禁执行；二是实行社区矫正的非监禁执行。由于各种刑罚的具体执行问题已在前述"刑罚的种类"部分作了论述，所以这里仅论述刑罚执行中的减刑、假释、社区矫正三种刑罚执行制度。

二、减刑

（一）减刑的概念和条件

减刑，是指对被判处管制、拘役、有期徒刑或者无期徒刑的犯罪分子，因其在刑罚执行期间认真遵守监规，接受教育改造，确有悔改或者立功表现，而适当减轻其原判刑罚的制度。通过减刑，既可以将较重的刑种减为较轻的刑种，也可以将较长的刑期减为较短的刑期。减刑是我国在长期教育改造罪犯的实践中建立并逐步完善的一种刑罚执行制度。在一定意义上讲，我国刑法中的减刑制度，是刑法上的一个创举。减刑制度对于鼓励犯罪分子加速改造，化消极因素为积极因素，实现刑罚的目的，具有积极的作用。

根据《刑法》第78条的规定，减刑分为可以减刑和应当减刑两种。可以减刑

与应当减刑的对象条件和限度条件相同,只是实质条件有所区别。对于犯罪分子适用减刑,必须同时符合以下条件:

1. 对象条件

减刑的对象只能是被判处管制、拘役、有期徒刑、无期徒刑的犯罪分子。刑法之所以将减刑的对象限定于被判处剥夺或限制人身自由的刑罚,而对判处的刑种以及刑期没有任何限制,主要是因为剥夺或限制人身自由对犯罪分子来说无疑是一种痛苦,而带有奖励性质的减刑制度对于希望早日恢复人身自由的犯罪分子来说无疑会发挥一种激励作用,从而促使其积极接受教育改造,早日消除其主观恶性和人身危险性,进而有助于刑罚特殊预防目的的实现;而且只要对犯罪分子判处的刑罚存在一个执行的过程,减刑在客观上就会对犯罪分子发挥激励作用,因而在适用减刑时对判处的刑种以及刑期进行限制,没有任何的积极意义。

2. 实质条件

减刑的实质条件因减刑的种类不同而有所区别。

(1) 可以减刑的条件

根据《刑法》第78条以及有关司法解释的规定①,罪犯在执行期间,具备"确有悔改表现"或者"立功表现"之一的,可以减刑。对于罪犯符合《刑法》第78条第1款规定的"可以减刑"条件的案件,在办理时应当综合考察犯罪的性质和具体情节、社会危害程度、原判刑罚及生效裁判中财产性判项的履行情况、交付执行后的一贯表现等因素。

"确有悔改表现",是指同时具备以下四个方面情形:认罪悔罪;遵守法律法规及监规,接受教育改造;积极参加思想、文化、职业技术教育;积极参加劳动,努力完成劳动任务。对职务犯罪、破坏金融管理秩序和金融诈骗犯罪、组织(领导、参加、包庇、纵容)黑社会性质组织犯罪等罪犯,不积极退赃、协助追缴赃款赃物、赔偿损失,或者服刑期间利用个人影响力和社会关系等不正当手段意图获得减刑、假释的,不认定其"确有悔改表现"。罪犯在刑罚执行期间提出申诉的,要依法保护其申诉权利,而不应不加分析地认为是不认罪悔罪。

具有下列情形之一的,可以认定为有"立功表现":一是阻止他人实施犯罪活动的;二是检举、揭发监狱内外犯罪活动,或者提供重要的破案线索,经查证属实的;三是协助司法机关抓捕其他犯罪嫌疑人的;四是在生产、科研中进行技术革新,成绩突出的;五是在抗御自然灾害或者排除重大事故中,表现积极的;六

---

① 参见最高人民法院2017年《关于办理减刑、假释案件具体应用法律的规定》第2、3、4条。

是对国家和社会有其他较大贡献的。

（2）应当减刑的条件

罪犯在刑罚执行期间有重大立功表现的，应当减刑。根据有关司法解释规定①，具有下列情形之一的，应当认定为有"重大立功表现"：阻止他人实施重大犯罪活动的；检举监狱内外重大犯罪活动，经查证属实的；协助司法机关抓捕其他重大犯罪嫌疑人的；有发明创造或者重大技术革新的；在日常生产、生活中舍己救人的；在抗御自然灾害或者排除重大事故中，有突出表现的；对国家和社会有其他重大贡献的。

3. 限度条件

减刑的限度，是指犯罪分子经过减刑以后，应当实际执行的最低刑期。根据《刑法》第 78 条的规定，减刑的限度为：减刑以后实际执行的刑期，判处管制、拘役、有期徒刑的，不能少于原判刑期的 1/2；判处无期徒刑的，不能少于 13 年；人民法院依照《刑法》第 50 条第 2 款规定限制减刑的死刑缓期执行的犯罪分子，缓期执行期满后依法减为无期徒刑的不能少于 25 年，缓期执行期满后依法减为 25 年有期徒刑的不能少于 20 年。

（二）减刑的时间与幅度

减刑的时间包括减刑的起始时间与减刑的间隔。减刑的起始时间，是指犯罪分子可以被初次适用减刑的最低服刑刑期。减刑的间隔，是指犯罪分子前后两次适用减刑之间的间隔时间。减刑的幅度，是指犯罪分子每一次被适用减刑可以减轻的刑期。我国刑法未对减刑的起始时间、间隔和幅度作出明确规定。为了保障既能够充分发挥减刑的积极作用，又不使减刑被滥用，有关司法解释对于减刑的起始时间、间隔和幅度等问题作出了具体规定②。下面分情况介绍减刑的时间、幅度。

1. 有期徒刑罪犯的减刑

（1）减刑的起始时间、幅度和间隔

被判处有期徒刑的罪犯减刑起始时间为：不满 5 年有期徒刑的，应当执行 1 年以上方可减刑；被判处 5 年以上不满 10 年有期徒刑的，应当执行 1 年 6 个月以上方可减刑；被判处 10 年以上有期徒刑的，应当执行 2 年以上方可减刑。

确有悔改表现或者有立功表现的，一次减刑不超过 9 个月有期徒刑；确有悔改

---

① 参见最高人民法院 2017 年《关于办理减刑、假释案件具体应用法律的规定》第 5 条。
② 参见最高人民法院 2017 年《关于办理减刑、假释案件具体应用法律的规定》第 6—21 条。

表现并有立功表现的，一次减刑不超过1年有期徒刑；有重大立功表现的，一次减刑不超过1年6个月有期徒刑；确有悔改表现并有重大立功表现的，一次减刑不超过2年有期徒刑。

被判处不满10年有期徒刑的罪犯，两次减刑间隔时间不得少于1年；被判处10年以上有期徒刑的罪犯，两次减刑间隔时间不得少于1年6个月。减刑间隔时间不得低于上次减刑减去的刑期。

罪犯有重大立功表现的，可以不受上述减刑起始时间和间隔时间的限制。

（2）应当从严掌握减刑标准的情形

对符合减刑条件的职务犯罪罪犯，破坏金融管理秩序和金融诈骗犯罪罪犯，组织、领导、参加、包庇、纵容黑社会性质组织犯罪罪犯，危害国家安全犯罪罪犯，恐怖活动犯罪罪犯，毒品犯罪集团的首要分子及毒品再犯，累犯，确有履行能力而不履行或者不全部履行生效裁判中财产性判项的罪犯，被判处10年以下有期徒刑的，执行2年以上方可减刑，减刑幅度应当从严掌握，一次减刑不超过1年有期徒刑，两次减刑之间应当间隔1年以上。

对被判处10年以上有期徒刑的上述罪犯，以及因故意杀人、强奸、抢劫、绑架、放火、爆炸、投放危险物质或者有组织的暴力性犯罪被判处10年以上有期徒刑的罪犯，数罪并罚且其中两罪以上被判处10年以上有期徒刑的罪犯，执行2年以上方可减刑，减刑幅度应当从严掌握，一次减刑不超过1年有期徒刑，两次减刑之间应当间隔1年6个月以上。

罪犯有重大立功表现的，可以不受上述减刑起始时间和间隔时间的限制。

2. 无期徒刑罪犯的减刑

（1）减刑的起始时间和幅度

被判处无期徒刑的罪犯在刑罚执行期间，符合减刑条件的，执行2年以上，可以减刑。减刑幅度为：确有悔改表现或者有立功表现的，可以减为22年有期徒刑；确有悔改表现并有立功表现的，可以减为21年以上22年以下有期徒刑；有重大立功表现的，可以减为20年以上21年以下有期徒刑；确有悔改表现并有重大立功表现的，可以减为19年以上20年以下有期徒刑。无期徒刑罪犯减为有期徒刑后再减刑时，减刑幅度依照有期徒刑减刑的规定执行。两次减刑间隔时间不得少于2年。

罪犯有重大立功表现的，可以不受上述减刑起始时间和间隔时间的限制。

（2）应当从严掌握减刑标准的情形

对被判处无期徒刑的职务犯罪罪犯，破坏金融管理秩序和金融诈骗犯罪罪犯，组织、领导、参加、包庇、纵容黑社会性质组织犯罪罪犯，危害国家安全犯罪罪犯，恐怖活动犯罪罪犯，毒品犯罪集团的首要分子及毒品再犯，累犯以及因故意杀人、强奸、抢劫、绑架、放火、爆炸、投放危险物质或者有组织的暴力性犯罪的罪犯，确有履行能力而不履行或者不全部履行生效裁判中财产性判项的罪犯，数罪并罚被判处无期徒刑的罪犯，符合减刑条件的，执行3年以上方可减刑，减刑幅度应当从严掌握，减刑后的刑期最低不得少于20年有期徒刑；减为有期徒刑后再减刑时，减刑幅度从严掌握，一次不超过1年有期徒刑，两次减刑之间应当间隔2年以上。

罪犯有重大立功表现的，可以不受上述减刑起始时间和间隔时间的限制。

减为有期徒刑后，其减刑的起始时间和间隔时间按照有期徒刑减刑的规定掌握。

3. 死刑缓期执行罪犯的减刑

（1）普通死刑缓期执行罪犯的减刑。

第一，减刑的起始时间和幅度。被判处死刑缓期执行的罪犯减为无期徒刑后，符合减刑条件的，执行3年以上方可减刑。减刑幅度为：确有悔改表现或者有立功表现的，可以减为25年有期徒刑；确有悔改表现并有立功表现的，可以减为24年以上25年以下有期徒刑；有重大立功表现的，可以减为22年以上24年以下有期徒刑；确有悔改表现并有重大立功表现的，可以减为22年以上23年以下有期徒刑。被判处死刑缓期执行的罪犯减为有期徒刑后再减刑时，比照无期徒刑罪犯减刑的规定办理。死刑缓期执行罪犯在缓期执行期间不服从监管、抗拒改造，尚未构成犯罪的，在减为无期徒刑后再减刑时应当适当从严。

第二，应当从严掌握减刑标准的情形。对被判处死刑缓期执行的职务犯罪罪犯，破坏金融管理秩序和金融诈骗犯罪罪犯，组织、领导、参加、包庇、纵容黑社会性质组织犯罪罪犯，危害国家安全犯罪罪犯，恐怖活动犯罪罪犯，毒品犯罪集团的首要分子及毒品再犯，累犯以及因故意杀人、强奸、抢劫、绑架、放火、爆炸、投放危险物质或者有组织的暴力性犯罪的罪犯，确有履行能力而不履行或者不全部履行生效裁判中财产性判项的罪犯，数罪并罚被判处死刑缓期执行的罪犯，减为无期徒刑后，符合减刑条件的，执行3年以上方可减刑，一般减为25年有期徒刑，有立功表现或者有重大立功表现的，可以比照该规定第10条减为23年以上25年以下有期徒刑；减为有期徒刑后再减刑时，减刑幅度从严掌握，一次不超过1年有期徒刑，两次减刑之间应当间隔2年以上。

（2）被限制减刑的死刑缓期执行罪犯的减刑。被限制减刑的死刑缓期执行罪犯，减为无期徒刑后，符合减刑条件的，执行5年以上方可减刑。减刑间隔时间和减刑幅度依照无期徒刑减刑的规定执行。被限制减刑的死刑缓期执行罪犯，减为有期徒刑后再减刑时，一次减刑不超过6个月有期徒刑，两次减刑间隔时间不得少于2年。有重大立功表现的，间隔时间可以适当缩短，但一次减刑不超过1年有期徒刑。

4. 管制、拘役、余刑不满2年有期徒刑罪犯以及缓刑、假释罪犯的减刑

被判处管制、拘役的罪犯，以及判决生效后剩余刑期不满2年有期徒刑的罪犯，符合减刑条件的，可以酌情减刑，减刑起始时间可以适当缩短，但实际执行的刑期不得少于原判刑期的1/2。虽然刑期过短，既难以考察也难以达到减刑起始时间要求，几乎没有减刑可能。但考虑到若一概不予减刑，会导致服刑表现突出的罪犯不满甚至抵触，不利维护监管秩序，所以有关司法解释特别提示，不能完全无视短刑罪犯的减刑。

缓刑的罪犯一般不适用减刑，因为社区矫正的监管条件、考察标准与监狱矫正差别较大，缺乏可行性，且不关押，减刑的必要性不大。不过，如果有重大立功表现，可以参照《刑法》第78条的规定，予以减刑。同时应当依法缩减其缓刑考验期。操作方式是：适当减去一段有期徒刑或拘役的刑期，并根据刑期减短的情况适当缩短缓刑考验期。比如，甲被判处有期徒刑3年，缓刑4年，若因重大立功表现获减刑，应当先对3年有期徒刑减去一段刑期比如1年，然后根据原判刑期减短1年的情况相应缩短考验期比如1年。不得在没有减短判决刑期情况下直接缩短考验期，因为减去的刑期不可撤销，而缓刑可撤销，如果只减考验期没有减刑期，以后罪犯若发生应予撤销缓刑事由而被收监执行，将会面临执行3年还是2年的困扰。若减短刑期则不会发生这样的困扰，很明确应当执行2年，减去的1年不可撤销。缩减后的缓刑考验期限，不能低于减刑后实际执行的刑期，且拘役的缓刑考验期限不能少于2个月，有期徒刑的缓刑考验期限不能少于1年。

对于假释的罪犯，虽然曾有司法解释规定，除有特殊情形外，一般不得减刑，其假释考验期也不能缩短，但该司法解释已经被废止，其后发布的法律法规和司法解释也未再规定对假释的罪犯不得减刑，因而应该认为对假释的罪犯在符合减刑的条件时，可以减刑。

5. 附加剥夺政治权利随附主刑减刑的酌减

对被判处有期徒刑罪犯减刑时，对附加剥夺政治权利的期限可以酌减。酌减后剥夺政治权利的期限，不得少于1年。

被判处死刑缓期执行、无期徒刑的罪犯减为有期徒刑时，应当将附加剥夺政治权利的期限减为7年以上10年以下，经过一次或者几次减刑后，最终剥夺政治权利的期限不得少于3年。

6. 未成年人、老弱病残罪犯的减刑

在报请减刑前的服刑期间不满18周岁，且所犯罪行不属于《刑法》第81条第2款规定情形的罪犯，认罪悔罪，遵守法律法规及监规，积极参加学习、劳动的，应当视为确有悔改表现。对上述罪犯减刑时，减刑幅度可以适当放宽，或者减刑起始时间、间隔时间可以适当缩短，但放宽的幅度和缩短的时间不得超过有关司法解释规定的相应幅度、时间的1/3。

对老年罪犯、患严重疾病罪犯或者身体残疾罪犯减刑时，应当主要考察其认罪悔罪的实际表现。对基本丧失劳动能力、生活难以自理的上述罪犯减刑时，减刑幅度可以适当放宽，或者减刑起始时间、间隔时间可以适当缩短，但放宽的幅度和缩短的时间不得超过有关司法解释规定的相应幅度、时间的1/3。

7. 刑罚执行期间又故意犯罪的减刑

被判处有期徒刑、无期徒刑的罪犯在刑罚执行期间又故意犯罪，新罪被判处有期徒刑的，自新罪判决确定之日起3年内不予减刑；新罪被判处无期徒刑的，自新罪判决确定之日起4年内不予减刑。被判处死刑缓期执行的罪犯减刑后，在刑罚执行期间又故意犯罪的，依照前述规定处理。

罪犯在死刑缓期执行期间又故意犯罪，未被执行死刑的，死刑缓期执行的期间重新计算，减为无期徒刑后，5年内不予减刑。

（三）减刑的刑期计算

减刑后刑期的计算方法，因原判刑罚的种类不同而有所区别：对于原判管制、拘役、有期徒刑的，减刑后的刑期自原判决执行之日起算；原判刑期已经执行的部分，应计入减刑以后的刑期之内。对于原判无期徒刑减为有期徒刑的，刑期自裁定减刑之日起算；已经执行的刑期，不计入减为有期徒刑以后的刑期之内。对于无期徒刑减为有期徒刑之后，再次减刑的，其刑期的计算，则应按照有期徒刑罪犯减刑的方法计算，即应当从前次裁定减为有期徒刑之日算起。

（四）减刑的程序

根据《刑法》第79条的规定，对于犯罪分子的减刑，由执行机关向中级以上人民法院提出减刑建议书。人民法院应当组成合议庭进行审理，对确有悔改或者有立功事实的，裁定予以减刑。非经法定程序不得减刑。

三、假释

（一）假释的概念和条件

假释，是对被判处有期徒刑、无期徒刑的犯罪分子，在执行一定刑期之后，因其认真遵守监规，接受教育改造，确有悔改表现，没有再犯罪的危险，而附条件地将其提前释放，在假释考验期内若不出现法定的情形，就认为原判刑罚已经执行完毕的制度。假释制度对于鼓励犯罪分子加速改造，化消极因素为积极因素，实现刑罚的目的，具有积极的作用。

根据《刑法》第 81 条的规定，对犯罪分子适用假释，必须同时符合下列条件：

1. 对象条件

根据《刑法》第 81 条的规定，假释的对象只能是被判处有期徒刑、无期徒刑且不属于累犯和因故意杀人、强奸、抢劫、绑架、放火、爆炸、投放危险物质或者有组织的暴力性犯罪被判处 10 年以上有期徒刑、无期徒刑的犯罪分子。根据《刑法》第 383 条第 4 款的规定，因犯贪污罪、受贿罪被判处死缓，同时被决定在其死缓期满减为无期徒刑后终身监禁的罪犯，不得假释。另有司法解释规定①，对于生效裁判中有财产性判项，罪犯确有履行能力而不履行或者不全部履行的，不予假释。

2. 限制条件

《刑法》第 81 条第 1 款对可以适用假释的被判处有期徒刑和无期徒刑的犯罪分子在执行的刑期上进行了限制，即有期徒刑执行原判刑期 1/2 以上、无期徒刑实际执行 13 年以上，才可以假释。另有司法解释规定②，被判处死刑缓期执行的罪犯减为无期徒刑或者有期徒刑后，实际执行 15 年以上，方可假释，该实际执行时间应当从死刑缓期执行期满之日起计算。死刑缓期执行期间不包括在内，判决确定以前先行羁押的时间不予折抵。

为了使适用假释有一定的灵活性，以满足国家政治、经济等方面的特殊需要，《刑法》第 81 条规定，如果有特殊情况，经最高人民法院核准，可以不受上述执行刑期的限制。根据有关司法解释③，所谓特殊情况，是指有国家政治、国防、外交等方面特殊需要的情况。

3. 实质条件

根据《刑法》第 81 条的规定，适用假释的实质条件是：认真遵守监规，接受教育改造，确有悔改表现，没有再犯罪的危险。认定"没有再犯罪的危险"，除应符合《刑法》第 81 条规定的情形外，还应当根据犯罪的具体情节，原判刑罚情

---

① 参见最高人民法院 2017 年《关于办理减刑、假释案件具体应用法律的规定》第 27 条。
② 参见最高人民法院 2017 年《关于办理减刑、假释案件具体应用法律的规定》第 23 条。
③ 参见最高人民法院 2017 年《关于办理减刑、假释案件具体应用法律的规定》第 24 条。

况，罪犯在刑罚执行中的一贯表现及罪犯的年龄、身体状况、性格特征，假释后生活来源以及监管条件等因素综合考虑。可归纳为以下三个方面：第一，犯罪情节及原判刑罚情况。这是判断罪犯是否符合假释条件的参照基础，不能疏于考量。第二，罪犯改造表现及人身危险性表征。罪犯在改造期间认真遵守监规，接受教育改造，确有悔改表现，也是假释适用的基本条件。同时，还应调查罪犯犯罪前的一贯表现及罪犯的性格特征、心理状态等人格状况，以进一步判断其人身危险性的高低，这对于假释的适用应产生直接影响。第三，罪犯被假释后的社会接纳情况。罪犯被假释后的生活来源、监管条件以及共同居住的家庭成员及收入情况等，对于罪犯能否顺利重新回归社会有重要影响，也是决定假释适用的重要因素。[①]

有关司法解释规定[②]，对下列罪犯适用假释时可以依法从宽掌握：（1）过失犯罪的罪犯、中止犯罪的罪犯、被胁迫参加犯罪的罪犯；（2）因防卫过当或者紧急避险过当而被判处有期徒刑以上刑罚的罪犯；（3）犯罪时未满18周岁的罪犯；（4）基本丧失劳动能力、生活难以自理，假释后生活确有着落的老年罪犯、患严重疾病罪犯或者身体残疾罪犯；（5）服刑期间改造表现特别突出的罪犯；（6）具有其他可以从宽假释情形的罪犯。

罪犯既符合法定减刑条件，又符合法定假释条件的，可以优先适用假释。

（二）假释的考验

1. 假释考验期

有期徒刑的假释考验期限为没有执行完毕的刑期。例如，甲被判处8年有期徒刑，在执行7年时获得假释，该没有执行完毕的1年刑期（剩余的刑期）就是甲的假释考验期。无期徒刑的假释考验期限为10年，这10年是无期徒刑罪犯被准许直接从无期徒刑之刑罚予以假释的考验期。如果无期徒刑罪犯被减为有期徒刑后，其假释考验期是其（有期徒刑）没有执行完毕的刑期。

假释考验期限从假释之日起计算。

2. 假释考验的内容

根据《刑法》第85条的规定，对于假释的犯罪分子，在假释考验期限内依法实行社区矫正。因而对犯罪分子的假释的执行由司法行政机关的社区矫正机构负责。

---

① 参见李少平主编：《解读最高人民法院司法解释、指导性案例》，人民法院出版社2014年版，第59页。
② 参见最高人民法院2017年《关于办理减刑、假释案件具体应用法律的规定》第26条。

社区矫正机构在假释考验期限内负责对被宣告缓刑的犯罪分子进行监督考察，主要涉及以下内容：第一，被假释的犯罪分子遵守《刑法》第84条规定的情况。《刑法》第84条规定：被假释的犯罪分子应当遵守下列规定：（1）遵守法律、行政法规，服从监督；（2）按照监督机关的规定报告自己的活动情况；（3）遵守监督机关关于会客的规定；（4）离开所居住的市、县或者迁居，应当报经监督机关批准。第二，社区矫正机构依法规定的被假释的犯罪分子应当遵守的有关规定。

假释考验期内，人民检察院对其中各执法环节依法实行监督，公安机关协助社区矫正机构对违反治安管理规定和重新犯罪的假释人员依法及时处理。

（三）假释的效果

1. 考验期满

如果没有发生《刑法》第86条规定的撤销假释的事由，假释考验期满，就认为原判刑罚已经执行完毕，并由社区矫正机构公开予以宣告。

2. 撤销假释

（1）撤销假释，数罪并罚。包括以下两种情形：

第一，《刑法》第86条第1款规定："被假释的犯罪分子，在假释考验期限内犯新罪，应当撤销假释，依照本法第七十一条的规定实行数罪并罚。""假释考验期限内"视同刑罚执行期间，刑罚执行期间犯新罪适用的数罪并罚方式是"先减后并"。即使在假释考验期满以后才发现罪犯在考验期内犯新罪的，只要该新犯的罪没有超过追诉时效，仍应当撤销假释，数罪并罚。例如，甲因合同诈骗罪被判10年有期徒刑，服刑8年后于2001年3月8日被假释，假释考验期自2001年3月8日起至2003年3月7日止。甲在2003年1月6日盗窃一辆汽车（在考验期内犯新罪）。该起盗窃罪行在2003年8月案发。正确的处理方法是：对甲盗窃罪定罪处罚，如判处有期徒刑12年；在追究甲盗窃罪行时尽管考验期已满，仍然应当撤销假释；先减后并，将前罪尚未执行完毕的刑期2年（10年-8年＝2年，实际等于考验期，因为假释考验期为剩余刑期）与新罪（盗窃罪）刑期12年按限制加重原则合并决定执行的刑期。经过的考验期不能抵刑期。如果原判为无期徒刑或新罪被判处无期徒刑，则直接采取吸收原则，决定执行无期徒刑。

第二，在假释考验期限内，发现被假释的犯罪分子在判决宣告以前还有其他罪没有判决的，应当撤销假释，依照《刑法》第70条的规定实行数罪并罚。在假释考验期内"被发现漏罪"的，撤销假释，数罪并罚。该数罪并罚按照刑罚执行期间发现漏罪的方式，即"先并后减"。如前例甲因合同诈骗罪被判10年有期徒刑，服刑8年后于2001年3月8日被假释，假释考验期自2001年3月8日起至

2003年3月7日止，司法机关在此期间发现甲曾在15年前谋杀了妻子（这属于甲在合同诈骗罪判决宣告以前的罪行，即漏罪）。对此应当对甲的故意杀人罪定罪判刑，撤销假释，数罪并罚。如果是假释考验期满以后才发现罪犯有"漏罪"未经处理的，对该漏罪追诉，不发生撤销假释的效果。例如，前例中，若司法机关在2003年8月发现甲曾在15年前谋杀了自己的妻子，正确处理方法是：甲的谋杀罪行未过追诉时效，应予追诉；鉴于发现"漏罪"时甲的考验期已满，原判刑罚视为执行完毕，不撤销假释。

（2）撤销假释，收监执行尚未执行完毕的刑罚。《刑法》第86条第3款规定："被假释的犯罪分子，在假释考验期限内，有违反法律、行政法规或者国务院有关部门关于假释的监督管理规定的行为，尚未构成新的犯罪的，应当依照法定程序撤销假释，收监执行未执行完毕的刑罚。"违反法律、行政法规，是指尚未构成犯罪的违法行为，常见的是违反《治安管理处罚法》。违反假释监督管理规定，主要是指违反《刑法》第84条规定的假释犯应遵守事项以及社区矫正机构的规定。

3. 假释被撤销的影响

依照《刑法》第86条的规定被撤销假释的罪犯，一般不得再假释。但依照该条第2款（发现"漏罪"）被撤销假释的罪犯，如果罪犯对漏罪曾作如实供述但原判未予认定，或者漏罪系其自首，符合假释条件的，可以再假释。

被撤销假释的罪犯，收监后符合减刑条件的，可以减刑，但减刑起始时间自收监之日起计算。

（四）决定假释和撤销假释的程序

1. 决定假释的程序

决定假释的程序与减刑相同。再审改判的，原假释决定自动失效，执行机关需报请法院重新作出是否假释的决定。

2. 撤销假释的程序

罪犯在假释考验期内违反法律、行政法规或者国务院有关部门关于假释的监督管理规定的，由报请机关或者检察机关向原假释裁定的法院提交撤销假释建议书，法院经审查后作出是否撤销假释的裁定，并送达报请机关，同时抄送人民检察院、公安机关和原刑罚执行机关。

罪犯在逃的，撤销假释裁定书可以作为对罪犯进行追捕的依据。

四、社区矫正

《刑法修正案（八）》确立社区矫正后，我国刑罚执行制度可分为两个方面：

一是监狱矫正,二是社区矫正。社区矫正是依法在社区中监管、改造和帮扶罪犯的非监禁刑执行制度。现根据《社区矫正实施办法》,将社区矫正制度介绍如下:

(一)社区矫正的决定

人民法院依法对判处管制、宣告缓刑、裁定假释、决定暂予监外执行的罪犯决定实行社区矫正;监狱管理机关、公安机关对暂予监外执行的罪犯决定实行社区矫正。

社区矫正在社区矫正人员的居住地执行。社区矫正决定机关根据需要可以委托县级司法行政机关对罪犯的社会危险性和对社区的影响,进行调查评估。

(二)社区矫正的对象

社区矫正的对象包括管制的罪犯、缓刑的罪犯、假释的罪犯、暂予监外执行的罪犯。剥夺政治权利刑由公安机关执行,社区矫正机构予以协助。

(三)社区矫正的执行

1. 社区矫正的实施机构

国务院司法行政部门主管全国的社区矫正工作。县级以上地方人民政府司法行政部门负责本行政区域的社区矫正工作。司法所承担社区矫正日常工作。社会工作者和志愿者在社区矫正机构的组织指导下参与社区矫正工作。

人民法院、人民检察院、公安机关和其他有关部门依照各自职责,分工负责、协调配合,共同做好社区矫正工作。人民检察院对社区矫正各执法环节依法实行法律监督。公安机关对违反治安管理规定和重新犯罪的社区矫正人员及时依法处理。

其他有关部门,村(居)民委员会,社区矫正人员所在单位、就读学校、家庭成员或者监护人、保证人等协助社区矫正机构进行社区矫正。

2. 向社区矫正人员宣告社区矫正事项

司法所接收社区矫正人员后,应当及时向社区矫正人员宣告判决书、裁定书、决定书、执行通知书等有关法律文书的主要内容,包括社区矫正期限,社区矫正人员应当遵守的规定、被禁止的事项以及违反规定的法律后果,社区矫正人员依法享有的权利和被限制行使的权利,以及矫正小组人员组成及职责等有关事项。

宣告由司法所工作人员主持,矫正小组成员及其他相关人员到场,按照规定程序进行。

3. 成立专门的矫正小组

司法所应当为社区矫正人员确定专门的矫正小组,开展监督管理工作。

矫正小组由社会工作者、志愿者,有关部门、村(居)民委员会工作人员,社区矫正人员所在单位、就读学校的人员，以及社区矫正人员的家庭成员或者监护人、保证人等组成，由司法所工作人员担任组长。社区矫正人员为女性的，矫正小组成员中应有女性成员。

4. 制定社区矫正方案

司法所应当为社区矫正人员制定矫正方案，在对社区矫正人员被判处的刑罚种类、犯罪情况、悔罪表现、个性特征和生活环境等情况进行综合评估的基础上，制定有针对性的监管、教育和帮助措施。根据矫正方案的实施效果，适时予以调整。

5. 社区矫正人员应当遵守的社区矫正事项

（1）应当定期向司法所报告遵纪守法、接受监督管理、参加教育学习、社区服务和社会活动的情况。发生居所变化、工作变动、家庭重大变故以及接触对其矫正产生不利影响人员的，社区矫正人员应当及时报告。

保外就医的社区矫正人员还应当每个月向司法所报告本人身体情况，每3个月向司法所提交病情复查情况。

（2）对于人民法院禁止令确定需经批准才能进入的特定区域或者场所，社区矫正人员确需进入的，应当经县级司法行政机关批准，并告知人民检察院。

（3）未经批准不得离开所居住的市、县（旗）。基于就医、家庭重大变故等原因，确需离开所居住的市、县（旗），在7日以内的，应当报经司法所批准；超过7日的，应当由司法所签署意见后报经县级司法行政机关批准。返回居住地时，应当立即向司法所报告。社区矫正人员离开所居住市、县（旗）不得超过1个月。

（4）未经批准不得变更居住的县（市、区、旗）。因居所变化确需变更居住地的，应当提前1个月提出书面申请，由司法所签署意见后报经县级司法行政机关审批。县级司法行政机关在征求社区矫正人员新居住地县级司法行政机关的意见后作出决定。

经批准变更居住地的，县级司法行政机关应当自作出决定之日起3个工作日内，将有关法律文书和矫正档案移交新居住地县级司法行政机关。有关法律文书应当抄送现居住地及新居住地县级人民检察院和公安机关。社区矫正人员应当自收到决定之日起7日内到新居住地县级司法行政机关报到。

（5）应当参加公共道德、法律常识、时事政策等教育学习活动，增强法制观念、道德素质和悔罪自新意识。每月参加教育学习时间不少于8小时。

（6）有劳动能力的应当参加社区服务，修复社会关系，培养社会责任感、集体观念和纪律意识。每月参加社区服务时间不少于8小时。

6. 解除社区矫正宣告

社区矫正人员矫正期满，司法所应当组织解除社区矫正宣告。

司法所应当针对社区矫正人员不同情况，通知有关部门、村（居）民委员会、群众代表、社区矫正人员所在单位、社区矫正人员的家庭成员或者监护人、保证人参加宣告。

（四）缓刑、假释的社区矫正人员严重违反社区矫正监督管理规定或禁止令的处理

缓刑、假释的社区矫正人员有下列情形之一的，由居住地同级司法行政机关向原裁判人民法院提出撤销缓刑、假释建议书并附相关证明材料，人民法院应当自收到之日起1个月内依法作出裁定：

（1）违反人民法院禁止令，情节严重的；

（2）未按规定时间报到或者接受社区矫正期间脱离监管，超过1个月的；

（3）因违反监督管理规定受到治安管理处罚，仍不改正的；

（4）受到司法行政机关三次警告仍不改正的；

（5）其他违反有关法律、行政法规和监督管理规定，情节严重的。

违反监督管理规定或者人民法院禁止令，依法应予治安管理处罚的，县级司法行政机关应当及时提请同级公安机关依法给予处罚。

第三节 刑罚消灭制度

一、刑罚消灭概述

刑罚消灭，是指因法定事由，致使国家对犯罪人（某犯罪行为）的刑罚权归于消灭。刑罚消灭的范围，包括在判决确定前刑罚请求权的消灭和在判决确定后刑罚执行权的消灭。刑罚请求权消灭事由包括：（1）罪犯死亡；（2）大赦；（3）追诉期限已过。判决确定后刑罚执行权消灭事由包括：（1）罪犯死亡（法人注销或消失）；（2）刑罚执行完毕；（3）赦免；（4）假释考验期满；（5）缓刑考验期满；（6）行刑期间已过。

二、追诉时效

（一）追诉时效的概念和意义

追诉时效是指刑法规定的对犯罪人追究刑事责任的有效期限。在追诉期限内，

国家有权追究犯罪人的刑事责任；超过时效期限，国家追究犯罪人刑事责任的权力即归于消灭。

刑法设立追诉时效制度的意义在于：（1）时间流逝导致追诉必要性逐渐消失。在犯罪人犯罪以后，随着时间的推移，社会对该犯罪行为的谴责、惩罚情感逐渐缓和、淡化，以至于没必要处罚。（2）时间流逝导致追诉的可行性降低。由于距离犯罪发生时间遥远，物证灭失、证人死亡或证人记忆模糊等，导致证据收集困难。（3）有利于敦促国家司法机关及时追诉犯罪行为，以免时过境迁难以查清、证实案件情况。（4）有利于维护犯罪人的权益。如果犯罪人在犯罪后不再犯罪，安分守己地工作、生活一段时间，足以表明他接受教训、改恶从善了，已经收到了预防犯罪的效果，没有必要打乱犯罪人长期安分守己的生存状态，追诉其遥远过去的罪行。（5）鼓励犯罪人在犯罪后改过自新、保持善行。追诉时效以犯罪人犯罪后保持善行为前提，如果犯罪后逃避侦查、审判或者再次犯罪，导致时效延长或中断的，则得不到时效制度的恩惠。

（二）追诉时效的期限

根据《刑法》第87条的规定，犯罪经过下列期限不再追诉：（1）法定最高刑为不满5年有期徒刑的，经过5年。（2）法定最高刑为5年以上不满10年有期徒刑的，经过10年。（3）法定最高刑为10年以上有期徒刑的，经过15年。（4）法定最高刑为无期徒刑、死刑的，经过20年。如果20年以后认为必须追诉的，须报请最高人民检察院核准。

上述"法定最高刑"，是指与犯罪危害程度相应的法定刑幅度的最高刑，不一定是触犯条文的最高刑。例如，《刑法》第234条规定，故意伤害他人身体的，处3年以下有期徒刑、拘役或者管制。致人重伤的，处3年以上10年以下有期徒刑；致人死亡或者以特别残忍手段致人重伤造成严重残疾的，处10年以上有期徒刑、无期徒刑或者死刑。这一条文的法定最高刑是死刑，但是并非所有的故意伤害罪都按（该条文法定最高刑）死刑来确定追诉期限，而是根据行为人罪行应当适用的法定刑幅度的最高刑确定追诉期限。例如，甲故意伤害他人造成轻伤后果的，其应当适用的法定刑幅度为"3年以下有期徒刑、拘役或者管制"，这一幅度的法定最高刑为3年，甲这一伤害罪行的追诉期限为5年；假如是重伤，其应当适用的法定刑幅度为"3年以上10年以下有期徒刑、拘役或者管制"，这一幅度的法定最高刑为10年，甲这一伤害（重伤）罪行的追诉期限为15年。

上述"不满5年""不满10年"不包括5年、10年本数。《刑法》规定，"以上""以下"含本数。例如，第293条规定，犯寻衅滋事罪的，处5年以下有期徒刑、拘役或者管制。据此，寻衅滋事罪的法定最高刑"5年以下"含5年本数，即该条之罪"法定最高刑为5年"，故寻衅滋事罪的追诉期限是10年。而"不满5年"之表述不含5年本数。

（三）追诉时效的起算

《刑法》第89条第1款规定："追诉期限从犯罪之日起计算；犯罪行为有连续或者继续状态的，从犯罪行为终了之日起计算。"

追诉期限从犯罪之日起计算。"犯罪之日"是指犯罪成立之日。例如，甲在2003年5月6日盗窃他人现金2 000元，则该项罪行的追诉时效从2003年5月6日起算。甲该项盗窃数额较大财物的罪行的法定最高刑为3年，则追诉期限为5年，即自2003年5月6日起至2008年5月5日止。需注意的是，2008年5月5日在追诉期限内。

犯罪成立一般始于犯罪行为实施之日，但是也有特殊的情形。因滥用职权罪、玩忽职守罪等必须造成"国家和人民利益重大损失"之结果方可成立犯罪，所以这类"结果犯"的追诉期限自犯罪结果发生（犯罪成立）之日起算。因挪用公款归个人使用场合，需超过3个月未还才成立犯罪，故挪用公款罪应自超过3个月未还之日起起算，而不是从挪用之日起起算。但在挪作经营活动、违法活动的场合，挪用之日即犯罪成立之日，不存在此问题。

犯罪行为有连续或者继续状态的，从犯罪行为终了之日起计算。常见的有继续状态的犯罪类型如：（1）侵犯自由的犯罪，如《刑法》第238条之非法拘禁罪、第239条之绑架罪等；（2）持有犯罪，如非法持有毒品罪、非法持有枪支罪等；（3）不作为犯罪，如遗弃罪，拒不执行判决、裁定罪等。因为这类犯罪成立后，犯罪行为仍可处在对法益继续侵害状态，所以应当以犯罪行为终了时起算。例如，甲在2003年5月6日非法拘禁乙，至2004年5月6日才释放乙，长达1年之久。甲该项罪行的法定最高刑为3年以下有期徒刑，追诉期限为5年，从行为终了之日起计算，即从2004年5月6日计算，至2009年5月5日止。

（四）追诉时效的重新起算（追诉时效中断）

《刑法》第89条第2款规定，在追诉期限以内又犯罪的，前罪追诉的期限从犯后罪之日起计算。例如，甲1985年1月5日犯一项盗窃罪，盗窃数额较大。该项罪行法定最高刑为3年，追诉期限为5年，自1985年1月5日起计算。甲在1988年6月3日又犯一项寻衅滋事罪，该项罪行追诉期限是10年，自1988年6月3日起计算。甲1988年的寻衅滋事罪影响到1985年盗窃罪的追诉时效，导致盗窃罪（前罪1985年发生）的追诉时效从犯后罪（寻衅滋事罪）之日（1988年6月3

日）起重新计算，经过 5 年不再追诉。本来盗窃罪的追诉期限从 1985 年 1 月 5 日起算，经过 5 年不再追诉，结果成为自 1988 年 6 月 3 日起算，经过 5 年不再追诉。寻衅滋事罪的追诉时效照常计算，即自 1988 年 6 月 3 日起计算，须经过 10 年不再追诉。假如在 1992 年将甲抓获归案，盗窃罪和寻衅滋事罪都在追诉期限内。假如在 1996 年将甲抓获归案，则其盗窃罪自 1988 年 6 月 3 日计算，已经过 5 年，不得追诉；其寻衅滋事罪仍在追诉期限内，可以追诉。时效中断制度的实质在于，追诉时效制度虽然对罪犯人有所优惠，但这个优惠并不是无条件的。条件是其在该罪行的追诉期限内不得再犯罪，如果再犯新罪，前罪的追诉时效从新罪发生之日起重新计算。

（五）追诉时效的停止计算

司法机关依法对犯罪嫌疑人某项罪行开始刑事追诉之时，该项罪行的追诉时效停止计算。"追诉之时"，根据司法解释，指司法机关对该项罪行"刑事立案"之时。① 刑事立案之日追诉时效未满的，即认为在追诉期限内，同时停止计算时效。在刑事立案以后，起诉、审判过程中经过时间不再算作追诉时效经过的期间。刑事自诉案件，自被害人提起自诉之日停止计算时效。

追诉时效计算，始于犯罪成立之日，止于该犯罪被刑事立案或被刑事自诉之日。

（六）追诉时效延长

1.《刑法》第 88 条第 1 款规定："在人民检察院、公安机关、国家安全机关立案侦查或者在人民法院受理案件以后，逃避侦查或者审判的，不受追诉期限的限制。"其适用要件是：（1）司法机关已经立案侦查或者受理案件。（2）罪犯有逃避侦查、审判的行为。"逃避"指以逃匿方式躲避侦查、审判。已知犯罪人且犯罪人没有以逃匿方式躲避的，司法机关可随时对其采取强制措施；能采取而不采取的，责任在司法机关，不应使犯罪人承担"不受追诉期限的限制"的不利后果。在未知犯罪人场合，犯罪人没有采取逃匿方式逃避侦查、审判，如照旧在其常住地生活、工作的，不能认为有逃避侦查、审判的行为。

---

① 例如最高人民检察院《关于贪污罪追诉时效问题的复函》（〔82〕高检经函字第 5 号，1982 年 8 月 19 日发布，现已失效）中主张："检察机关决定立案时未过追诉期限的贪污犯罪，在立案以后的侦查、起诉或者判处时超过追诉期限的，不得认为是超过追诉时效的犯罪，应当继续依法追究。"最高人民法院、最高人民检察院 2012 年《办理行贿刑事案件具体应用法律若干问题的解释》第 13 条规定，《刑法》第 390 条第 2 款规定的"被追诉前"，是指检察机关对行贿人的行贿行为刑事立案前。

"不受追诉期限的限制",一般称为"追诉时效延长",这其实是停止计算追诉期限。如果"逃避侦查或者审判"的情形消失,比如犯罪人到案的,就应受刑事诉讼的侦查、起诉、审判期间的限制,超过刑事诉讼期间的,应当计算追诉时效。

追诉时效的延长与中断竞合的,适用追诉时效延长。如甲2001年犯抢劫罪在立案后逃避侦查审判,其间于2010年又犯盗窃罪,对甲的抢劫罪适用追诉时效延长,不适用追诉时效中断。

2.《刑法》第88条第2款规定:"被害人在追诉期限内提出控告,人民法院、人民检察院、公安机关应当立案而不予立案的,不受追诉期限的限制。"其适用要件是:(1)被害人向司法机关提出了控告。(2)司法机关应当立案或者受案而没有立案、受案。"应当立案",是指符合《刑事诉讼法》第112条规定的"有犯罪事实需要追究刑事责任"的立案条件的,应当立案。

三、赦免

赦免,是国家对犯罪分子宣告免予追诉或者免除全部或者部分应执行刑罚的法律制度。赦免分为大赦和特赦。我国现行宪法只规定了特赦,没有规定大赦。因此,我国刑法中所规定的"赦免"是指特赦。其特点是对于确已改恶从善的犯罪分子,免除执行剩余的刑罚予以释放或者减轻其原判的刑罚,而不是赦免罪,也不是免除全部刑罚。我国《宪法》第67条、第80条规定,特赦由全国人民代表大会常务委员会决定,由国家主席发布特赦令,最高人民法院执行。

我国迄今先后实行了8次特赦。前7次自1959年始至1975年止,先后对确认改恶从善的蒋介石集团、伪满洲国和伪蒙疆联合自治政府的战犯进行了赦免。第8次特赦决定于2015年8月29日,为纪念中国人民抗日战争暨世界反法西斯战争胜利70周年,体现依法治国理念和人道主义精神,根据《宪法》,全国人大常委会作出《关于特赦部分服刑罪犯的决定》,决定对依据2015年1月1日前人民法院作出的生效判决正在服刑,释放后不具有现实社会危险的下列罪犯实行特赦:

(1)参加过中国人民抗日战争、中国人民解放战争的;

(2)中华人民共和国成立以后,参加过保卫国家主权、安全和领土完整对外作战的,但犯贪污受贿犯罪,故意杀人、强奸、抢劫、绑架、放火、爆炸、投放危险物质或者有组织的暴力性犯罪,黑社会性质的组织犯罪,危害国家安全犯罪,恐怖活动犯罪的,有组织犯罪的主犯以及累犯除外;

(3)年满75周岁、身体严重残疾且生活不能自理的;

(4)犯罪的时候不满18周岁,被判处3年以下有期徒刑或者剩余刑期在1年以下的，但犯故意杀人、强奸等严重暴力性犯罪，恐怖活动犯罪，贩卖毒品犯罪的除外。

▶ 拓展学习

知识点阐释　　　典型案例思考

思考题

1. 在对犯罪分子裁量刑罚时，对于社会危害程度的判断是否要考虑社会治安形势等因素？
2. 为什么要设立特别累犯制度？
3. 成立自首和坦白是否以犯罪嫌疑人接受国家审查和裁判为条件？
4. "先并后减"和"先减后并"有何区别？二者各具有什么功能？
5. 从严掌握减刑、假释标准的规定有哪些？为什么？
6. 为什么假释比减刑的刑事政策意义更大？
7. 社区矫正的刑事政策意义有哪些？

郑重声明

高等教育出版社依法对本书享有专有出版权。任何未经许可的复制、销售行为均违反《中华人民共和国著作权法》，其行为人将承担相应的民事责任和行政责任；构成犯罪的，将被依法追究刑事责任。为了维护市场秩序，保护读者的合法权益，避免读者误用盗版书造成不良后果，我社将配合行政执法部门和司法机关对违法犯罪的单位和个人进行严厉打击。社会各界人士如发现上述侵权行为，希望及时举报，本社将奖励举报有功人员。

反盗版举报电话　（010）58581999　58582371　58582488
反盗版举报传真　（010）82086060
反盗版举报邮箱　dd@hep.com.cn
通信地址　北京市西城区德外大街 4 号
　　　　　高等教育出版社法律事务与版权管理部
邮政编码　100120

意见反馈

为收集对教材的意见建议，进一步完善教材编写和做好服务工作，读者可将对本教材的意见建议通过如下渠道反馈至我社。

咨询电话　400-810-0598
读者服务邮箱　gjdzfwb@pub.hep.cn
通信地址　北京市朝阳区惠新东街 4 号富盛大厦 1 座
　　　　　高等教育出版社总编辑办公室
邮政编码　100029

防伪查询

用户购书后刮开封底防伪涂层，利用手机微信等软件扫描二维码，会跳转至防伪查询网页，获得所购图书详细信息。用户也可将防伪二维码下的 20 位数字按从左到右、从上到下的顺序发送短信至 106695881280，免费查询所购图书真伪。

防伪客服电话　（010）58582300